人大农经书系

合作社的再合作

——山东省供销社综合改革与联合社发展研究

中国人民大学重大规划项目“实现小农户和现代农业发展有机衔接研究（18XNLG12）”成果之一

孔祥智　钟　真　等　著

中国农业出版社
北　京

“人大农经书系”总序

农业是人类最古老的产业，它为人类的生存和发展提供食物和衣着等最基本的生活资料；农业也是人类最朝阳的产业，迄今为止，还没有看到它被其他产业替代的任何迹象。发展到今天，人类希望现代化的农业成为绿色和美丽的产业，希望它一方面超越依赖人和牲畜的体力来进行生产，另一方面又保留人与自然最亲近的特点。

中国农业正面临很多挑战，需要研究的问题很多。比如，在技术层面，消费者对农产品质量提出了前所未有的要求，生产者目前所依赖的技术生产出来的很多农产品，消费者都不太满意，农业技术将如何发展，实现既提高产量，又提高质量，缓解人与自然的矛盾，缓解农业资源与环境面临的压力，需要深入研究。又如，在供需平衡层面，一方面，由于收入增长和人口城市化的驱动，中国居民对农产品的需求将快速上升，从长期来看中国农产品国内供给与国内需求之间的缺口有可能进一步增加，对进口的依赖将进一步上升，另一方面，我国大宗农产品成本不断增加，部分产品在市场上销售不畅，库存上升，这里有价格政策没有及时调整的原因，但更是进口产品产生的市场“挤出效应”的结果，如何通过国际市场来保障供给，如何恰当地处理总体净进口下的部分产品过剩，搞好结构调整，实现协调发展，需要深入研究。再如，在制度层面，在劳动力大量离开农业的情况下，在我国现行土地制度下，如何恰当地处理劳动力与土地的再匹配，形成有竞争力的农业经营模式，需要深入研究。还如，在政府与市场关系层面，第一产业在GDP中的份额已下降到不足9%，这一农业小部门化的趋势还会继续，在整个国民经济越来越市场化的情况下，在农业发展中如何恰当地处理政府与市场的关系，使得政府既不放松对农业的支持，又不过度干预市场，实现农业与其他经济部门的协调发展，需要深入研究。

中国人民大学一直重视农业与农村经济问题的研究。1950年命名组建伊始，中国人民大学就在经济计划系设立了农业经济专业，开始了农业经济专业的本科与研究生教育。1954年，农业经济专业从经济计划系析出，成立了独立的农业经济系。2004年，农业经济系命名组建为农业与农村发展学院。1986年，农业经济专业取得博士学位授予权，1988年被评定为国家级重点学科，2000年取得农林经济管理一级学科博士学位授予权，2007年再次被评为国家级重点学科，2014年农林经济管理、农村区域发展两个本科专业分别入选国家“卓越农林人才教育培养计划”拔尖创新型项目和复合应用型项目。目前，学院具有从本科到硕士、博士研究生和博士后科研流动站的完整人才培养体系，设有农林经济管理、农村区域发展两个本科专业，农业经济管理、林业经济管理、农村发展、技术经济及管理、可持续发展管理、食品科学、食品安全管理七个学术型硕士学位点，农业硕士专业学位点，农业经济管理、林业经济管理、农村发展、技术经济及管理和可持续发展管理五个博士学位点。

中国人民大学历代农经学者都严谨治学，勤奋耕耘，不同时期都出版了不少著作与教材。举例而言，20世纪50年代，在苏联专家指导下，把马克思主义的一般理论与中国农业的具体实际相结合，当时的老师们集体编写了新中国第一本《社会主义农业经济学》，第一本《社会主义农业企业组织与管理学》。20世纪80年代，学院老师们出版了一批有影响的教材，《社会主义农业经济管理问题》（周诚主编）、《土地经济学》（周诚主编）、《中国工农产品价格剪刀差》（严瑞珍、周志祥等）、《农业企业经营管理与决策学》（严瑞珍、张象枢）、《中国贫困山区开发的道路》（严瑞珍等）、《农业技术经济学》（展广伟主编）、《农业系统工程》（张象枢等）、《进现代中国农业经济史》（岳琛等）、《比较农业经济学》（刘运梓）、《土地管理原理与方法》（林增杰等）、《地籍管理》（林增杰等）就是其代表。20世纪90年代，学院与中国农业科技出版社合作，组织出版了人大农经博士论丛。2009—2016年，学院与中国农业出版社合作，每年从不多的“985”经费中拨出一部分，用于资助本院教师科研成果的出版，并以传说中的农业和医药的发明者炎帝神农氏的名字将这些著作统一命名为"神农书系"，7年共资助出版了34本著作。2016年后，国家不再延续"985"项目，但设立了"双一流"项目，强调一流大学和一流学科建设，学院层面无疑就是学科建设。在这一背景下，学院同事们讨论后认为，"神农书系"中的神农如果是农业的代名词的话，因农业所涉学科众多，不特指农林经济管理学科，为更好地表明学科范围，将书系改为"人大农经书系"，一是明确著者为中国人民大学农业与农村发展学院教师这一归属，二是明确书系里的著作主要涉及农林经济管理与农村发展管理这一大农经领域。"人大农经书系"由学院院长和分管科研的副院长担任主编，由学院学术委员会和教学委员会的委员为编委，遴选本院教师围绕上述领域的优秀研究成果，给予资助，由中国农业出版社出版。

无论从生产量、贸易量还是消费量来衡量，中国都是世界第一农业大国，中国农业的任何重要变化，都会对世界农业产生重要影响，客观地说，当今中国的许多其他产业，与世界同行相比还不具备农业这样的世界分量，因此，在当今中国，研究农林经济管理与农村发展领域的问题，具有一定比较优势，具备成就一番大事业的产业条件。中国人民大学农业与农村发展学院的学者们，都有放眼世界、心怀天下、情系三农的赤子情怀；都有注重调查研究、一切从实际出发、基于实践来进行理论探索的优良学风；都有关爱学生、教书育人、热爱教育事业的高尚情操，以建设"问题导向的学院派"为己任。组织出版"人大农经书系"，将学院老师们的探索与思考呈现给读者，以加强与同行的交流，希望对你有所启发，并希望为形成农业经济学的中国学派，贡献绵薄的力量。这些探索与思考，不一定都是对真理的正确认识与发现，也可能存在谬误，希望得到你的批评与指正。

目录

第三篇　案例报告

第四篇　附　　录

第一篇

总 报 告

第一章

总报告一：山东省供销合作社综合改革调研报告[①]

2016年11月19～27日，中国人民大学农业与农村发展学院调研组对山东省供销合作社综合改革试点工作进行了全面调研。其间，在各地供销社的协助下，调研组召开了由省、市、县党委政府及相关部门，省、市、县、乡四级供销社负责同志及干部职工代表、社有企业代表、农民合作社联合社代表、农民代表等参加的四次座谈会，深入走访了省供销社社属为农服务企业，枣庄山亭区、滕州市，临沂河东区、莒南县和潍坊高密市、安丘市等3市6县（区、市），9个基层社、15家社有企业、8个为农服务中心、6个农村综合服务社，发放干部职工问卷111份、农民问卷103份，收集了大量书面与电子材料，全面掌握了山东省供销社综合改革试点工作的整体进展、主要成效和相关利益主体对试点的评价反馈等情况。

通过调研，调研组深切感受到山东省对此次综合改革试点工作的热情、力度与决心，全面了解到山东省供销社系统积极探索创新、深入践行为农服务根本宗旨所做出的大量工作和不懈努力，体会到各级党委、政府对供销社系统综合改革的高度重视和大力支持。调研组认为：此次山东省供销社综合改革试点工作整体推进扎实有序，改革任务圆满完成，试点效应全面放大，总体成效显著，在改造自我、服务农民以及健全农业基本经营制度、推进农村社会治理等方面具有重大理论与实践创新，形成了一整套规范化、成体系、可复制、可推广的改革经验。总体而言，山东省供销社综合改革试点是十分成功的。

一、试点工作总体情况

（一）组织领导

1. 党委、政府高度重视，组织保障坚强有力

2014年4月，山东省被国务院确定为全国供销社综合改革试点以来，立

---

① 执笔人：孔祥智、钟真、郭涛、苏鹏。调研组成员：孔祥智、钟真、谭智心、郭涛、苏鹏、董玄、张琛、李昂、高柳昱。

足上层推动，以强化考核为手段，形成了省、市、县、乡纵向贯通，各级党委政府、供销社及其他部门横向联结的组织领导和工作保障体系。一是逐级成立领导小组。2014 年 5 月 29 日，中共山东省委农村工作领导小组第三次会议暨全省供销社综合改革试点工作领导小组第一次全体会议召开，成立了由省委副书记、副省长分别担任组长、副组长的领导小组，负责统筹推进全省供销社综合改革试点工作。各市、县也相应成立了本级层面的领导小组，由市、县委副书记担任组长，政府分管负责人任副组长，相关部门主要负责人为成员。二是开展督查强化考核。2016 年 4 月，由省委、省政府督查室牵头，抽调 16 个部门人员组成督查组，对各市贯彻落实《中共中央、国务院关于深化供销合作社综合改革的决定》（中发〔2015〕11 号）和《山东省委、省政府关于深化供销合作社综合改革的实施意见》（鲁发〔2015〕16 号）文件精神进行了全面督查。11 月上旬，省综合改革试点领导小组从成员单位抽调 30 人组成 6 个验收考核组，对试点市、县进行了全面自查自评。2014 年在省级考核事项由246 项大幅度压减至 26 项的情况下，"全省供销合作社系统综合业绩考核"作为 6 项考核市直部门事项之一保留下来。在 2015 年 10 月召开的全省生态文明乡村建设现场会议上，明确把为农服务中心建设作为生态文明乡村建设三项重点突破任务之一，纳入全省科学发展考核体系。截至 2016 年底，所有试点市、县党委、政府均把供销社综合改革一些重点任务纳入科学发展考核或列入为民办实事工程。三是领导重视强力推动。对供销社综合改革试点，时任省委书记姜异康、省长郭树清多次听取汇报并调研指导，龚正副书记、王军民副组长和赵润田副省长靠前指挥，亲力亲为。2015 年 7 月省委全面深化改革领导小组第十三次会议专题听取供销社综合改革试点工作汇报，并给予高度评价。2016 年 7 月 27 日，省委、省政府连续召开全省供销社综合改革试点工作领导小组第二次全体会议和全省深化供销社综合改革工作电视会议，全面部署供销社综合改革向纵深推进。各级党委、政府都把供销社综合改革纳入重要议事日程，主要领导专题听取汇报，研究并协调解决具体问题，有力推进了综合改革各项工作的落实。潍坊市委安排组织部对县级供销社领导班子建设进行专题调研，并在较短时间内对半数县级供销社主任进行了调整。从总体上看，山东省各级党委、政府对供销社综合改革试点思想认识深刻、组织领导有力、工作措施到位。

2. 强化顶层设计，建立健全政策体系

2014 年以来，山东省委、省政府以及供销社和相关部门认真贯彻落实中发〔2015〕11 号文件精神和国务院批复，围绕供销社"改造自我、服务农民"的总体要求，以出台文件的形式，强化顶层设计，完善配套措施，建立了较为全面系统的供销社综合改革政策体系，形成了推动改革的合力。2015 年 9 月 23 日，山东省委、省政府在全国率先出台了《关于深化供销合作社综合改革的实施意见》。2016 年 4 月和 9 月，全省 17 个市和所有涉农县（市、区）党委、政府都分别出台了贯彻落实中发〔2015〕11 号文件的实施意见，这在全国尚属首例。目前，山东省级层面共出台推动供销社综合改革文件 9 个（见附件 1），其中省委及省政府出台文件 2 个、省供销社与有关部门联合发文 5 个。各市、县也逐渐形成了以综合改革文件为主体、一系列政策相配套的综合政策框架。在上述文件的支撑下，形成了党委政府领导、供销社为主体、有关部门协同的供销社综合改革政策保障体系和工作推进机制。

3. 加大财政支持力度，多种方式强化支撑

山东省坚持以加大资金投入为引导，探索多渠道支持供销社综合改革，多元支持、多方投入模式初步成型。2014 年综合改革试点以来，中央和省级财政支持山东供销社改革发展资金累计达到 13.3 亿元，是 2013 年的 7.9 倍，其中中央财政资金 5.8 亿元、省财政专项资金 7.55 亿元，分别是 2013 年的 7.3 倍和 8.4 倍。一是积极争取专项资金。国家农业开发办公室开创先例，自 2014 年连续 4 年支持山东土地托管项目资金 17 683 万元，省级财政配套 7 073 万元，累计 24 756 万元。预计 2016 年底，中央财政支持资金可达 2.79 亿元，省级财政专项资金可达 2.81 亿元，分别是 2013 年的 3.55 倍和 3.23 倍。2016 年各市、县分别设立供销社改革发展专项资金 6 780 万元、9 189.6 万元，分别是 2013 年的 1.26 倍和 2.24 倍；其中，试点市、县分别达到 2 850 万元、3 822万元，分别是 2013 年的 1.21 倍和 2.71 倍。二是多种渠道筹集资金。2014—2016 年，各市、县在专项资金之外分别以不同形式支持供销社改革资金累计达 2.27 亿元和 6.87 亿元，分别是改革前的 5 倍和 11.8 倍；其中试点市、县分别是 2.22 亿元、1.72 亿元，是改革前的 9.6 倍和 26.8 倍。三是分类解决历史挂账。省供销社已与省财政厅沟通，同意两年内予以解决省级政策性挂账，并将与中国银行业监督管理委员会山东监管局协商研究解决经营性挂账问题。各市、县正在通过不同方式逐步化解挂账问题，莱芜市、莱西市分别以 160 万元、340 万元一次性解决了陈欠中国农业银行贷款本息 2.9 亿元和 1.9 亿元的历史挂账。

（二）工作推进

1. 统筹谋划梯次展开

山东省供销社对全国供销合作总社批复的试点方案进行了进一步细化，明确了试点各年度的进度目标和重点任务，形成了清晰的时间表和路线图，保证了综合改革试点工作的系统性和协调性。同时，着眼于扩大试点深度和广度，在确定6市18县为试点的基础上，又从全省筛选出21个县作为省供销社综合改革试点重点联系县，使每个市都有试点县或者重点联系县，梯次开展综合改革，并要求其他县结合实际做好相关工作，为综合改革奠定基础，形成了试点县先行引领、重点联系县全面推开、其他县学习跟进的良好局面。

2. 把握节点强化指导

山东省供销社坚持工作部署、典型示范与教育培训相结合，持续加大工作指导力度。按照试点工作阶段安排，在每一个关键节点都及时召开推进会，总结工作，分析问题，部署任务，确保了试点工作有力有序推进。注重对工作规律的总结，先后发现、培育和推出了临沂、潍坊、汶上、郓城张营、章丘、新泰、高密、莒南、山亭枣店等一批典型，多次聘请国内外研究机构和知名专家教授，以召开研讨会、专题调研等形式，共同研究提出专项实施方案，并对实践经验进行理论提升，充分发挥典型的示范引导和理论指导作用。扎实开展培训工作，已举办多期县级党委政府分管领导专题培训班，对市、县供销社主任和业务骨干进行了全面轮训，并在高密市委党校、莒南县委党校分别设立土地托管和村社共建培训基地，提高了供销社干部职工工作能力，加快了成功经验的复制推广。

3. 加强调度督导力度

结合试点方案确定的重点改革任务，省供销社策划实施“六大创新提升工程”，建立了随机现场检查与定期调度相结合的督导机制，设计了工作进度表，实行每月一调度一通报，阶段性重点任务随时调度，对工作进展滞后的试点县进行跟踪督导，确保了试点工作高效推进。

（三）外部评价

1. 中央领导多次作出重要批示指示

2014年3月，国务院在济宁市召开全国春季农业生产工作会议，汪洋副总理参观汶上县义桥镇金水桥社区供销社为农服务中心，指出：开展土地托管，以规模化经营和服务，为供销社发展找到了新路子，是农民、村集体、供销社三赢的格局。这样的事要坚决支持。做得好了，供销社就是中国特色农村工作的一个主力军。在2015年的中央农村工作会议上，汪洋副总理再次指出，从发展的趋势看，土地托管、土地入股等方式表现出很强的生命力。山东有的地方采取托管的形式，农民把土地交给供销社或者大户去种，交一定托管费，收成归农民。这些方式，都避免了地租过高的问题，实现了规模化经营，而且收益农民共享。2016 年 4 月 8 日，汪洋副总理又在《土地托管大有可为——临沂、枣庄两市供销合作社开展农业社会化服务情况的调查报告》上作出批示：供销社进行土地托管，是农业适度规模经营的积极探索，值得重视。充分说明了山东改革的方向是正确的，是符合国家“三农”政策走向和供销社自身定位的，值得加大力度继续探索。

2. 社会各界和主流媒体高度关注

山东供销社综合改革实践，得到了各级党委、政府的肯定和广大农民群众的认可，在社会上产生了较大反响。中央农村工作领导小组办公室、新华通讯社、中国社会科学院都以不同方式给予较高评价和宣传，也引起了各主流媒体的广泛关注。《人民日报》《光明日报》《经济日报》《农民日报》《财新周刊》、中央电视台、中央人民广播电台以及《大众日报》、山东广播电视台等主流媒体，在山东供销社综合改革试点的不同阶段均进行了跟踪报道。自 2013 年以来仅中央主流媒体宣传报道就有 50 多篇。2014 年 10 月 16 日，中央电视台新闻联播播出《“土地托管”新模式，农业发展新途径》，对山东开展土地托管的经验做法进行了报道。2015 年 4 月 12 日《人民日报》头版头条刊发《解农民之忧 排农村之难 促农业之变——山东供销社变身“三农管家”》，并在二版刊发《山东供销社通过土地托管走农业服务规模化之路——从卖农资到卖服务》。2015 年 7 月 25 日，中央电视台新闻联播在《我国加快转变农业发展方式》中，对山东省供销社开展土地托管、建设为农服务中心、打造“3 公里土地托管服务圈”的做法进行了重点报道。2016 年 6 月，按照中央领导批示精神和中共中央宣传部的安排，中央各大主流媒体又以“改革追踪看落实”为题进行了集中宣传。2016 年 11 月 19 日，《农民日报》头版头条对山东省供销社综合改革进行了长篇报道和高度评价。全国 26 个省份考察团来山东省参观学习，并以不同方式到全国性会议或其他省份介绍了改革试点经验。山东改革经验还引起了日本、韩国农协的关注。

3. 农民群众和供销社职工高度评价

调研组通过第三方评估问卷调查，获取了 111 位干部职工（31 名基层社职工、41 名社有企业职工、39 名机关干部）和 103 位农民对此次改革的认识和评价。总的来看，四类主要利益相关主体对此次改革试点工作高度满意。其中，所有干部职工都认为供销合作社综合改革的前景是走向农民合作经济组织，并十分了解本地区的供销合作社综合改革方案，一致认为目前的综合改革具有可持续性、本地综合改革方案和推进方式符合实际情况。

二、试点工作的主要进展情况

按照《国务院办公厅关于同意中华全国供销合作总社在河北等4省开展综合改革试点的复函》(国办〔2014〕37号)对试点工作所提出的“改造自我、服务农民”总要求，依据山东省供销社综合改革试点的实施方案和任务清单，试点工作取得了可喜的重要进展。

(一)改造自我

1. 村级层面的改造——“党建带社建村社共建”

山东省供销社自我改造最大的特点就是从“姓农”做起，利用党建的力量让供销社再次扎根农村。具体做法是：紧紧依靠农村基层党组织，坚持与农村基层服务型党组织建设、精准扶贫、第一书记、经营服务相结合，与村“两委”共建农民合作社、农村综合服务社、农业生产发展项目和干部队伍，促进村集体和农民“双增收”、供销社基层组织向农业生产经营和农村生活服务“双覆盖”，使供销社从最基层实现了“姓农”的要求。有了村社共建，特别是村社共建农民专业合作社，后续发展起来的农民合作社联合社才成了有本之木，故村社共建是供销社改造自我的源头和基石。它不仅是对供销社自身的改造，也是对当前农村社会治理机制的完善，有助于巩固党在农村的执政基础，促进农村社会治理现代化。全省所有市、县党委或组织部门都发文推动村社共建工作，共建村已达16 087个，共建项目24 547个，为村集体和农民分别增收4.76亿元和26亿元，实现了农民增收、村集体经济壮大、供销社增效、社会稳定发展的“多方共赢”。莱芜市、莒南县分别实现了村社共建市级全覆盖和县级全覆盖。

2. 乡镇层面的改造——打造实体性合作经济组织

山东供销社把建设以农民为主体的实体性合作经济组织作为改造自我的重要途径。具体做法是：在村社共建的基础上，依托基层社，以领办创办的农民合作社为核心成员社，联合本区域龙头企业、合作社、家庭农场、专业大户等新型农业经营主体，组建实体性乡镇农民合作社联合社(在工商部门登记为合作社法人)，与基层供销社融合发展，基层供销社持股比例不超过20%；乡镇农民合作社联合社与县级农业服务公司联合建设为农服务中心，打造“3公里土地托管服务圈”，基层社、镇级农民合作社联合社、为农服务中心“三位一体”，共同构建了乡镇层面为农服务综合平台。这一改造彻底重构了基层供销社的工作机制，全面强化了基层社“为农”“务农”的服务功能，使其再一次焕发了生机与活力。截至 2016 年 10 月底，山东省供销社系统已领办创办农民合作社 15 674 家，组建乡镇农民合作社联合社 835 家。

3. 县级层面的改造——供销社与农民合作社联合社“一套机构、两块牌子”

具体做法是：发挥县级社的牵头作用，引导县域内乡镇农民合作社联合社、其他产业型农民合作社及联合社再联合，打造县域综合性农民合作社联合社，并在编制部门注册登记为事业法人，与县级社“一套机构、两块牌子”。通过组建县级农民合作社联合社，一方面在县域范围内形成上下贯通的联合社组织体系和经营服务体系，推动县以下供销社与农民合作社融合发展，成为当地合作经济组织的领导者、推动者；另一方面促使县级社转变行政化的思维方式和工作方法，建立更加灵活、更加符合市场经济要求的体制机制，为向实体性合作经济组织过渡创造条件。截至目前，山东省供销社系统已成立县级农民合作社联合社 92 家，临沂、潍坊、枣庄、莱芜、济宁、德州市及所有试点县已实现全覆盖。在县级层面，还重点抓好农业服务公司和电子商务平台建设。县级农业服务公司作为全县为农服务体系的龙头，统筹推进县域农业社会化服务，主要承担承接政府惠农政策和购买服务、农资仓储服务、大型农机具服务、对接二三产业融合发展、关键技术培训、分享创新成果 6 项功能。全省已注册成立 146 家县级农业服务公司，实现了全覆盖。

4. 省（市）级层面的改造——“3 控 3×6＋1”H 型运行架构

具体做法是：按照市场化要求，经山东省机构编制委员会同意，对省供销社机关职能和内设机构进行了调整，并带动各市、县联合社机关作出相应调整。健全完善了联合社对成员社的考核机制，并在全国率先出台了《成员社对联合社工作评价暂行办法》。成立山东省供销社社有资产管理委员会，组建山东供销资本投资（集团）公司，采取资本联合、项目合作等方式，推动社有企业跨区域横向联合和跨层级纵向整合。在此基础上，构建“3 控 3×6＋1”H 型双线运行体系，通过“3 控”[省（市）社控股社有龙头企业，县级社控股农业服务公司，乡镇农民合作社联合社控股为农服务中心]，保证为农、务农、姓农；通过“3×6＋1”[省（市）龙头企业、县农业服务公司、为农服务中心分别承担 6 项服务职能，并为涉农部门搭建服务平台]，上级社解决下级社干不了、干不好的事情，上下联动、功能互补，优化服务流程，形成整体优势；通过“社有资产管理委员会＋资本投资公司”，实现政事分开、社企分开和行业指导体系与经营服务体系的有效连接。在省（市）级层面，重点提升农资统采分销、日用品统采分销、农产品流通、融资担保、统防统治、96621 服务热线等 6 项服务能力。

（二）服务农民

1. 开展土地托管，以服务规模化促进农业适度规模经营

土地托管是山东省供销社系统在综合改革中，立足于人多地少的基本省情农情和以家庭联产承包责任制为基础的统分结合的双层经营体制，探索出的农业适度规模经营的新模式，是以服务规模化推动农业现代化的重要路径创新。在实践中主要形成了两种托管模式：一是全托管服务，又称“保姆式”托管服务，主要是为农户提供所有生产经营环节服务。一般情况下，委托和受托双方签订服务协议，事先确定种植作物及产量、服务项目、托管费用等信息。全托管服务对服务主体的能力和实力有较高的要求，需要整合农资、农机、农技等各类生产要素，对农民节支增收效果明显。二是半托管服务，又称“菜单式”托管服务，主要是为农户提供耕、种、管、收等某个或某些生产经营环节的服务，按实际作业项目结算服务费用。半托管服务相对灵活，也是托管服务的主要方式。随着土地托管模式的成功推广，山东省供销社系统积极拓展服务领域，创新服务方式，加快推进“两个延伸”“两个提升”，服务对象由龙头企业、农民合作社、家庭农场、专业大户等适度规模经营主体向分散经营农户延伸，服务领域由大田粮食作物向山区、丘陵经济作物延伸；服务手段由机械化服务向全产业链科技进步提升，服务方式由提高农业生产水平向促进一二三产业融合发展提升。为增强土地托管能力，山东省供销社加快建设为农服务中心，按照最佳效益规模，经过反复实践探索，在平原丘陵地区以大田作物托管服务为主的为农服务中心，一般占地 20 亩*左右，服务半径 3 公里，辐射面积 3 万～5 万亩，形成“3 公里土地托管服务圈”，重点开展测土配方和智能配肥、统防统治、农机作业、烘干贮藏或冷藏加工、庄稼医院、农民培训等服务，并为涉农部门设立服务窗口；在山区以林果等经济作物托管为主的为农服务中心，以山体自然形成的小流域为基本单元，服务半径约 6 公里，辐射面积约 10 万亩，大致形成服务圈。两者均与 2001 年合并前的乡镇建制区域基本吻合。在建设主体上，为农服务中心由县级农业服务公司联合镇级农民合作社联合社共同建设和运营，每处投资约 500 万元，山东省各级财政扶持 30%～50%，剩余部分由县农业服务公司和镇级农民合作社联合社自筹。本着农民出资、农民参与、农民受益的原则，山东省供销合作社对为农服务中心的出资比

---

* 亩为非法定计量单位，1 亩等于 667 平方米。

例作了设定，原则上县级农业服务公司不超过 30%，镇级农民合作社联合社不低于 70%，其中镇级农民合作社联合中农民合作社的出资比例不低于 80%，这样就保证了农民社员在为农服务中心中的持股比例最低为 56%，体现了农民的主体地位，密切了与农民的利益联结。2016 年 10 月，已建成为农服务中心 855 处、年底可达 1 000 处左右，其中高密市已率先实现了县域全覆盖。全省土地托管面积已达 2 107 万亩，实现了五年目标三年完成。根据省供销社制定的全省为农服务中心五年发展规划，到 2020 年，为农服务中心将建设 1 790 处，实现全省土地托管服务圈全覆盖。土地托管之所以深受农民的广泛欢迎，关键在于它不触动家庭联产承包责任制的基础，不涉及农民土地财产权利的重大转变，而是通过服务规模化解决了家庭经营的细碎化问题，开辟了一条土地流转之外实现农业适度规模经营的新路径，丰富了农村基本经营制度的内涵，为中国农业现代化道路的探索提供了“山东方案”。

2. 加强科技推广应用，提升服务规模化能力

按照减、退、转、改、治、保“六字诀”和“一控两减三基本”的要求，通过为农服务中心将科技推广应用融入土地托管之中，整合测土配方智能施肥、推广应用良种良法、机械化耕种作业、统一飞防作业、土壤改良工程、烘干贮藏服务、探索建设信息云平台等项目，为农民提供覆盖全程的“一站式”服务，打通科技推广“最后一公里”。截至 2016 年 10 月底，全系统配备土壤检测设备 960 台（套）、智能配肥设备 569 台，测土面积 1 950 万亩、配肥面积 1 810 万亩；购置各类大中型农业机械 9 800 台（套），整合社会农业机械 5 万余台（套）；全系统植保飞机已达 562 架，其中有人机 49 架，飞防面积 2 186万亩；购置烘干机 275 组，粮食日烘干能力 3 万吨，仓储能力已达146 万吨，其中冷藏能力 50 万吨。综合运用物联网、互联网、远程视频等信息化技术手段，支持为农服务中心加快信息化基础硬件建设，实现了与省级云平台和 96621 服务热线的互联互通，已初步建立“专家联系到中心、中心服务到农户”的工作机制。目前已有 273 个为农服务中心上线运行。植保飞机、智能配肥设备、烘干设备、为农服务中心云平台、96621 服务热线等多种服务功能从无到有、从小到大、从弱到强，实现了农业供给侧结构性改革的新突破。

3. 升级农村现代流通服务体系，打造全省供销“一张网”

山东省供销社按照“适度规模的众多市场经营主体与构建信息化综合平台提供全渠道服务相结合，是山东供销流通现代化的重要路径选择”的顶层设计，整合系统网络资源，大力实施“农村现代流通创新工程”，以“互联网+流通”为实现形式，积极探索“前台多样化、中台模块化、后台一体化”的电商模式，促进线上线下深度融合发展，加快构建农村现代流通体系。具体做法是：第一，建立省级综合性电商平台。省社出资 2 000 万元成立山东供销综合服务平台有限公司，并与京东集团签署战略合作协议，成立山东供销京东农贸发展有限公司。目前已有 93 个县（市、区）接入山东供销 e 家，开设 B2B/B2C 县（市、区）分站 180 个，实现了全省县域电商“一张网”。第二，支持县域电商“多样化”发展。县级供销社灵活运用微电商、自媒体等手段，积极尝试社区配送、O2O 线上线下融合发展形式。全系统已开设各类县域电商平台 137 个，有 53 个县级供销社列入当地政府电子商务领导小组，22 个市（县）供销社成为领导小组牵头单位。目前电商交易额已达 152.6 亿元，同比增长 4.7 倍。第三，“模块化”构建供销电商生态圈。依托浪潮集团的技术优势开发编程，将各地多样化经营的“成功要素”转化成标准化的信息功能模块，研制了山东供销 e 家模块。目前已在山东供销 e 家平台建立“集采平台、农超对接、为农服务”等 7 个模块，开展日用品统采、农资统采、农产品上行等业务，大幅降低采购成本，保证产品质量。第四，“一体化”统领系统电商发展。通过构建省级综合性电商平台，提升“中间服务”能力，免费提供标准化的交易、结算、仓配等电商模块产品，统一县域电商交易平台，使之在同一平台分区运营，促进网上互联互通、共享共赢。截至 2016 年 10 月底，全系统连锁经营网点已达 10 万多个，建成农村综合服务社 62 633 处、城乡社区服务中心 2 832 处、农产品批发市场 158 处、新建和改建区域及县域综合仓储配送中心 14 个。

4. 构建农村合作金融服务体系，破解农业经营主体融资难题

山东省供销社参与制定并认真落实省政府《关于农民专业合作社信用互助业务试点方案》和《试点管理暂行办法》，总结推广滕州“448”、高密“436”模式，按照社员制、封闭性和民主管理原则，不设资金池，选择 1 家托管银行开展业务，在不对外吸储放贷、不支付固定回报的前提下，引导县级社、基层社在领办的农民合作社内部规范开展信用互助业务，确保“两头堵死、封闭运行”，最大限度防控风险。截至 2016 年 10 月底，全系统规范开展信用互助业务的农民合作社 210 家，互助资金总额 5.2 亿元。其中，10 个合作金融专项试点县（市、区）供销社开展试点的农民合作社 113 个，超额完成试点任务。全省供销社改革试点单位已注册融资担保公司 2 家，注册资本总额 4.38 亿元，注册控股融资租赁公司 1 家，小额贷款公司 2 家，典当行 1 家。其中，省供销社联合系统 75 家企业共同组建山东供销融资担保股份有限公司，赢得省财金公司连续 3 年每年 5 000 万元的注资和补贴，使股本增加至 3.38 亿元，与中国农业银行、中国银行、交通银行、中国农业发展银行4家山东分行签署战略合作协议，可撬动30多亿元的银行资金投向市场服务主体。目前已实现在保金额2.36亿元。积极探索农业补充商业保险业务，在13个县（市、区）开展试点，险种已达6个，投保面积超过2万亩。省供销社与中国建设银行山东分行合作，确定在莱芜、聊城、日照等部分市推动以助农存取款为重点的合作试点。

5. 推进一二三产业融合发展，转变农业发展方式

山东省各级供销社充分发挥合作经济组织的优势，打破一二三产业条块分割、信息不对称等壁垒，打造创新链，提升价值链，拉长产业链，让农民群众在三产融合发展中有更多的获得感。高密市孚高农业服务公司借助土地托管形成的新优势，与山东望乡食品有限公司联合组建了山东望乡农业发展有限公司，开展专用小麦订单生产和深加工，共同打造从粮食生产到餐桌的完整产业链；还与正大集团合作，推动由玉米订单生产、饲料加工向养殖业发展；已带动当地订单小麦、玉米种植面积10万亩。枣庄市山亭区店子供销社，围绕当地大红枣特色产业，组织农民成立枣店香大红枣专业合作社，改良旧品种，引进新技术，实施精准施肥智能化，加工产品多样化，市场销售品牌化，托管的6万亩大枣价值大幅提升，产值由原来的亩均不足3 000元，提高到8 000元以上。法国罗盖特、美国国民淀粉、泰国正大、中粮集团等国内外大型企业，以及当地农业龙头企业纷纷与供销社联合合作，实现了共建共享、多方共赢。

6. 发挥行业优势，全面参与精准扶贫、精准脱贫

山东省供销合作社将精准扶贫、精准脱贫作为为农服务的重要职责，结合村社共建，以“合作社+贫困户”为主要方式，每个领办的农民合作社，每个开展村社共建的村至少承担1户脱贫任务，每处为农服务中心至少安置1名有劳动就业能力的贫困农民，通过利益联结、定向帮扶、就业安置、创业扶持等途径，增强脱贫攻坚的实效性。到2017年底，山东省供销社系统计划帮扶2万户、5万人实现脱贫，实际认领27 993户、56 299人，实施产业扶贫人口已达45 430人，有20 102人达到了脱贫收入标准。

7. 整合各方资源，形成为农服务协同机制

山东省供销社以综合改革为契机，依托自身系统组织优势，积极推进社农结合、社社合作、村社共建，形成协同为农服务的强大合力。在社农结合方面，省社与省农业厅、财政厅、民政厅、国土资源厅分别印发了《加快推进农业社会化服务的意见》《加快供销社为农服务中心建设的指导意见》《农村社区服务指导规范（试行）》《做好为农服务中心建设用地管理工作的通知》，全省所有市和90%以上的县级供销社与农口部门联合出台了推进农业社会化服务的文件；与省科学技术厅、农业科学院在农业科技成果落地等方面签署战略合作协议，围绕良种良法配套、农技农艺结合等农业科技成果转化展开全方位合作。有的地方把由财政资金形成的资产交由供销社管理运行，创新农业基础设施长效运行机制。如临沂市河东区将“小农水”设施交由供销社运营维护，解决了“小农水”工程“建、管、用”脱节、无法持续发挥作用的问题，同时也保证了财政资金的使用效益。在社社合作方面，供销社加强与合作社、种粮大户、家庭农场等新型经营主体的联合与合作，在资本、服务和经营中扩大与农民的利益联结，推行基地共建、品牌共创、利益共享，服务的经营主体达4.55万个，受惠农民400多万人，3年累计培训农民社员155.1万人次。另外，通过村社共建，推动了农村经济发展，促进了农村基层服务型党组织建设，也实现了供销社自身的发展壮大。通过协同为农服务机制，山东省供销社为农服务的综合平台作用得到充分彰显，在试点市、县已成为各级党委、政府做好“三农”工作的“重要载体”“重要力量”和“重要抓手”。

三、改革成效与实践价值

山东省供销社经过两年多的试点探索，总体上形成了“以土地托管为切入点推进现代农业服务规模化，以为农服务中心为依托打造土地托管服务圈，以党建带社建村社共建创新工程为引领搭建协同为农服务机制，以‘3控3×6+1’H型双线运行机制为核心构建综合性规模化可持续为农服务体系”的改革路径。从实践成效来看，这一路径顺应了社会主义市场经济需要、城乡发展一体化需要、中国特色农业现代化需要，符合党的十九大提出“实现小农户与现代农业发展有机衔接”的要求，体现了对新时期供销社改革发展的规律性认识，不仅找到了“改造自我、服务农民”的实现方式，而且对“三农”其他领域产生了溢出效应，富有极强的生命力和推广价值，具有里程碑意义。

1. 开创了农业服务规模化新模式，为实现农业现代化提供了重要路径选择

山东省供销社准确把握生产规模化与服务规模化的关系，针对人多地少、分散经营的基本省情、农情，创新以土地托管为切入点的现代农业服务规模化，以为农服务中心为依托打造土地托管服务圈，推动了农业供给侧结构性改革，加速了农业科技成果推广应用，有效释放了规模化经营与规模化服务“两个潜力”，加快了农业发展方式转变。通过土地托管，可增加有效种植面积

10%以上；实施规模化农机作业，可使粮食作物每亩增产10%～20%，为农民节支提效400～800元，经济作物可达千元以上；开展专业化统防统治飞防作业，可降低农药使用量20%，提高工效300～600倍，有效防治率超过96%；通过测土配方智能配肥，每亩可减少化肥使用量15%～20%；实施“水肥一体化”技术，比常规施肥节水30%～40%、节肥20%～30%；通过粮食仓储、烘干服务，既解决了农民运输、晾晒的问题，又有利于规避市场波动带来的风险，等等。同时服务规模化形成的生产标准化、集约化优势，为一二三产业融合发展提供了条件。实践证明，以土地托管为切入点的服务规模化，适应了现阶段农业投入方式、组织方式、发展方式重大变化的客观现实，适应了农民外出打工而不甘心土地撂荒的实际需求，符合农村土地“三权分置”要求，初步缓解了当前农村生产关系与生产力不协调的矛盾，是在我国人多地少的基本国情和统分结合的双层经营体制下，解决好“统”的问题、实现农业现代化的重要路径选择，深受农民群众欢迎。第一，它不触动家庭联产承包责任制的基础，土地承包权、经营权、收益权还在农民手里，供销社只是农民的“土地管家”，不仅保证了农民打工种地“两不误、同增收”，还为打工农民保留了返乡退路，让农民既进得了城，又留得住根，从而使农村“稳定器和蓄水池”作用得到更为充分的体现。第二，实施土地托管后，通过合作社、村级组织把一家一户分散经营的农民组织起来，走集约化、规模化、产业化经营的路子，降本节支增效，而且土地产出增益的大部分以及国家惠农政策归农民所有，解决了农民流转土地只获得约定租金而不能获得租出土地增值效益的弊端。第三，土地托管由于不涉及产权转变、不产生租金，因此其“非粮化”“非农化”的激励比土地流转要小得多，更有利于保障粮食安全。

2. 形成了强村固基、富民兴社的共赢格局，为促进农村社会治理能力建设提供了有效抓手

提升农村社会治理科学化水平，关键是增强农村基层党组织的凝聚力、战斗力和号召力；同时供销社要扎根农村、服务农民，也必须紧紧依靠村级党组织。山东省供销社以“党建带社建村社共建创新工程”为载体，构建村“两委”＋供销社＋农民合作社“三位一体”共建机制，实现了村级党组织的政治优势、供销社的经营服务优势与农民合作社的生产规模优势的有机结合，形成了村集体、供销社、农民共赢局面。一是增强了农村基层党组织的政治和服务功能。党的十八大以来，习近平总书记明确指出，无论农村经济社会结构如何变化，无论经济社会组织如何发育成长，农村基层党组织的领导地位不能动摇、战斗堡垒作用不能削弱。通过“党建带社建村社共建”，一方面村级党组织更加便于加强政治引领和组织领导，把党组织建在合作社，把党的各项方针政策变成各类新型组织成员的自觉行动，引导他们共同为农村发展作出贡献，有效扩大了党组织的覆盖面和影响力。另一方面村级党组织紧密结合供销社和农民合作社的经营优势，通过实施共建项目，发展壮大集体经济，把党的组织资源、组织优势、组织活力转化为发展资源、发展优势、发展活力，为群众生产生活提供优质便捷的公共服务，进一步增强了基层党组织的凝聚力和号召力。二是找到了以合作经济方式推进强村富民的新路子。村“两委”组织农民以土地托管、土地入股等方式自愿加入合作社，或将村级资产资源折价入股共建产业项目；供销社利用健全的经营服务网络，领办创办农民合作社，为农民提供生产生活“一揽子”服务；农民合作社开展规模化生产经营，实现了“服务规模化＋农民组织化”的有效衔接和真正落地。更重要的是通过村集体、供销社、农民共同开展生产经营和服务，形成了利益共享、风险共担的利益共同体，保证了农民对村级重大事务的参与权、知情权、监督权，避免了利益分配上可能产生的矛盾纠纷，促进了美丽乡村共建共享、和谐共赢。三是提升了供销社为农服务能力和水平。通过“党建带社建村社共建”，实现了供销社经营服务体系和组织体系的扩面延伸，服务领域进一步拓展、服务内容更加丰富、服务方式更加多样，逐步成为了服务农民的生力军和综合平台。尤其是能够发挥供销社行业扶贫优势和各类新型农业经营主体扶贫带动作用，把更多贫困农户纳入产业化经营链条，助推“拔穷根”“摘穷帽”，形成脱贫致富的长效机制。

3. 密切了供销社与农民的利益联结，为农村合作经济组织建设提供了实践范例

中共中央、国务院《关于深化供销合作社综合改革的决定》指出，把供销社打造成为与农民利益联结更紧密、为农服务功能更完备、市场化运作更有效的合作经济组织体系。山东省供销社按照强化合作经济基本属性和农民主体的原则推进自我改造，一方面通过大力领办农民合作社，并在此基础上，依托基层社、县级社自下而上组建农民合作社联合社，推进农民合作社及联合社与基层社、县级社融合，吸纳了全省 192.9 万户农民入社。另一方面按照农民出资、农民参与、农民受益的原则，以为农服务中心为纽带强化产权、服务和利益联结，保证了为农服务中心的可持续运行。这种农民合作社及联合社的组织方式和为农服务中心利益联结机制的精巧设计，对于供销社重归为农、务农、姓农的原点，打造以农民为主体的实体性合作经济组织体系具有积极的借鉴意义。

4. 建立了资源整合、协同服务机制，为推动政府与市场的协调联动提供了链接通道

山东省供销社把聚合为农服务资源力量作为提升服务能力和水平的重要举措，按照行政推动和市场化运作相结合的思路，从体制机制入手，发挥自身兼具公益性与经营性的独特优势，内聚外联，构建为农服务协同机制。在系统内部，通过“3控3×6+1”H型双线运行机制，推动省（市）、县级社有龙头企业和为农服务中心功能互补、上下联动，优化再造服务流程，打造系统整体优势，逐步形成了为农服务“一条龙”、现代流通“一张网”、全省供销“一个社”发展格局。这一制度创新，符合中发11号文件精神，是构建综合性、规模化、可持续为农服务体系的具体实践。在系统外部，利用供销社为农服务综合平台，通过社农结合、社社合作、村社共建，积极承接各类政策资源，创新与新型农业经营主体的市场化合作机制，充分发挥了政府“有形之手”与市场“无形之手”之间的“黏合剂”作用，形成了集约化、专业化、组织化、社会化相结合的新型现代农业经营体系，有力促进了城乡公共服务一体化。

山东省供销社的综合改革，以改造自我为基础，以农民专业合作社为抓手，以市场化为发展方向，通过供销社主动推动、政府主导，形成服务农民的强大合力，是政府力量与市场力量有机结合的典范。

四、存在的问题和建议

（一）存在的主要问题

1. 服务领域拓展和人才支撑不足的矛盾开始显现

随着土地托管、电子商务、机械作业、涉农金融等为农服务领域的拓展，供销系统在农业生产技术、合作社经营管理、农村金融服务等方面的人才需求迅速扩大。但由于历史等原因，县级及以下供销社干部职工队伍老化、专业化业务素质不高，影响了供销社综合改革为农服务效能的充分发挥。

2. 历史遗留问题掣肘改革推进现象仍然存在

一些地区政策性、经营性亏损挂账较多，系统内不少存量土地尚未确权登记，社有企业职工社会保障难以解决等历史遗留问题，直接影响着系统自我改造和社有企业转型的动力、吸引人才和提升为农服务的能力。调查数据显示，98%的干部职工认为“存在历史包袱”是当前供销社综合改革的主要问题之一。

3. 实体性合作经济组织内部运行机制缺乏统一规范

在供销社综合改革过程中发展起来的种养殖、农机服务、小农水等类型多样的农民合作社和农民合作社联合社在生产经营、管理决策、利益分配等方面还存在不规范或不合理现象。特别是镇级农民合作社联合社的内部治理机制还没有明确的法律规定或指导意见。

4. 农民合作社联合社发展的外部环境仍待优化

镇级农民合作社联合社是此次综合改革试点的重要体制机制创新。但作为市场主体，农民合作社联合社仍然面临融资难、市场自生能力弱等问题。特别是在抵御自然风险和市场风险方面缺少外部支持和保障。

（二）政策建议

一是各级党委政府要始终高度重视供销社综合改革，持续用力、接续奋斗。供销社这一合作经济组织，在为农服务领域具有明显的独特优势，单位性质在政府部门中也具有排他性。应当努力使供销社这个为农服务的“重要载体”“重要力量”尽快成为各级党委政府的“重要抓手”。建议尽快出台《供销合作社条例》，进而研究制定供销合作社法，赋予供销合作社履行职责的特定法律地位。

二是继续加大对供销社综合改革支持力度，上下贯通、点面结合。汪洋副总理指出：“要把供销社打造成农业服务领域的‘国家队’”。为加快推进供销社职能由供销合作向生产合作、供销合作、信用合作、消费合作“四位一体”转变，在全国搭建以为农服务中心为主体的综合性服务平台，逐步构建起综合性规模化可持续为农服务体系。建议中央和地方财政进一步加大支持力度，让农业服务主体和生产主体同样享受到农业政策支持。理顺财政支出渠道，加大专项投入，对优质农产品基地建设、新品种引进选育、病虫害统防统治、节水灌溉、配方施肥、土壤修复、农机具购置等给予重点支持。整合多方政策支持，加快解决历史遗留问题，减少改革阻力。

三是进一步强化试点经验的总结宣传推广，激发动力、营造活力。调研组认为，山东供销社综合改革试点经验是成熟的、科学的、有规律可循的，其内涵和实质符合中央精神、符合山东实际、具有推广价值。比如土地托管模式、党建带社建村社共建、协同为农服务机制、“H”型双线运行架构以及“山东供销 e 家”电商模式等一批经验做法已在河南、广西、江西等 20 多个省份得到不同程度的推广。建议将山东经验打包向全国推广。此外，赋予山东供销社系统更多的试点权限，在全面深化农村改革中先行先试，为中国合作经济组织建设和中国特色农业现代化道路继续筚路蓝缕、勇当先锋。

四是加快新时期供销系统人才队伍培育，形成新力量、塑造新形象。进一步加大对供销社系统机关干部、基层社职工、社有企业职工等培训力度，重点提高其市场化意识和为农服务自觉性，形成一支事业责任心强、改革落实效率高、创新能力突出的新型供销社系统干部职工队伍。针对改革后新拓展的大量为农服务领域，大力开展人才培育工程，重点在土地托管、农业生产、电子商务、机械作业、涉农金融、合作社经营管理等方面打造一支专业化农业服务人才队伍。

五是着力完善县以下实体性合作经济组织体制机制，增强新动能、提升新水平。联合农业、工商、金融等多部门，整合多方政策资源，加大对农民合作社发展的指导和规范，完善农民合作社内部治理机制。建议山东省供销社联合有关部门尽快在全国率先研究制定全省农民合作社联合社发展指导意见，允许镇级农民合作社联合社开展信用合作，探索农民合作社联合社风险防范机制，优化农民合作社联合社发展的政策环境。

总报告二：县级联合社发展类型、作用与运行机制设计

——山东省十县调研报告

中国人民大学课题组①

一、引言

自 2007 年我国《中华人民共和国农民专业合作社法》（以下简称《农民专业合作社法》）实施以来，农民专业合作社迅猛发展。据国家工商行政管理总局（现国家市场监督管理总局）统计，截至 2017 年 2 月底，全国农民专业合作社已达 183.4 万家。但是农民专业合作社在发展中仍然面临经营规模较小、发展资金短缺、市场竞争力不足等问题。越来越多的专业合作社选择以合作与联合的方式，降低交易成本、提高议价能力，实现规模经济和范围经济。欧美合作社的发展路径也表明，合作社通过“再合作”组建行业间或地区间的联合社，是国际合作社发展的一个基本规律。2013 年以来，中央政府出台了一系列支持联合社发展的政策文件，一些地方政府也先后出台了支持联合社发展的意见条例和实施办法。如山东省于 2013 年制定了《山东省农民专业合作联合社登记管理意见》。这些政策措施一定程度上推动了我国农民合作社联合社的发展。但联合社总体上还处于成长的初级阶段，内部管理欠规范、利益联结欠合理、业务开展缺资金、经营管理缺人才等问题十分突出。

2014 年以来，山东省紧紧抓住国务院实施供销合作社综合改革试点的契机，在中央提出的“改造自我、服务农民”的改革精神指引下，充分利用供销社原有的组织优势、市场优势和政治优势，在推动农民合作社及其联合社发展上做出了积极的探索。在村级层面，通过党建带社建村社共建，领办创办了一批依托当地特色农业产业的农民专业合作社，实现了农民增收、村集体经济

① 执笔人：钟真、孔祥智。参加课题调研的还有农业与农村发展学院研究生马庆超、穆娜娜、赵昶、张阳悦、刘世琦、张怡铭、蒋承祚、王碧宁、白洋、姚炜航、张琛、张效榕、赵春晓等。

壮大、供销社增效、精准扶贫、社会稳定等“多方共赢”。在乡镇层面，以领办创办的农民合作社为核心成员社，联合本区域龙头企业、合作社、家庭农场、专业大户等新型农业经营主体，组建了一批实体性乡镇农民合作社联合社（在工商部门登记为合作社法人），实现了镇级农民合作社联合社、供销社基层社和为农服务中心“三位一体”，彻底重构了基层供销合作社的工作机制，全面强化了基层社“为农”“务农”的服务功能，使其再一次焕发了生机与活力。在县级层面，通过发挥县级社的牵头作用，引导县域内乡镇农民合作社联合社、其他产业型农民合作社及联合社再联合，打造县域综合性农民合作社联合社（一般在编制部门注册登记为事业法人，与县级供销社“一套机构、两块牌子”）。通过组建县级农民合作社联合社，试图在以下两方面实现突破：一方面在县域范围内形成上下贯通的联合社组织体系和经营服务体系，推动县以下供销合作社与农民合作社融合发展，成为当地合作经济组织的领导者、推动者；另一方面试图促使县级社转变行政化的思维方式和工作方法，建立更加灵活、更加符合市场经济要求的体制机制。但从改革效果看，县一级“改造”的成效不如村镇两级明显，体制机制创新的难度也更大。

为此，课题组受山东省供销社委托，于 2017 年 4～7 月对全省 6 市 10 县（市、区）（枣庄市滕州市，临沂市河东区、莒南县，潍坊市寒亭区、高密市、安丘市，济宁市金乡县、嘉祥县，泰安市宁阳县，聊城市东阿县）供销社综合改革框架下农民合作社联合社的运行机制进行了深入调研。现就县级农民合作社联合社改革发展情况及建议报告如下。

二、主要类型

在省供销社的指导和推动下，目前全省县一级供销社基本都主导成立了县域农民合作社联合社。但由于各地农业经济发展水平、农民组织化程度和供销社发展状况不同，县级农民合作社联合社（以下简称“县级联合社”）运行的体制机制亦存在一定的差异。课题组通过调研，对 10 个县级联合社的内部体制（法人性质、成员组成、股份结构、机构设置、主要职能、已开展的主要工作）和外部关系［与县级供销社的关系、与县资产运行公司的关系、与县级农业服务公司的关系、是否入股下级联合社、与乡镇级农民合作社联合社（以下简称“乡镇级联合社”）的关系、与乡镇为农服务中心的关系］等 2 个维度 12 个方面进行了汇总与梳理（见表 1-2-1）。

表 1-2-1　10 县县级农民合作社联合社概况汇总

	1 滕州	2 河东	3 莒南	4 寒亭	5 高密	6 安丘	7 金乡	8 嘉祥	9 宁阳	10 东阿
法人性质	事业法人	事业法人	事业法人	事业法人	事业法人	事业法人	事业法人	事业法人	合作社法人	事业法人(待批)
成员组成	滕州市供销农业服务有限公司+15 个基层社+3个农民合作社联合社	河东县农业服务公司+8个乡镇级联合社	12 个乡镇级联合社	6 个乡镇级联合社（街道）	高密市供销社资产经营管理公司+10 个乡镇级联合社+1 个专业合作社联合社	16 个镇级联合社	金乡县县社农业科技服务有限公司+13 家乡镇级联合社	13 家乡镇级联合社	12 个基层社+8 个农民专业合作社	10 个乡镇级联合社
股份结构	总股本 500 万元=滕州市供销农业服务有限公司 40%+13 个基层社 52%+3 个农民合作社联合社 8%	暂无股份构成	暂无股份构成	暂无股份构成	总股本 9 000 万元=高密市供销社资产经营管理有限公司 20%+10 个乡镇级联合社 66%+1 个农民合作社联合社 14%	暂无股份构成	暂无股份构成	暂无股份构成	总股本 600 万元=5 家农民专业合作社各占 20%股份	暂无股份构成
机构设置	“三部一中心”	“三部一中心”	“三部一中心”	“三部一中心”	“三部一中心”	“三部一中心”	“三部一中心”	“三部一中心”	“三部一中心”	“三部一中心”
主要职能	指导、协调、监督、服务、教育培训	指导、协调、监督、服务、教育培训，改革转向合作经济组织服务职能	指导、协调	宣传规划、农业社会化服务、指导、资金互助、权益维护、落实政策	指导、协调、监督、服务、教育培训	宣传规划、农业社会化服务、指导、资金互助、权益维护、落实政策	宣传、融资、指导、信用互助、培训、农业社会化服务、落实政策	宣传、融资、指导、信用互助、培训、农业社会化服务、落实政策	扩大影响力、土地托管、向社员提供多种社会化服务	指导、协调、监督、服务、教育培训

（续）

	1滕州	2河东	3莒南	4寒亭	5高密	6安丘	7金乡	8嘉祥	9宁阳	10东阿
已开展的主要工作	与县供销社一致	对乡镇级联合社的发展规划进行行政指导，同时通过供销社控股的盛民公司为乡镇级为农服务公司提供统一的服务	与县供销社一致	与县供销社一致	已培育和领办183家农民合作社，服务农民及各类新型农业经营主体达到9万户	搭建农业社会化服务平台、创新为农服务方式、拓展为农服务领域	与县供销社一致	组织开展农民合作社示范社争创活动；采用三种服务模式快速推进土地托管服务，全力推进为农服务中心建设等	建章立制；承接政府购买项目，2016年承接县农业局6万亩土地深松深耕项目和4 000亩秸秆还田项目；指导乡镇农民合作社联合社的建立和运行	协调各乡镇联合社出资成立县为农服务公司，同时指导联合社成员建立各自的为农服务公司
与县供销社关系	合署办公	合署办公	合署办公	合署办公	合署办公	合署办公	合署办公	合署办公	上下级关系，东疏镇供销社主任担任县级联合社主任	合署办公
与县资产运营公司关系	独资控股	暂无资产运营公司	无直接关系	无直接关系	全资控股	无直接关系	无直接关系	无直接关系	无直接关系	暂无资产运营公司
与县级农业服务公司关系	最大股东	100%控股	无直接关系	无直接关系	最大股东	无直接关系	无直接关系	行业指导	无直接关系	协作与监督关系

（续）

	1 滕州	2 河东	3 莒南	4 寒亭	5 高密	6 安丘	7 金乡	8 嘉祥	9 宁阳	10 东阿
有没有入股下级联合社	尚未	通过县级农业服务公司——盛民农业发展服务公司出资在各个乡镇级联合社参股 30%	尚未	尚未	尚未	尚未	尚未	尚未	尚未	尚未
与乡镇联合社关系	指导镇（街）供销社与农民合作社联合社融合发展，强化镇级农民合作社联合社规范管理	指导镇（街）供销社与农民合作社联合社融合发展，强化镇级农民合作社联合社规范管理	组织引领，指导基层社参（控）股镇级农民合作社联合社	指导镇（街）供销社与农民合作社联合社融合发展，强化镇级农民合作社联合社规范管理	指导镇（街）供销社与农民合作社联合社融合发展，强化镇级农民合作社联合社规范管理	指导镇（街）供销社与农民合作社联合社融合发展，强化镇级农民合作社联合社规范管理	指导镇（街）供销社与农民合作社联合社融合发展，强化镇级农民合作社联合社规范管理	指导镇（街）供销社与农民合作社联合社融合发展，强化镇级农民合作社联合社规范管理	指导镇（街）供销社与农民合作社联合社融合发展，强化镇级农民合作社联合社规范管理	指导镇（街）供销社与农民合作社联合社融合发展，强化镇级农民合作社联合社规范管理
与乡镇为农服务中心关系	间接指导	间接指导	间接指导	无关系	间接指导	间接指导	间接指导	行业指导	无关系	间接指导

资料来源：调研所得，由课题组成员整理。本书所使用的图表，如不特别说明，均为课题组成员整理所得。

（一）内部体制

从法人性质上看，除了宁阳县的县级联合社是工商注册的合作社法人以外，其他 9 县的县级联合社都为各县编制委员会办公室（以下简称编办）批复的事业法人。这就决定了宁阳县县级联合社可以直接以市场主体的身份参与经营性活动，而其他县级联合社则不能。

从成员组成上看，主要有 4 种类型：一是县级联合社的成员单位全部由乡镇级联合社组成，如莒南、寒亭、安丘、嘉祥和东阿；二是由县级农业服务公司（或供销社资产运营公司）和乡镇级联合社组成，如河东、金乡；三是由供销基层社和县域内优秀的专业合作社（或专业合作社联合社）构成，如宁阳；四是由县级农业服务公司（或供销社资产运营公司）、供销基层社、乡镇级联合社和优秀的专业合作社（或专业合作社联合社）等多种主体共同组成，如滕州、高密。

从股份结构上看，目前只有滕州、高密、宁阳 3 县具有明确的股金结构，而其他 7 县因成立时间较短或其他原因暂无股份构成。这与县级联合社法人性质和成员组成紧密相关，其中滕州、高密 2 县的县级联合社成员中都有县级农业服务公司或资产运行公司，而宁阳县级联合社则是合作社法人，此 3 县的县级联合社明显更具有市场化运作的能力和开展经营性业务的积极性。当然，河东、金乡 2 县的县级联合社成员中也有县级农业服务公司参与，尽管目前暂无股份构成，但负责人表达了明确股份构成的积极愿望。

从机构设置上看，各县级联合社均按照省供销社改革要求的“三部一中心”的机构设计设置了相应的部门。

从主要职能上看，均按照编办批复的职能和联合社章程行事，主要包括宣传规划、促进与供销社资产融合、指导下级合作社发展、开展信用互助、组织培训教育、推进农业社会化服务、承接落实相关政策等方面。

从已开展的主要工作看，各县级联合社的差异较小，多数工作内容与县供销社综合改革要求的相关内容基本一致。

（二）外部关系

在县级联合社与外部关系方面，县供销社、县级资产运行公司、县级农业服务公司、乡镇级联合社、下属成员合作社或联合社、乡镇为农服务中心都可能与之产生各种关联。

从与县供销社的关系看，除了宁阳县级联合社因工商注册为合作社法人，县级联合社与县供销社原则上属上下级关系（县级联合社主任由某基层社主任担任）以外，其他 9 县的县级联合社均与县供销社合署办公，即“两块牌子、一套人马”。这也是县级联合社的主要职能和业务上基本与县供销社基本一致的原因。

从与现资产运行公司的关系看，除了滕州、高密 2 个县级联合社由资产运行公司全资控股之外，多数县级联合社与县级资产运行公司没有直接关联。当然，也有部分县供销社尚未成立资产运行公司（如河东、东阿）。

从与县级农业服务公司的关系看，滕州和高密 2 县的县级联合社成员中县农业服务公司是最大的股东；而河东县级联合社尽管暂无明确的股份构成，但由于县级农业服务公司（盛民）又与每个乡镇级联合社以 3∶7 的出资比例，合作成立乡镇为农服务中心作为盛民的分公司，而县级联合社由各乡镇级联合社组成，故县级农业服务公司对县级联合社具有主导控制权；其他县级联合社与县农业服务公司之间没有实质性关系。

从是否入股下级合作社或联合社的情况看，除了河东县级联合社通过盛民农业发展服务公司在各乡镇联合社参股 30%以外，其他各县级联合社均没有入股下级合作社或联合社。

从与乡镇级联合社的关系看，除了多数县级联合社的成员单位由乡镇级联合社组成之外，在业务关系上县级联合社基本上主要负责指导乡镇级供销社与农民合作社联合社融合发展，强化镇级农民合作社联合社规范管理等；而并不直接参与乡镇级联合社的经营。

从与乡镇为农服务中心的关系看，县级联合社均为间接指导或基本没有关系。乡镇为农服务中心一般由乡镇级联合社直接控制，并多数由供销基层社和县级为农服务公司指导和支持。

（三）基本类型划分

从内部体制和外部关系的梳理情况来看，目前县级联合社的内外部运行机制呈现以下三种类型。

第一类，纯经营性合作组织。这类县级联合社从注册开始就是合作社法人，拥有独立完全的市场主体地位，其成员均由实体性经营组织或个人组成，股份构成和收益分配机制明确，在业务开展上直接参与市场化经营，独立于县乡两级供销社、为农服务公司（或为农服务中心）、资产运行公司等主体。如宁阳县级联合社。但这种联合社由于工商注册字号问题等原因，目前数量还不多，但为农服务作用上相对扎实，未来潜在的体制矛盾相对较少。

第二类，准经营性合作组织。这类县级联合社由编办批复，并与县供销社合署办公，兼具公益性和经营性的双重特点，但由于县级农业服务公司或供销社资产运营公司作为成员入股并参与投资运营，故其经营性特征更为突出。如滕州、河东、高密、金乡 4 个县级联合社。其中，滕州、高密 2 个县级联合社不仅成员中有优秀的专业合作社联合社，而且股本总额较高、股份设置明确，所以这两个联合社的经营能力和发展效果相对最好。这种性质的县级联合社，承接了供销社公益性和经营性的原有特点，整合了供销系统为农服务资源，并在一定程度上调动了民间为农服务的力量，符合供销社综合改革的基本意图，实现了经济、社会、政治多方面的溢出效应。但由于此类县级联合社没有完全摆脱事业法人的身份，在一些乡镇级联合社或专业合作社联合社无法承担的区域性、大规模为农服务项目上，不能直接参与经营并获得收益，其协调和组织成本不能获得直接补偿，一定程度上影响其服务积极性和业务安排的市场公平性。

第三类，弱经营性合作组织。这类县级联合社是相对严格地按照省供销社综合改革方案实施组建，由县域内乡镇级联合社作为成员单位的合作组织。它也是由县编办批复的事业法人，与县供销社合署办公，其运作机制上除了能够以对等的“联合社”名义把县域内基层供销社领办的乡镇级联合社“笼”到一起之外，其基本功能与县级供销社无异，基本都为宏观指导、统筹协调、组织培训、落实政策等，并无直接参与市场化经营的功能。如莒南、寒亭、安丘、嘉祥、东阿等多数县级联合社均是如此。因而，这一类县级联合社的经营性程度较低，实际为农服务的经营性业务基本由作为合作社法人的下属乡镇级联合社承担。

三、主要作用

结合山东省供销社综合改革试点的总体成效和此次 10 县调研的具体情况，课题组认为：乡镇级联合社已经在整合资源、为农服务等方面发挥了不可替代的作用，县级联合社整体上尚处于初级发展阶段，但不同县（市）情况差异较大，亟须在体制机制等方面推动县级联合社的发展，使其发挥整合乡镇联合社和其他各类合作经济组织的作用，以“大联合”态势推进县域合作经济组织的大发展。其中，准经营性县级联合社目前发挥的效果相对最好，为农服务作用开始显现，但仍掣肘于“事业法人”的公益性身份；纯经营性县级联合社的效果次之，但后续体制性障碍较少，发展潜力空间很大；弱经营性县级联合社的效果相对最差，尚未明显发挥出应有的作用，但成员结构相对单一，易于组织管理。三类县级联合社尽管发展程度各异，但其经济社会等综合效果总体上是值得肯定的。具体而言，包括以下显性和隐性两个方面的作用。

（一）显性作用

一是组织领导作用。全省供销社系统按照综合改革的要求，由基层社主导在乡镇一级领办、创办了一大批农民专业合作社和专业合作社联合社，并在此基础上形成了区域性乡镇级联合社等合作经济组织。县级联合社的普遍建立，在县域范围内把部分实体性合作社组合在一起。在体制上，构建了系统性的农民专业合作社纵向组织体系，使其在横向联合的基础上加强了纵向合作，促进了农业资源的优化组合；在机制上，形成了与供销社紧密结合但又相对独立的组织运行架构，现代农业综合体的雏形开始显现。

二是资源整合作用。县级联合社的成立与发展，一方面最大限度地调动了供销系统内部的为农服务力量，原有农资生产供应、农产品加工流通、线上线下的商超终端等面向三农的力量得到大幅度增强，不仅提高了自身的经营业绩，还全方位服务了“三农”。另一方面，较大程度地整合了来自政府、村集体、农业企业、农民合作社以及个人等各方面的资金、技术、人才等为农服务资源，逐步形成了以供销社为主干的为农服务协作体系。

三是农业增效作用。在县级联合社的宏观指导、组织协调或直接参与下，县域农业社会化服务的供求格局总体上得到整合，原有“分散的服务需求—分散的服务供给”的农业社会化服务模式正在被重塑。这大大降低了农业生产经营的成本，提高了农业生产经营的效率，促进了农业增产和农民增收。当然，县级联合社在农业增效方面的作用大小，也取决于其类型特征。从调查情况看，滕州、高密、河东等准经营性县级联合社在机构设置方面进行了相对合理的安排，农业增效作用初步发挥，但其他县级联合社所发挥的作用尚未明显显现。

（二）隐性作用

一是丰富了合作经济组织形式。县级联合社的建立和发展，代表了供销社领办农民专业合作社及其联合社成为现实，打破了现有农民合作社由大户领办、企业领办或科技人员领办的格局，对当前良莠不齐的农民专业合作社发展起到有力的带动作用。同时，多数作为事业法人的县级联合社统领由区域若干实体性合作社、联合社与相关企业组成的合作经济组织，不仅在类型上丰富了现有合作经济组织的类型，还拓展了人们对合作经济组织的认识，也必然会拓展合作经济组织在涉农领域的功能。

二是扩展了供销社系统开展合作经济的领域和层次。县级联合社的建立，将供销社系统原有的生产物资和生活物资供应、农产品加工等农业产前、产后领域全面扩展农业产前产中产后的各个领域，特别强化了农业生产作业方面的规模化服务，为建立区域性农业全程社会化服务体系打下了组织基础，并使供销社系统有望成为农业社会化服务领域的主导力量。

三是初步构建了现代农业综合服务体系。县级农民专业合作社联合社的建立，有利于农业资源要素的合理流动和优化配置。联合社社员组成的拓展，有可能发展出家庭农场和大户搞经营、合作社搞服务、企业做市场的现代农业综合体，这和当前农业现代化的大思路是一致的。而且，在多元化服务主体中，除了合作社和企业，还可能有专业化的农业服务组织。这有利于促进合作社的发展，促进合作社、龙头企业和其他主体的融合，能够弥补农业社会化服务不足的“短板”，加快新型农业社会化服务体系建设。

四是引领了中国现代农业发展组织化转型的方向。县级联合社的组建与发展，为系统性组建纵向农民合作社体系打下了基础，为建立区域乃至全国的农民合作社联合社组织体系创造了可能。供销社系统通过打造“县级联合社—乡镇级联合社—专业合作社”三级为农服务网络，并将其嵌入新型农业经营体系的构建之中，为在以土地流转为抓手推进农业适度规模经营之外开辟一条以强化全程社会化服务为核心的农业现代化道路，提供了组织基础，积累了有益经验。

四、运行机制设计

为了能够进一步理顺县级联合社的体制机制，促进县级联合社在为农服务上发挥更大作用，课题组认为有必要在以下两个方面做好顶层设计。

（一）成员构成安排

第一，扩大县级联合社成员的构成范围。对于纯经营性县级联合社，应放手其发展县级联合社成员，鼓励其联合县域内外有实力的经济组织开展多种类型的农业服务。准经营性和弱经营性县级联合社作为事业单位，其成员单位构成也不应局限于新的《农民专业合作社法》的规定，可以现有成员单位为基础，进一步扩大成员社范围。县级联合社可以吸收成员单位以外的其他联合社、大型合作社、大型农业企业、家庭农场等农业生产、加工、销售、服务等各类农业经济组织加入。由于这两类联合社是事业单位，所以原则上可不要求入股，基本上界定为联合会性质。

第二，完成县级联合社成员的实体化转变。尽管县级联合社不要求入股，但应指导乡镇联合社等成员单位吸收在本乡镇范围内的农业企业、家庭农场以及非基层社领办的农民专业合作社等经营主体加入，逐步通过动员成员入股的方式实现县级联合社成员单位的实体化运行。

第三，制定县域合作社融合发展计划。在县、乡两级供销社的带动支持下，制定县、乡两级联合社吸纳融合本区域农业合作经济组织的时间表。根据调研情况看，预期到2020年之前，乡镇级联合社、县级联合社可分别吸纳本乡镇、本县域范围内50%以上的合作社和其他农业组织为两级联合社成员。各县、乡镇供销社可根据实际情况制定相应的年度工作目标和考核指标。

（二）发展运行机制

第一，在县级联合社下组建同业农民专业合作社联合社（以下简称“同业联合社”）。鉴于多数县级联合社的事业法人身份和未实际出资入股的股份结构，县乡两级联合社在吸收域内合作社和其他农业组织的数量达到50%以后，按同行业联合的思路，在县级联合社的成员社中推动组建具有合作社法人资格的同业联合社，优先组建本县域特色农业产业的同业联合社。由于即将修订出台的《农民专业合作社法》规定合作社以外的主体不能参加联合社，因此同业联合社中不能包括县级联合社成员中的非合作社组织或个人，但可以利用县级联合社的协调作用实现互为服务。如此，同业联合社将有效解决县级联合社“大而虚”的弱点和乡镇级联合社“小而弱”的不足，同时也实现了各行业的同业联合社在县级层面的“互联互通”。

第二，扩大资金互助在县级联合社及其成员社中的范围。在完善现有专业合作社内部资金互助机制的基础上，逐步在有条件的同业联合社内组建资金互助社。这将扭转现有资金互助社范围小、作用弱等问题，大大提高资金互助对农业的有效支持程度。待同业联合社资金互助社发展成熟后，可借鉴河东区“大联合”“小联合”经验，在县级联合社范围内推进资金互助，真正实现运行封闭、机制灵活、风险可控、效果明显的合作金融新业态。

第三，完善县级联合社的章程。目前多数县级联合社章程是遵照农民专业合作社一般性指导章程制定的，其实际运行不完全符合章程规定，甚至相去甚远。可在实体性同业联合社、资金互助等方面取得明显进展后，适时启动县级联合社章程修改完善工作。在县供销社的主导下，将县级联合社与县供销社、资产运营公司、县农业服务公司、乡镇为农服务中心、资金互助社等主体之间的关系等情况明确写入县级联合社章程。开展县级联合社章程合规性督导，建立按章程办事的“规矩”，确保县级联合社依法依规、科学顺畅运行。

五、对策建议

综上分析，为尽快扭转当前县级联合社实体性偏弱、运行机制不完善、发展目标不清晰的格局，课题组提出如下几点建议。

一是做好县级联合社发展规划。应进一步明确县级联合社发展目标是引领区域涉农合作经济组织发展，并通过组建区域纵向农民合作社体系，提供高质量全方位的农业社会化服务。因而近期目标应是“做大”，中期目标应是“完善”，远期目标则是“主导”。

二是争取与农业等部门联合下发指导意见。为更好实现上述目标和制度设计，省供销社不仅需要出台相应的政策，更需要与上级农业主管部门做好充分沟通、协调。建议在省委、省政府的主导下，建立省级层面的联合协调机制，与农业、财政、金融等部门联合下发县级联合社发展指导意见。

三是抓紧设计示范章程。针对县级联合社组成结构和运作特点，抓紧设计起草示范性章程，用以指导、规范县级联合社的运行。章程发布后一定时间内，要对章程的执行情况开展督导工作。

四是推进县级联合社发展的示范县建设。把推进县级联合社建设与发展纳入供销社综合改革的重要内容，使之成为各级党委政府关注的重要工作。安排相关的政策和资金，支持开展县级联合社发展示范县建设，为扩大县级联合社的社会影响、促进纵向农民合作社体系的形成做好政策宣传和组织铺垫。

总报告三：供销社改革、土地托管与服务规模化

——山东省供销社综合改革调查与思考[①]

一、引言

自20世纪80年代初期全面推行家庭承包经营以来，小规模、分散经营模式能否实现农业现代化一直受到质疑。尽管1998年召开的中共十五届三中全会明确提出："农村出现的产业化经营，……是我国农业逐步走向现代化的现实途径之一。"但现实中，地方政府无不把土地规模经营作为推进农业现代化的主要手段甚至唯一手段。从土地流转的比例看，2007年，土地流转面积占农村家庭经营总面积的比例仅为5.2%，2012年就达到了21.5%，2013—2016年分别为26%、30.4%、33.3%和35%，已经有6 329.5万农户全部或部分转出土地。土地流转比例的快速上升，除了与《土地承包法》《物权法》等相继出台、国家对主要粮食品种实行保护价收购并于2008年后持续强化托市力度以及土地流转市场的不断完善密切相关以外，也与地方政府的强力推动密不可分。

2015年，国家降低了对东北4省（自治区）玉米的临时收储价格，同时对小麦、稻谷的最低收购价格保持不变。这一政策降低了粮农的实际收益，使2015年成为土地流转比例上升的"拐点"。尽管农业部门公布的数据还是上升(2016年达到35%，超过2015年1.7个百分点)，但许多地区都出现了退租甚至承租者"跑路"的现象。我们在吉林省的调查结果显示，在2015年的土地流转价格下，租地种植玉米、大豆每亩分别亏损203.5元和210.9元。在土地流转基础上形成的新型农业经营主体难以为继。我们调查的山东、河南、河北一带也出现了类似的情况，只是程度不同而已。这就给我们提出了一个问题：

① 执笔人：孔祥智、钟真。

中国的农业现代化究竟能否在租地的基础上实现？除此之外有没有其他更加有效的途径？

实际上，据农业部（现农业农村部，下同）发布的数据，截至 2015 年，经土地流转而形成的 10～30 亩的农户为 2 760.6 万户，30 亩以上的农户为 1 052.1万户，其中，50 亩以上的农户达到 356.6 万户①。这样的规模，总体上依然偏小，更无法和欧美国家的农场抗衡。这也说明了，中国的农业现代化必须在扩大土地规模之外寻找另外的途径，这就是通过日益完善的社会化服务来提升农业的规模效益，有的文献称之为“服务规模化”②。现实中，农业产业化龙头企业为基地农户提供的服务、农民专业合作社为成员提供的服务，以及 2013 年以来农业部门实施的“政府购买服务”项目等，都是服务规模化的不同形式。

值得一提的是，山东省供销社系统在改革试点过程中探索的土地托管模式，它以农民专业合作社为组织基础，以市场化为发展方向，通过供销合作社主动推动、政府主导，形成服务农民的强大合力，是政府力量与市场力量有机结合推进现代农业发展的有益实践。

二、“改造自我”：山东省供销社改革的逻辑起点

按照《国务院办公厅关于同意中华全国供销合作总社在河北等 4 省开展综合改革试点的复函》（国办〔2014〕37 号）对试点工作所提出的“改造自我、服务农民”总要求，山东省供销合作社于 2014 年 5 月在 6 市 18 个县展开综合改革试点，至 2016 年底，在“改造自我”和“服务农民”两个方面都取得了明显的效果。调研中发现，这次山东省供销社系统的改革首先从最基层做起，从帮助农民组建合作社开始“改造自我”。

（一）村级层面的改造——“党建带社建村社共建”

山东省供销合作社自我改造最大的特点就是从“姓农”做起，利用党建的力量让供销合作社再次扎根农村。具体做法是：紧紧依靠农村基层党组织，坚持与农村基层服务型党组织建设、精准扶贫、第一书记、经营服务相结合，与

① 王蕾、张伟民、金文成，2016. “十二五”时期农村土地承包和流转情况分析［J］. 农村经营管理．(6)．

② 国务院发展研究中心农村经济研究部，山东省供销合作社联合社 2015. 服务规模化与农业现代化：山东省供销社探索的理论与实践［M］. 北京：中国发展出版社，13－15.

村“两委”共建农民合作社、农村综合服务社、农业生产发展项目和干部队伍，促进村集体和农民“双增收”、供销合作社基层组织向农业生产经营和农村生活服务“双覆盖”，使供销合作社从最基层实现了“姓农”的要求。有了村社共建，特别是村社共建农民专业合作社，后续发展起来的农民合作社联合社才成了有本之木，故村社共建是供销合作社改造自我的源头和基石。它不仅是对供销合作社自身的改造，也是对当前农村社会治理机制的完善，有助于巩固党在农村的执政基础，促进农村社会治理现代化。全省所有市、县党委或组织部门都发文推动村社共建工作，共建村已达 16 087 个，共建项目 24 547 个，为村集体和农民分别增收 4.76 亿元和 26 亿元，实现了农民增收、村集体经济壮大、供销合作社增效、社会稳定发展的“多方共赢”。莱芜市、莒南县分别实现了村社共建市级全覆盖和县级全覆盖。

（二）乡镇层面的改造——打造实体性合作经济组织

山东供销合作社把建设以农民为主体的实体性合作经济组织作为改造自我的重要途径。具体做法是：在村社共建的基础上，依托基层社，以领办创办的农民合作社为核心成员社，联合本区域龙头企业、合作社、家庭农场、专业大户等新型农业经营主体，组建实体性乡镇农民合作社联合社（在工商部门登记为合作社法人），与基层供销合作社融合发展，基层供销合作社持股比例不超过 20%；乡镇农民合作社联合社与县级农业服务公司联合建设为农服务中心，打造“3 公里土地托管服务圈”，基层社、镇级农民合作社联合社、为农服务中心“三位一体”，共同构建了乡镇层面为农服务综合平台。这一改造彻底重构了基层供销合作社的工作机制，全面强化了基层社“为农”“务农”的服务功能，使其再一次焕发了生机与活力。截至 2016 年 10 月底，山东省供销合作社系统已领办创办农民合作社 15 674 家，组建乡镇农民合作社联合社 835 家。

（三）县级层面的改造——供销合作社与农民合作社联合社“一套机构、两块牌子”

具体做法是：发挥县级社的牵头作用，引导县域内乡镇农民合作社联合社、其他产业型农民合作社及联合社再联合，打造县域综合性农民合作社联合社，并在编制部门注册登记为事业法人，与县级社“一套机构、两块牌子”。通过组建县级农民合作社联合社，一方面在县域范围内形成上下贯通的联合社组织体系和经营服务体系，推动县以下供销合作社与农民合作社融合发展，成为当地合作经济组织的领导者、推动者；另一方面促使县级社转变行政化的思维方式和工作方法，建立更加灵活、更加符合市场经济要求的体制机制，为向实体性合作经济组织过渡创造条件。截至目前，山东省供销合作社系统已成立县级农民合作社联合社92家，临沂、潍坊、枣庄、莱芜、济宁、德州市及所有试点县已实现全覆盖。联合社的重要任务之一是与企业联合，组建农业服务公司，建设电子商务平台。县级农业服务公司作为全县为农服务体系的龙头，统筹推进县域农业社会化服务，主要承担、承接政府惠农政策和购买服务、农资仓储服务、大型农机具服务、对接二三产业融合发展、关键技术培训、分享创新成果6项功能。截至2016年10月，全省已注册成立146家县级农业服务公司，实现了全覆盖。

（四）省（市）级层面的改造——“3控3×6＋1”H型运行架构

具体做法是：成立山东省供销合作社社有资产管理委员会，组建山东供销资本投资（集团）公司，采取资本联合、项目合作等方式，推动社有企业跨区域横向联合和跨层级纵向整合。在此基础上，构建“3控3×6＋1”H型双线运行体系，通过“3控”[省（市）社控股社有龙头企业，县级社控股农业服务公司，乡镇农民合作社联合社控股为农服务中心]，保证为农、务农、姓农；通过“3×6＋1”[省（市）龙头企业、县农业服务公司、为农服务中心分别承担6项服务职能，并为涉农部门搭建服务平台]，上级社解决下级社干不了、干不好的事情，上下联动、功能互补，优化服务流程，形成整体优势；通过“社有资产管理委员会＋资本投资公司”，实现政事分开、社企分开和行业指导体系与经营服务体系的有效连接。在省（市）级层面，重点提升农资统采分销、日用品统采分销、农产品流通、融资担保、统防统治、96621服务热线等6项服务能力。

三、“服务农民”：以土地托管为核心，以社会化服务促进规模经营

在“服务农民”方面，山东省供销社系统探索了以土地托管为核心内容的社会化服务模式，通过服务规模化逐步推进农业适度规模经营，从平原地区到丘陵、山区，从粮食等大田作物到经济作物、果树乃至畜禽饲养，托管的业务内容也从土地作业到畜禽饲养作业，其他工作都围绕着土地托管展开。因此，这里的“土地托管”实际上是农业作业托管，但为了分析的方便起见，本文仍然沿用“土地托管”这一概念。

（一）开展土地托管，以服务规模化促进农业适度规模经营

土地托管是山东省供销合作社系统在综合改革中，立足于人多地少的基本省情农情和以家庭承包经营为基础的统分结合的双层经营体制，探索出的农业适度规模经营的新模式，是以服务规模化推动农业现代化的重要路径创新。在实践中主要形成了两种托管模式：一是全托管服务，又称“保姆式”托管服务，主要是为农户提供所有生产经营环节服务。一般情况下，委托和受托双方签订服务协议，事先确定种植作物及产量、服务项目、托管费用等信息。全托管服务对服务主体的能力和实力有较高的要求，需要整合农资、农机、农技等各类生产要素，对农民节支增收效果明显。二是半托管服务，又称“菜单式”托管服务，主要是为农户提供耕、种、管、收、烘干等某个或某些生产经营环节的服务，按实际作业项目结算服务费用。半托管服务相对灵活，也是托管服务的主要方式。随着土地托管模式的成功推广，山东省供销合作社系统积极拓展服务领域，创新服务方式，加快推进“两个延伸”“两个提升”，服务对象由龙头企业、农民合作社、家庭农场、专业大户等适度规模经营主体向分散经营农户延伸，服务领域由大田粮食作物向山区、丘陵经济作物延伸；服务手段由机械化服务向全产业链科技进步提升，服务方式由提高农业生产水平向促进一二三产业融合发展提升。

为增强土地托管能力，山东省供销合作社加快建设为农服务中心，按照最佳效益规模，经过反复实践探索，在平原丘陵地区以大田作物托管服务为主的为农服务中心，一般占地 20 亩左右，服务半径 3 公里，辐射面积 3 万～5 万亩，形成“3 公里土地托管服务圈”，重点开展测土配方和智能配肥、统防统治、农机作业、烘干贮藏或冷藏加工、庄稼医院、农民培训等服务，并为涉农部门设立服务窗口；在山区以林果等经济作物托管为主的为农服务中心，以山体自然形成的小流域为基本单元，服务半径约 6 公里，辐射面积约 10 万亩，大致形成服务圈。两者均与 2001 年合并前的乡镇建制区域基本吻合。在建设主体上，为农服务中心由县级农业服务公司联合镇级农民合作社联合社共同建设和运营，每处投资约 500 万元，山东省各级财政扶持 30%～50%，剩余部分由县农业服务公司和镇级农民合作社联合社自筹。本着农民出资、农民参与、农民受益的原则，山东省供销合作社对为农服务中心的出资比例作了设定，原则上县级农业服务公司不超过 30%，镇级农民合作社联合社不低于 70%，其中镇级农民合作社联合社中农民合作社的出资比例不低于 80%，这样就保证了农民社员在为农服务中心中的持股比例最低为 56%，体现了农民

的主体地位，密切了与农民的利益联结。2016 年 10 月，已建成为农服务中心 855 处，年底达 1 000 处左右，其中高密市已率先实现了县域全覆盖。全省土地托管面积已达 2 107 万亩，实现了五年目标三年完成。根据省供销合作社制定的全省为农服务中心五年发展规划，到 2020 年为农服务中心将建设 1 790 处，实现全省土地托管服务圈全覆盖。土地托管之所以深受农民的广泛欢迎，关键在于它不触动家庭承包经营制度的基础，不涉及农民土地财产权利的重大转变，而是通过服务规模化解决了家庭经营的细碎化问题，开辟了一条土地流转之外实现农业适度规模经营的新路径，丰富了农村基本经营制度的内涵，为中国农业现代化道路的探索提供了“山东方案”。

粮食作物土地托管成功后，山东省供销社又向其他作物和畜禽养殖领域进行了拓展。2014 年以来，山东省昌乐县供销社与河北双星种业公司合作建设为农服务中心，在两个镇托管甜瓜基地 3 000 亩，开展了种子供应、技术指导、产品销售、品牌建设等服务，使亩均收入达到 2 万元以上，农民得到了实惠，企业得到了效益，为设施农业托管服务趟出了一条新路子。山东省蒙阴县岱崮为农服务中心主要以果品种植户为服务对象，为果农提供品种更新、施肥用药、喷灌浇水、剪枝整形、疏花疏果、套袋采收、分级冷藏、运输销售等一条龙服务，托管面积 3 万多亩。山东省临沂市河东区供销社依托鲁盛养鸭专业合作社，建设肉鸭养殖服务中心，采用“龙头企业＋专业合作社＋养殖农户”模式，形成覆盖种鸭养殖、鸭苗孵化、饲养技术、疫病防治、饲料供给、屠宰加工等全过程的肉鸭养殖规模化经营服务体系，延长了肉鸭养殖产业链。该区供销社还建立了为农服务中心与龙头企业对接机制，探索肉鸭养殖与粮食作物规模化服务对接，农民种植的粮食作物收获后，经为农服务中心烘干，直接供给临沂六合配合饲料有限公司（区供销社社属企业），用于生产鸡鸭鱼猪及特种动物配合饲料，实现了种植业、养殖业、加工业、服务业的融合发展。目前，该产业链条每年肉鸭加工能力达到 2 000 万只，年饲料生产能力 60 万吨，每年可为 60 万亩粮食作物提供包括有机肥在内的规模化服务。可见，托管和服务规模化领域的拓展是无止境的。

（二）加强科技推广应用，提升服务规模化的质量

按照减、退、转、改、治、保“六字诀”和“一控两减三基本”的要求，通过为农服务中心将科技推广应用融入土地托管之中，整合测土配方智能施肥、推广应用良种良法、机械化耕种作业、统一飞防作业、土壤改良工程、烘干贮藏服务、探索建设信息云平台等项目，为农民提供覆盖全程的“一站式”

服务，打通科技推广“最后一公里”。截至2016年10月底，全系统配备土壤检测设备960台（套）、智能配肥设备569台，测土面积1 950万亩、配肥面积1 810万亩；购置各类大中型农业机械9 800台（套），整合社会农业机械5万余台（套）；全系统植保飞机已达562架，其中有人机49架，飞防面积2 186万亩；购置烘干机275组，粮食日烘干能力3万吨，仓储能力已达146万吨，其中冷藏能力50万吨。综合运用物联网、互联网、远程视频等信息化技术手段，支持为农服务中心加快信息化基础硬件建设，实现了与省级云平台和96621服务热线的互联互通，已初步建立“专家联系到中心、中心服务到农户”的工作机制。目前已有273个为农服务中心上线运行。植保飞机、智能配肥设备、烘干设备、为农服务中心云平台、96621服务热线等多种服务功能从无到有、从小到大、从弱到强，实现了农业供给侧结构性改革的新突破。

（三）升级农村现代流通服务体系，打造全省供销“一张网”

山东省供销合作社按照“适度规模的众多市场经营主体与构建信息化综合平台提供全渠道服务相结合，是山东供销流通现代化的重要路径选择”的顶层设计，整合系统网络资源，大力实施“农村现代流通创新工程”，以“互联网＋流通”为实现形式，积极探索“前台多样化、中台模块化、后台一体化”的电商模式，促进线上线下深度融合发展，加快构建农村现代流通体系。具体做法是：第一，建立省级综合性电商平台。省社出资2 000万元成立山东供销综合服务平台有限公司，并与京东集团签署战略合作协议，成立山东供销京东农贸发展有限公司。目前已有93个县（市、区）接入山东供销e家，开设B2B/B2C县（市、区）分站180个，实现了全省县域电商“一张网”。第二，支持县域电商“多样化”发展。县级供销合作社灵活运用微电商、自媒体等手段，积极尝试社区配送、O2O线上线下融合发展形式。全系统已开设各类县域电商平台137个，有53个县级供销合作社列入当地政府电子商务领导小组，22个市（县）供销合作社成为领导小组牵头单位。目前电商交易额已达152.6亿元，同比增长4.7倍。第三，“模块化”构建供销电商生态圈。依托浪潮集团的技术优势开发编程，将各地多样化经营的“成功要素”转化成标准化的信息功能模块，研制了山东供销e家模块。目前已在山东供销e家平台建立“集采平台、农超对接、为农服务”等7个模块，开展日用品统采、农资统采、农产品上行等业务，大幅降低采购成本，保证产品质量。第四，“一体化”统领系统电商发展。通过构建省级综合性电商平台，提升“中间服务”能力，免费提供标准化的交易、结算、仓配等电商模块产品，统一县域电商交易平台，使之在同一平台分区运营，促进网上互联互通、共享共赢。截至 2016 年 10 月底，全系统连锁经营网点已达 10 万多个，建成农村综合服务社 62 633 处、城乡社区服务中心 2 832 处、农产品批发市场 158 处，新建和改建区域及县域综合仓储配送中心 14 个。流通体系的建立健全，使农产品流通更加通畅，反过来促进了土地托管的深入开展。

（四）构建农村合作金融服务体系，破解农业经营主体融资难题

山东省供销合作社参与制定并认真落实省政府《关于农民专业合作社信用互助业务试点方案》和《试点管理暂行办法》，总结推广滕州“448”、高密“436”模式，按照社员制、封闭性和民主管理原则，不设资金池，选择 1 家托管银行开展业务，在不对外吸储放贷、不支付固定回报的前提下，引导县级社、基层社在领办的农民合作社内部规范开展信用互助业务，确保“两头堵死、封闭运行”，最大限度防控风险。截至 2016 年 10 月底，全系统规范开展信用互助业务的农民合作社 210 家，互助资金总额 5.2 亿元。其中，10 个合作金融专项试点县（市、区）供销合作社开展试点的农民合作社 113 个，超额完成试点任务。全省供销合作社改革试点单位已注册融资担保公司 2 家，注册资本总额 4.38 亿元，注册控股融资租赁公司 1 家，小额贷款公司 2 家，典当行 1 家。其中，省供销合作社联合系统 75 家企业共同组建山东供销融资担保股份有限公司，赢得省财金发展有限公司连续 3 年每年 5 000 万元的注资和补贴，使股本增加至 3.38 亿元，与中国农业银行、中国银行、交通银行、中国农业发展银行 4 家山东分行签署战略合作协议，可撬动 30 多亿元的银行资金投向市场服务主体。目前已实现在保金额 2.36 亿元。积极探索农业补充商业保险业务，在 13 个县（市、区）开展试点，险种已达 6 个，投保面积超过 2 万亩。省供销合作社与中国建设银行山东分行合作，确定在莱芜、聊城、日照等部分市推动以助农存取款为重点的合作试点。

（五）推进一二三产业融合发展，转变农业发展方式

山东省各级供销合作社充分发挥合作经济组织的优势，打破一二三产业条块分割、信息不对称等壁垒，打造创新链，提升价值链，拉长产业链，让农民群众在三产融合发展中有更多的获得感。高密市孚高农业服务公司借助土地托管形成的新优势，与山东望乡食品有限公司联合组建了山东望乡农业发展有限公司，开展专用小麦订单生产和深加工，共同打造从粮食生产到餐桌的完整产业链；还与正大集团合作，推动由玉米订单生产、饲料加工向养殖业发展，已

带动当地订单小麦、玉米种植面积 10 万亩。枣庄市山亭区店子供销合作社，围绕当地大红枣特色产业，组织农民成立枣店香大红枣专业合作社，改良旧品种，引进新技术，实施精准施肥智能化，加工产品多样化，市场销售品牌化，托管的 6 万亩大枣价值大幅提升，产值由原来的亩均不足 3 000 元，提高到 8 000元以上。法国罗盖特、美国国民淀粉、泰国正大、中粮集团等国内外大型企业，以及当地农业产业化龙头企业纷纷与供销合作社联合合作，实现了共建共享、多方共赢。

（六）整合各方资源，形成为农服务协同机制

山东省供销合作社以综合改革为契机，依托自身系统组织优势，积极推进社农结合、社社合作、村社共建，形成协同为农服务的强大合力。在社农结合方面，省社与省农业厅、财政厅、民政厅、国土厅分别印发了《加快推进农业社会化服务的意见》《加快供销社为农服务中心建设的指导意见》《农村社区服务指导规范（试行）》《做好为农服务中心建设用地管理工作的通知》，全省所有市和 90%以上的县级供销合作社与农口部门联合出台了推进农业社会化服务的文件。与省科技厅、农科院在农业科技成果落地等方面签署战略合作协议，围绕良种良法配套、农技农艺结合等农业科技成果转化展开全方位合作。有的地方把由财政资金形成的资产交由供销合作社管理运行，创新农业基础设施长效运行机制。如临沂市河东区将“小农水”设施交由供销合作社运营维护，解决了“小农水”工程“建、管、用”脱节、无法持续发挥作用的问题，同时也保证了财政资金的使用效益。在社社合作方面，供销合作社加强与合作社、种粮大户、家庭农场等新型经营主体的联合与合作，在资本、服务和经营中扩大与农民的利益联结，推行基地共建、品牌共创、利益共享，服务的经营主体达 4.55 万个，受惠农民 400 多万人，3 年累计培训农民社员 155.1 万人次。另外，通过村社共建，推动了农村经济发展，促进了农村基层服务型党组织建设，也实现了供销合作社自身的发展壮大。通过协同为农服务机制，供销合作社系统为农服务的综合平台作用得到充分彰显。

四、供销社改革的效果分析

（一）对供销社职能进行了重新定位

2014 年 4 月，国务院办公厅《关于同意供销合作总社在河北等 4 省开展综合改革试点的复函》指出，供销社综合改革试点，要“坚持市场经济方向，

坚持合作经济组织的基本属性和特色，按照‘改造自我、服务农民’的要求，……努力将供销合作社打造成为农民生产生活服务的生力军和综合平台。”2015 年 3 月，中共中央、国务院发布了《关于深化供销合作社综合改革的决定》，指出供销社改革的基本原则是“坚持为农服务根本宗旨”，“做到为农、务农、姓农”。山东省供销社在改革中坚持从基层做起，创造了“村社共建”的基本经验，把自身改革融入到农民组织化过程之中，既推动了农民组织化水平的提高，为农业农村发展作出了重要贡献，又找到了自身定位，大大提高了自我发展能力，使供销社系统重新焕发了生机。

（二）保障了农民的利益

只有让农民参与并有更多的话语权，让农民得到更多利益，让基层社得到更好发展，让农业现代化更快推进，才能保证为农服务体系的可持续运行，保证供销社改革的顺利推进。山东省供销社在为农服务中心建设过程中，本着农民出资、农民参与、农民受益的原则，设定了“两个比例”：一是 2∶8，即组建实体性乡镇农民合作社联合社，基层供销社持股比例一般不超过 20%，农民社员持股不低于 80%；二是 3∶7，即为农服务中心的投资，原则上县农业服务公司不超过 30%，农民合作社联合社不低于 70%。政府扶持资金可按比例以股权形式量化给农民社员，也可部分作为供销社的股权进入县农业服务公司。按此计算，农民社员在为农服务中心的持股最低为 80%×70%＝56%，既保证了农民占大股，也密切了供销社与农民的利益联结，形成可持续发展机制。试点中，农民合作社及联合社普遍实行按股分红和按交易额返利相结合的分配制度，县农业服务公司和基层社按股份制和合作制获取收益。

（三）土地托管的实际效果

在土地托管中通过对土地的整合，可增加种植面积 10%以上；通过规模化农机作业大大提高效率，节约机械、人力等投入，粮食作物每亩增产10%～20%，为农民节支提效 400～800 元，经济作物可达 1 000 元以上；通过开展专业化统防统治飞防作业，降低农药使用量 20%，提高工效 300～600 倍，有效防治率超过 96%；通过测土配方智能配肥，每亩可减少化肥使用量 15%～20%；通过“水肥一体化”新技术推广，比常规施肥节水 30%～40%、节肥 20%～30%；小麦、玉米烘干技术为农民解决了运输、晾晒的麻烦，降低了成本，增加了收入。

从山东省平原地区普遍实行的小麦、玉米轮作种植制度看，为农服务中心提供的服务一般为耕地整地、提供种子、提供化肥、播种施肥（种肥同播）、打药、浇水、收获、秸秆还田、籽粒烘干等，社会价格一般为 1 045 元/亩，为农服务中心价格约为 915 元，为农民节省 130 元；由于采取了配方施肥，每亩地为农民节约 20 元；玉米烘干（社会上暂时没有机构提供烘干服务）每千克可增值 0.2 元，按每亩 600 千克计算，每亩可为农民增值 120 元。仅上述几方面，每亩地就可为农民增加收入 270 元。同时，为农服务中心也可以实现利润 150 元。形成了真正的双赢局面。

五、进一步讨论

通过前文对山东省供销社综合改革的分析，可以初步回应本文第一部分提出的问题，并延伸讨论。

第一，中国农村地域辽阔，各地情况千差万别，农业适度规模经营理应采取多种模式。这一点早在 20 世纪 80 年代的中央文件中就已经提及。但无论是家庭经营、合作经营、企业经营、集体经营还是其他经营形式，地方政府具体的抓手多为“土地流转”。而农业适度规模经营的形式并不只是土地规模化一种方式。上述分析表明，为农业提供全程社会化服务是一种成本低、效益高、农民容易接受的方式，具有较为广泛的适应性。诚然，目前全国已有 1.7 亿农民工外出打工，其中 3 847 万人举家全迁，但乡村第一产业就业人口仍然高达 2.2 亿人。这些“留守人员”年龄大多偏大、多为老人和妇女，并且不具备从事其他产业的基本技能。正因如此，他们才难以完全离开土地。而由于文化水平低的原因，这些农业从业人员主要依靠传统技能，对现代农业生产要素掌握慢，有时甚至排斥。在这样的背景下，为他们提供全程社会化服务，使整个农业生产过程比他们自己操作投入少、成本低、收入高，并给他们留有选择的权利，从而可以吸引他们纳入社会化服务体系，纳入现代农业体系。从资源禀赋角度看，全程社会化服务正是中国特色农业现代化的“特色”之处。山东省供销社综合改革经验的推广价值也正在于此。也就是说，各省改革的过程、模式可以不同，但中央 11 号文件所确立的“为农、务农、姓农”的改革方向必须坚持。这或许是开创中国特色农业现代化新局面的一个重要突破口。

第二，作为兼具生产与服务双重功能的新型农业经营主体，目前超过 1 000万家、户均 30 亩以上的专业大户（家庭农场）的确是中国农业现代化和商品农产品供给的主力军，但如果每一个这样的大户都必须购买从耕地整地到初加工之内的所有农业机械和其他硬件设施设置，不仅会造成巨大浪费，成本也难以承受。因此，为新兴经营主体提供全程服务也是中国农业社会化服务体系建设的题中应有之意。从山东省供销社改革的实践看，凡是为农服务中心健全的县（市），包括专业大户在内的新型农业经营主体大都自动纳入到服务中心的服务体系中来，净收益当然也有所提高。因此，完善的社会化服务不仅不会降低土地规模经营水平，反而是提高土地规模经营水平的一条重要途径。尤其在当下由于粮食价格下降导致规模经营效益下降、部分承租者退租或跑路的情况下，提高农业社会化服务水平，通过服务降低规模经营的成本，更加具有现实意义。

第三，如何看待供销社改革？这是当下学术界甚至政策界讨论的热点话题之一。相当一部分人认为，这次供销社改革会形成新的垄断，尤其是会形成从农业生产资料供给到农产品初加工的全产业链垄断，进而损害农民利益。从山东省供销社改革的过程看，这种担忧是不必要的。供销社作为介于政府和市场之间的特殊机构，具有一定的政府信用，可以动员部分政府资源，并且可以把这部分信用和资源与市场资源有机结合，实现资源的优化配置，是一个市场化过程。供销社在改革中所整合的企业、合作社和农户（包括专业大户）完全是基于市场原则的自愿行为，是利益驱动的结果。因此，山东省供销社综合改革经验的推广一定要注意这一点，绝对不能偏离市场化方向。

第二篇

分 报 告

分报告一：滕州市供销社综合改革与农民合作社联合社运行机制调研报告[①]

一、引言

滕州市位于山东省南部，面积 1 485 平方公里，人口 170 万人，是山东省人口最多的县级市。耕地面积 130.9 万亩，是全国粮食生产先进县，全国最大的“二季作”马铃薯产区，有“中国马铃薯之乡”的美誉。近年来，滕州市被列为首批国家现代农业示范区、全国农村综合改革试验区，是农业农村改革的先行者。滕州市供销社抓住改革机遇，积极贯彻山东省供销社“双线运行体系”，即联合社机关主导的行业指导体系和社有企业支撑的经营服务体系，在为农服务综合平台搭建、土地股份式托管和“村社共建”工作中取得一定成绩。

滕州市供销社拥有 39 个企业，干部职工 4 600 人。自 2014 年承担供销社综合改革试点和新型农村合作金融专项试点任务以来，滕州市供销社按照批复的实施方案，周密组织，扎实推进，在实践中积极创新，完善提升，全面完成综合改革各项试点任务。

二、滕州市供销社综合改革概况

滕州市供销社抓住综合改革机遇，显著提升经济实力和为农服务活力，探索出了建设为农服务中心搭建为农服务综合平台、土地股份式托管、农民合作社信用互助“四四八模式”、开展种植保险保障社员利益等经验做法。

实体性合作经济组织取得新进展。领办参办农民合作社 216 家，服务农民合作社 560 家，占全市农民合作社总数的 50%，组建农民合作社联合社18 家。成立了市级农民合作社联合社，与市供销社“一套机构、两块牌子”合署办公，构建起上下贯通、运行高效、联合紧密的实体性合作经济组织体系。加强农民合作社规范化建设，培育各级示范社 9 家。

---

① 执笔人：马庆超。

农业服务规模化取得新突破。滕州市建成运营供销社为农服务中心16处，实现乡镇全覆盖。累计投入7 120万元，总占地面积221亩，建筑面积达到3.5万平方米，购置整合农机设备1 000余台（套），其中，土壤检测设备5台（套），智能配肥机13台（套），飞防设备6台（套），粮食烘干设备13台（套）。年实施“保姆式”“股份式”全托管、“菜单式”半托管服务面积达到40.2万亩，占全市土地面积的30%。

现代流通服务体系实现新提升。农村综合服务社发展到1 066个，覆盖全市85%以上的行政村。2014年以来，建设社区服务中心20处，总数达58处，镇域商贸综合体和中心6处。成功运营了滕州网上供销社电商平台，建设电商服务站37家，实现电商交易额1.26亿元。在抢滩布局镇村网点的同时，努力拓展城区经营网点，承担了总投资17亿元佳美广场和融城国际改造项目，总建筑面积54万平方米，其中融城国际邻里中心及其他商业服务设施达8万平方米。

党建带社建村社共建成效显著。联合滕州市委组织部发展村社共建村262个，共建农民合作社、社区综合服务中心等项目516个，帮助农民年均增收5 000余万元，村集体年均增收600余万元，供销社年均增加收入200余万元。2015年5月，山东省供销社对接第一书记推进党建带社建社村共建工作现场会在滕州市召开。

农村合作金融规范开展。在17家农民合作社内部开展了信用互助业务，互助金总额2 434万元。8家农民合作社取得信用互助资格认证书，占全市资格认证的2/3，探索出了坚持四项原则，规范四项内容，完善八步流程的“四四八”模式，为山东省和枣庄市新型农村合作金融试点工作座谈会提供了观摩现场。

（一）农民合作社联合社组建和发展情况

滕州市农民合作社联合社（表2-1-1）由滕州市供销合作总社牵头，15个镇级联合社、滕州市供销农业服务公司、鑫田联合社、鑫顺联合社、联众联合社等19个成员单位出资500万元发起成立。其中：滕州市供销农业服务有限公司出资200万元，占股本的40%；滕州市级索供销合作社出资75万元，占股本的15%；滕州木石供销合作社出资35万元，占股本的7%；滕州市官桥供销合作社出资70万元，占股本的14%；滕州市东郭供销合作社出资5万元，占股本的1%；滕州市西岗供销合作社出资5万元，占股本的1%；滕州市羊庄供销合作社出资5万元，占股本的1%；滕州市张汪供销合作社出

表 2-1-1　滕州市农民专业合作社联合社

性质	事业
构成	滕州市供销农业服务有限公司＋15 个基层社＋3 个农民合作社联合社
职能	指导、协调、监督、服务、教育培训
股份构成	总股本 500 万元，滕州市供销农业服务有限公司 40%、级索供销社 15%、木石供销社 7%、官桥供销社 14%、东郭供销社 1%、西岗供销社 1%、羊庄供销社 1%、张汪供销社 1.2%、南沙河供销社 1%、鲍沟供销社 1%、岗头供销社 1.4%、姜屯供销社 1%、界河供销社 1%、东沙河供销社 1%、龙阳供销社 1.4%、大坞供销社 4%、鑫顺种植专业合作社联合社 1%、鑫田万亩粮蔬种植专业合作社联合社 3%、联众果蔬专业合作社联合社 4%
主要制度设计	生产服务部、现代流通部、金融服务部、综合服务中心，与县社相关机构合署办公
已开展的主要工作	指导、协调、监督、服务、教育培训成员社
与县供销社关系	合署办公
与县资产运营公司关系	独资控股
与县级农业服务公司关系	最大股东
有没有入股下级联合社	尚未
与乡镇联合社关系	指导镇街供销社与农民合作社联合社融合发展，强化镇级农民合作社联合社规范管理
与乡镇农业服务中心关系	间接指导

资 6 万元，占股本的 1.2%；滕州市南沙河供销合作社出资 5 万元，占股本的 1%；滕州市鲍沟供销合作社出资 5 万元，占股本的 1%；滕州市岗头供销合作社出资 7 万元，占股本的 1.4%；滕州市姜屯供销合作社出资 5 万元，占股本的 1%；滕州界河供销合作社出资 5 万元，占股本的 1%；滕州市东沙河供销合作社出资 5 万元，占股本的 1%；滕州市龙阳农民专业合作社联合社出资 7 万元，占股本的 1.4%；滕州市大坞农民专业合作社联合社出资 20 万元，占股本的 4%；滕州市鑫顺种植专业合作社联合社出资 5 万元，占股本的 1%；滕州市鑫田万亩粮蔬种植专业合作社联合社出资 15 万元，占股本的 3%；滕州市联众果蔬专业合作社联合社出资 20 万元，占股本的 4%。除两家成员社资金到位，其他成员社的出资都未到位。

滕州市农民合作社联合社与滕州市供销社的关系为“一套机构、两块牌子”合署办公，联合社为事业法人，下设业务部门包括生产服务部、现代流通部、信用互助部和综合服务中心。其中，生产服务部对应供销社的合作指导科；现代流通部对应供销社的经济发展科；信用互助部对应供销社的合作金融科；而综合服务中心的生产业务对应供销社的合作指导科，生活方面相关的业务对应供销社的经济发展科。联合社对成员社负有指导、协调、监督、服务、教育培训的职责。联合社尚未入股下级乡镇联合社，负责指导镇街供销社与农民合作社联合社融合发展，强化镇级农民合作社联合社规范管理。联合社间接指导乡镇为农服务中心。

（二）农业服务公司和为农服务中心建设现状

1. 滕州市供销农业服务有限公司

滕州市供销农业服务有限公司成立于 2015 年 10 月，由滕州市供销社发起，部分市直企业、基层社参股。市农业服务公司的注册资金共计 500 万元，其中滕州市供销社独资的山合资产经营有限公司出资 275 万元，加上滕州市供销社控股的贵恒农产品有限公司和丰谷农资有限公司的出资，市供销社共占股 64.4%；龙阳镇供销社占股 26.6%，另有 2 个自然人出资 45 万元，占股 9%。市农业服务公司占地 100 亩，总投资 1.4 亿元，建筑面积 4 万平方米，按照“打造三公里服务圈”的工作思路，整合系统资源，搭建为农服务的综合平台。

2. 为农服务中心

立足滕州市马铃薯和小麦、玉米优势产业，坚持“规模适度、半径适宜、功能完备”的原则，在主要产区 16 个乡镇各建设一处为农服务中心，打造 3 公里土地服务圈。市农业服务公司统筹各乡镇为农服务中心的运作，开展综合化为农服务，形成规模化经营和规模化服务的能力，“农民外出打工，供销社给农民打工”实现双赢。

（三）基层供销社主导的农民合作社联合社发展现状

1. 龙阳农民专业合作社联合社

滕州市龙阳供销社农民专业合作社联合社是由滕州市龙阳供销社牵头，于 2014 年 12 月成立，是滕州市供销社农民专业合作社联合社的 19 个成员之一。联合社共包括 6 家成员社，分别是腾龙黄瓤地瓜* 专业合作社、良友农机专业

* 地瓜指甘薯，下同。

合作社、刘氏生态农庄、富阳果菜农民专业合作社、丰旺果蔬专业合作社和贵通果菜专业合作社。

联合社注册资金为560万元，其中腾龙黄瓤地瓜专业合作社出资50万元，良友农机专业合作社出资200万元，刘氏生态农庄出资26万元，富阳果菜农民专业合作社出资260万元，丰旺果蔬专业合作社出资12万元，贵通果菜专业合作社出资12万元，但是资金都没有实际到位。

联合社内各成员社之间也很少有业务上的实际往来，联系比较松散，仅局限于信息共享和技术传递，在生产经营中仍是各自为政；联合社的成立主要是为了发挥组织协调功能，但就目前的情况来看，该功能尚未很好地贯彻落实。

刘氏生态农庄虽然加入了镇供销社联合社，但实际并未出资入股。并且刘克涛本人是农业技术人员，可以很好地依靠自己解决马铃薯生产中的技术问题，同时也通过为周围的马铃薯种植户提供技术服务来赚取收入。农庄与供销社的主要联系是农资服务，刘克涛种植马铃薯所需的农资基本来源于马铃薯生产服务中心。其所在的丛条村，有大约1/3的农户在马铃薯生产服务中心购买农资，因为服务中心的农资既有质量保证，价格也很实惠。

富阳果菜专业合作社既是龙阳供销社农民专业合作社联合社的关键和核心成员，也是马铃薯生产服务中心的重点服务对象。从合作社的业务经营情况来看，富阳果菜专业合作社通过吸纳种植马铃薯的农户，一边将镇供销社（合作社的领办单位）入股投资建设的马铃薯生产服务中心的农资、农机服务等销售给社员，一边帮助贵恒农产品有限公司（供销社控股单位）收购马铃薯。可以认为，龙阳供销社依托其下属或控股的单位机构，将马铃薯种植农户以及其他作物种植户很好地组织了起来，各取所长，促进了农业经营效益的增加。下述两户社员案例，详细展示了马铃薯种植农户加入合作社以后的增收情况。

案例一：现年（2017年）61岁的孟宪停，是龙阳镇丛条村的一位普通农户，夫妻两人经营5亩土地。2008年加入富阳果菜专业合作社，入社9年来，每年通过合作社种植马铃薯能增收2 000多元/亩，比种小麦、玉米增收近4倍。根据老孟的说法，其增收的原因主要有以下几点：一是农资服务。富阳果菜专业合作社积极引进优良品种并向社员推广，使得马铃薯增产20%左右；而合作社免费提供的测土配方、精准施肥，为农民减少肥料投入120～210元/亩。二是品牌销售服务。富阳果菜专业合作社注册了“龙河湾”牌商标，并取得了国家绿色农产品认证，从而将合作社的马铃薯价格提高了15%左右；如2016年，老孟家的马铃薯通过合作社统一销售，平均价格达到了1.5元/斤*，而当时的市场收购价为1.3元/斤。三是技术服务。合作社通过向社员提供秸秆生物反应堆技术，提升了土地肥力，增加了马铃薯产量；此外，合作社还提供两膜三膜大棚覆盖技术，使当地的马铃薯较其他地区更早种植和上市，价格也因此得以提高。

案例二：李玉彬，丛条村村民，之前担任村支部书记20多年。李玉彬家里种有7亩地，其中3.5亩是流转而来，2008年开始加入富阳果菜专业合作社。加入合作社，为李玉彬的马铃薯种植提供了众多的便利和优惠，实现了节本增效的目的。首先是免费的测土配方服务，能够便于农户进行精准施肥以减少化肥施用量，降低成本。其次是农资服务，李玉彬通过合作社购买的肥料只需140元/袋，市场价则要150元/袋；合作社提供的马铃薯种子至少也可以比市场价优惠0.2元/斤。再次是作业服务，一是农机具租赁服务，要远远低于市场价；二是合作社统一提供的土地翻耕服务，每亩地收费60元，比市场价低10元左右。三是销售服务，只要社员的马铃薯质量检测达到合作社的无公害标准，就能够以高于市场价格0.2元/斤的价格被统一收购。

贵通果蔬专业合作社并不属于龙阳镇，而是位于界河镇，但却加入了龙阳供销社联合社。究其原因，应该是该合作社从事马铃薯生产的缘故。龙阳供销社以马铃薯生产服务中心为主，其联合社的各个成员社也大多从事马铃薯的生产与销售。可见，龙阳供销社联合社倾向于同业之间的联合。联合社通过将与马铃薯种植、生产和销售有关的各类合作社、家庭农场等经营主体组织起来，以帮助最底层的马铃薯种植农户节本增效。如贵通果蔬专业合作社所需的农机服务，便来自于联合社的成员社——良友农机专业合作社。

良友农机专业合作社成立于2011年12月，位于滕州市界河镇西李庄村，理事长为王玉良，同年王玉良还成立了玉良蔬菜专业合作社。两家合作社的实际出资人都只有王玉良一人。良友农机专业合作社共有农机30余台，其中包括喷药机、播种机和施肥机等小型农业机械，主要提供农机维修、保养、出租以及作业等服务。作为龙阳供销社联合社的成员社之一，尽管没有在联合社实际出资入股，但为其他成员社提供了价格优惠的农机服务，从而也体现出了组建联合社的意义所在。

腾龙黄瓤地瓜种植专业合作社位于龙阳镇冯庄村，成立于2009年，理事

* 斤为非法定计量单位，1斤等于0.5千克。

长是本村村民关祥秋，合作社在本村覆盖了 1 000 亩地瓜，计 200 户社员。腾龙黄瓤地瓜种植专业合作社于 2014 年加入龙阳供销社联合社，据理事长本人反映，加入联合社一年的分红虽然仅有几十元，但可以接受到更加全面、优惠的社会化服务。由于联合社的各成员社并没有实际出资，所谓“分红”即是合作社统一购买供销社的农资产品的返利。对黄瓤地瓜种植专业合作社来说，尽管加入了供销社联合社，但实际为其提供服务的是龙阳镇供销社，而联合社的作用并没有得到体现；同样，该合作社在联合社中也没有发挥任何作用。

2. 西岗农民专业合作社联合社

滕州市西岗农民专业合作社联合社（以下简称联合社）于 2016 年 10 月成立，滕州市工商部门注册，理事长为西岗供销合作社主任张杰。现有合作社 5 家，社员 500 人左右。该联合社依托西岗为农服务中心为联合社成员社提供农技、农化服务，农业生产资料供应，农机具存放，大田作物托管（喷药、施肥、耕种、收割）、农产品交易、信息交流、合作社内部资金互助等服务。目前，联合社土地托管面积 3 200 亩，其中全托管达 600 亩。联合社有固定资产 500 万元左右，流动资产 200 万元左右。

该联合社是由宏顺种植合作社（滕州市供销社参股）牵头、5 家合作社发起成立，分别为段庄种植专业合作社、丰裕种植合作社、舜耕粮蔬专业合作社、宏顺种植专业合作社和正义粮蔬专业合作社。注册资本为 520 万元，其中宏顺种植专业合作社出资 220 万元，舜耕粮蔬专业合作社出资 150 万元，其余 3 家合作社各出资 50 万元。从土地规模来看，除舜耕粮蔬专业合作社的规模较大，达 1 100 亩左右，其余 4 家都在 400 亩左右。

独立运营的合作社规模小、发展空间窄、彼此之间信息不畅通（如技术指导服务、农机作业服务需求）。为提升地区合作社的整体竞争力，实现信息共享、资源共享、降低成本等目的，5 家合作社成立联合社抱团发展，建立信息和资源共享平台。

联合社的决策机制是 5 家合作社共同商议，由于在注册资金和合作社规模上相差不大，5 家合作社之间在决策权和话语权上并没有明显差距。联合社有理事会，由 5 家合作社的理事长组成，但由于刚成立半年，还没有专门的工作人员。

（四）乡镇级为农服务中心发展现状

1. 龙阳马铃薯生产服务中心（龙阳为农服务中心）

龙阳马铃薯生产服务中心已注册为非法人机构，投资规模 400 万元，其中市农业服务公司出资120万元，省社扶持资金50万元，滕州市政府扶持50万元，剩余部分则是由龙阳供销社（联合社）自筹。服务中心占地10亩，建有700平方米综合服务大厅、600平方米厂房、200平方米办公室及社员培训室等基础设施，能够提供测土配方施肥、周转箱供应、农资供应、农机农技服务、信息咨询、技术培训、资金互助、农产品收储、销售等从种到收的一系列服务。在运作上，马铃薯生产服务中心采用的是“供销社＋合作社＋村两委＋信用互助社”四位一体的合作模式，测土配方施肥技术有北京傲禾测土肥业连锁有限公司加盟。

“菜单式”土地托管。截至2017年4月，服务中心“菜单式”托管马铃薯面积近1.72万亩。托管服务价格不会在托管协议中规定，而是根据市场价调整，但会低于市场价。马铃薯生产服务中心的托管服务有力推动了农业现代化进程，降低了农业生产成本。通过实施标准化整理耕作、新品种引进推广、测土配方施肥等新手段、新技术的应用和推广，降低了耕种成本，提高了土地收益。比如测土配方施肥，精准施肥能够降低亩均化肥施用量约20%，节省成本100～150元/亩左右——节本即是增效；并且服务中心的测土配方服务对农户也是免费的，一般2～3年测一次，主要检测土壤的氮、磷、钾、有机质含量和酸碱度。

提供马铃薯周转箱。农户可以在服务中心购买周转箱，用于装马铃薯；如果箱子有损坏，农户可以低价再卖给服务中心，服务中心对损坏的周转箱再进行重新制造，如此一来，农户和服务中心的成本都得到了降低，实现了双赢。

2. 西岗为民农业技术服务公司（西岗为农服务中心）

2014年11月，滕州市丰谷农资有限责任公司投资建设滕州市西岗为民农业技术服务有限公司。2015年11月，为农服务中心基本竣工，进行试运营；2016年12月，滕州市西岗供销合作社和滕州市西岗镇舜耕粮蔬专业合作社正式入股西岗为农服务中心；2017年6月，为农服务中心正式运营。

滕州市西岗为民农业技术服务有限公司定位为公益性与经营性相结合，服务为本、不追求大规模盈利的工商注册企业法人，法人代表为丰谷农资公司副总经理李峰。目前为农服务中心已建成1 200平方米综合服务大楼、860平方米粮食烘干周转库；购置精准配肥机1台、粮食烘干塔2台、玉米收割机2台、中型拖拉机2台、小型拖拉机4台、无人喷药飞机2驾、地磅1台，组建了6支服务队伍，专业服务人员12名、服务托管能力达3万亩。为农服务中心的服务对象无地域或组织限制，专业大户、普通农户、联合社成员社和非成员社等农业经营主体均可接受服务。

为农服务中心预计总投入 880 万元，现已累计投入 660 万元，其中滕州市丰谷农资有限责任公司先期投入现金 60 万元、农机具等设备和服务大厅等建筑共计 500 万元，丰谷农资公司在为农服务公司的创建、发展和运营中拥有绝对的话语权和影响力。为提供更多为农服务项目，为农服务中心后期引入西岗供销社和舜耕合作社，西岗供销合作社投入现金 60 万元，舜耕粮蔬专业合作社投入现金 40万元。

农业科技培训和服务。为农服务中心成立以来，多次聘请滕州市农业局、山东省土肥研究所等农技专家，举办 4 次马铃薯、冬小麦、夏玉米等高产种植和测土配方施肥技术讲座，全年培训人员 360 人次，受到了农民朋友的欢迎，为农服务中心被评为“滕州市农业技术培训示范基地”。为农服务中心还为农民合作社和农户免费提供测土配方、配肥、配药等技术指导服务。2016 年，为农服务中心全年完成土样采集、化验、分析 108 份，提出配方施肥方案、建议 66 个，供应配方肥 6 000 余吨，发放小麦、玉米、马铃薯高产种植明白纸、宣传单 6 000 份，发放购肥优惠卡 8 800 张。

信息整合和共享。为农服务中心加强与西岗镇及周边乡镇农民专业合作社和种植大户的联系，通过将合作社和大户纳入微信群的方式整合和共享各主体提供的农产品销售价格、行情等关键信息，实现了农业经营主体信息共通、资源共享、优势互补。

农资统购统销。为农服务中心依托丰谷农资公司，充分利用丰谷农资公司在进货渠道和规模上的优势，直接向农资生产厂家统一采购农资并直供农户等农业经营主体，降低农业经营主体的农资购买支出，经营主体每吨农资可获 100 余元的优惠。通过规模采购和批量长途运输降低为农服务中心的购入成本；通过直销农户免除中间商层层加价，降低农户购买价格；同时通过农资直供农户和田间地头，免除农户短途运输农资的费用。2016 年，为农服务中心从湖北澳特尔、金丰华、江苏云台山等大型生产厂家进货并开展直供，切实让利于农，受到专业合作社和农户的欢迎。

农机服务。为农服务中心依托舜耕粮蔬专业合作社，组织舜耕合作社的农机能手成立为农服务中心农机服务队，在农忙时节为农民合作社和专业大户等农业经营主体提供机耕、机播、机收等农机作业服务，每亩作业价格低于市场价 20～30 元。同时，为农服务中心面向农民合作社和农户等农业经营主体开展农机租赁和农机存放服务。通过农机服务，为农服务中心整合了当地的农机资源，不仅改变了过去无序竞争的状态，形成了较为统一的市场价格，而且农机调配作业大大提高了农机的利用率。

（五）村社共建发展现状

“村社共建”实现了农民和村集体“双增收”，促进了供销社基层组织向村居、经营服务向田间地头“两个”延伸。滕州市供销社结合大田作物托管和党建带社建、村社共建工作，在西岗镇东王庄创新开展“股份式”土地托管，推行“保底收益＋按股分红”的利益联结机制和“农业职业管理人”制度，同时围绕土地股份合作发展“村社共建”，有效带动了村集体经济发展、农民增收致富和合作社发展。村两委和合作社共同进行生产经营的全托管合作模式，实现了村民得到实惠、合作社获得发展、村集体增加收入的多方共赢局面。

1. 发展历程

滕州市西岗镇耕地面积达 6.5 万亩，以种植小麦、玉米大田作物为主，然而当地村民外出务工人数较多，导致农业劳动力缺乏，因此土地流转应运而生。西岗镇 2006 年率先在全国开展土地流转试点，并建立全国首家土地流转交易市场。

2010 年在丰谷农资公司的指导下，舜耕农民合作社先后在西岗镇东王庄、温堂、魏庄等村试点开展大田作物托管和示范种植基地建设，其中在东王庄实行 310 亩耕地全托管。试点效果显著，一定程度上解决了兼业农户农业生产自顾不暇的后顾之忧。

2013 年下半年，借滕州市委组织部与滕州市供销社联合推动村社共建之机，东王庄村两委深化与舜耕农民合作社的合作，推进全面托管模式。村两委在征得村民代表一致同意的基础上，整建制将全村土地交由舜耕合作社种植，达成 1 111 亩耕地的整建制全托管合作协议，实现了由村两委和合作社共同生产经营，采取保底分红、共担风险、村集体入股年底结算等形式，形成股份制生产、经营、分配模式。在舜耕农民合作社土地“保姆式”全托管的示范和丰谷农资公司的推动下，测土配方、农技指导、农资直供、农机作业等“菜单式”半托管服务应运而生。2016 年合作社全托管东王庄 1 111 亩土地，其中 1 011亩种植小麦，100 亩种植春季马铃薯。

2. 运作模式

入股方包括东王庄农户、村集体、合作社和被聘请参与管理的村干部。其中，东王庄村民以土地经营权入股，舜耕合作社根据土质将入股土地分为两个档次，档次高低决定耕地保底分配多少。东王庄村集体将现有的电力、灌溉等设备设施以及办公、仓储等场地进行作价入股，占股 20%，因此村集体也可享受每年的年底决算收益分红。合作社以农资、资金、技术、销售等入股，被聘请参与管理的村干部以机械、管理等入股。

整合不相连的地块，增加耕地面积。将原来分属不同农户的耕地进行整合打通，平整分割耕地的路、沟、渠并将其改造为耕地，实现增加土地面积达61亩。新增耕地带来的收入完全归村集体所有。

经营管理由舜耕合作社牵头，村两委参与。合作社管理人员包括3名舜耕合作社社员和3名村两委干部。舜耕合作社负责种植作业、物资、资金保障、技术管理；村两委负责水电、场地等生产经营设施。另外成立由村两委人员组成“农业职业管理人”队伍，负责正常生产的耕、耙、种、管等环节。

加强与上游部门联合合作。推动统一管理，发挥独特优势，与科技部门、种子公司合作，生产基地被滕州市科技局列为示范种植项目实验支持单位，被滕州市种子公司列为小麦繁育基地，实现每亩增收120元。

制定合理的利益分配和联结机制。对于农民，采取“保底＋分红”的分配方式，即正常年份首先根据农民入股耕地的质量为每亩土地提供900元或1 000元的保底金，在此基础上农民再参与合作社年底决算收益分红。对于其他主体，按照各自的付出及承担的责任采取5个20%的年底决算收益分配模式：合作社20%，农户20%，村两委20%，生产经营管理者20%，合作社提取再生产基金（即公益金）20%。

有效管控和合理分担生产经营风险。一方面，不仅为被托管的土地购买政策性农业保险，而且附加购买补充农业保险商业险，有效降低生产经营风险，切实保护农民收益。另一方面，健全内部风险监管机制，由3名合作社代表和2名村两委成员代表组成理事会，1名合作社财务人员和1名村会计组成监事会，集中监管资金投入使用和年底分红。如果出现自然灾害等不可抗力造成的损失，由合作社承担60%的损失，村两委及农户承担40%的损失。

三、主要成效和存在问题

（一）取得的主要成效

农资农技服务成果显著。市农业服务公司参与建设农资仓储配送中心4处，年配送农资商品14万吨，农资销售占全市的70%以上；市农业服务公司承担了高毒农药定点经营管理工作，确定高毒农药定点经营点18个。全市乡镇为农服务中心现拥有土壤检测设备5台（套）、智能配肥机13台（套），飞防设备6台（套），年提供土壤检测45.64万亩、智能配肥22.3万亩、飞防作业37.4万亩。仅通过测土配方施肥一项服务，马铃薯亩均减少化肥使用量

20%，为农民节约生产投入150元左右。

规模化经营降成本增单产。小麦、玉米粮食作物亩均减少生产投入120元，种子统一采购后每亩能降低20元，统一施肥每亩地降低40元，统防统治打药每亩降低20元，统一耕种每亩降低20元，农机收获每亩降低20元。小麦亩均单产增加100～200斤，玉米亩均单产增加200～300斤。

专业化经营提质量涨售价。开展精准施肥用药工程，可以提高产品质量；聘请农业专家开展技术指导和培训，可以推广免耕播种、种肥同播等农业管护新技术；引进推广新良种，销售时每斤能高出市场价0.1元；同时还可以提供粮食烘干仓储等服务。

粮食仓储解决农民难题。全市乡镇为农服务中心拥有粮食烘干设备16台（套），单次粮食仓储能力超过1万吨，与上海比瑞克饲料厂、临沂六合饲料厂、辛绪淀粉厂达成长期合作关系，年供应小麦、玉米近3万吨。做到了“两连”，即一头连种植大户、粮食专业合作社，一头连生产厂家；解决了“两难”，即晾晒难、销售难。

农机作业服务能力提升。收割旺季，全市乡镇为农服务中心可统一调配大型农机设备236台（套），在全市范围内开展农机作业。全市可整合大小农机具1 000余台（套），作业面积近30万亩。

农户的农业收入和非农收入大幅增加。农民既解决了粮食生产问题，又可以选择外出打工赚钱，多种方式增加了家庭收入。未参与土地托管的农民自种“口粮田”，辛勤劳作一年的亩均收入不足900元。而参与土地托管的农户，不仅能够获得每亩900～1 000元的保底收入，而且最近连续3年可得到每亩60元的分红，同时还能免除种地的后顾之忧、安心出外打工，获得可观的非农就业收入。2015年10月，东王庄村217户农民把土地全部进行了托管。土地全部托管后，新增外出打工人员206人，增加打工收入200余万元。

科技培训与推广有序开展。市农业服务公司统一聘请市农业局、青岛农业大学及中国科学院5名高级农技人员常年开展马铃薯种薯繁育和高产攻关技术、小麦玉米秸秆还田、玉米免耕播种等新技术指导；积极承接山东农业大学、德国拜耳水肥一体化、液体肥、药肥、农药推广试验，试验面积1 000亩；正在与希森集团对接研究马铃薯深加工业务，推进二三产业融合发展。

凝聚为农服务整体合力。通过为农服务中心这个平台，将部门单一的业务融合到一起，为农民提供一站式服务，实现了涉农资源的有效整合。市发展和改革局、财政局、农业局、商务局、民政局、水务局、农机局等在项目建设、资金扶持、政府购买服务、农业保险、高标准农田建设、电子商务、农村社区服务中心建设、小型农田水利工程项目、农机补贴等方面优先向为农服务中心倾斜，方便农民办理业务。乡镇“五站一委”涉农部门在为农服务中心设立服务窗口，实现“一站式、一个窗口”为农服务。

（二）存在的主要问题

社员主体地位未体现。联合社注册认缴制，但实际出资人比例太低，不能实现大多数社员参与管理并受益。成员社的认缴出资大多尚未到位。这意味着联合社各成员社的资金尚未联合、利益尚未联结，股本尚未到位、分红尚无可能，由此导致各成员社之间缺少相互合作的积极性；同时联合社和成员社之间的利益联结松散，不利于联合社发挥指导、组织成员社的职能。因此成员社很少进行业务往来和合作，联合社的行业指导和组织协调职能发挥有限。

运行机制不健全。多数镇级农民合作社联合社还没有真正建立起紧密的利益联结机制，没有按交易量或贡献大小返还盈余，甚至没有独立的成员账户和交易记录。县级农民合作社联合社的运营机制也是“摸着石头过河”，没有现成的路子可走，只能结合实际，探索实践。

为农服务中心建设用地指标不足。乡镇为农服务中心服务项目多，同时进驻多个其他涉农部门开设服务窗口，加之大型农机存放和粮食储藏，因此对用地面积要求较高。然而供销社存量土地比较有限，导致为农服务中心建设用地供不应求，影响为农服务中心建设进程。

土地托管经营风险较大。土地托管利润相对微薄，同时农业天然的弱质性和规模经营的更高脆弱性，使得土地托管受农业自然灾害和市场价格波动的影响较大，因此土地托管承担的经营风险较高。

供销社资金总体不足。由于历史遗留问题，社有企业竞争力不强，融资困难，先期启动资金筹集困难，而承担为农服务基础设施建设需要大量资金投入，造成为农服务工程建设进展缓慢。

四、对策建议

建立完善规范的运行机制。积极探索具有自身特点的联合社管理运营机制，从财务会计、盈余分配、产品质量控制等各项内部管理制度入手，引导各联合社加强民主管理。以提高为农服务质量为标准，以密切与农民的利益联结为核心，引导各出资企业和基层社转变理念、放宽视野，破除各自为战，真正实现优势互补、联合合作、协同作战，着力在密切联系农民群众、完善双线运行机制等方面实现新突破。

为农服务中心建设，必须妥善解决土地指标问题。建议在供销社自身土地开发利用方面给予自主权，并给予政策优惠，重点解决为农服务中心、城乡社区服务中心、农产品批发市场等经营性和公益性项目新增用地问题。

建议对供销社开展的土地托管服务，除享受政策性农业保险政策的优惠外，再给予一定补贴购买商业性农业保险，降低农业经营风险。

加大对供销社社有企业的资金扶持力度，加快为农服务中心、农产品批发市场等设施建设，解决融资难题。加快传统社有企业转型升级，以优质增量稀释僵化存量；壮大出资企业实力，培植新的动力源、增长点，探寻新的盈利模式。

分报告二：临沂市河东区供销社综合改革与农民合作社联合社运行机制调查报告[①]

临沂市河东区供销社自 2014 年 6 月开展综合改革试点以来，按照省、市供销社改革框架，结合河东工作实际，围绕“改革自我、服务农民”总要求，深化探索县级社体制机制改革和经营服务改革，发挥供销社在为农服务领域的价值作用。其中，组织体系改革方面，以密切与农民利益联结为核心，强化县级供销社服务职能建设，转变行政化思维，着力发展组建农民合作社及联合社体系，扩大与农民的直接利益联系，形成了股权联结、分级带动、利益共享的运行机制，建立起区级联合社、乡镇合作社联合社、基层农民合作社三级互动的服务模式。

一、临沂市河东区概况

临沂市河东区位于山东省东南部沂河东岸，因河得名，东与莒南县、临沭县毗连，西隔沂河与兰山区相望，南靠郯城县，北邻沂南县，是临沂市中心城区的重要组成部分。下辖 8 个镇街、189 个行政村，人口 59.7 万，面积 617 平方公里。

从自然条件来看，地形方面，地处山东三大平原之一——临郯苍平原，境内地势平坦，相对高度较小，北部为低矮丘陵区，中南部为沂沭河冲积平原。气候方面，属温带季风半湿润海洋性气候，气温适宜，四季分明，光照充足，雨量充沛，雨热同季，无霜期长。土壤情况，以水稻土为主，除此之外还有潮土、砂姜黑土、棕壤土 4 种土类，河东大部分乡镇街道都有水稻土，潮土主要分布在沂沭河两岸，砂姜黑土主要分布在凤凰岭和重沟西部，棕壤土主要分布在八湖和刘店子交界处长红岭。水资源情况，平均地表水资源量 2.28 亿立方米，地下水资源量 1.74 亿立方米，水资源总量 2.78 亿立方米，人均占有水资源量 541 立方米，境内 10 公里以上的大小河流有 15 条，沂河、汤河、沭河

① 执笔人：赵昶。

3 条主要河流交汇并流，先后建成了 11 座橡胶坝、12 道节制闸，形成了 48 平方公里的水面。各种自然条件都十分适宜发展农业。

从人文条件来看，河东是一个历史悠久，人文荟萃，有底蕴的城市。早在 2 万年前就有人类生活，境内文物古迹、人文景观达 260 多处。河东区位交通优势明显，距日照、岚山、连云港三大港口均在 100 公里之内。河东三次产业比例为 7.2∶45.9∶46.9，产业特色鲜明，五金机械、绿色食品、柳编工艺、家具建材四大主导产业支撑强劲，是全国最大的脱水蔬菜加工基地、江北最大的五金钢材集散基地。自 1995 年建区以来，先后设有临沂国家农业科技园区、省级临沂汤泉旅游度假区和临沂临空经济区，是全国科技进步先进区、全国生态建设示范区，著名的中国温泉之城、中国五金产业工贸城和中国脱水蔬菜加工城，这其中临沂农业高新技术产业示范区成功创建国家农业科技园区，成功跻身全国“一城两区百园”50 强。

截至 2016 年，河东区实现地区生产总值 186.1 亿元，一般公共预算收入 14.03 亿元，完成固定资产投资 149 亿元，社会消费品零售总额 148.5 亿元，居民人均可支配收入达 23 428 元，民生支出占财政总支出的 80%。

二、河东区供销社联合社基本情况

（一）运营架构

河东区供销社联合社是由 8 个乡镇级联合社与盛民农业发展服务有限公司组成，其中，河东区供销社联合社实行“一套班子，两块牌子”的管理模式，在现有区级供销总社专门负责资金相关业务的同时，又以事业单位的身份挂牌成立了区级农民合作社联合社，这种“区总社＋区联合社”“乡联＋乡供销”多级“两位一体”的运营模式，使得联合社的经济服务职能与政治组织职能分开并存，极大地提高了联合社的运营效率，降低了管理成本。河东区供销社联合社近期进行了内设机构的改革，将工作重点转向合作经济组织服务职能的发挥，在区级联合社下建立了生产服务部、现代流通部、合作金融部和综合服务中心等有针对性的服务指导部门体系。区级联合社与各个乡镇级联合社之间是指导、协调的关系，由于区联合社事业单位的身份限制，没有成立固定的理事会、监事会，乡镇级联合社拥有充分的自主决策权，同时又由于各乡镇级联合社是由当地基层供销社领办的，所以二者之间还存在股权联结关系。

从股权联结关系看河东区供销社联合社与乡镇级联合社之间的合作关系（图 2-2-1），区联合社作为事业单位每年接受财政拨款，政事分开，独立运

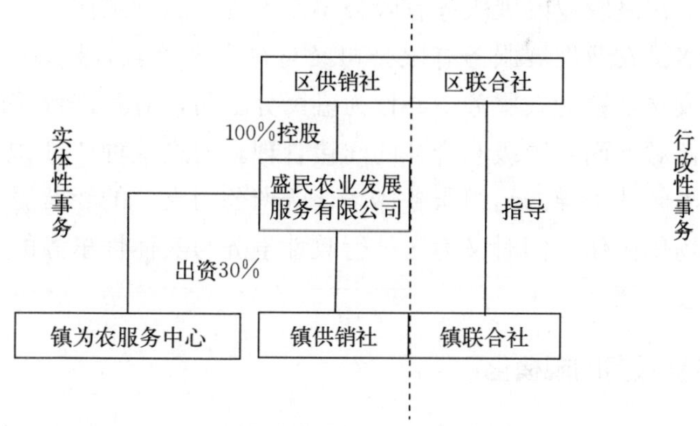

图 2-2-1 河东区供销社联合社与乡镇级联合社组织结构

表 2-2-1 河东区农民专业合作社联合社

性质	事业
构成	8 个乡镇级联合社与县级盛民农业发展服务有限公司
职能	指导、协调、监督、服务、教育培训，改革转向合作经济组织服务职能
股份构成	属于事业单位，暂无股份构成
主要制度设计	生产服务部、现代流通部、合作金融部和综合服务中心等有针对性的服务指导部门体系
已开展的主要工作	乡镇级联合社的发展规划进行行政指导，同时通过供销社控股的盛民公司为乡镇级为农服务公司提供统一的服务
与县供销社关系	合署办公，“一套班子、两块牌子”的 H 型双线运营机制
与县资产运营公司关系	暂无资产运营公司
与县级农业服务公司关系	最大股东，100%控股
有没有入股下级联合社	通过县级农业服务公司——盛民农业发展服务公司出资在各个乡镇参股 30%
与乡镇联合社关系	指导镇街供销社与农民合作社联合社融合发展，强化镇级农民合作社联合社规范管理
与乡镇农业服务中心关系	间接指导关系，股权联结关系，服务联系较为紧密

作，而区供销总社则作为经济单位接手资金流动的业务，整合 5 家涉农企业的资产组成了盛民农业发展服务有限公司作为资产运营载体，对其进行百分之百控股，盛民农业发展服务有限公司又与每个乡镇联合社以 3∶7 的出资比例，合作成立乡镇为农服务中心作为盛民分公司，对其进行控股管理，这就实现了区社对下面乡镇级联合社的间接管理。通过这种“H 型”双线运行机制，形成了区社主导的组织服务体系、资产公司支撑的经营服务体系，实现了独立市场化操作，同时又为区社行政性事务与实体性事务的分离奠定了制度基础。

（二）农业服务的规模化

河东区联合社是出于承担当地农业规模化服务的目的，自下而上、自上而下自发成立起来的，所以为联合社成员提供社会化服务自然是联合社工作的重心。盛民农业发展服务有限公司作为河东区供销社联合社的县区级为农服务中心，是各个乡镇级联合社为农服务中心的核心与纽带，河东区联合社的规模化服务主要是通过盛民公司为载体开展的。

盛民公司起初是由区供销社发起组织 5 家涉农企业做股东共同出资成立的，公司注册资本为 1 100 万元，其中区供销社对盛民 100%控股，其余 5 家企业分别出资占比 20%，同时，作为龙头的盛民公司按照“3 控 3＊6＋1”的指导思想，在每个乡镇投资成立了为农服务中心作为盛民分公司，从而实现了区社对乡镇联合社的实体性事务间接管理，也实现了全区为农服务中心涉农乡镇全覆盖，全区土地托管服务半径全覆盖。自成立以来，通过与各个乡镇联合社进行对接，共同整合为农服务资源，累计投资达到 5 300 万元，开展农资销售、测土配方、智能配肥、大田托管、农机服务、飞防植保、承接政府购买社会化服务等六大服务项目。

土地托管服务方面，盛民以各个涉农镇街为农服务中心为平台，组织开展耕、种、管、收、储、加、销等各个环节“保姆式”“菜单式”的大田托管服务，在全区累计开展土地托管服务面积 22 万亩（表 2-2-2），开展测土配方面积 17 万亩（表 2-2-3），年承担飞防作业 9 万余亩。2014 年以来，公司投资 582 万元，购置了大型拖拉机、收割机、打捆机等各类农机 90 多台（套），并整合社会上农机 160 多台（套），开展统一农机作业。2016 年夏收夏种期间区内共开展服务 8 万多亩，秋收秋种作业 5 万多亩，服务范围进一步辐射到周边的临沭、开发区等地。

农资采购服务方面，拥有化肥、农药配送中心 3 处，下设营业面积 2 000

表 2-2-2 土地托管情况统计

乡镇名称	土地托管面积（万亩）	托管主体	托管作物
八湖镇	4.46	河东区盛民农业发展服务中心 河东区盛达农机专业合作社 临沂汇盛花木公司 惠田水利专业合作社	小麦、水稻、苗木
汤头街道	2.47	河东区盛民农业发展服务中心	水稻、玉米
汤河镇	1.4	河东区盛民农业发展服务中心	玉米
郑旺镇	3.65	河东区盛民农业发展服务中心 河东区盛达农机专业合作社 郑旺供销社	小麦、水稻、中药材
太平街道	3.31	河东区盛民农业发展服务中心 临沂汇盛花木公司	小麦、水稻、苗木
相公街道	3.2	河东区盛民农业发展服务中心 河东区盛达农机专业合作社	小麦、水稻
凤凰岭街道	3.6	河东区盛民农业发展服务中心 河东区联农苗木种植专业合作社	小麦、玉米、苗木
总计	22		

表 2-2-3 各乡镇测土配方地块面积与分布

乡镇	面积（万亩）	实施单位
八湖镇	3.6	八湖为农服务中心 刘店子为农服务中心
汤头街道	3.9	汤头为农服务中心
郑旺镇	3.2	郑旺为农服务中心
太平街道	2.6	太平为农服务中心
相公街道	1.1	相公为农服务中心
汤河街道	1.6	汤河为农服务中心
凤凰岭街道	1.0	凤凰岭为农服务中心
总计	17.0	

平方米以上的直营店 13 处，村级服务网点 130 家。具体来说，盛民可以提供两个层面的优惠，一种是市级层面的，需要盛民与市社对接，由市农资公司统一大规模购买，再由盛民分发给各个乡镇，这种采购方式只占 30%，大部分农资采购还是区级层面的，由盛民为各个乡镇级分公司提供农资，占比达到 60%～70%，盛民有固定的农资采购合作单位，由于规模庞大，对方单位会报

账给予最低的农资批发价格，而盛民只需要保证一定的销售额便可获得返利。盛民会将农资以原价分配给各个乡镇分公司，乡镇分公司则会根据具体情况酌情提高一些农资价格获微利。

技术服务方面，一方面盛民与当地的农业局、农机局联合，聘请专家进行当季的病虫害防治或其他技术培训，另一方面盛民的总技术部还与当地化肥厂建有合作关系，在掌握测土配方技术的同时还对各个乡镇级为农服务分公司进行测土技术培训。盛民公司拥有的智能配肥机存储着最近两年内的各乡镇土样数据，这样极大简化了配肥流程，只需知道所在地便可快速配肥。具体采取了区域土壤数据与定点定地块数据相结合的方式，对为农服务中心周边地块进行精确取样、建立档案，而平原地块、其他地块的数据则通过查询与农业部门共同建立的土壤养分含量数据库获得，累计完成 17 万亩（表 2-2-3）。

销售服务方面，大田作物主要通过合作的饲料厂直接收购，或统一购到乡镇加工厂，而蔬菜等作物则通过农超对接或电商平台实现销售。盛民在各个乡镇都建立了日用品超市——盛业超市，直营店 16 处，村级加盟店 181 家，方便直接实现农超对接；电商经营有 1 家供销电商公司，设有 70 家镇级电商服务站，160 家村级电商服务点。为了顺应电子商务的发展趋势，组建了河东供销电子商务公司，开发运行了 PC 端、一体机终端、手机 APP3 个电子商务服务终端，同时还设立了供销 e 家河东运营平台，作为全市首家成功运营的服务平台。在电子销售方面，以盛业超市网站、供销 e 家运营平台、淘宝网企业店铺、供销社农产品交易中心四大平台开展电子商务，累计实现交易额 2.08 亿元，建立了“实体＋网络”双向虚实结合的现代流通销售服务体系。

案例一：河东区农产品电子商务交易中心

河东区农产品电子商务交易中心位于河东区凤凰大街东段，主要由一个大厅、两个中心构成，即农产品交易大厅与农产品展示、检测中心。该项目占地总面积 12 亩，是河东区现代农业转型升级的重要举措。该项目由供销社下直属企业河东供销电子商务有限公司实施，总投资 500 万元，其中农产品分拣、化验、展示及电子交易设施设备的投资达到 202 万元。通过双线运营的模式，连接市场供求双方，为相关基地的农产品提供加工、包装、配送服务，通过展示中心将优质农产品样品进行展销，开展订购。同时在检测中心设有标准化农药残留检测化验室，对交易中心流通的所有农产品进行抽样检测，建立质量追溯档案以确保品质安全。通过自身电子商务信息平台为依托，促成了区域内农产品的线上线下销售。

（三）金融服务体系情况

河东区供销社依托系统内基层社、龙头企业，立足于农民专业合作社内部，于 2006 年开始探索信用互助业务。通过 10 余年的发展，开创了“大小联合”发展模式，开展新型农村金融专项试点，之后又推广了信用互助的试点模式，形成了“大小联合+试点推广”的双线运行模式。2016 年，通过发挥供销社联合合作优势，组建成立了临沂供销小额贷款有限公司，开展对区域内合作社、联合社、农民社员的服务，初步构建起专业合作社、联合社、小贷公司三方面的符合河东区实际、具有供销社特色的信用合作金融服务体系。

“大小联合”模式即以临沂亿嘉农林牧专业合作联合社为平台的“大联合”和在各专业合作社内部社员开展的“小联合”。其中“小联合”是指各专业合作社在本社社员内部开展信用互助，由成员合作社之间进行资金调剂，社员可以向本社信用互助部申请小额互助金借款，合作社本着“小额、短期、分散”的原则，向社员发放 5 万元以下的互助金借款，资金利率优惠，手续简便，以快速解决种植、养殖、生产加工等致富项目资金短缺的问题。通过小联合，把社员闲置的资金集中起来，以信用合作促进生产经营合作，办一家一户办不了的事，促进专业合作社的发展。“大联合”是以河东区供销社为依托，组织部分开展信用互助业务的专业合作社和系统内控股企业入股，于 2013 年注册成立临沂亿嘉农林牧专业合作联合社，注册资本 2 471 万元，成为全市第一家在工商部门注册的农民专业合作联合社，同时吸收市社系统内部分专业合作社入股，真正成长为市级的信用合作融资平台。亿嘉联合社将专业合作社之间因季节和产业的差异产生的富余资金进行调剂、互融互通，发挥了调节器和蓄水池的作用。通过大联合，解决了合作社之间资金短缺难题，提高了资金利用效率。

“试点推广”方面，自 2014 年被选为新型农村合作金融专项试点以来，分“四步走”战略，先后选择河东区德盛大蒜种植专业合作社、河东区祥泉蔬菜种植专业合作社为代表的 11 家合作社，纳入山东省农民专业合作社信用互助业务试点。试点合作社资金由托管银行开设专户代管，建立封闭账户体系，由合作银行代行资金监管职能，形成“信用互助试点推广”模式。

“小额贷款公司”于 2016 年 8 月由供销社汇集系统内资源发起成立，注册资本为 10 406 万元。小贷公司有利于解决河东区中小企业、涉农企业众多，小企业、个体工商户和农户贷款难的问题，缓解农民生产经营活动中“小额、分散”的资金需求，发挥专业优势，进一步提高了资金运作水平。虽然在农村合作金融方面有所创新，但是双试点工程的开展究其根本还是在于资金不足，所以试点推广的幅度有限，尚无法满足成员合作社的资金需求。

（四）村社共建情况

“村社共建”体系的建设是河东区供销社联合社进行精准扶贫工作的切入点，联合社发挥“基层社＋合作组织＋村两委＋信用互助”的推进机制，结合组织部门党建工作，因地制宜开展公建项目，实现村集体、农户、供销社共同发展。为此专门成立了精准扶贫办公室，对贫困村的情况进行调研，深入了解各个贫困村的发展现状、产业优势、扶贫需求。同时制定了扶贫计划，建立工作台账，与村“两委”共建农民专业合作社、示范基地、发展项目，近两年来累计在 168 个村建立了村社共建点，设置共建项目 260 多个，这些共建项目直接服务于农民的生产生活，每年为集体增收 398 万元。

具体如下：一是将后西庄村作为村社共建工作的重点村，区社在为其提供了 5 万元扶贫资金的同时，与村委共建了特色农家乐项目与标准化社区服务中心。二是在八湖镇，区社投资 55 万元与树沂庄村委共建了社区服务中心，并设立了祥瑞葡萄种植专业合作社等。三是通过协调供销社下的盛业超市，与汤河镇、周家官庄等 6 个贫困村进行了合作，在每个村组建成立了专业合作社，针对各地超市的需求，合理安排种植品种与数量，签订购销合同并开展农超对接。四是与小程子河、大程子河、曲坊村等 11 个贫困村合作建设农资超市。各个乡镇的共建项目情况如表 2－2－4 所示，从项目数量分布来看，日用品超市、农资超市是村社共建的主要对象，除了个别乡镇之外，每个乡镇都有区社共建的联合社，目前各乡镇在农产品市场和农产品基地方面的共建项目还是空缺，各乡镇共建项目数量差异悬殊。

表 2－2－4　河东区村社共建项目统计

乡镇	合作社	农产品市场	日用品超市	农资超市	农产品基地	共建项目合计
八湖镇	5	0	38	24	0	67
汤头街道	0	0	26	20	0	46
汤河镇	5	0	31	20	0	56
郑旺镇	4	0	13	8	0	25
太平街道	1	0	20	15	0	36
相公街道	0	0	1	7	0	8
凤凰岭街道	1	0	11	6	0	18
合计	16	0	140	100	0	256

案例二：树沂庄村社共建情况

八湖镇树沂庄目前主要开展4个方面的共建项目：一是共建社区服务中心。河东区供销社参与社区服务中心建设，投资50万元建立沿街楼，这些沿街楼租用给超市、农资直供点以及合作社来使用；二是专业合作社和祥瑞葡萄种植基地，在整合村内小型农田水利工程（简称“小农水”）设施基础上，成立了三生水利专业合作社，开展“小农水”规模化服务，降低了生产经营成本。同时，合作社内部开展了信用互助业务，优先为贫困户提供生产经营互助金；三是共建农资直供点。合作社与供销社农资经营龙头公司签订协议，由其在村里设置农资直供点，统一为社员农户优惠供应各类农资，并为贫困户提供免费测土化验等各类技术增值服务，每年可为社员节支增收3万元，可为村集体增加收入1.5万元；四是共建日用品超市，商品由供销社龙头公司统一配送，保证了商品来源安全，保障了村民消费安全，使农民享受到城里的商品标准。通过村社共建项目，有利于解决八湖镇产业规模缺乏、农民收入偏低的问题，由于树沂庄村本身就是省定重点贫困村，所以精准扶贫工作也是区供销社对该村工作部署的重点，在村社共建的同时也开展“双百工程”帮助解决贫困户的就业问题。

案例三：沂自庄村“小农水”水利项目——惠田水利专业合作社

由于沂自庄村地处长虹岭地带，属于丘陵地形，常年地下水短缺，农田灌溉困难十分严峻，2012年为解决此难题，省水利厅、财政厅在该村实施了“小农水”项目，投入资金460万元，利用村里的低洼地带建立了3处小型蓄水池，同时铺设地下管网、挖建水渠，但是自工程竣工以来却一直荒废着，未投入使用。究其原因在于管理资金缺乏，维护人员不固定，缺乏统一的灌溉组织。于是区社于2014年组织镇供销社和村集体共建成立了惠田水利专业合作社，主要负责小农水设施的管理和维护工作。

惠田水利专业合作社注册资本40万元，现有社员420户，基本所有沂自庄的村民均入社，工作人员9名，外聘2名专门的维修人员负责对机井、地下管道等设施的维护管理工作。合作社还开展了架电施工，修建提压泵房，挖通连接水渠，将村中低洼地带的3处水塘连接在一起，互相补给，使之形成一个整体，总自然储水量达到1.8万立方米。可以看出，沂自庄已经将“小农水”设施的经营权全部交由合作社，确保了责、权、利的管护到位。

从服务的开展方式来看，合作社为社员提供单一的农田灌溉服务，通过签订水利灌溉托管协议，每亩地收取一定的费用（平均40元/亩），用于合作社日常管理及水利维护，社员不享受分红，只获得合作社提供的优惠灌溉价格等优惠待遇，但是入股的社员可以凭股份获得分红。在统一灌溉时节，合作社自筹资金，雇佣村里的劳动力组成灌溉服务队，村民只需留下一人看护农田即可，处于地势低处的农田可以由储水塘通过明渠输送到田间，农户可按照自身需求开关自家地头水泵开关自流灌溉；处于地势高处的农田则通过泵房提压，将水通过地下管网输送到山岭上进行灌溉服务。村社共建的水利合作社整合了上游两个储水池，并与小农水相连接，解决了沂自庄的水资源匮乏难题，同时也使得荒废的小农水工程真正发挥了作用。

除“村社共建”之外，精准扶贫工作的开展还体现以下几个方面。一是土地托管方面，区社对服务范围内的92户贫困户开展了免费测土优惠配肥服务，对596户贫困户免费开展了收割和播种环节的农机作业服务；二是开启“岗位扶贫”，联合系统内部的盛业超市、六和鲁盛、盛民农业、汇盛花木等4家企业，为具备劳动能力的贫困户优先提供了100个就业岗位，在部分社属企业为贫困户设立了10个虚拟岗位，为无劳动能力的贫困户解决就业难题；三是成立“扶贫基金”，采取无息贷款的方式为贫困村、贫困户提供资金支持和无偿援助，该基金的一期规模为100万元，目前已发放14笔无息贷款，共计57万元，实现无偿捐助4万元。

三、乡镇级联合社基本情况

河东区供销社联合社所属的8个乡镇级联合社，发展水平存在一定差异，正因如此，相互之间才有互助与业务交流。其中规模最大、最为典型的3个联合社情况如下。

（一）刘店子农民合作社联合社

刘店子农民合作社联合社位于临沂市河东区八湖镇刘店子村，成立于2014年10月，含有5个成员合作社，分别是德兴果蔬、盛田农机、康达草莓、祥瑞葡萄、惠田水利，现有成员1 322户。如表2-2-5所示，联合社的注册资本为100万元，其中临沂市河东区刘店子供销社出资20万元，河东区

表 2-2-5 联合社成员出资情况

成员名称	出资情况（万元）	社员数（股东社员 100%）	其中：农民社员	农民社员出资在合作社占比（%）
河东区盛田农机专业合作社	15	224	205	25.88
河东区德兴果蔬种植专业合作社	15	347	321	64.20
河东区康达草莓种植专业合作社	15	220	218	92.05
河东区祥瑞葡萄种植专业合作社	15	19	19	100
河东区惠田水利专业合作社	15	44	43	63.49
河东区刘店子供销社	20			
32 名农民社员	5			
总计	100	854	806	

盛田农机服务专业合作社、河东区惠田水利服务专业合作社、河东区德兴果蔬产销专业合作社、河东区祥瑞葡萄种植专业合作社以及河东区康达草莓种植专业合作社各出资 15 万元，联合社理事长袁春法出资 5 万元。联合社目前拥有固定资产 150 万元，流动资产 300 万元，暂无负债。

刘店子农民合作社联合社成立后，与区供销社系统组建的河东区盛民农业发展服务有限公司共同出资 100 万元，成立了河东区盛民农业发展服务有限公司刘店子分公司。其中，刘店子农民合作社联合社在分公司持股 70%，盛民农业发展服务有限公司持股 30%，最大限度调动了基层组织带动农民参与为农综合服务的积极性。该分公司又于 2014 年底组织建设了刘店子为农服务中心，该中心总投资 1 220 万元，刘店子联合社、盛民公司按照 7：3 的比例共同出资 100 万元，总社、市社专项资金支持 300 万元，项目部分沿街资产处置 600 万元，建成后，其余 220 万元由盛民公司垫付，只收取成本利息，后期由为农服务中心收益偿还。该服务中心占地 30 亩，项目投资 1 200 万元，一期建筑面积 1.2 万平方米，设计服务半径约 3 公里，可为周边 3 万多亩耕地提供全方位综合服务。为农服务中心的盈利主要来自三个方面，一是设施出租，将超市租赁给系统内龙头企业盛业超市来经营，年租金收入 15 万元；二是设施变现，将开发的沿街楼部分对社会出售，回收资金，目前已经变现 600 万元；三是直营服务，包括农资经营年收入 20 万元、农机服务年收入 30 万元、烘干储存年收入 50 万元。所有累计收入近两年已实现 700 万元，但是其中的 600 万元为设施变现，所以用于支付为农服务中心的建设费用，其余的 100 万元作为盈余进行分红，在盛民公司和刘店子联合社之间以 3：7 的比例分红，除去

20%的公积金和公益金之外，最终刘店子联合社得到实际分红 42 万元，2017 年的这次分红是刘店子为农服务中心建成以来的首次分红。

目前，刘店子农民合作社联合社协调成员合作社，已与区域内 3 家种粮大户、1 个家庭农场签订了小麦收获、烘干服务合同，服务面积 3 200 多亩。由联合社内的盛田农机合作社提供联合收割机进行收获，收获后直接送到为农服务中心进行烘干、储存，可以直供供销社龙头企业——两处总产能 60 万吨的六和饲料加工厂，用于生产各类优质饲料。既避免了晾晒场地的制约，也防止了阴雨天气对粮食品质的影响，提高了种植附加值，走出了一条高效循环农业的新路子。从服务效益上看，以小麦为例，服务耕、种、肥、种子、农药、灌溉、收获、烘干等全部环节，每亩市场价格约 1 045 元，供销社服务收费约 710 元，为农民节省 335 元，可获利润 145 元。按照全托管 2 万亩小麦计算，该分公司运营的服务中心可收入近 300 万元，投资回报周期约 5 年。

联合社还开展资金互助服务，通过资金互助，不仅能够帮助一部分成员使家里的闲置资金得到增值，也能帮助另一部分成员解决购买化肥、农药等农资所需的大笔资金借款问题，与此同时，联合社通过互助金的合理运作拆借还能有可观的利润。可以说，联合社所提供的资金服务是最为重要的也是最有效的社会化服务。联合社的成员将自家闲置资金存入到联合社的互助金中来，由联合社统一管理。如果联合社中其他成员在农业生产中需要借贷资金，就可以从互助金中借款，利率为 9.8%。利率虽略高于银行借款利息，但是相比于银行贷款，这一方式有两个最为明显的优点，一是更为快捷便利。联合社成员只要填写借款申请表，即可获得借款；二是随借随还，一旦资金充裕了就可以把资金退还给联合社互助金，利息按所借的天数来计算。2016 年 1 322 户成员中有 600 多户成员将自家闲置资金投入到联合社的互助金中去，金额为 500～10 000元不等，共筹集 300 多万元互助资金，农户在年底可以得到本金的 6%～7%的分红，而联合社将资金贷给需要的成员利率为 9.8%左右，贷给小额信贷公司的利率为 7.2%，一年下来联合社互助资金运作可以盈利十几万元，除去给联合社理事长、出纳、会计发工资，一年还有 2 万～3 万元盈余。

刘店子农民合作社联合社依托为农服务中心建设，不仅解决了联合社社员生产过程中各个环节规模化不足的问题，而且通过股权联结，在一般农民合作社之上形成业务联合，在测土配方和智能配肥、统防统治、农机作业、烘干贮藏、农技指导、农民培训等方面形成天然优势，更多地吸引了基层农民社员的加入，参与经营及收益，体现出了农民的主体地位，增强了对联合社的认同感。通过规模化的服务，向农民提供优质服务，可获得可观效益，联合社有了新的盈利增长点。在壮大联合社自身实力的同时，通过按股分红等手段将利润量化到社员，提高了农民社员的收入，形成共赢的可持续发展良好局面。

（二）八湖农民专业合作社联合社

八湖农民合作社联合社成立于 2015 年 10 月，在供销社的牵头之下，由 5 家发起单位共同成立，并在山东省临沂市河东区工商局进行了正式的登记注册。截至目前，联合社共有固定资产 400 万元，流动资产 600 万元，未发生退社现象。联合社注册资本共 500 万元，其中供销社出资 170 万元，其余各家专业合作社均出资 82.5 万元。以此出资比例作为未来盈余分配的基础，各成员社不存在向联合社交费的情况。在具体的盈利分配方面，每年盈余的 50%用于风险准备，15%作为盈余公积，剩余的 35%按照出资比例返还分红。联合社的 5 个成员分别是：八湖供销社、德兴蔬菜种植专业合作社、康达草莓种植专业合作社、佳禾苗木专业合作社和八湖莲藕专业合作社。其中最主要的成员是八湖供销社，主要经营土产日杂、日用百货等，在市场经济环境下基本延续了计划经济时期的商品流通职能；德兴蔬菜种植专业合作社主要种植蔬菜，经营面积 30 亩，经营规模最大；康达草莓种植专业合作社主要经营草莓，经营规模 20 亩，经营范围涉及草莓的种植、仓储、包装。

2016 年初，由供销社盛民公司出资，八湖供销社提供原有场地，并整合邵八湖村的闲置土地，共同建设了八湖为农服务中心。总投资 1 115.2 万元，占地 13 亩，总建筑面积 7 000 多平方米。设有农机服务、农资、测土配肥、农民培训、综合服务大厅等基础服务项目，还创新设置电商服务站和专门联合社服务场所。服务中心以农机托管服务为基础，通过联合社平台，联结了当地的安丰面粉等主体，延伸了粮食收购、储藏、加工的服务链；通过建设电商服务站，对接省供销 e 家、淘宝自营平台、盛业超市、市交易中心等四大平台，将当地的农特产纳入线上经营、进行展示销售，拓展了为农服务的领域和手段。

从为农服务中心具体的服务状况来看，采购服务主要通过集中从厂家购买，节省了大量的中间费用，与市场价格相比至少能够便宜 5%，对于合作社的成员社所提供的服务不收取任何费用，而对于非成员则略微收取费用，但是最终农资的采购价格还是低于市场价。对于所提供的农技服务和农业培训服务，不收取任何费用，也对非社员提供，理事长将其视为一种宣传合作社联合社的手段，认为这个服务本质上与化肥和农药的供应商所提供的服务的性质没有太大差别。销售服务的具体方式主要为联系销售渠道、集中销售、转手销售等，并无统一的商标品牌，但是和普通销售相比，能够增加收入5%左右，对于非成员也提供相应服务，但是要收取一定的费用，这个费用不会超过其收入的增幅。对于其他方面的服务，联合社则更多的是充当一种信息传递和渠道联系的功能。

八湖为农服务中心以供销社服务实力为主导，整合社会为农服务资源，发挥平台作用，引领规模化服务，带动区域内主要作物实现一二三产业融合，成为供销社拓展为农服务职能的重要抓手。而联合社目前主要是在短期运营资金方面存在一定的短缺现象，同时也比较缺乏农业技术人员，理事长认为这和联合社的规模有关，目前的经营规模只能支付得起短期雇佣农技专家的费用，无法长期雇佣专业人才为联合社服务，主要的问题是养不起，留不住。

（三）郑旺农民专业合作社联合社

郑旺农民专业合作社联合社位于临沂市河东区郑旺镇郑旺驻地，于2015年10月在河东区工商局注册成立，由5家专业合作社发起。联合社负责人林廷宣，现年65岁，中共党员，高中学历，并担任基层供销社负责人，已任职30多年。联合社现有固定资产1 000万元，流动资产300万元，基本没有负债。该联合社属于同一地区不同业的联合，各个成员合作社之间的发展水平也并不一致。

联合社配有完备的理事会与监事会，于每年召开一次社员大会，并且会定期召开理事会，总结和安排每年的工作。联合社的运作依据联合社章程，有严格的财务制度，有专业的会计从业人员，会计资料也完备齐全，具体的运营状况和财务状况会向合作社部分公开，联合社也对各个合作社的资金账户、产品交易记录、农资交易记录有存档，自成立以来并无退社现象发生。决策方面主要通过召开股东大会来进行，各个成员合作社的决策权是一样的，实行一人一票制。联合社在农资供应、土地托管、电商服务等环节会产生盈利，按出资额的多少对盈余进行分配，同时将去除成本后的资金作为预留发展资金，用于联合社的进一步发展。利润分配的多少由当年的盈利状况决定，多盈多分，少盈少分。

社会化服务方面，郑旺联合社是第二批成立的联合社，由于成立较晚，为农服务中心还在建设阶段，预计2017年年底将建成，所以相关服务业务开展并不完全。农资服务方面，联合社对接盛民公司，通过签订供应合同，为成员合作社统一提供产前农资采购服务。非成员并不能享受农资服务，但是他们可直接到盛民下属的的农资超市中自己协商购买，也可定量提前供应，但不享受优惠价格。联合社提供测土配肥，实现有针对性的精准施肥。技术服务方面，联合社通过与盛民公司对接，邀请农业专家、技术人员为各合作社免费提供农技服务和技术培训，但是部分专题培训只向成员提供，比如大蒜专业技术培训主要面向德胜大蒜专业合作社，而一些公共培训，如提高农民素质等讲座等，成员、非成员均可参加。销售服务方面，郑旺联合社主要从以下三个方面进行，一是开展实体销售，联合盛业超市开展农超对接，将社员的农产品直接收购到当地区域所属的超市对接；二是电子平台销售，主要通过电子交易中心、市社交易中心、供销 e 家、阿里巴巴等 4 个网络销售平台进行网上销售；三是通过联系区域内的生产企业，直接进行供应。以上服务均不收费，不同的渠道卖的价格不同，但都能保证盈利。

四、成员合作社基本情况

（一）德胜大蒜种植专业合作社

河东区德盛大蒜种植专业合作社是依托郑旺供销社于 2008 年 3 月在河东区工商局注册成立的，以大蒜、蒜薹、果蔬保鲜储藏、销售为主营业务，以创建品牌为主导，以示范基地为引领，实行标准化生产，通过提供市场信息、良种兑换、技术指导培训、收购储藏等服务手段，吸引蒜农入社进行生产合作。同时，推广测土配方施肥技术，按优惠价格，直接供肥到户，服务能力覆盖周边 5 000 亩种植区。现有社员 422 户，股本 453.11 万元。

合作社年产大蒜 500 万斤，占全镇产量的一半左右，效益很好。同时利用 2 500 吨恒温库的保鲜贮藏营销能力，2016 年一年恒温库共储存蒜薹 180 万斤，储存大蒜 100 万斤，资金占用 1 040 万元。在生产合作基础上，合作社在社员中开展信用合作，为了解决社员和自身经营流动资金难题，合作社内部设立了信用互助部，在社员内部开展信用互助业务。在收购时节，社员可在收购额 70%的额度内申请合作社信用互助，用来收购蒜薹、大蒜，并存放在专业合作社恒温库，作为抵押。等到蒜薹出库销售，专业合作社代收货款，优先偿还发放的互助金，剩余款项可以存放在信用互助部，获取收益。

（二）祥瑞葡萄种植专业合作社

针对当地土壤气候特点及农户种植意愿，区供销社与村委共同发起组建了河东区祥瑞葡萄种植专业合作社，发动贫困户以土地入股，整合土地 500 亩于 2010 年注册成立葡萄种植示范基地，注册资金为 500 万元。祥瑞葡萄种植专业合作社依托刘店子为农服务中心平台，发展葡萄全托管业务，社员可到服务中心便捷地享受农资供应、测土配方智能配肥等6项服务和一站式的窗口服务，同时，合作社通过持股还可以参与刘店子服务中心的盈余分配，以此带动社员增收。

从祥瑞葡萄种植专业合作社分配方式来看，在基地建设的前3年，先向入股社员发放土地流转费，社员每年每亩地可拿到1 200元，3年后再按照入股比例分配合作社盈余。目前，合作社社员已达到90人，预计可增加社员年收入2 000元，增加村集体收入3万元。合作社目前负债190万元，主要是理事长周雪梅以个人名义进行的借款和贷款，每年应支付的利息为15万元左右，贷款主要用于修建基础设施和合作社日常运作。

祥瑞葡萄种植专业合作社于2014年加入了八湖镇农民合作社联合社，联合社对合作社提供了多方面服务。农资方面，加入联合社以后每年的农资费用降低近10%；技术服务方面，通过联合社、合作社与齐鲁工业大学牵头，成立了研究生实习基地，与社员进行种植技术方面的沟通交流，另外联合社还免费提供了测土配方服务。农户加入合作社以后，在享受低价高质农资的同时，葡萄产量和价格都得到了提升，2014年合作社获得了“国家级科普示范基地”称号，并获得20万元资金补助。

（三）鲁盛养鸭专业合作社

鲁盛养鸭专业合作社是依托河东及周边地区肉鸭养殖的资源优势，由河东区供销社发起，吸收农民养殖户于2014年10月组建成立，成员出资总额216万元，其中供销社出资75.2万元，占34.81%。合作社充分利用六和品牌优势，组织标准化、规模化、产业化的肉鸭生产经营，提供种苗孵化、合同订购、资金支持、饲料供应、技术指导、卫生防疫、回收加工、市场销售等服务，形成了上联生产基地，下联养殖农户的标准化生产经营服务体系。目前合作社有员工46人，社员326户，发展养殖户820户，服务车辆10余台。

肉鸭规模化经营服务体系如图2-2-2，2007—2009年，为解决鸭苗质量不稳定问题，合作社投资建设了2处种鸭养殖场，并配套建设了鲁盛鸭苗孵化场。在解决种苗问题的同时，鲁盛养鸭合作社继续深入对接区供销社组建的肉食、饲料加工龙头企业，不断延伸服务产业链。以合作社为纽带，实现了与年肉鸭加工能力1 500万只的六和鲁盛食品公司、年产能均为30万吨的2家六和饲料公司、年产能4万吨的盛宏动物油脂公司的业务对接：饲料公司以优惠价格向合作社提供饲料，由合作社以垫付的方式连同防疫药品、优质鸭苗等一

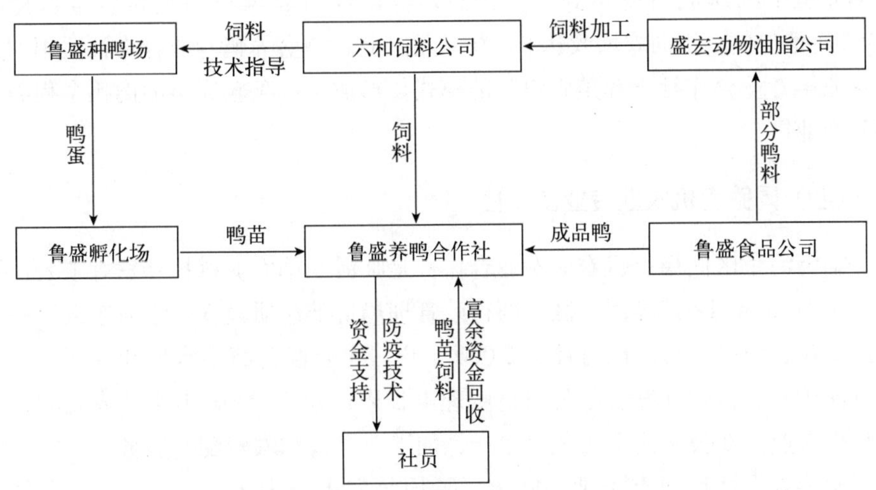

图 2-2-2 鲁盛肉鸭规模化经营服务体系

起，配送给养殖户；合作社回收的成鸭，直接供应给六和鲁盛食品公司；此外，六和鲁盛食品公司生产过程中的鸭板油等，又可供应盛宏油脂公司，用于生产饲料用油脂，循环供应给饲料公司。

图 2-2-2 中的 5 个龙头企业、1 个合作社组成了河东区供销社肉鸭养殖服务中心平台，整合了种鸭养殖、鸭苗孵化、饲料加工、肉食生产、合作社养殖服务等全过程的一条龙服务。其中种鸭场成立于 2007 年，总投资 510 万元，养殖基地 2 处，种鸭存栏量 5 万只，均为英国引进的父母代樱桃谷鸭。孵化场成立于 2007 年，总投资 320 万元，根据合作社的养殖量和订购合同采取自行孵化和市场购销相结合的方法，保证种苗供应。六和饲料公司是供销社与六和集团共同投资建立的股份制企业，以优惠价格向养鸭专业合作社提供科学配置的饲料。鲁盛食品公司是由河东区供销社、山东六和集团、台商三方合资建设的股份制企业，每年加工肉鸭 2 000 多万只，解决了养殖户肉鸭的销路问题，同时肉鸭产品统一纳入六和集团销售网络，出库的同时就完成了销售，促进了养殖标准化与规模化。

在规模化肉鸭养殖的同时，为解决资金制约的问题，合作社还开展了内部的信用互助，汇聚社员入股资金，入社社员可以向合作社申请小额互助金，享受优惠利率和便捷手续，用来建设标准化鸭棚、扩大养殖规模等，有效解决了专业合作组织发展过程中出现的“资金难”问题。

合作社提供技术指导，农户按照合同标准化养殖，不受市场波动的影响，每只肉鸭可以获利 2～3 元不等。目前，该产业链肉鸭存栏量保持在 60 万只，一期养殖小区建成后将达到 120 万只，合作社对养殖户的垫付资金保持在 1 000万元左右，年助农增收达 2 000 万元以上。鲁盛养鸭专业合作社运用“龙头企业＋专业合作社＋养殖农户”的模式，形成了一条较完整的肉鸭全程养殖服务产业链。

（四）同德有机农业专业合作社

临沂河东区同德有机农业专业合作社是临沂同德农业科技开发有限公司发起，于 2007 年 12 月经河东区工商行政管理局批准注册设立，是河东区第一家农民专业合作社，目前已有社员 2 000 余户，主要经营蔬菜水果和水稻。其中临沂同德农业科技开发有限公司是由理事长周广财于 2003 年 4 月成立的，主要从事农业高新技术研发、蔬菜生产、加工、销售和农资配套服务。

同德合作社目前有土地 400 亩，平均每亩租金为 1 500 元，一年支付一次。从 2016 年的生产经营状况来看，收支大体平衡，都在 200 万元左右。盈利能力与前两年差不多，与其他同类经营主体相比稍好一些。2016 年，同德合作社加入刘店子联合社，联合社通过为农服务中心为合作社提供测土配肥、农资、技术、农机、基建等服务。同德合作社以其成员为服务对象，为成员提供技术指导，农资统一供应，蔬菜包销加工等服务，为菜农提供产前、产中、产后服务，提供销售信息，让社员得到更多实惠。尤其在技术方面，合作社的科技力量很雄厚，依托临沂同德农业科技开发有限公司，分别与沈阳农业大学、辽宁省农业科学院建立战略合作伙伴关系，设立临沂同德农业科研工作站，积极与科研机构搞合作，保障产品品质。品牌方面，2006 年公司生产的“同德”牌有机蔬菜被认定为临沂市名优农产品，2009 年公司的“同德”牌商标被山东省工商行政管理局认定为山东省著名商标。

五、改革中的成效与不足

河东区供销社综合改革取得了很大成效。一是双线运营模式下的层级关系十分清晰，各层级的权责分明，从区社、基层社、重点合作社的内部规范了三会制度，建立了联合社主导的行业指导体系。开创性地利用盛民服务公司的县级服务中心地位，统筹协调各乡镇为农服务中心工作的开展，通过三七分的控股关系，一方面帮助乡镇级联合社缓解一部分资金压力，同时高股权占比也极大地激励了乡镇级为农服务中心的服务积极性，促进实体性经营业务这条运营线切实获得了很大的利润。

二是推进了农业服务的规模化创新。种植业和养殖业双线服务分开，种植业以大田作物为主交由盛民服务公司统一统筹服务，养殖业以鲁盛养鸭合作社为指导开展长产业链的一条龙养殖服务，进一步实现了联合社、合作社由卖商品到卖服务的转变。除此之外，通过“实体＋电商”销售路径的搭建，推进了区内农产品现代流通的创新。

三是创造性地开展了“大小联合＋试点推广”的资金互助业务，一定程度上避免了向金融机构借款的较高门槛和繁杂程序，缓解了小企业和农户贷款难的问题，促进了各级联合社内部的资金融通，在农村金融方面迈出了一大步。

四是精准扶贫工程的开创推广，在村社共建工作中创新了“小农水”工程的运行机制，同时首创扶贫基金，并通过“双百工程”解决贫困户就业难的问题。

虽然取得了上述成效，改革也不可避免地存在一些问题。一是河东区供销社联合社体系虽然分工较为明确，虽然仍旧无法改变“一套班子，两块牌子”的现状，双线运行机制下联合社对于下面乡镇各联合社行政指导方面的作用并不明显，联结性并不是很强，两块牌子的运营机制看似业务分明实则烦琐累赘。

二是虽然服务规模化卓有成效，但是各个乡镇联合社的服务水平差异巨大，部分成员社机制不灵活，服务能力较弱，尤其是粮食烘干工作进展较为缓慢，真正实现规模化的仅为一两个乡镇，比如已经走向规模化的刘店子联合社及其为农服务中心，在给本乡镇的合作社提供社会化服务的同时还能辐射到其他乡镇联合社成员，虽然看似是各乡镇联合社之间存在业务往来，但是也反映出了其他乡镇为农服务中心尚未健全的现状，各自提供的服务种类还远远不能满足成员合作社以及农户的需求。鉴于联合社展开试点刚刚两年有余，各个乡镇的为农服务中心都在逐渐扩大规模，虽然看上去前景无忧，但是由于不同乡镇联合社下的合作社成员水平差异较大，甚至有些乡镇联合社与其成员之间都鲜少有业务往来，要想都发展到像刘店子联合社这样的程度，不仅需要乡镇联合社的努力，更需要合作社成员的改善与提升。

三是不论哪一级联合社，提及目前面临的问题都会将资金问题摆在首位。除了各级扶持政策对接缺乏系统性，农业部门的支持政策落地实施困难之外，自身金融信贷也是应该重点发展的方向。虽然河东区已经涉足农村金融，开展了资金互助业务，同时区联合社贷款的低门槛为缓解下属成员的资金短缺带来了极大的希望，但是由于实际上能够有盈余资金帮助其他成员的联合社与合作社仅占极少数，导致了资金互助的范围非常小。

除此之外，各级联合社人员队伍结构欠缺合理性，团队的专业素质还有很大的提升空间，管理运营能力与团队的积极性未能充分发挥，各乡镇级联合社仍然以联合社负责人一人独大为主，区级联合社与乡镇级联合社的指导与被指导关系仅限于实体业务，而非紧密联合。吸纳更多有专业素养的人才、管理运营结构的进一步改善仍是未来主要面临的问题。

六、政策建议

一是构建精简高效的联合社内部管理结构，减少内部的行政管理部门，摆脱一套班子、两块牌子的臃肿体制，将供销社现有的经济职能逐渐转移到联合社来，通过建立出资人制度，进一步明晰产权，优化股权，减少由于两套机制带来的管理成本。同时通过实现经济联结，改变与乡镇联合社现有直线型行政联结的单一性，建立更为紧密的股权契约关系。

二是继续拓展推进服务的规模化，增强县级为农服务公司的统筹协调能力，以优势服务公司带动劣势服务公司。加快各个乡镇为农服务中心的建设进程，对于已经形成规模化的服务中心应该发挥其带动作用，在为本乡镇内部成员提供服务的同时，尽量为周边乡镇服务还不健全的为农服务中心提供帮助。对于已经建成但是暂未实现规模化的为农服务中心，在加强自身建设、与周边乡镇合作学习的同时，还应大大加强与县级为农服务公司的联系，通过县级为农服务公司提供更大规模的服务。除此之外，可以开展村社共建工程，通过与整村签订合同订单来壮大自身业务。

三是要靠壮大自身业务实力解决资金问题，而非仅仅依靠政策扶植，同时扩大资金互助的范围。对于因政策原因未得到批复的联合社，可以通过增强自身的盈利空间来改变现状，这还有赖于服务能力的提升。县级联合社应利用自身服务公司的发展优势，建立县级的资金互助业务，对切实需要资金支持的乡镇联合社给予资金支持。

分报告三：莒南县供销社综合改革与农民合作社联合社运行机制调研报告[①]

一、引言

莒南县隶属于山东省临沂市，地处山东省东南部鲁苏交界处，东与日照市相邻，紧靠岚山港，南与江苏省连云港市接壤，西与临沂市河东区毗邻，北与莒县相接。截至 2014 年 3 月，全县总面积 1 388 平方公里，辖 15 个镇街和 1 个省级经济开发区，242 个行政村（社区），81.64 万人口。莒南是沂蒙革命老区的重要组成部分，是山东省 4 个一类革命老区县之一，被誉为“齐鲁红都”、山东的“小延安”。

莒南县属鲁东南丘陵区，为胶南隆起的一部分。地势总特点是东高西低，东部是北高南低，并向东南和西南呈脊背状倾斜。全县平均海拔高度 200 米，最高点是县境北部的马山，海拔高度 662.2 米；最低点在壮岗镇陈家河村前，海拔高度 19.9 米。县境地貌以大店、十字路至相沟为界，分为东西两部分：东部低山丘陵区，西部平原区。以低山丘陵为主，其他类型地貌分布面积较小。莒南县属暖温带季风区半湿润大陆性气候，大陆度指数 61.1%。气候总特征是：春季温暖，干燥多风；夏季湿热，雨量充沛；秋季凉爽，昼夜温差大；冬季寒冷，雨雪稀少。四季分明，光照充足，无霜期长。

农业方面，到 1993 年底，全县已建成 5 条农业经济带，即从板泉到大店以白柳条、桑蚕生产为主的经济带；从相沟至演马以板栗、茶叶生产为主的经济带；从陡山到文疃以苹果、杂果生产为主的经济带；从官坊到坊前以苹果、板栗生产为主的经济带；从厉家寨到柳沟以樱桃生产为主的经济带。

二、莒南县供销社综合改革概况

莒南县供销社现有社属企业 25 家，基层供销社 14 处，经营服务网点

① 执笔人：穆娜娜。

2 200多个，全系统现有员工 6 600 人，资产总额 9.86 亿元。2016 年 1～10 月，全系统实现销售总额 69.64 亿元，利润总额 6 094 万元，同比分别增长 17.6%和 14.5%。

2014 年供销社综合改革试点以来，截至 2016 年 11 月，莒南县共获得各级财政扶持资金 2 634.6 万元，其中莒南县地方财政支持供销社改革发展资金达 1 079.6 万元，在村社共建、农村现代流通、农业综合开发、电子商务为农服务中心建设等方面获得上级扶持资金 1 555 万元，分别是 2013 年的 8.9 倍和 7.6 倍。2016 年，县财政明确在每年给予供销社 100 万元改革发展扶持资金的基础上，追加 300 万元村社共建专项扶持资金，明确每处新建为农服务中心扶持 50 万元的政策。图 2－3－1 展示了莒南县供销社综合改革的基本情况。下面将从供销社联合社、为农服务中心及村社共建的视角对莒南县供销社的改革现状进行详细介绍。

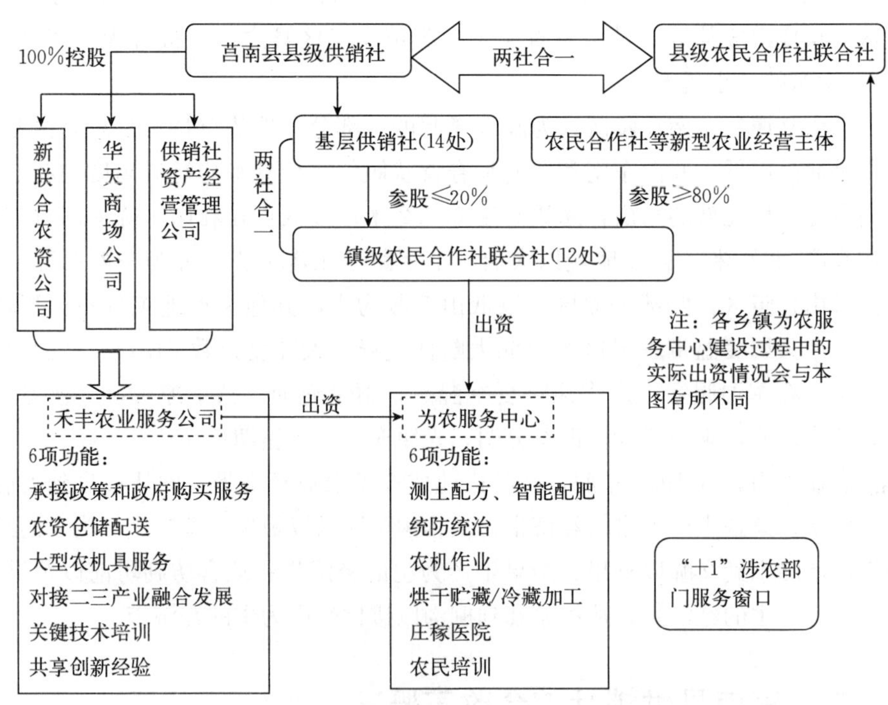

图 2－3－1 莒南县供销社综合改革的基本情况

（一）农民合作社联合社的组建和发展情况

首先是基层供销社联合社的组建。以乡镇为单位，基层供销社为主导，组织农民合作社、家庭农场、农产品企业等新型农业经营主体，按照基层社持股不超过 20%、农民合作社等新型经营主体不低于 80%的股权比例，组建了镇级农民合作社联合社，并在工商部门登记为合作社法人，镇级农民合作社联合社与基层供销社实现了“两社合一”。其次是县级供销社联合社的组建。经县编办同意，在镇级农民合作社联合社的基础上，莒南县供销社组建并登记了具有事业法人地位的县级农民合作社联合社，与县供销社“一套机构、两块牌子”，并设置了“三部一中心”等机构。

与基层供销社相比，各镇级农民合作社联合社在组织各新型农业经营主体以及为农民提供社会化服务方面发挥了重要作用。镇级农民合作社联合社不仅积极吸纳农民社员的加入，同时还将政府的政策扶持资金投放到联合社，以股权形式量化到联合社农民社员身上，使其享受分红收益。此外，各镇级农民合作社联合社内部也设置了“三部一中心”（生产服务部、流通服务部、合作金融部以及综合服务中心。）等机构，着力解决联采联销、标准化生产、品牌化经营、大田托管、信息资源共享、资金互助等单个专业合作社办不了、做不好的服务。

截至目前，莒南县已组建镇级农民合作社联合社 12 个，达到了每镇街一家，注册成立专业农民合作社联合社 13 家。全县的镇级农民合作社联合社出资额累计为 3 470 万元，其中供销社的平均参股比例为 19.7%，合作社等新型农业经营主体占股 80.3%；联合社共拥有成员合作社 190 个、家庭农场 6 个、农业企业 3 个，吸纳农民社员 3.2 万户。截至 2016 年 10 月，已有 15 家农民合作社开展了信用互助业务，其中莒南县顺源养殖合作社、丰乐草莓合作社、昊睿农机化种植合作社、贵花种植合作社等 4 家合作社获得了信用互助业务资格认定证书；全县累计发放信用互助资金 1 052.2 万元，但是各家的互助资金额都会限定在 300 万元以内。

表 2-3-1 莒南县农民专业合作社联合社

性质	事业法人
构成	12 处镇级农民合作社联合社
职能	指导、协调
股份构成	全县镇级农民合作社联合社总出资额 3 470 万元，基层供销社平均参控股比例 19.7%、合作社等新型经营主体占股 80.3%
主要制度设计	生产服务部、流通服务部、合作金融部以及综合服务中心，与县供销社“一套机构、两块牌子”

（续）

性质	事业法人
已开展的主要工作	无
与县供销社关系	合署办公
与县资产运营公司关系	无
与县级农业服务公司关系	无
有没有入股下级联合社	实际没有
与乡镇联合社关系	组织引领、参控股镇级农民合作社联合社
与乡镇农业服务中心关系	间接指导

（二）农业服务公司和为农服务中心的建设现状

莒南县目前已经形成以丰禾农业服务公司为龙头，以镇街农民合作社联合社为骨干，以为农服务中心为平台，以农民合作社、农产品基地和企业等农业经营主体为服务对象的农业社会化服务体系，供销社因此也实现了由流通服务向全程农业生产服务的延伸。

1. 丰禾农业服务公司

丰禾农业服务公司是由县供销社资产经营管理公司、新联合农资公司、华天商场公司3个法人股东组成的县域农业服务规模化龙头企业。公司成立于2015年3月，并于7月在县工商局登记注册，注册资本为500万元，县供销社实际持股100%。该公司位于莒南经济开发区西关居委，公司本身拥有建筑面积5 000平方米的仓储设施，化肥、农药储存能力达到1.5万吨；拥有测土化验室180平方米，测土化验设备齐全；现代化的信息中心和农资展示大厅300平方米；培训教室300平方米，可同时容纳150人集中培训；总经销、总代理供销直供等国内外20多个优质化肥品牌，且有县域高毒农药专营职能，兼营农机具经营及维修业务。丰禾农业服务公司的功能主要包括以下6个方面：（1）承接政府惠农政策和购买服务；（2）农资仓储配送；（3）大型农机具服务；（4）对接二、三产业融合发展；（5）关键技术培训；（6）共享创新经验。在各乡镇为农服务中心的建设过程中，丰禾农业服务公司都发挥了重要作用。这一点，在后续的案例分析中会进行详细说明。

2. 为农服务中心

莒南县的为农服务中心是以原建制乡镇为区划而建设的，占地面积20亩左右、服务半径3公里、辐射范围3～5公里。莒南县县委、县政府出台了《建设为农服务中心实施方案》，明确供销社每建设一处为农服务中心，县财政给予 50 万元补助。

截至 2017 年 5 月，全县已建成为农服务中心 12 处。共设立有测土化验中心和粮食烘干设备 7 处，智能配肥系统 10 套，其中智能自助液体加肥站 2 处，智能配肥网络终端 207 个，具体情况如表 2－3－2 所示。此外，全县的为农服务中心还购置各类农机具共计 220 余台（套），整合各类农业机械 500 多台（套），配备植保飞机 3 架，服务能力达到 50 万亩，服务市场经营主体 610 个，受惠农民达 47.1 万人。前面提及的 2 处智能自助液体加肥站分别位于道口镇、石莲子镇等农产品基地密集区，以开展测土配方施肥服务，推广“水肥一体化”滴灌与精准施肥；目前已经发展“水肥一体化”种植基地 2 800 亩，平均每亩可节约用水 30%，节约用肥 40%～50%，节约人力成本 40%以上。

表 2－3－2　莒南县各个为农服务中心的部分设备统计情况

序号	为农服务中心名称	智能配肥设备		植保飞机数量（架）
		设备名称	数量（台）	
1	十字路为农服务中心			1
2	洙边为农服务中心	智能配肥机	1	1
3	板泉为农服务中心	智能配肥机	1	1
4	坊前为农服务中心	智能配肥机	1	
5	石莲子为农服务中心	智能配肥机	1	
		液体加肥机	1	
6	相沟为农服务中心	智能配肥机	1	
7	文疃为农服务中心	智能配肥机	1	
8	道口为农服务中心	智能配肥机	1	
		液体加肥机	1	
9	相邸为农服务中心			
10	大店为农服务中心	智能配肥机	1	
11	筵宾为农服务中心			
12	岭泉为农服务中心			
合计	—	—	10	3

自 2016 年到 2017 年 4 月，全县供销系统通过为农服务中心这一平台，实现土地托管面积 35.08 万亩，是 2013 年的 6 倍；其中全托管面积 6.33 万亩，飞防面积 10.52 万亩，智能配肥面积 16.22 万亩，烘干粮食 5 700 吨。从表 2－3－3 中可以看出，各乡镇的为农服务中心是土地托管服务的主要提供者，托

管的作物种类已经涵盖了小麦、玉米等大田作物和草莓、花生、蔬菜等经济作物，其中又以小麦、玉米和花生托管为主；并且板泉镇、洙边镇和坊前镇的土地托管面积是12个乡镇（街道）中最大的，都达到了5万亩以上。此外，表2-3-4还详细地列出了2016年莒南县全县为农服务部分环节的托管情况：就测土面积而言，板泉镇、洙边镇和坊前镇及石莲子镇的测土面积仍然是比较大的；配肥面积和统防统治面积比较大的前几个乡镇也是板泉镇、洙边镇、坊前镇和石莲子镇。可见，板泉、洙边、坊前和石莲子的土地托管服务在莒南县各个乡镇中发展得较好。

表2-3-3　莒南县供销社土地托管情况

序号	乡镇名称	托管面积（万亩）	托管主体	托管的主要作物
1	十字路街道	1.35	十字路为农服务中心、富泉农机化种植专业合作社	小麦、玉米、花生等
2	大店镇	1.96	大店为农服务中心	小麦、玉米、草莓、花卉等
3	板泉镇	5.07	板泉为农服务中心	红薯*、小麦、玉米、花生等
4	洙边镇	5.04	洙边为农服务中心	小麦、玉米、红薯、茶叶等
5	坊前镇	5.27	坊前为农服务中心、相邸为农服务中心	小麦、玉米、花生等
6	文疃镇	2.32	文疃为农服务中心	小麦、玉米、花生等
7	涝坡镇	1.97	龙德农机化种植专业合作社	小麦、玉米、花生、果品等
8	石莲子镇	3.42	石莲子为农服务中心、洪泉农机化种植专业合作社	小麦、玉米、花生等
9	岭泉镇	2.06	岭泉为农服务中心、中亭农机服务专业合作社	小麦、玉米、花生等
10	筵宾镇	2.17	筵宾为农服务中心、田彬农机化种植专业合作社	小麦、玉米、花生、蔬菜等
11	相沟镇	2.31	相沟为农服务中心	小麦、玉米、红薯、花生等
12	道口镇	2.14	道口为农服务中心	小麦、玉米、草莓、蔬菜等
合计		35.08	—	—

* 红薯指甘薯，下同。

表 2-3-4　2016 年莒南县全县为农服务部分环节的托管情况（单位：亩）

序号	镇街	测土面积	配肥面积	统防统治
1	十字路街道	5 060	5 100	6 100
2	筵宾镇	2 210	2 300	3 500
3	大店镇	9 890	10 000	7 450
4	岭泉镇	3 160	3 210	1 120
5	道口镇	19 240	19 700	8 400
6	石莲子镇	24 130	25 150	14 910
7	板泉镇	21 210	21 360	13 700
8	相沟镇	13 120	13 700	8 620
9	洙边镇	25 340	25 490	12 960
10	坊前镇	25 610	25 820	12 440
11	文疃镇	8 940	9 080	4 920
12	涝坡镇	1 290	1 330	3 090
合计		159 200	162 240	97 210

（三）供销社村社共建工作的基本情况

莒南县充分发挥供销社的市场网络、经营等优势，整合村集体的土地、政治组织等优势，以及农民合作社的生产、组织带动等优势，创新"供销社＋村级党组织＋专业合作社"的三位一体联合共建模式，规划实施"农村综合服务社、农民合作社、农产品基地和市场、农业服务规模化、人才队伍"等共建项目，并逐步拓展延伸到共建电子商务平台、农村合作金融、为农服务中心等领域，探索出了一条"强基固本、富民兴社"多方共赢的发展路子。

截至 2016 年 11 月，莒南县全县在 242 个农村社区组织实施"村社共建"项目 456 个，在全省率先实现全覆盖。累计实现交叉任职 57 人，年增加村集体收入共计 1 700 多万元，带动农民年收入 1.5 亿元；供销社增加服务网点 210 个、营业面积 3 万多平方米。

三、基层供销社主导的农民专业合作社联合社发展现状

（一）洙边镇供销社农民合作社联合社

洙边镇供销社农民合作社联合社是由洙边镇基层供销社联合其他 8 家合作

社组成的。联合社的各成员社通过认缴股份，对联合社的投资进行出资。也就是说，目前联合社的成员社都没有实际出资，只是认缴；如果联合社有投资项目，则成员社根据各自的认缴股份进行出资。如图 2－3－2 所示，其中，基层供销社认缴 20％的股份，玉芽茶叶合作社和顺源养殖合作社都认股 15％，柳河农机水利合作社、大丰收花生合作社、碧芽春茶叶合作社、宏图服务烟农合作社以及心连心农机合作社则都认股 10％。

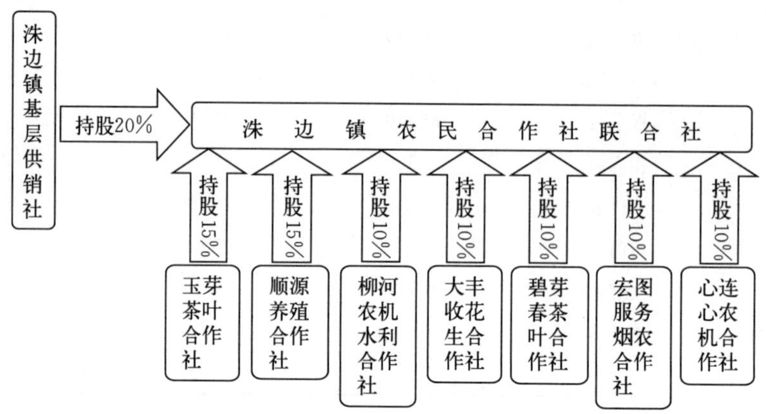

图 2－3－2　洙边镇供销社农民合作社联合社的构成示意图

（二）石莲子镇供销社农民合作社联合社

石莲子镇农民合作社联合社是由石莲子镇供销社牵头，联合丰乐草莓、五谷丰农机、日月花生种植等 3 个合作社共同组建成立的。2014 年 11 月，联合社在工商局登记注册，注册资本 300 万元。但石莲子镇供销社农民合作社联合社实现的是股份认缴制。其中：基层供销社认缴 50 万元，占总股本的 16.7％，丰乐草莓种植合作社认缴 90 万元，占总股本的 29.9％，五谷丰农机合作社认缴 80 万元，占总股本的 26.7％，日月花生种植合作社认缴 80 万元，占总股本的 26.7％。联合社现有社员 182 户，经营范围包括：（1）组织收购、销售成员种植的农产品、花卉；（2）引进农产品、花卉种植新技术、新品种；（3）开展技术培训、技术交流和咨询服务。

（三）文疃镇供销社农民合作社联合社

文疃镇农民合作社联合社是由文疃镇供销合作社牵头，联合三皇山果品、金水河蔬菜、民旺农机等 3 个合作社共同组建成立的，共有社员 156 户。2015 年 2 月，联合社在工商局登记注册，注册资本 900 万元。其中，基层供销社出资 180 万元，占总股本的 20%；三皇山果品合作社出资 360 万元，占总股本的 40%；金水河蔬菜种植合作社出资 180 万元，占总股本的 20%；民旺农机合作社出资 180 万元，占总股本的 20%。据该镇基层供销社的主任说，其联合成员社都是实缴出资，资金主要用于建造仓库、厂房和购置农机具，目前一共购置了 6 台收割机。文疃镇供销社农民合作社联合社的经营范围包括：(1) 提供农机技术咨询和信息服务；(2) 组织采购农机具；(3) 组织农机化劳动合作和农机具规模化作业；(4) 组织采购农资；(5) 组织收购、销售农产品；(6) 开展技术培训、技术交流和咨询服务，引进新技术和新品种。

(四) 大店镇供销社农民合作社联合社

大店镇农民合作社联合社是由大店镇基层供销社牵头，联合红果草莓、五谷香水稻、永益草莓、农乐草莓等 4 个合作社共同组建成立的，共有社员 869 户。2014 年 11 月，联合社在工商局登记注册，注册资本 100 万元。其中，基层供销社出资 15 万元，占总股本的 15%，红果草莓种植合作社出资 25 万元，占总股本的 25%，五谷香水稻种植合作社出资 20 万元，占总股本的 20%，永益草莓种植合作社出资 20 万元，占总股本的 20%，农乐草莓种植合作社出资 20 万元，占总股本的 20%。大店镇农民合作社联合社的经营范围包括：(1) 组织成员开展农作物、蔬菜、水果、花卉、苗木种植和畜禽养殖服务；(2) 提供农业技术咨询，开展技术培训、技术交流、信息服务；(3) 引进农业新技术、新品种、新机械；(4) 为成员提供种植、养殖、机耕、机播、机灌、机收服务；(5) 组织成员开展农产品购销、储存；(6) 供应成员种植、养殖所需的化肥、农地膜以及饲料；(7) 组织本社成员开展农机化劳动合作和农机具规模化作业。

由大店镇农民合作社联合社的成员社构成可以看出，草莓种植类合作社在联合社中占据了主要的地位。因此，目前大店子镇农民合作社联合社的经营业务也多是围绕草莓而开展的。如联合社利用成员社的出资额，建立了一个草莓交易大棚以辅助成员社销售草莓，1 斤草莓收取交易费 0.1 元，由商贩支付。2016 年，联合社草莓交易大棚的草莓交易量是 10 000 吨，收入 200 万元。此外，联合社的 3 家草莓合作社还会统一购买草莓的种苗。相比之下，五谷香水稻合作社与联合社其他成员社之间的业务联系则比较少，利益联结也比较松散。

(五) 板泉镇供销社农民合作社联合社

板泉镇供销社农民合作社联合社是由板泉镇基层供销合作社牵头，联合昊睿农机、凤习养鸡、四季花海等 3 个合作社共同组建成立的，共有社员 254 户。2015 年 2 月，联合社在工商局登记注册，注册资本 340 万元。其中，基层供销社出资 68 万元，占总股本的 20%，昊睿农机化种植合作社出资 136 万元，占总股本的 40%，凤习养鸡合作社出资 68 万元，占总股本的 20%，四季花海合作社出资 68 万元，占总股本的 20%。板泉镇农民合作社联合社的经营范围包括：（1）组织采购种苗、化肥和农地膜；（2）组织收购、销售成员社的农产品；（3）为成员社养殖禽畜提供技术服务；（4）为成员提供农机技术咨询、信息服务；（5）组织采购农机具；（6）组织成员社开展农机化劳动合作和农机具规模化作业；（7）开展技术培训、技术交流和咨询服务，引进新技术、新品种。

（六）坊前镇供销社农民合作社联合社

坊前镇供销社农民合作社联合社是由坊前镇基层供销社牵头，联合乐力农机、天雪小麦、雪峰茶叶、民生种植等 4 个合作社共同组建成立的，共有社员 177 户。2014 年 9 月，联合社在工商局登记注册，注册资金 100 万元，均为实际出资。其中，基层供销社出资 40 万元，占总股本的 40%，乐力农机化种植合作社出资 20 万元，占总股本的 20%，天雪小麦种植合作社出资 20 万元，占总股本的 20%，雪峰茶叶种植合作社出资 20 万元，占总股本的 20%。该联合社属于同一地区不同业之间的联合，联合社主要负责为 4 家成员社提供协调、沟通、支持、组织等服务，其业务经营范围包括：（1）为成员社提供农机技术咨询、信息服务；（2）组织提供机耕、机播、机灌、机收及农机新技术；（3）组织成员社开展农机化劳动合作和农机规模化作业。

坊前镇供销社农民合作社联合社主要通过各村的便民超市来为社员提供服务。村内便民超市的经理是联合社在本村聘用的联络员，负责将本村农民需求汇总到联合社，然后由联合社统一组织提供服务。例如村联络员会向联合社反映本村的粮食收割需求，联合社就会通知相关的农机合作社，与村联络员取得联系，由村联络员带领合作社农机手进行收割。联合社会根据服务作业量以及农资销量给予联络员相应的提成，一般为 5～10 元/亩。社员通过联合社购买农资、接受农机作业等服务，可以比直接从市场上购买要优惠许多。如联合社提供的化肥价格要低于市场价 10 元/袋，花生种子价格低 0.2 元/袋，农药价格低 1～2 元/瓶，而且社员从联合社购买化肥，可以享受免费的测土配肥服务；此外，联合社提供的机收服务价格为 80 元/亩，也比农民直接从市场购买的价格低 10～20 元；同时联合社帮助社员储存小麦，1 000 斤小麦仅收取储存费 2 元。联合社还会邀请农业专家、技术人员为合作社社员提供免费的技术培训服务。

四、乡镇级为农服务中心发展现状

山东省供销社改革中，供销社为农服务中心在提供农业社会化服务中发挥了关键作用，而且其与乡镇供销社农民合作社联合社之间也有着紧密的利益联结关系。通过分析乡镇为农服务中心的运行组织状况，一是有助于对联合社有更加深入的了解，二是能够对以供销社为核心的农业社会化服务体系有更直观的认识。

（一）洙边为农服务中心

1. 服务中心的基本情况

洙边为农服务中心主要是由丰禾农业服务公司、洙边供销社农民合作社联合社以及博丰家庭农场按照 3∶5∶2 的出资比例建设的。洙边为农服务中心占地 20 亩，总投资 500 万元（上级政府扶持资金 300 万元，自筹资金 200 万元），其中建设性投资 320 万元，设备投资 180 万元。洙边为农服务中心的建筑面积共有 4 200 平方米，晾晒场 7 600 平方米，购置农机具 20 多台（套）。为农服务中心的经理是博丰家庭农场的农场主庞立虎。博丰家庭农场成立于 2013 年 7 月，最初是流转土地种植小麦和玉米；后来由于流转土地比较困难，庞立虎便开始与洙边镇基层供销社合作，开展土地托管服务以顺应当地农民保留土地经营权的需求，同时也减轻了家庭农场流转土地的资金和经营压力。

2. 农业社会化服务

洙边为农服务中心设置有测土配方、智能施肥、统防统治、农机作业（存放维修）、粮食烘干贮藏、庄稼医院（视频对讲系统）、农民培训等六大服务功能。同时，中心还整合农业、气象、农产品检测、农机等涉农部门入驻，形成了“一站式一个窗口”的全程社会化服务中心，服务半径 3 公里，服务耕地面积达 5 万亩，服务人口 5.2 万。

半托管是目前洙边为农服务中心主要的托管方式，托管环节集中在耕种和收获两方面。因此，整合农机具是非常重要的（如图 2-3-3 所示）——这可以降低中心自购农机具的资金压力，分散风险。由服务中心联系作业，便于土地连片，降低农机路耗，提高作业效率，同时也省去了农民和农机手之间的交易成本。因此，通过为农服务中心接受的农机服务，其价格都要低于市场价。

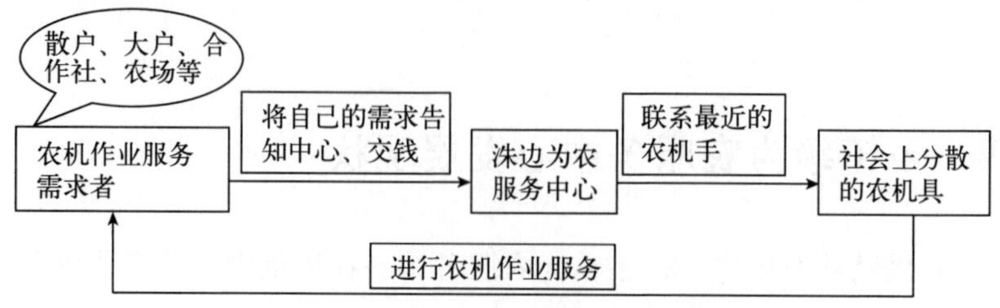

图 2-3-3　洙边为农服务中心整合社会农机具示意

关于中心和农机手之间的农机服务费分成，如果农机具持有者自己作业，则其在分成中占大头；如果农机具持有者只提供农机，农机手由服务中心雇佣，则其在分成中占小头。此外，为农服务中心还会对农机手进行技术培训以提高作业质量。

毋庸置疑，洙边为农服务中心的社会化服务收益是非常显著的。2016 年，服务中心检测土壤面积 3.7 万亩，智能配肥 1 400 吨；实施大田作物托管 5.04 万亩，其中小麦 2.56 万亩，花生 9 300 亩，玉米 1.55 万亩；承接政府购买小麦一喷三防 1.6 万亩；烘干小麦 1 000 吨、玉米 500 吨。最终实现农资销售收入 308 万元，土地托管服务费收入 320.3 万元，利润合计 79.5 万元，节省农民生产成本 133.5 万元。下面以小麦为例，来说明洙边为农服务中心提供土地托管服务的增效情况。如表 2-3-5 所示，土地托管的亩均成本可以比农民自己种植节约 47 元/亩，亩均产量能够增加 100 斤/亩，共计可以比农民自己种植增收 172 元/亩。

表 2-3-5　洙边为农服务中心小麦托管与农民自己种植的效益比较

项目		农民自己种植	土地托管种植	土地托管增收
亩均成本：元/亩	种子	50	45	5
	播种	60	50	10
	化肥	160	150（配方肥）	10
	打药	90	78	12
	收获	80	70	10
	合计	440	393	47
亩均产量：斤/亩		800	900	100
销售价格：元/斤		1.25	1.25	0
亩均纯收入		560	732	172

（二）板泉为农服务中心

板泉为农服务中心是由板泉镇基层供销社及其参股 38%的昊睿农机化种植合作社联合投资建立的。服务中心占地 40 亩，总投资 580 万元，建筑面积 1.4 万平方米。其中，服务大厅及农民培训中心 780 平方米，农机、农资库及配肥车间 2 300 平方米，粮食烘干及储存库 2 200 平方米，农产品深加工车间 2 900平方米，地下红薯储存窖 5 350 立方米（可储存红薯 1 600 吨）。此外，服务中心还配备智能配肥机 1 台，粮食烘干机 2 台，大中型农机 60 台（套），花生及红薯干脯、紫薯色素提取加工生产线 5 条。由于板泉为农服务中心的经营服务主要依托于昊睿农机化种植合作社来进行，所以有必要先对昊睿农机化种植合作社进行初步的了解。

1. 昊睿农机化种植合作社

昊睿农机化种植合作社成立于 2013 年，现有社员 294 人（2017 年），发起人有 5 户。2014 年山东供销社改革试点，洙边镇基层供销社在合作社参股 38%。2015 年，昊睿农机化种植合作社开始大规模扩张，其中县社注资 110 万元（争取了省社项目扶持资金 100 万元＋配肥机 10 万元），并联合国土部门，给予土地建设指标，建立了板泉为农服务中心。

昊睿农机化种植合作社主要有土地、资金和农机入股三种形式。其中土地入股实行保底＋分红的盈余分配方式：合作社提供全程托管服务，保底 750 元/亩＋超产的 40%分给社员，这类土地现有 200 亩（2017 年）；或者保底 400 元/亩＋超产的 60%分给社员，这类土地现有 1 700 多亩（2017 年）。资金入股的自然人有 4 人，其中有 3 人，每人 100 万元；理事长入股 200 万元，资金入股共计 500 万元。目前带机入社的农机有 126 台，针对带机入社的农机手，合作社会提取部分农机服务费，年底再根据各个农机手社员的作业量进行分红。通过加入合作社，农机手的收入得到了极大提高，例如 2016 年，一个农机手社员净收入 3 万元，而如果农机手自己单干，最多收入 2 万元。此外，昊睿农机化种植合作社还流转了 1 060 亩耕地，其中 252 亩是果园，100 多亩种植了苗木花卉，其余都为大田作物，如红薯、花生和小麦等，土地租金为 750～1 000 元/亩不等。其中合作社 750 元/亩保底＋分红的 200 亩耕地也包括在这 1 060 亩流转的耕地中。

2. 农业社会化服务

板泉为农服务中心设置了智能配肥、统防统治、农机作业、粮食烘干贮藏、农民培训、农产品收购及加工、信用互助等七项服务功能，并整合农业、气象、农机等涉农部门入驻，形成了“一站式一个窗口”的全程社会化服务，服务半径 3 公里，可覆盖耕地面积 5 万亩，服务人口 5 万人。自中心建成投入运营以来，联合社区（村）集体、农民合作社以及涉农企业等经营服务主体，通过设立村级联系点、推广测土配肥精准施肥、土地托管、农机作业、技术培训等措施，于 2016 年实现托管土地 4.4 万亩、直供各类化肥 1 000 多吨，实现销售额 600 万元、利润 130.4 万元，节省农民成本 81.4 万元，增加村集体收入 25 万元。关于服务中心节本增收的具体情况，如表 2－3－6 至表 2－3－8 所示，

表 2－3－6　为农服务中心的花生托管价格与社会价格的比较（元/亩）

项目	中心服务队价格	市场价格	节约成本
种子	140	160	20
耕地	50	70	20
播种	80	100	20
地膜	35	45	10
农药	40	48.5	8.5
化肥	140	160	20
机械收获	120	180	60
合计	605	763.5	158.5

表 2－3－7　为农服务中心的玉米托管价格与社会价格的比较（元/亩）

项目	中心服务队价格	市场价格	节约成本
种子	40	50	10
播种	50	70	20
农药	75	90	15
化肥	120	140	20
机械收获	100	120	20

表 2－3－8　为农服务中心的小麦托管价格与社会价格的比较（元/亩）

项目	中心服务队价格	市场价格	节约成本
种子	45	50	5
播种	50	60	10
农药	75	90	15
化肥	140	160	20
机械收获	50	80	30

分别对花生、玉米和小麦的社会服务价格和服务中心的服务价格进行了比较。以花生为例，与社会服务价格相比，为农服务中心的服务可为农民节约成本158.5元/亩。

板泉为农服务中心的土地托管服务目前涵盖了小麦、玉米、花生和红薯等农作物。面对散户，服务中心以提供半托管服务为主；对种植大户、涉农企业等规模主体则提供全托管服务。关于板泉为农服务中心土地托管的实施方式，可归纳为以下三种：一是整村托管，2016年，中心与王家武阳、马槽头等5个村集体，签订整村小麦收割及秸秆还田托管合同，实施托管6 390亩；二是联合村级联系点，板泉为农服务中心已经联合16个村集体设立了村级服务联系点，以发挥村集体的组织带动作用，负责本村的土地托管、预约登记、农资配送等服务项目的组织实施工作，中心则根据业务规模给予村集体5元/亩的服务费提成。2016年，通过村级联系点，中心实施托管小麦收割7 300亩、玉米收获5 600亩、小麦播种1.2万亩；三是跨区作业，2016年服务中心组织农机远赴郯城、烟台托管1.28万亩小麦收割等业务。此外，中心还直接联系对接市供销农资公司，为种植大户、农民合作社、家庭农场等新型经营主体联采质优价廉的化肥，直接配送到田间地头。2016年累计联系直供化肥1 000余吨、农地膜16吨、农药700余箱，其中智能配肥250吨。

五、村社共建发展现状

村社共建在提供社会化服务，组织农民，促进村集体和村民增收方面发挥了重要作用，是对为农服务中心和联合社社会化服务功能的重要补充，实现农业社会化服务规模化的手段之一。莒南县供销社的村社共建模式多是通过成立合作社，以流转和集中土地为主要抓手，对农业生产经营进行统一管理，来提高农业经济效益，增加农民和村集体的收入。下面以莒南县的两个村社共建案例来对此进行详细阐述和说明。

（一）莒南县石莲子镇郝家庄村

1. 郝家庄村村社共建基本情况

（1）郝家庄村村情

郝家庄村位于莒南县石莲子镇。该村有人口1 112人，耕地1 360亩，地处丘陵地区，人均年收入4 000元左右，在石莲子镇排在中游水平。村里有超过一半的人口在外出务工，留守在村的农民，大多以种植粮食作物为主，一年纯收入不到千元/亩。此外，郝家庄村拥有30多年的草莓种植历史，当地金黄色的砂质土壤适合草莓的生长，蔬菜种植在郝家庄村也比较普遍，但大多是小棚，不成规模，经济效益不高。

（2）村社共建概况

2012年，郝家庄村成为供销社“村社共建”的改革示范点。之后，由石莲子镇供销社出资，村集体出地，合作建设了集办公、农资超市、日用品超市于一体的社区服务中心。此外，村集体还与石莲子镇供销社共同出资50万元（村集体以路、灌溉渠等折股25万元）成立了绿园合久果蔬专业合作社，建立了果蔬产地交易市场。过去村民要走十多里的路程去卖粮食，而现在收购市场就在村里，节省了农民的时间，也省去了很多运输成本。郝家庄村果蔬交易市场的管理费收取标准为每斤草莓交易费用0.05元，由进行产品销售的农户交纳；交易市场的收入，最后由村集体和基层供销社五五分成。

2. 郝家庄村集中土地的具体做法

郝家庄村村社共建的土地集中工作是由该村村委会来推动实施的，以土地置换和返租倒包的手段为主，目的就是为了使土地集中连片，便于进行设施建设、改良和统一管理。如2013年，绿园合久专业合作社在村干部的发动下，以1 500元/亩的价格流转了400亩土地，集中连片、提高设施档次后，再以1 500元/亩的价格反包给想种地的农民。村集体协调土地置换流转的过程如下：合作社先询问农民意愿，想反租的农民上报种棚数量后再去流转、建设、反租倒包。例如截至2015年12月，该合作社基地内有150户社员，每户平均需要2个蔬菜草莓大棚，每个大棚面积是5亩，总共需要耕地1 500亩。而一个社员自己的承包地只有2亩，即使全部调整集中，还是不够，所以就需要合作社再去流转1 200亩土地。需要特别指出的是，果蔬大棚由承包户自己出资，合作社负责建设。

当然，要发动村民积极参与土地流转和基地建设，增强供销社与村民之间的信任至关重要。为此：（1）供销社投资建立社区服务中心，获得了农民的好感和信任。在上级政府的推动下，村集体和石莲子镇供销社合作，投资建设村级活动、农资、日用品超市于一体的社区服务中心一处，为村民的生产生活提供了极大的便利。如在2015年之前，村里只有私人开设的小卖部，货品种类不全、质量没有保证，很多村民要去5公里外的石莲子镇购物，来回得需半天时间；供销社超市的建立则满足了村民的消费需求。（2）供销社组织农民代表去寿光、江浙等地考察、学习；同时供销社还组织专家和技术人员开办夜校对农民进行培训。（3）在绿园合久果蔬专业合作社内部设立兼合式党支部，吸纳该村38名党员加入该支部成为兼合式党员，发挥党员的模范带头和组织保障作用。

3. 郝家庄村果蔬基地的经济效益

果蔬种植规模的扩大、先进技术的指导以及可靠的销售渠道，增加了村民、村集体和供销社的收入。对村民来说，承包基地的果蔬大棚，种植韭菜每亩能够纯收入10 000多元，种植草莓每亩纯收入则超过20 000元，远高于之前种粮每亩不足1 000元的收入水平。同时，郝家庄村村集体可以获得土地流转中介服务费、社区服务中心土地入股分红和果蔬产地交易市场管理费，例如2016年郝家庄村村集体就收入58 000元，而村社共建之前，村集体基本没有收入。基层供销社则获得农资、农产品和日用品销售利润，以及果蔬产地交易市场管理费。那么，基地增收的具体机制究竟是怎样的呢?

第一是种植规模的扩大。村民原来经营的传统果蔬大棚，一般一个棚的面积只有1亩地；而经过合作社的流转整合，最小的棚有1.5亩，最大的有10亩。2013年以前，一个农户经营5亩地，由于耕地比较分散，5亩地就是5个单独的大棚，户与户大棚之间的耕地都闲置浪费了。现在耕地连片，农户节约了进出各个大棚的时间，同时也节约了土地、扩大了种植面积。2017年，郝家庄村果蔬基地有韭菜棚100亩，草莓棚200亩，露天草莓200亩。

第二是先进技术的指导。在果蔬的生产过程中，由供销社派驻的技术人员进行统一指导，以保证产品的质量和产量。并且基地的韭菜都选用良种，由合作社统一购买，种子单价为50元，远低于市场价80元，有机肥也比农民自己从市场上单独购买便宜20%。

第三是可靠的销售渠道。对果蔬业来说，能够在收获之后及时销售出去是增加收入的重要保证。一是因为果蔬具有易腐性，贮存不利的话，容易腐烂，从而导致减产损失；二是因为果蔬的价格波动比较大，对市场变化一旦把握不准，就会有滞销的危险。例如果蔬基地的草莓于2015年8～9月栽种，元旦上市，春节前能卖到10元/斤，到4月份这一茬结束，平均售价仅为2元/斤。可见，春节前后，草莓的价格差距是很大的。郝家庄村果蔬产地交易市场的建立，节省了农户自己销售产品的时间和运输成本，同时也降低了草莓因腐烂而可能导致的损失。在郝家庄村果蔬基地，草莓和韭菜等通过供销社直接对接批发市场和大型超市。同时郝起可、郝启欢等蔬菜销售专业户和党员代表，也带头跑市场，将基地的蔬菜以高于市场0.1～0.2元/斤的价格直供超市。

（二）莒南县道口镇曹家庄村

1. 曹家庄村村情和村社共建概况

曹家庄村位于莒南县道口镇。该村一共有人口 2 000 人、600 户，有 2 100 亩耕地，其中 1 000 亩菜地。2012 年之前，曹家庄村有 400 户农民种植蔬菜，以卷心菜和甘蓝为主。虽然种植蔬菜一直是当地的种植传统，但是卷心菜和甘蓝的市场价值比较低，仅仅几分钱一斤。2008 年，因为国家政策鼓励成立农民专业合作社，曹家庄村顺势成立了一家合作社，然而该合作社并没有实际运作，只是一个空壳。

直到 2012 年，道口镇基层供销社与村集体进行“村社共建”后，曹家庄村的合作社才开始真正运作起来。此外，道口镇供销社还组织带领村两委班子和村里的蔬菜种植大户，到寿光、临沂、沂蒙学习大棚蔬菜种植的先进经验。同年，曹家庄村村集体与道口镇基层供销社合作，建立了蔬菜产地交易市场，号召农民加入。此时，合作社也重新注册资本 100 万元，投资建设了新式更高、更大的蔬菜大棚，开始种植市场价值较高的西红柿。

2. 曹家庄村合作社社员的入社方式

村民加入曹家庄村合作社的一般程序是，社员先向合作社报出自己计划种棚的数量，合作社再根据需求建棚，然后租给社员经营。合作社建设大棚的资金来源是承包大棚的社员自身；而建设大棚所需要的土地，都是通过村支书去协调，协调土地是比较有难度的，因为有的村民不想种棚、只想露天种地，这时就要采用置换的方式，以便大棚集中连片。曹家庄村合作社平均每年吸收将近 100 户社员，2015 年末经营面积已经达到了 1 000 亩左右。截至 2015 年 12 月，该村加入合作社的一共有 200 户村民。

3. 曹家庄村合作社的蔬菜销售方式

为了帮助社员统一销售蔬菜，合作社和村集体合作建立了一个蔬菜产地交易市场，负责统一联系客商和经纪人来收购蔬菜。交易市场的收购价对所有社员都是一样的，但会根据蔬菜质量进行分级，因为蔬菜有大有小有长有短。蔬菜的销售货款由客商或经纪人先打给合作社，再由合作社根据交易量分给社员。曹家庄村的社员都很相信合作社，都不会质疑西红柿的质量标准和销售价格。对于新社员的加入，合作社的老社员是非常支持的，因为经营规模大了有利于联系客商，增加合作社的市场谈判话语权；如果一个村的蔬菜产量不够载满一车，客商就不会来，小商贩则会杀价，导致蔬菜无法高价出售。

曹家庄村的蔬菜产地交易市场主要是由合作社投资建设的。其中合作社社员和道口镇基层供销社各投资了一部分。该蔬菜产地交易市场占地 20 亩。交易市场的盈利会在投资者之间进行分红。正常情况下，交易市场一年的盈利额在 40 万元左右，村集体分得 10 万元，社员分红 10 万元；另外 20 万元作为合作社的运作资金，补贴社员的化肥、农药等农资投入。

4. 曹家庄村村社共建的经济效果

通过村社共建和经营高效蔬菜大棚，曹家庄村村民以及村集体的收入都得到了不同程度的提高。例如 2016 年，西红柿的批发价平均为 2.2 元/斤，市场景气之时能够达到 2.4～2.5 元/斤，每斤西红柿农民赚 0.5 元；曹家庄村拥有高效蔬菜大棚 300 多个，一个棚的年收入为 10 多万元。不仅农民增收，曹家庄村的村集体每年也有 10 多万元收入。村集体的增收来源主要是交易市场管理费、土地整合协调费及出租给供销社作日用品与农资超市的土地租赁费。例如村集体出面协调土地流转，供销社会支付协调费，第一年 100 元/（亩·年），后来就逐年下降，稳定在了 10 元/（亩·年），村集体每年至少有几万元的协调费收入；交易市场管理费和社区中心的土地租金，每年也能给村集体带来 10 多万元的收入。

村社共建之前，曹家庄村村集体的收入主要依靠几十亩的果园，收入非常有限。村社共建之后，村集体收入大幅增加，利用这些收入，曹家庄村进行了基础设施改善，安装了 40 盏路灯，修建了 4 000 米绿化带，硬化了 1 200米路面；同时，村委会还组建了环卫管理队伍，解决了村民的生活垃圾问题。

六、总结评述

（一）为农服务中心、村社共建与农民合作社联合社的关系

前文对洙边为农服务中心和板泉为农服务中心的案例分析表明，在莒南县，为农服务中心多是由基层供销社联合一些合作社或家庭农场等农业经营主体投资建立。而与此同时，基层供销社又联合该农业经营主体，及其他一些合作社、家庭农场或种植大户成立基层供销社农民合作社联合社。可见，联合社的运营与为农服务中心是相互补充和互为依托的，部分联合社，尤其是同业联合的农民合作社联合社，不仅停留在“行业指导”的层面，也会提供一些社会化服务，如大店子供销社农民合作社联合社和坊前供销社农民合作社联合社。

此外，基层供销社农民合作社联合社还积极吸纳“村社共建”项目下的

合作社，如石莲子镇的丰乐草莓专业合作社，是由石莲子供销社领办的一家专业从事草莓种植与销售的合作社，该合作社同时也加入了石莲子镇农民合作社联合社。可见，供销社联合社的角色更像是一个组织协调者，意在将基层乡镇村的各个农业生产服务主体整合到一个体系中提供指导和生产服务，这一点仅依靠为农服务中心或“村社共建”都是难以实现的。为农服务中心发挥的主要是经营服务功能，“村社共建”是以村为单位，帮助其更加合理有效地经营整合村集体的各项资产，实现农民、村集体和供销社利益共享、同步增收。

（二）存在的问题

通过对莒南县供销社农民合作社联合社的叙述可知，莒南县基层供销社农民合作社联合社多数实行认缴出资的形式，很少会实际出资。只有当联合社有实际的投资需求时，成员社才会依据认缴股份进行出资。而这类联合社能否发挥作用，第一取决于当地为农服务中心的发展，第二与成员社的性质有很大关联。尽管各个联合社都涉及为成员社提供农资、技术等各类农业社会化服务，但真正在提供服务的联合社很少。坊前镇农民合作社联合社通过便民超市，为其成员社提供了优惠有效的农资、农机作业、粮食储存运输等服务，而联合社之所以能够在该镇发挥一定的作用，与当地为农服务中心尚未完全建立起来有很大的关系；一旦为农服务中心建设完善，联合社的业务经营无疑会受到影响。而其他几家基层供销社农民合作社联合社的成员社之间则基本很少有实质性的业务联系和往来。其中大店镇的联合社因为以草莓合作社为主，成员社之间有共同的利益诉求，从而共同出资建立了草莓交易市场，一方面辅助社员销售草莓，一方面也可以从交易费中盈利，增加联合社的收入。

（三）政策建议

联合社若以同业联合为主，会更容易激发成员社进行合作。非同业，但是相互之间有业务需求或互补的合作社之间，可以通过联合社建立稳定的合作伙伴关系。如粮食种植类合作社之间可以合作成立联合社，然后与农机类联合社进行合作，这样一来既节约了交易成本和服务成本，同时也提高了各自的收入，利益的联结和核算也较为紧密和明确。周振、孔祥智（2014）[①] 的研究曾

① 周振，孔祥智．2014，组织化潜在利润、谈判成本与农民专业合作社的联合——两种类型联合社的制度生成路径研究［J］. 江淮论坛，04：67－75.

指出，当存在着联合的潜在利润时，产品同质性的合作社群体联合谈判成本相对较低，更容易发生诱致性制度变迁从而生成同业联合社；产品异质性的合作社群体，由于产品的差异容易导致合作社之间利益需求的不集中，自发联合的谈判成本过高，从而很难自发形成联合社，一般要在政府或公共部门的干预下，通过强制性制度变迁的方式方能生成异业联合社。所以建议，供销社在领办成立联合社的过程中，根据各地的实际情况，采取不同的方式，同业合作社之间的联合相对来说比较容易实现，可以进一步促进同业之间的再合作；对于产业异质性较大的合作社，要试图挖掘共性，促进合作，以实现联合办大事和提高各自经营绩效的目的。

分报告四：潍坊市寒亭区供销社综合改革与农民合作社联合社运行机制调研报告[①]

一、引言

寒亭区是潍坊市市辖区之一，处于黄河三角洲高效生态经济区、山东半岛蓝色经济区和胶东半岛高端产业聚集区“三区”叠加区域。寒亭区总面积898平方公里，耕地面积48.8万亩，35.5万人口中农业人口达28.4万。寒亭区辖经济技术开发区、海洋化工开发区及6镇2乡2个街道办事处，400个行政村，9个居委会。地处山东半岛城市群轴心的寒亭地理位置优越，距潍坊机场20公里、青岛机场100公里、济南机场170公里，北部的森达美港为潍坊市对外开放的海上门户，青银、潍莱、荣乌三条高速公路和206、309两条国道穿境而过。

2016年，全区实现GDP220亿元，同比增长11%，其中第一产业增加值87 341万元，增长3.5%。从国民经济产业结构上看，三次产业结构比例为5.7∶57.7∶36.6，经济运行质量较高。

农业方面，近年来，寒亭区培育专业大户5 083户、农民专业合作社392家、农业龙头企业114家；带动寒亭区认证无公害农产品基地、绿色食品基地、有机食品基地达18处，共计12.9万亩；认证无公害食品、绿色食品45个；带动寒亭区新增土地流转8 300亩，土地流转累计达29.5万亩，占寒亭区农用地面积的64.6%，较年初增加1.8个百分点。

二、寒亭区供销社综合改革与农民合作社联合社发展现状

（一）供销社综合改革情况

2014年5月31日，寒亭区获批山东省供销社综合改革试点县和新型农村

① 执笔人：张阳悦。

合作金融专项试点县。区政府高度重视，研究通过了《寒亭区供销社综合改革试点实施方案》，书面征求了区委常委意见，并于 2014 年 7 月下发；同期，区委、区政府成立了区供销合作社综合改革试点工作领导小组和寒亭区推进现代农业服务规模化领导小组，负责组织领导和统筹协调全区供销社系统综合改革试点工作，统一部署系统综合改革试点重大工作，指导、推动和督促检查综合改革试点工作的落实。区委、区政府深入贯彻落实潍发〔2016〕3 号文件精神，于 2016 年 8 月，出台了《中共寒亭区委、寒亭区人民政府关于全面深化供销合作社综合改革的实施意见》（寒发〔2016〕7 号），改革试点工作稳步推进。为了使改革顺利进行，由区财政安排资金 200 万元，作为寒亭区对省供销社融资担保股份有限公司的出资。同时将供销合作社改革发展专项扶持资金，由每年 100 万元增加到 300 万元，列入专户，用于支持供销社建设经营性、公益性相结合的农村现代经营服务新体系和为农服务中心。按照寒亭区供销社综合改革试点方案要求，以及“六项创新工程”确立的任务目标，各项重点工作取得了阶段性成果，具体情况如下：

1. 试点任务完成情况

2016 年寒亭区供销社改革稳步推进，依托基层社、为农服务中心，通过各项支农惠农的社会化服务，供销社在为农业生产经营主体提供服务的同时实现稳步发展。2014—2016 年，供销社综合改革试点工作均列入了区委年度工作要点和区政府工作报告以及全区深化改革重点事项。授权供销社考核街道，拟定了“土地托管服务”“农村合作金融”“领办农民合作社”“建设为农服务中心”4 项考核指标。2014 年，供销社土地托管工作还作为“寒亭区科学发展地方提升指标”，参加全市考核。供销社改革成果具体参见表 2－4－1 的各项发展指标。

表 2－4－1　2016 年寒亭区供销社改革发展指标

编号	项　目	2015 年完成数	2016 年计划数	截至 2016 年 10 月完成数	占 2015 年（%）	占全年计划（%）
1	销售总额（万元）	198 000	220 000	198 107	100.1	90
2	利润总额（万元）	400	416	556	139.0	133.7
3	所有者权益（万元）	1 954	1 954	2 365	121.0	121
4	土地托管面积（万亩）	20.45	25	25.1	122.7	100.4
5	其中：全托管（万亩）	3	3	3	100.0	100
6	智能配肥系统配备（套）	0	2	2		100

（续）

编号	项　目	2015年完成数	2016年计划数	截至2016年10月完成数	占2015年（%）	占全年计划（%）
7	测土配方面积（万亩）	10	16	16.2	162.0	101.3
8	智能配肥面积（万亩）	10	16	16.2	162.0	101.3
9	植保飞机配备（架）	0	3	3		100
10	飞防面积（万亩）	5	8	8.2	164.0	102.5
11	为农服务中心（个）	5	7	7	140.0	100
12	农村综合服务社（个）	110	290	548	498.2	189
13	城乡社区服务中心（个）	17	36	37	217.6	102.8
14	农产品批发市场（个）	1	1	1	100.0	100
15	县级农业服务公司（个）	0	1	1		100
16	电子商务交易额（万元）	140	4 200	3 680	2 628.6	87.6
17	领办农民合作社（个）	161	181	181	112.4	100
18	乡镇农民合作社联合社（个）	6	6	7	116.7	116.7
19	县级农民合作社联合社（个）	1	1	1	100	100
20	入股社员占社员比重（%）	80				
21	社村共建数量（个）	73	100	101	138.4	101
22	开展信用互助合作社（个）	7	7	8	114.3	114.3
23	互助资金规模（万元）	518.7	518.7	2 070	399.1	399
24	获金融办颁证数量（个）	1	2	3	300.0	150
25	服务市场经营主体（个）	180	280	350	194.4	125
26	受惠农民数量（万人）	12	15	23.6	196.7	157.3
27	培训农民社员（人）	5 130	5 000	6 042	117.8	120.8

2. “六项创新工程”具体实施情况

（1）“实体性合作经济组织创新工程”

实体性合作经济组织创新工程具体为通过基层供销社领办创办农民合作社并规范发展，不断壮大合作社的自身实力和市场运作能力；在此基础上，每个街道再组建区域性的农民合作社联合社；在区级层面，成立区级农民合作社联合社。

至2016年10月末，新增领办农民专业合作社20个，累计领办农民合作社181个。在区级和街道联合社建设方面，先后在5个街道、1个社区召开了各街道农民合作社联合社创立大会，注册成立区域性农民合作社联合社6个。

经区编办批准，在区供销合作社联合社加挂了区农民合作社联合社牌子，增设了相关职能，调整了相关科室。初步形成了“上下贯通、功能完备、服务高效、农民参与、农民管理、农民受益”的合作经济组织新体系。有关情况见表 2-4-2。

表 2-4-2　寒亭区农民专业合作社联合社

性质	事业
构成	寒亭区润展供销资产管理运营有限公司＋寒亭区润恒服务有限公司＋6 个基层社＋6 个农民合作社联合社
职能	指导、协调、监督、服务、教育培训
股份构成	注册资本 917 万元
主要制度设计	生产服务部、现代流通部、金融服务部、综合服务中心等 9 个科室，与区社相关机构合署办公
已开展的主要工作	成立资产运营公司、区农业服务总公司，牵头成立一些合作社，出资成立有限公司
与区供销社关系	2016 年 7 月区供销合作社联合社加挂了区农民合作社联合社牌子
与区资产运营公司关系	区供销社认缴股本 3 000 万元，注册成立了寒亭区供销社资产管理运营公司
与县级农业服务公司关系	区供销社注资 2 000 万元，注册成立了寒亭区农业服务总公司
有没有入股下级联合社	尚未
与乡镇联合社关系	指导镇街供销社与农民合作社联合社融合发展，强化镇级农民合作社联合社规范管理
与乡镇农业服务中心关系	通过寒亭区润恒农业服务有限公司为全区供销系统镇级农业服务有限公司提供技术指导与服务

（2）“新型农民社员素质提升工程”

新型农民社员素质提升工程具体为区供销社与山东经贸职业学院开展经常性的校社合作交流培训活动、在供销社为农服务中心设立培训教室、配备必要的教学设施设备，通过聘请农技专家、借助区内外各种培训资源和平台，与区农业局、人社局、农机局和各街道、农资生产厂家联合组织农民社员参加各类培训。该工程具体目标为建立完善多元化、多层次培训农民社员的要求并且保证每年培训不少于 5 000 人次的目标。

目前区供销社与山东经贸职业学院正式签署了“科研实训基地合作协议”。通过合作，充分发挥高等职业教育服务地方经济建设和行业产业发展的职能作用，促进校社合作、产教融合，加大各类技能型专业人才和职业农民培养力度。2014年完成培训5 230人次。2015年完成培训5 130人次，截至2016年10月，2016年已完成培训6 042人次，累计完成培训16 402人次。

（3）“现代农业服务规模化创新工程”

现代农业服务规模化创新工程是指依托农业龙头企业、农业技术协会、农业生产专业化服务组织，组建区级农业服务总公司，构筑“技术系统、作业系统、营销系统、融资系统、财务系统”五位一体的技术服务体系。

具体做法如下：一是通过“保姆式”“菜单式”等多种托管服务模式，进一步完善土地托管服务，加强与新型农业经营主体的联合与合作。2016年计划托管25万亩，至10月份已完成土地托管面积25.1万亩，占全年计划的100.4%，其中全托管面积3万亩，半托管面积22.1万亩。二是搭建为农服务中心服务平台，通过规模化社会化服务实现农业现代化发展。具体效果从生产投入上看，每亩虽然增加了110元滴灌设施投入，但比往年增产1 500斤，按0.8元/斤折算亩均增收1 200元，加之成本降低，每亩预计增收1 461元。此外，朱里供销社积极推广土壤改良新技术，使用“氯化苦”熏蒸土地，对土壤进行消毒杀菌。以大姜为例，经过“氯化苦”熏蒸后，亩产量可达万斤以上，比传统种植增产3 000斤左右，增收30%以上。三是依托供销社领办的农民专业合作社，建设有机、绿色、无公害农产品标准化生产基地和示范园区，创建区域性特色优质农产品品牌。重点打造马铃薯、机采棉、潍县萝卜、湿地小米、固堤西瓜、朱里大姜等标准化实验示范种植基地。推广落实机采棉种植面积2.5万亩，亩产量550斤；春种马铃薯、夏播玉米种植试验示范基地5 000亩，马铃薯亩产达6 000多斤，玉米套餐亩产量1 400斤；小麦套餐种植试验示范基地5 000亩喜获丰收，亩产量达到1 200斤，比传统种植模式提高了150多斤。

（4）“农村现代流通创新工程”

农村现代流通创新工程具体是打造农村现代综合服务网络。一是深入开展“放心农资工程”，建立起农资经营源头把关、过程控制、终端检测的管理体系，确保老百姓用上价格便宜、质量可靠的农资；二是积极开展测土配方施肥。通过建立测土电子文档，实行动态管理，已完成固堤、高里2处智能配肥站建设，2016年开展测土配方施肥面积达到16.2万亩；三是搞好高毒农药政府储备管理和直施服务，在固堤供销社建立了高毒农药政府储备库和直施服务队，保持不低于30吨的应急储备和日常储备，确保用药需求；四是积极开展植保飞防服务，区供销社分别与世莲机械化农机专业合作社和金辰农业机械专业合作社签订了大田托管飞防合同书，2016年飞防面积达到8.2万亩；五是加快电子商务平台建设，在中国食品谷成立了“潍坊市寒亭区供销京东电子商务有限公司”，招募京东推广员150人，实现网上交易额3 680万元；六是抓好日用品流通设施建设，近年来相继投资9 800余万元，新建3 500吨恒温库一座、社区服务中心2处、农产品批发市场1处、日用品超市7处，改造提升其他基础设施3.2万余平方米，方便了周边居民的购物需求。

(5)“农村合作金融创新工程”

农村合作金融创新工程是为了解决农民生产经营活动中“小额、分散”的资金需求，坚持社员制、封闭性原则，在不对外吸储放贷，不支付固定回报，不对外投资，不以盈利为目的前提下，稳步推进信用互助体系建设。

截至2016年10月底，开展信用互助业务的农民专业合作社共8家，完成应试点合作社个数的114.3%。参加信用互助业务的社员221户，互助资金总额2 070万元，累计发放互助资金606.1万元，比上年末新增137.1万元，其中3家经寒亭区地方金融监督管理局批复，颁发了《山东省农民专业合作社信用互助业务资格认定书》，承担省农民专业合作社信用互助业务试点，已规范开展内部信用互助业务11笔，发放互助资金41.1万元。另外，探索开展了棉花农业商业补充保险100亩；区财政安排200万元，作为寒亭区对省供销社融资担保股份有限公司出资。

(6)“党建带社建社村共建创新工程”

党建带社建社村共建创新工程是为了积极推进基层社与村“两委”共建服务中心，共建发展项目，共建干部队伍，加快供销社基层组织向村居延伸、经营服务向田间地头延伸，努力实现强村固基、富民兴社目标。区委组织部、区供销社联合发文《关于加强新形势下基层“党建带社建社村共建”工作的意见》，为供销社综合改革顺利推进提供了坚实的组织保障和人才支撑。结合精准扶贫工作，以土地托管为切入点，通过村委牵头，统一整合土地，成立专业合作社，明确共建项目和内容，合理分配经营收入。截至2016年10月末，全区共建村累计达到101个，实现干部交叉任职58人，共建发展农民专业合作社37个，建立农产品生产基地15个，改建农资和日用品连锁超市22个，为村集体增收242万元，帮助农民增收1 120万元。

结合精准扶贫，供销社在全区8个省定贫困村，从转变农业生产方式、发展特色产业入手，由村委牵头，帮扶成立专业合作社，统一整合土地，开展土地托管服务。目前已帮扶成立专业合作社6家，开展土地托管服务面积2 030亩。

（二）供销系统建立与发展

1. 区供销合作社联合社组建和发展情况

潍坊市寒亭区供销社注册于 1989 年 8 月 22 日，注册资本为 917 万元，供销社法人为刘万书。2013 年 7 月 4 日，区编办下发寒编〔2013〕7 号文件《关于恢复成立区供销合作社联合社监事会的批复》，监事会设主任 1 名（正科级），兼职成员 2～3 人，在区供销合作社联合社（Q1）加挂了区农民合作社联合社牌子，按照综合改革试点方案要求，还调整了区供销社机关内设机构，由原来的 6 个科室调整为 9 个，增设了相关职能（表 2－4－2），进一步完善壮大供销社理事会、监事会机构及班子配备。

具体来说，在经营体系建设方面，经区政府批准，区供销社（Q1）认缴股本 3 000万元，注册成立了寒亭区供销社资产管理运营公司（Q2）；注资2 000万元，注册成立了寒亭区农业服务总公司（Q3）；由农业服务总公司（Q3）各出资 35%、各街道农民合作社联合（J㊀－J㊅）社出资 65%，注册资金 300 万～500 万元，成立了各街道农业服务分公司（J❶－J❻）；由各街道农业服务分公司(J❶－J❻）建设管理运营各街道为农服务中心（X1）。这样的体系与结构既密切了层级联系，又进一步提升了为农服务功能。具体见图 2－4－1。

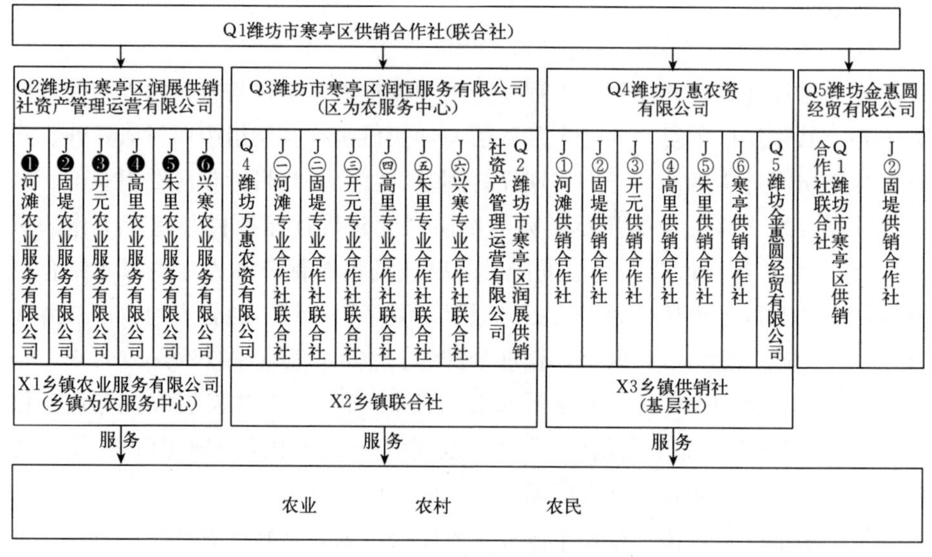

图 2－4－1　供销系统组成结构

区供销社（Q1）还牵头成立了一些合作社：潍坊市寒亭绿宝西瓜农民专业合作社注册成立于 2009 年 5 月 6 日，理事长为魏宽俊，注册资本 3.6 万元，其中供销社出资占88.89%；潍坊市寒亭区顺丰棉花农民专业合作社注册成立于2009年4月5日，理事长为李玉新，注册资本为50万元，其中供销社出资占6%；潍坊市寒亭区金利圆果蔬种植农民专业合作社注册成立于2009年11月6日，理事长为李明亮，注册资本为10万元，其中供销社出资占50%。

区供销社（Q1）还与固堤基层社（J②）共同出资成立潍坊金惠圆经贸有限公司（Q5），公司法人为尹奎亮，公司注册成立时间为2005年4月28日，注册资本111万元，其中区供销社（Q1）出资占97.3%，固堤基层社（J②）占2.7%。公司的主营业务为农副产品、日用百货、五金交电、服装鞋帽、建材等。

2. 区农业服务公司建设现状

潍坊市寒亭区润恒农业服务有限公司（Q3）成立于2016年9月18日，法人为朱玉琪，注册资本为2 000万元，其中潍坊市寒亭区润展供销社资产管理运营有限公司（Q2）为最大股东，认缴35%，潍坊万惠农资有限公司（Q4）认缴5%，各街道农业服务专业合作社联合社（J㊀-J㊅）认缴出资10%。润恒农业服务有限公司的主营业务为农业技术的推广、指导及知识培训；农机服务；农业、林业病虫害统防统治与飞防作业；农业机械化规模作业；智能配肥、土壤检测；承担承接政府惠农政策和购买服务；销售：农业生产资料；农产品收购、冷藏和销售；为全区供销系统镇级农业服务有限公司提供技术指导与服务。

3. 基层供销社主导的农民专业合作社联合社发展情况

以乡镇为单位，基层供销社为主导，组织农民合作社、家庭农场、农产品企业等新型农业经营主体，按照基层社持股不超过20%、农民合作社等新型经营主体不低于80%的股权比例，组建了镇级农民合作社联合社，并在工商部门登记为合作社法人，镇级农民合作社联合社与基层供销社实现了“两社合一”。基层供销社与各街道专业合作社联合社为一个班子两块牌子，基层供销社主任兼任联合社理事长。

案例一：潍坊市寒亭区河滩农业服务专业合作社联合社

河滩农业服务专业合作社联合社，位于潍坊市寒亭区朱里街办河滩村，成立于2015年12月，为河滩供销社联合3家供销社领办而成。联合社注册资金500万元，其中河滩供销社出资200万元，雨泽果蔬种植专业合作社出资100万元，丙军蔬菜种植专业合作社出资100万元，金惠圆潍县萝卜农民专业合作社出资100万元。理事长尹进禹，48岁，初中学历，为河滩供销社主任，兼任联合社理事长。目前该联合社主要依托河滩农业服务有限公司（为农服务中心）来获得农业社会化服务。

案例二：潍坊市寒亭区朱里供销合作社联合社

朱里供销合作社联合社于 2015 年 12 月注册成立，注册资金 800 万元。在潍坊市寒亭区朱里供销社领办下，由潍坊市寒亭区朱里供销合作社、潍坊市寒亭柳毅山大姜农民专业合作社、潍坊市寒亭区天泉岭果蔬种植专业合作社、潍坊市希吉果蔬专业合作社共同出资，出资比例分别是 46.88％，40.62％，6.25％，6.25％。现在，联合社已有固定资产 800 万元，流动资产 500 万元。

4. 乡镇为农服务公司（为农服务中心）**发展现状**

由农业服务总公司（Q3）各出资 35％、各街道农民合作社联合（J㊀-J㊅）社出资 65％，注册资金 300 万～500 万元，成立了各街道农业服务分公司（J❶-J❻）。截至目前已建成运营固堤、高里、双杨、朱里、河滩、大徕庄、三甲王 7 处为农服务中心。泊子为农服务中心正在筹建中，该中心系全国供销总社产业融合项目，项目建设内容主要有粮食收储、烘干及深加工、果蔬精包装、恒温库等，计划总投资 1 450 万元，其中中央财政资金 500 万元，地方配套财政资金 200 万元（省 140 万元、市 20 万元、区 40 万元），建设单位自筹 750 万元，目前已完成相关文件材料申报，正在办理土地手续。

案例三：河滩农业服务公司（为农服务中心）

河滩农业服务有限公司为联合社与寒亭区润恒农业服务有限公司共同出资成立，其中联合社出资 195 万元，占 65％，恒润公司出资 105 万元，占 35％，公司法人为联合社理事长尹进禹。具体见图 2-4-2。

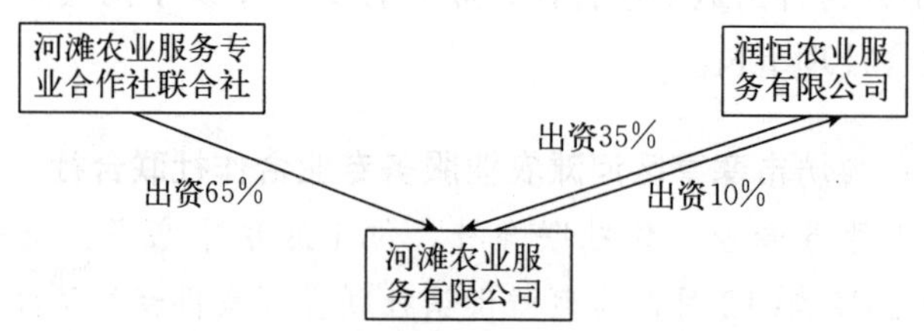

图 2-4-2　河滩农业服务有限公司注册资本构成

河滩农业服务公司建立了河滩为农服务中心，占地面积 15 亩左右，投资 400 万元左右，其中省财政支持 50 万元，主要包括办事大厅、农机机库及农资仓储站。为农服务中心提供的服务主要有：(1) 农资供应，依托潍坊万惠农资有限公司，在保证农资质量的基础上还会低于市场价10%以上，降低了农民采购成本；(2) 土地托管服务，土地托管是为农服务中心的核心业务，分为“保姆式”全托管服务和“菜单式”半托管服务，目前河滩为农服务中心已托管土地2万亩左右，其中全托管2 000亩左右，提升了服务规模化；(3) 测土配方施肥，根据土壤地质精准施肥，降低了化肥使用量；(4) 电商服务，依靠供销社的“供销e家”，提供网上代买家电、服饰、日用品等，代卖农特产品、民俗工艺品等，以及代缴话费、水电费等生活服务，提升了农民便利度。

三、主要成效和存在问题

(一) 取得的主要成效

1. 土地托管服务农民、助推农业

近年来，随着农村土地制度改革的不断深入，农村发展中普遍存在的一些问题逐渐暴露出来，严重制约着农村经济的发展。主要表现在：一是农户种植结构不合理，农业科技含量低，土地增收增效难；二是大量青壮年劳动力外出打工，农村老龄化问题突出，在大田管理上力不能及；三是由于土地零散和管理粗放，一家一户分散经营，不利于机械化作业，难以形成规模效益；四是部分农资价格上涨，种地成本增加，农民无利可图；五是很多农户不愿意放弃土地的经营权，不接受长期的土地流转。要改变目前农村土地生产经营现状，只有把现有的土地资源进行重新配置，形成一定的经营规模，才能最大限度地体现土地的使用价值。因此，农民迫切需要有一个组织来为他们提供阶段性、暂时性的代管服务。

通过规模化的大田托管，有效地整合了分散的土地，便于机械化耕作及现代化的农业生产管理，达到土地资源的最佳配置效果，实现土地使用价值最大化。同时大田托管也规避了当前土地流转中存在的一些问题，如接受土地流转的经营者成本急剧上升、生产费用承受能力有限、由自然灾害等因素引发的生产风险集中等问题。

实行大田托管，除了整合土地资源外，劳动力、技术人才、农业机械等生产要素也得到了合理利用。如成立的润田农机专业合作社，购置、整合了大中型拖拉机、播种机、分土机、割秧机、收获机、喷灌机、旋耕机等农业机械，

不仅实现了从播种到收获真正意义的机械化作业，也使社会上的闲置农机资源得到充分利用。社会资源的整合利用，由此带来的是生产费用的大幅度降低。开展大田托管，大大提升了机械化作业程度。以种植马铃薯为例，除割种、掐花等环节还用人工外，耕种、灌溉、打药、收获等都实现了机械化作业，从而把大量农民从土地上解放出来，转移到二、三产业，使劳动力资源得到更加合理的配置，实现了劳务经济与农业增收的双赢。大田托管形成了较大的生产规模和商品供应量，从而可以实行标准化生产，使农产品的优质和同质性得到统一。开展大田托管服务，为大田规模化种植、集约化经营奠定了基础。固堤供销社与区供销社控股的金惠园经贸有限公司合作，依托大田托管设点服务，形成了种植、收购、加工、储存、销售一条龙产业服务链条，不仅提高了农产品的质量和产量，而且大大降低了生产成本。

截至 2016 年 10 月底，寒亭区供销社共计完成土地托管 251 462 亩。寒亭街道 25 530 亩，其中全托管 3 000 亩，半托管 22 530 亩；开元街道 22 620 亩，其中全托管 2 000 亩，半托管 20 620 亩；固堤街道 70 470 亩，其中全托管 9 000亩，半托管 61 470 亩；高里街道 78 962 亩，其中全托管 10 000 亩，半托管 68 362 亩；朱里街道 54 480 亩，其中全托管 6 000 亩，半托管 48 480 亩。

2. 村社共建强村固基、富民兴社

寒亭区委、区政府高度重视，把供销社改革试点工作纳入党委政府重点工作，进行全面安排部署，研究制定了《关于加强新形势下“党建带社建社村共建”工作的意见》。为便于社村共建工作开展，由供销社干部担任村党支部副书记和合作社副理事长等职务，村党支部书记兼任供销社为农服务中心副主任职务。全区共有 18 名供销社职工到村内兼任村党支部副书记和合作社副理事长职务，58 名村党支部书记兼任供销社为农服务中心副主任职务，实现了社村交叉任职的良好氛围。为此按照共建目标，一是共建农村现代流通网络，建设村级日用品和农资服务店 12 处，按照供销社统一形象、统一标识将其打造成村民的放心店、示范店；二是共建农民专业合作社 37 处；三是整合农用机械资源 138 台（套）；四是开展土地托管服务 6.7 万亩；五是开展新型社员培训 5 208 人次。3 年来，先后在全区 101 个村建立了“社村共建”工作关系，它们分别是：

寒亭街道的叶家庄子村；

开元街道的小辛庄村、大辛庄村、安固一村、鲁家口村、孙家杨孟村、冯家杨孟村、东分营埠村、南寨村、西里疃村、枣林村、雷家村；

固堤街道的西安村、大张村、北赵村、东横沟村、东南牟村、李家营村、东官亭村、南仲寨村、流河二村、李家官庄村、东常寨村、固堤一村、后大桥头村、牟家二村、北寨二村、南王家埠村、北王家埠村、北张家埠村、北寨三村、北寨四村、油房村、圈里村、北寨一村、东小村、南辛庄村、解家沿村、高庄村、贺家村、东辛庄子村、坫后村、西北魏村、海庙村；

高里街道的高家柳疃村、大官庄村、西官亭村、河南村、张庄村、牟家院村、戈翟村、姜马营村、后沟村、西营村、朱王村、南王村、东南孙村、西南孙村、冯家花园村、碱滩村、一空桥村、吴家村、张家村、三甲王村、西常寨村、邵吕店村、北里村、西王庄村、禹王台村、北韩家花园村、张庄村、杨家营子村、前河套村、东营村、獐羔埠村、水泊村、许家村、三官庙村、台底村、荆科村；

朱里街道的狮子行村、大徕庄村、东庄子村、尹家双庙村、东芝村、富郭庄二村、前吉村、前朱里村、西东坡村、大张庄村、卜家村、北港溪村、北傅家村、北杨家庄村、北张庄村、北庄家村、财源村、后楼村、圈子村。

通过“社村共建”，目前已成立种植、养殖公司 14 个；共建超市 3 处；服务中心 5 处；农产品交易市场 7 个；农产品基地 3 000 亩。为农民供应各种化肥 7 120 吨，农膜 336 吨，农药 58 吨以及农用物资 817 件。并与农民专业合作社座谈交流 30 余次，组织农资技术人员到田间地头开展技术讲座 26 次，从而提高了农民科学种地的科学意识。

3 年来在各级领导高度重视下，由于措施得力，使社村共建工作取得了明显成效，通过党建带社建、社村共建，在全区实施了“社村共建、强基固本”工程，构建“村级组织＋基层供销合作社组织＋合作经济组织＋资金互助组织”四位一体发展新机制。重点结合“第一书记”派驻村，供销社以土地托管为切入点，通过村委牵头入股，统一整合土地，村民自愿入股，供销社提供种、肥、药、膜、机械等服务，成立专业合作社，在维护社村双方利益，互惠互利的基础上，明确共建合作社的内容和各自承担的职责任务，合理分配经营收入。供销社根据土地托管面积，从托管服务收入中提取 5%；从农资联采直供收益中提取 5%，确保村（居）与基层供销社联动发展，互促共赢。在先期进行试点、取得经验的基础上，逐步在全区各街道推开，目前已帮助村集体增加收入 382 万元，增加农民收入 1 120 万元。实现了村集体增收，村民致富，同时推动了供销社的发展，实现了三方共赢，供销社由此聚合了更多的资源要素，活力不断增强，组织规模和经营范围进一步扩大，整体实力和服务能力显著提升。通过实施交叉任职，推动社村共建的有序开展，保证了共建项目规划的科学性、针对性和实际操作性，提高了工作效率和质量水平，村党支部在群众中的威信越来越高，得到了党委政府的认可和老百姓的好评。

3. 现代流通改造自我、服务农民

按照全国总社“新网工程”建设要求，坚持合作经济组织的基本属性和特色，以密切与农民利益联系为核心，加快流通现代化为重点，进一步强化生产、流通综合服务职能，努力把供销社建设成为具有完善组织经营体系和服务规模优势的实体性合作经济组织。具体而言，农村现代流通网络体系建设包括：一是实施“农村现代流通创新工程”。依托山东供销为农服务信息综合平台和区村务公开民主监督信息网，为农资供应、农机作业、信用担保、统防统治、农产品加工销售等提供信息服务支撑。以为农服务中心为枢纽，组建专业化、高效率的服务队伍，形成网格式综合服务网络。信息服务平台与网格式综合服务网络虚实结合，协调运作。二是培育壮大龙头企业。积极探索区龙头企业与基地及农户的联结机制。把生产基地建设作为推进龙头企业发展壮大的切入点，引导企业推广订单农业，与农户建立较为合理的利益分配机制；开展农超对接，构建产销一体化链条，实现商家、农民、消费者共赢。三是深化“新网工程”建设。2015 年 10 月区供销社注册成立了潍坊市寒亭区供销京东电子商务有限公司，注册资金 200 万元，公司安置在中国食品谷，并与孟力电子商务有限公司达成合作协议，年底电商交易额达到 350 万元。2016 年充分融合省社“供销 e 家”电商平台，发挥供销网络优势，开设农村电子商务经营网点，并在淘宝、京东开设多家特色馆及商铺，以线上线下相融合的方式，及时地把农产品销售出去，直接把农资、农机具等送至农民田间地头，充分体现了电子商务线上销售、线下融合的特点，截至 10 月底实现销售额 1 360 万元。建设区域性综合农产品交易市场 1 处，日交易量达到 1 000 吨，优化区域流通布局。四是规范管理农资经营服务终端，打造政府放心工程，形成农资流通主渠道。加快推进农资网络体系建设，依托优质产品扩大市场。发挥万惠农资公司龙头带动作用，做实总代理、总经销，依托化肥产品的价格优势，优先发展以集中采购、统一配送为核心的新型农资营销体系，提高了市场竞争力，扩大了市场份额，在网络内通过电话、传真、计算机网络开展预约订购，推动了连锁配送，及时把化肥、农药等物资送到村到户，服务到田间地头，让经营者和农民都得到了实惠。目前已销售农资 8 950 吨，农膜 370 吨，发挥了供销社农资供应生力军作用。承担潍坊市中心市区高毒农药储备库建设，担负高毒农药日常储备和全市应急储备两项职能，从源头上阻断高毒农药流入田间地头，有效降低土壤面源污染。争取政府资金支持，在固堤供销社建设高标准智能化配肥站，采用现代信息技术，使用测土配方智能卡，开展测土配方施肥服务，方便农民配方施肥，降低了生产成本。

4. 信用互助支农惠农、助力农业

按照《山东省农民专业合作社信用互助业务试点管理暂行办法》的要求，寒亭区供销合作社联合社开展农村合作金融试点工作是从 2015 年 5 月 20 日正式开始的。截至 2016 年 10 月底，已开展信用互助业务的农民专业合作社共 8 家，完成试点合作社个数的 114.3%。参与试点的合作社分别是寒亭区穗禾农作物种植专业合作社，潍坊佳禾农产品专业合作社，寒亭区俊清蔬果专业合作社，寒亭区柳毅山大姜专业合作社，潍县萝卜专业合作社，寒亭区汇聚果蔬种植专业合作社，寒亭区天泉岭果蔬种植专业合作社和寒亭区朱里镇龙溪畜牧生产专业合作社。参加信用互助业务的社员数是 221 户，固定资产总额 2 497.4 万元，上两年平均经营收入达到了 1.05 亿元，互助资金总额 2 070 万元，服务农民社员 214 户次，累计发放互助资金总额 606.1 万元。信用互助业务解决了农民零星分散的用钱急需的问题，完善了供销社的功能和业务，提升了供销社的整体形象。

(二) 存在的主要问题

寒亭区区委、区政府以及寒亭区供销社在实践中不断摸索，探索出一条适合本区发展的路子。寒亭区供销社综合改革与农民合作社联合社运行机制总体而言发展较好，能够为农村、农民、农业提供优质、高效兼具经营性和公益性的社会化服务。但是在探索和改革中也遇到了不少问题和困难：

一是体制机制问题。地方党委政府虽然高度重视，也出台了一些相应的扶持性政策措施。但总体上仍处于探索阶段，缺乏一套成熟、规范、完整且运作顺畅的体制机制，特别是缺乏与之相配套的法律法规。

二是实际运作的问题。虽然目前寒亭区供销系统已经架构起了一套较为科学完善的运作体系，形成了区—乡镇两级运作，区一级层面指导乡镇一级层面运作发展，区与乡镇互相参股监督。但是目前大部分资金为认缴，实际出资的比较少，所以发挥的监督作用没有那么明显。

三是资金缺乏问题。供销社在改革发展中，特别是在农业规模化服务、农村现代流通设施建设等方面，随着服务规模的不断扩大和服务内涵的不断深化，需要完善配套更高标准的设施设备，诸如经营网络建设、机械播收、粮食烘干、配套冷库、智能配肥、飞防作业、农民职业培训等服务设施的购置建设，都需要大量资金，但目前仅靠供销社自身力量难以解决，需要多渠道、多方式筹措资金，尤其是上级政府的支持，以满足资金需求。

四是职工队伍和专业人才问题。职工队伍老化、缺乏新生力量，尤其是各类专业管理、技术人才严重不足；干部职工思想观念停滞，改革创新意识、服务意识薄弱等问题，是制约供销社特别是基层供销社改革发展的一个亟待解决的问题。

五是部分合作社本身创立不规范，有的合作社仅仅是为了完成上级任务指标虚假注册，有名无实，没有系统地开展业务。甚至有的合作社没有按照合作社章程召开设立大会，没有按照规定选举产生理事会、监事会，管理不民主不规范。有的合作社社员明显偏少，五六个人就注册了合作社，纯属应付，根本谈不上规范和发展后劲。

四、对策建议

寒亭区供销社综合改革试点工作取得了阶段性成果，也推出了一些可复制可推广的经验做法，但是仍存在一些问题和不足，离上级要求还相差很远，与其他试点县（市、区）相比还有相当差距。主要表现在：改革进展不平衡、思想观念保守、发展资金不足、专业人才缺乏、维稳压力较大等。这些问题和不足需要我们继续深化改革、加快发展步伐，加大政策扶持力度，力争尽快解决。

一是扎扎实实地做好规范发展农民专业合作社工作。这是做好新型农村合作金融试点的基础和前提，特别是对制度规范完善、发展前景好、实体性强、供销社具有实际控制力的农民专业合作社，应加大规范发展力度，化解农民社员疑虑，在此基础上开展信用互助业务。

二是加强组织领导，狠抓政策落实，以实施“新网工程”为抓手，切实帮助解决供销社推动农村现代流通工作中出现的重大问题和实际困难，发挥供销社经营点多面广、仓储设施齐备的优势，加大农村现代流通工作力度，不断完善县、乡、村三级网络，建立以集中采购、统一配送为核心的新型流通体系，提高企业运行质量，努力把企业做大做强，打造以城带乡、城乡互动、功能完善、流动有序、诚信和谐的农村现代流通网络体系。

三是要把供销社发展农村现代服务业工作列入政府的现代服务业发展规划和扶持范围，落实相关优惠政策。对供销合作社历史形成的政策性挂账等问题，要研究对策，妥善处理，对占用供销社土地、房产、经营网点、设施等，要有偿使用，给予相应的补偿，推动供销社更好地服务新农村建设，使供销社真正成为农民经济合作的带动力量、农村现代流通的主导力量、农业社会化服务的骨干力量。

分报告五：高密市供销社综合改革与农民合作社联合社运行机制调研报告[①]

一、引言

高密市地处山东半岛东部胶东地区，胶莱平原腹地，面积 1 526 平方公里。下辖 3 个街道、7 个镇，户籍总人口 89.33 万人。耕地面积 130 万亩，大田作物 100 万亩，全年粮食总产量 83.35 万吨，是全国粮食生产先进单位。近年来，高密市供销社被确定为供销社综合改革试点县和农村合作金融试点县，是农业农村改革的先行者。高密市供销社抓住改革机遇，积极贯彻山东省供销社“双线运行体系”，即联合社机关主导的行业指导体系和社有企业支撑的经营服务体系，在为农服务综合平台搭建和土地股份式托管等方面取得一定成绩。

二、高密市供销社综合改革概况

高密市供销社充分发挥自身组织完整、网络体系健全、产业类别和经营主体众多等优势，以农业龙头企业、基层供销社和农民合作社为主体，以密切与农民的利益联结机制为核心，以提高为农服务质量为标准，引导基层社转变理念、放宽视野，找准为农服务的结合点，大力开展农业社会化服务和多种形式的产销对接，特别是在测土配方和智能配肥、统防统治、烘干贮藏、冷链物流、庄稼医院、信用互助、农民培训，以及打造县级农业服务公司、电商平台建设等方面更好地助推农业社会化服务体系建设。

通过服务一产，促进二、三产业发展。以构建“3 公里土地托管服务圈”为思路，规划建设 29 处为农服务中心，以为农服务中心为依托，加强涉农部门之间的协作，扩大供销社与农村基层组织、新型经营主体之间的横向合作，大力开展土地托管服务，并对产后农作物进行统一烘干或统一加工、统一储

① 执笔人：马庆超。

存、统一销售等经营服务，促进农业“接二连三”。目前，土地托管服务面积达到了37万亩，亩均可节支增效400～800元，经济作物增效达千元以上，且大部分收益归农民所有。

积极领办创办农民合作社，发展订单农业，带动农户发展专业化、标准化、规模化生产；通过相互参股、业务合作、共建渠道等方式，建立与加工企业的利益联结，实现不同产业主体抱团发展；通过大力发展农产品电子商务，吸引带动新型农业经营主体和农产品加工企业利用现代信息手段开展农产品批发、零售和产销对接，实现“以销定产”“以销定量”，促进农村多种产业主体的融合发展。目前，高密市供销社以农业龙头企业、农民合作社为依托，建立农产品标准化生产基地2.6万亩，创建农产品品牌9个，农产品年交易额达2.5亿元。至目前，全系统发展连锁龙头企业6家，建成各类仓储配送中心5处、直营店、加盟店901家；组建了高密供销电子商务有限公司，设立电商体验店39家，电子商务交易额累计已达1 600万元。

发展“新兴产业”，拓展服务领域，促进一二三产业融合发展。结合地方休闲农业发展、美丽乡村建设等工作，推进农业适度规模经营与旅游、教育、文化的有机融合，积极发展休闲观光农业、品牌农业、创意农业等新兴产业。

高密市供销社现已成立市级农民合作社联合社，并注册成立乡镇农民合作社联合社10家；已成立高密市供销社资产经营管理公司和孚高农业服务有限公司，并建成运营乡镇为农服务中心29处，实现乡镇全覆盖和所有基层社均参与为农服务中心的建设和运营，探索形成了“3公里土地托管服务圈”模式，走出了一条以服务规模化促进农业现代化的新路子；截至2016年，实施“保姆式”“股份式”全托管、“菜单式”半托管服务面积达到37万亩。

（一）农民合作社联合社组建和发展情况

2014年10月，经市编办批准，登记成立了高密市农民合作社联合社。联合社基本情况见表2-5-1。高密市农民合作社联合社下设办公室、人力资源科、财务审计与合作金融科、现代流通科、解困办公室、资本运营科，与高密市供销社“一套机构、两块牌子”合署办公，登记为事业法人单位。联合社突出政策性和经营性职能，包括指导、协调、监督、服务和教育培训。

高密市农民合作社联合社初步构建起全市为农服务实体性合作经济组织体

表 2-5-1　高密市农民专业合作社联合社有关情况

性质	事业
构成	10个镇级联合社、高密市供销社资产经营管理公司和一个专业合作社联合社
职能	指导、协调、监督、服务、教育培训
股份构成	总股本9 000万元，高密市供销社资产经营管理有限公司占20%、高密市胶河生态发展区农民合作社联合社占10%、高密市醴泉农民合作社联合社占8%、高密市夏庄农民合作社联合社占8%、高密市姜庄农民合作社联合社占8%、高密市大牟家农民合作社联合社占8%、高密市姚哥庄农民合作社联合社占6%、高密市柴沟农民合作社联合社占6%、高密市密水农民合作社联合社占6%、高密市阚家农民合作社联合社占6%、高密市惠和食用菌农民合作社联合社占14%
主要制度设计	办公室、人力资源科、财务审计与合作金融科、现代流通科、解困办公室、资本运营科，与县社相关机构合署办公
已开展的主要工作	已培育和领办183家农民合作社，服务农民及各类新型农业经营主体达到9万户
与市供销社关系	合署办公
与市资产运营公司关系	全资控股
与县级农业服务公司关系	最大股东
有没有入股下级联合社	尚未
与乡镇联合社关系	指导镇街供销社与农民合作社联合社融合发展，强化镇级农民合作社联合社规范管理
与乡镇农业服务中心关系	间接指导

系。联合社由高密市供销合作总社牵头，成员社包括10个镇级联合社、高密市供销社资产经营管理公司和一个专业合作社联合社，社员达11 558人。联合社现已培育和领办183家农民合作社，服务农民及各类新型农业经营主体达到9万户。10个镇级农民合作社联合社共吸纳成员社142个，社员9 947人，成员社均为供销社领办的农民合作社，目前镇级联合社已按“三部一中心”机制成功运行；专业性农民合作社联合社共吸纳成员社49家、社员3 413人，25家为供销社领办的农民合作社。

高密市农民合作社联合社共有成员社12个，分别为：高密市供销社资产经营管理有限公司、高密市胶河生态发展区农民合作社联合社、高密市醴泉农民合作社联合社、高密市夏庄农民合作社联合社、高密市姜庄农民合作社联合社、高密市姚哥庄农民合作社联合社、高密市大牟家农民合作社联合社、高密市井沟农民合作社联合社、高密市柴沟农民合作社联合社、高密市密水农民合作社联合社、高密市阚家农民合作社联合社、高密市惠和食用菌农民合作社联合社。高密市农民合作社联合社成员出资总额为 9 000 万元，各成员社认缴额为：高密市供销社资产经营管理有限公司 1 800 万元，占 20%；高密市胶河生态发展区农民合作社联合社 900 万元，占 10%；高密市醴泉农民合作社联合社 720 万元，占 8%；高密市夏庄农民合作社联合社 720 万元，占 8%；高密市姜庄农民合作社联合社 720 万元，占 8%；高密市大牟家农民合作社联合社 720 万元，占 8%；高密市姚哥庄农民合作社联合社 540 万元，占 6%；高密市柴沟农民合作社联合社 540 万元，占 6%；高密市密水农民合作社联合社 540 万元，占 6%；高密市阚家农民合作社联合社 540 万元，占 6%；高密市惠和食用菌农民合作社联合社 1 260 万元，占 14%（各镇级联合社中基层社股份比例为 20%，惠和食用菌联合社供销社股份比例为 11%，大牟家联合社资产经营管理公司股份比例为 15%，阚家联合社资产经营管理公司股份比例为 15%，合计供销社在联合社中股份比例为 36.84%）。

高密市农民合作社联合社对高密市供销社资产经营管理公司实行全资控股，是高密市孚高农业服务有限公司和高密市宏基农业发展有限有限公司的最大股东。联合社没有入股下级乡镇联合社，与乡镇联合社的关系为指导镇街供销社与农民合作社联合社融合发展，强化镇级农民合作社联合社规范管理，与乡镇农业服务中心关系为间接指导。

（二）农业服务公司和为农服务中心建设现状

1. 高密市供销社资产经营管理公司

2014 年高密市供销社注册成立了市供销社资产经营管理公司，为市社出资 50 万元的全资公司，负责对农民合作社联合社和供销社下属企业的出资、管理等。乡镇为农服务中心占有市供销社资产经营管理公司的股权。

2. 高密市孚高农业服务有限公司

高密市孚高农业服务有限公司成立于 2015 年 2 月，是高密市供销社资产经营管理公司控股的大型综合性为农服务公司，定位为公益性服务与经营性服务相结合、专项服务与综合服务相协调、引领和支撑全市为农服务中心发展的为农服务综合体和总枢纽。公司股本比例如下：高密市高农生产资料连锁有限公司占 35%，高密市供销社资产经营管理公司占 36%，高密市孚高农林专业合作社占 10%，自然人股东仪亮占 19%。高密市供销社占股比例为 39%。孚高公司下设为农服务中心运转部、农机作业运转部、孚高检测中心、农化服务中心等部门。

在高密市农民合作社联合社的指导下，孚高公司承担供销系统农资仓储物流服务、大型农机具服务、关键技术培训、分享创新成果、对接二三产业融合发展、承接政府惠农政策和购买服务等六大职能。具体包括开展土地全托管和半托管服务，同时提供精准施肥、农机作业、统防统治、农资供应、烘干收储等服务项目，为农户做好耕种收的每个细节。孚高公司承担建设 11 处为农服务中心，依托为农服务中心延伸服务触角。

目前，孚高公司与 7 家镇级农民合作社联合社分别注资成立了分公司，依托 10 个分公司运营 29 处为农服务中心。形成了以孚高公司为支撑、分公司为运营主体、为农服务中心为平台的“3 公里土地托管服务圈”，实施标准化生产、规模化服务、集约化经营，亩均可节支增效 400～600 元，经济作物增效达千元以上，农产品质量水平大大提升。

在高密市供销社的引导下，孚高公司与南开大学合作，成立生物有机肥工程技术中心，并投资 1 600 万元，在大牟家为农服务中心建设生物有机肥厂，把秸秆转化为有机肥，改善土壤板结，减少面源污染，将垃圾变废为宝。社有企业通过加强与农民合作社、种养大户、家庭农场等新型农业经营主体合作，实行基地共建、品牌共创、利益共享，推动社有企业参与地方农业产业化经营、标准化示范、农业技术研发推广等项目，不断拓展农业产业链和价值链，同时实现孚高公司和农业经营主体的共赢共荣。

面对互联网对农资、农产品等行业的挑战冲击，孚高公司以高密市创建电子商务示范市为契机，以实施供销社承担的市政府“互联网＋农业”工程和上级社“供销社＋互联网”行动计划为主线，积极与京东、供销 e 家、田田圈等知名电商开展合作，打造线上线下融合发展的农资购销平台，让农民朋友足不出户就能买到货真价实的农资商品，享受到便捷高效的优质服务；以市供销电子商务有限公司为依托，积极与总社及省社电子商务平台对接，大力开展农产品上行销售、农资联采分销、互联网金融、农产品认证、仓储＋物流规划、电商培训＋代运营等业务，创新运营“96621 服务找供销热线”“农艺通手机 APP”为农服务公益平台，连接城乡、服务“三农”，打造从农田到餐桌的绿色产业链。同时，孚高公司将在省社及省农业科学院信息研究所的支持和指导下，利用现代信息技术手段完成为农服务体系中的数据支撑、科学决策，进一步提高经济效益和社会效益。

3. 高密市宏基农业发展有限公司

2015 年 10 月，高密市供销社资产经营管理公司、宏基农机专业合作社、宏基农机培训有限公司3家单位共同注资成立高密市宏基农业发展有限公司，其中高密市供销社资产经营管理公司占股36%，宏基农机专业合作社占股32%，宏基培训有限公司占股32%。宏基公司主要提供大型农机具服务、农资仓储物流服务、关键技术培训、分享创新成果、对接二三产业融合发展、承接政府惠农政策和购买服务。在高密市供销社的引导下，宏基农业发展有限公司积极落实好现代农机化转型升级推进工程，即高密市玉米生产全程机械化项目，通过加强与农民合作社、种养大户、家庭农场等新型农业经营主体合作，实行基地共建和利益共享，不断促进宏基公司与农业经营主体的共同发展。

宏基农业发展有限公司在咸家工业区建设了一处为农服务中心，购置拖拉机、植保无人机、深松播种机等50多台（套）先进农业装备，购进7台烘干机、2台烘干塔，日烘干能力达750多吨，形成了强大的服务能力。咸家工业区群众主动要求与为农服务中心对接，24个村、1.3万人、3.1万亩耕地全部主动交由为农服务中心进行全托管。

4. 为农服务中心

高密市于2014年出台了《供销合作社联合社建设为农服务中心实施方案》，明确要求在原29处建制乡镇各建设1处供销社为农服务中心，每处为农服务中心由市财政扶持100万元，所在镇协调解决土地，基层社、有关公司、农民合作社及村委会参与建设，农业、农机、气象、金融等部门延伸网点进驻，服务半径2～3公里，服务农田3万～5万亩，由此探索出了“3公里土地托管圈”的服务新模式。

高密市供销社本着“布局合理、规模适度、半径适宜、功能完备”的原则，同时坚持开放办社，打破行业或行政区划的限制，按照合作制原则，将社会能人、工商资本吸纳到供销社经营服务体系中来，以股份合作、技术服务等方式联合合作，依托多家农业服务公司和农业发展公司，组建一批农民合作社并建设运营为农服务中心，进一步提升农民的组织化程度。目前，高密市已建成29个为农服务中心，实现为农服务全覆盖，构建起综合性、规模化、可持续的农业全程社会化服务体系，形成为农服务的“一盘棋”。

高密市供销社引导各运营管理主体以“公益性+市场化”为导向，找准为农服务的结合点和盈利点，搞好各为农服务中心的科学化管理和规范化运营；加快传统企业转型升级，以优质增量稀释僵化存量；壮大出资企业实力，培植新的动力源、增长点，探寻新的盈利模式；在智慧供销、城市供销和智慧农业、精准农业上探索新路径。

（三）基层供销社主导的农民合作社联合社发展现状

仅以胶河生态发展区农民合作社联合社为例。

胶河生态发展区农民合作社联合社位于高密市胶河生态发展区张家庄村。2014 年 8 月，高密市胶河生态发展区供销社牵头，神泉山农产品合作社、密春土豆合作社、弘盛种植合作社、南岭果品合作社、鑫鹏程农机合作社、苑氏粮食合作社、森盛农产品合作社 7 家合作社共同成立胶河生态发展区农民合作社联合社，并在高密市市场监督管理局注册。胶河生态发展区供销合作社主任张新法担任联合社理事长，张新法同时也是高密市神泉山农产品专业合作社、高密市晏子湖农产品专业合作社联合社、高密市农业生产资料有限公司张家庄连锁店、高密市鑫鹏程农机专业合作社、高密市神泉山纺织有限公司的法人。

胶河生态发展区农民合作社联合社成员出资总额为 2 928 万元。其中，胶河生态发展区供销合作社 585 万元，占股 20%；神泉山农产品合作社 441 万元，占股 15%；南岭果品合作社 352 万元，占股 12%；鑫鹏程农机合作社 352 万元，占股 12%；密春马铃薯合作社 322 万元，占股 11%；苑氏粮食合作社 292 万元，占股 10%；森盛农产品合作社 292 万元，占股 10%；弘盛种植合作社 292 万元，占股 10%。

联合社共有社员 1 213 人。其中，高密市神泉山农产品合作社社员 321 人，高密市密春马铃薯合作社社员 238 人，高密市森盛农产品合作社社员 179 人，高密市弘盛种植合作社社员 174 人，高密市南岭果品合作社社员 137 人，高密市苑氏粮食合作社社员 129 人，高密市鑫鹏程农机合作社社员 35 人。

联合社主要依托张家庄农业服务有限公司提供服务，对于张家庄农业服务公司无法提供的服务项目，由其股东孚高农业服务公司提供。联合社通过建设为农服务中心、冷链物流、冷藏加工设施，开展农产品交易、农超对接、农批对接，统一制定标准化生产操作规程、开展测土配方、智能配肥，推进社村共建、职业农民队伍培训等，为农业生产提供社会化服务、良种供应、农资采购、农机作业、农技咨询、市场信息等，实现抱团发展，提高产品和服务的市场占有率，摆脱单兵突进、各自为战、受制于人的困境，维护自身权益，实现持续发展。

联合社目前提供的具体服务项目包括：基于农机合作社提供农机服务，依托孚高农业服务公司提供的飞机喷药服务，农资服务，农机服务和农业培训，销售服务，仓储服务，测土配肥，土地环节托管服务。联合社基于原有的供销社免费向社员提供产前农资采购服务，与社员自己购买相比能够节省 5%～

10%的成本。联合社免费对成员社提供农技服务和农业培训，每年请有关专家在联合社会议室给社员进行讲课，不向非成员提供该服务。联合社向各成员社提供产后销售服务，主要方式有：农超对接；联合社代表成员社直接与市场进行联系，统一进行销售；通过线上销售平台京东等进行销售；线下承接来自北京、上海等地的订单。联合社暂时不提供资金服务，仅在成员社购买农资时可以进行赊账，但非成员社不可以赊账。

联合社的成员社能够获得神泉山农产品公司冷库的优先使用权，同时享有10元/吨的价格优惠。除此之外，联合社的各成员社之间很少有业务上的实际往来，联系比较松散，仅局限于信息共享和技术传递，在生产经营中仍是各自为政；联合社的成立主要是为了发挥组织协调功能，但就目前的情况来看，该功能尚未很好地贯彻落实。

联合社因各成员社业务性质、产品类别、经营规模、贡献大小等不一，除胶河区供销社按所持股本比例进行分配外，对其他成员单位按贡献大小进行分配。从事农业产业的合作社，按农资、种子、农产品销售过程中的贡献数额计算；农机合作社按照社员价与市场价的差额计算贡献。统一组织采购、农资直供、农机服务、产品销售等实现的经济收入，10%作为联合社经营管理费用，30%作为公积金，60%进行分配。

联合社的章程、三会制度健全，每半年召开一次社员大会，每季度召开一次理事会。尽管各成员社认缴出资金额不同，但在联合社进行决策时，仍然采取共同商讨、一人一票制。在出资方面，有一部分是认缴，一部分为实缴。联合社是独立核算单位，但由于处在成立初期，有所盈利但并不多，所取得的盈利转为联合社留存收益，在分红方面采取按股份分红的原则进行分配。联合社有严格的财务管理规章制度，有一个兼职的会计，会计资料完整度一般，财务和运营状况采取全部公开的方式对下属合作社进行公开。联合社没有各合作社的资金账户，但是有个和合作社的产品交易记录和农资交易记录。目前尚无退社的情况。

（四）乡镇级为农服务中心发展现状

仅以张家庄为农服务中心为例。

张家庄为农服务中心位于高密市胶河生态发展区张家庄村。2015 年 3 月，胶河区农民合作社联合社、胶河区供销社、神泉山农产品公司和张家庄村委共同组建张家庄为农服务中心，注册资本 360 万元，法人单位为神泉山农产品有限公司，承建单位为孚高张家庄农业服务有限公司。为农服务中心投资 3 000

万元，建筑面积 8 000 多平方米，包括南部容量 4 000 吨的粮食储存库，中间 6 000吨的恒温冷藏库和北部 2 000 吨的低温冷冻库，年周转量达 3 万至 5 万吨。

张家庄为农服务中心前厅设有咨询、智能配肥、农产品检验检测、农资连锁店、粮食直补领取等相关服务内容，后院主要从事粮食储存、机械烘干、农机具存放维修、农产品加工仓储等。为农服务中心通过建立优质农资超市、配备测土配方施肥专家系统、安装农村商业银行农民金融自助服务终端、建立蔬菜药残检测室、创新党建管理模式、延长产业链条等连环措施搭建为农服务平台。完善的“一条龙”式服务体系的建设，实现了市场信息互通、信用互助和品牌技术共享，同时在土地托管、农资供应、农化服务、技术培训、产品销售等方面实现统一，由原来的“抱小团发展”变为“抱大团发展”，有效解决单个农民合作社办不了、办不好、政府部门包不了的问题。

目前张家庄为农服务中心可为周边 20 多个村 5 万亩马铃薯提供规模化服务，共托管马铃薯 1.1 万亩，年产销马铃薯 8 万多吨，可为农民年增收 1 000 多万元。在为农服务中心实行托管种植与普通农户分散种植相比，马铃薯等经济作物每亩可增效千元以上，每亩两季粮食至少可为农民节支增产提效 600 元以上。“胶河土豆”获国家地理标志保护产品认证、绿色食品认证后，目前全区马铃薯种植面积已达 7 万多亩，成为名副其实的“土豆之乡”。

为农服务中心的农机服务主要依托胶河区农民合作社联合社的成员社鑫鹏程农机专业合作社提供。合作社与联合社签订土地托管合同，可以按照内部价格获得农机作业服务，每个环节可以便宜 5～20 元不等，整个环节下来每个合作社可以节省 100 多元。

为农服务中心除了为农民提供规模化智能配肥、大田作业、烘干仓储、收购加工等生产性服务外，还与农村商业银行合作，开展领取粮食直补、缴纳水电费等生活服务。为农服务中心曾组织开展“供销杯”马铃薯种植管理争霸赛，提升“胶河土豆”的种植管理水平，促进农民增收。

（五）村社共建发展现状

高密市形成了以供销社领办的农民合作社及联合社为载体、农口行政部门支持、各类市场经营主体自愿互利参与的新型农业经营服务体系，使现代农业产业、小城镇建设和农民生产生活融合发展，走出了一条“社村企共建、产城人融合”的发展之路。目前，高密市“共建村”达到 117 个、“共建合作社” 69 个，建设农资经营、农产品销售等各类项目 332 个，共建村集体收入最高的达到14万元。高密市供销社以党建带社建村社共建为抓手，坚持政策、资金、精力向基层倾斜、向基层聚力，强化基层基础工作，加快实现供销社基层组织向村级延伸，经营服务向田间地头延伸，真正实现服务兴农、改革强社。

三、主要成效和存在问题

（一）取得的主要成效

大幅降低种植成本，农民实现增收。农资供应方面，为农服务中心进行测土化验，根据土壤实际需要，统一采购大品牌农资，实现农资由工厂到田间地头的直供模式，跨过农资供应的各级代理商，节省了各个环节的市场加价，实现生产成本的直线下降。农机作业方面，成方连片的规模化种植，作业成本降低一成，价格同比下降10%左右。同时，农机手全部纳入为农服务中心进行管理，打破了多年形成的本地农机服务的高价格垄断，农机服务价格再降10%左右，一年两季共计节省成本65～75元/亩。成方连片对农作物进行统防统治，有效减少了病菌虫害的相互感染蔓延，大大降低植保次数，节省种植成本。实行土地托管之后，一年两季每亩共计节省成本120～130元/亩。

服务规模化，推进农业现代化。高密市供销社以为农服务中心为平台和载体，大力开展以土地托管服务为核心的农业社会化服务，不断提高农业机械化水平，促进农业增效和农民增收。2016年托管农作物机械化率达到95%，托管服务面积达到37万亩。全市在推行“菜单式”半托管的同时，在姜庄、咸家工业区、胶河生态发展区等地，探索开展“保姆式”全托管，并按照“保底＋分红”模式进行利益分配。

农业产业化促进三产融合互动。高密市供销社引导社有企业加强与农民合作社、种养大户、家庭农场等新型农业经营主体合作，实行基地共建、品牌共创、利益共享，推动社有企业参与地方农业产业化经营、标准化示范、农业技术研发推广等项目，不断拓展农业产业链和价值链，促进一二三产业融合发展。以孚高公司为依托，与南开大学合作，成立生物有机肥工程技术中心，并投资1 600万元，在大牟家为农服务中心建设生物有机肥厂，把秸秆转化为有机肥，改善土壤板结，减少面源污染，将垃圾变废为宝；以宏基农业发展公司为平台，建设现代农机化转型升级推进工程——玉米生产全程机械化项目。

土地得到集约利用，村集体受益。第二次土地延包之后，不少村的集体经济出现空壳，严重影响了村级管理。实施整建制村土地托管之后，能有效解决这一难题。以高密市咸家工业区为例，首先，通过成方连片种植，能有效整合地边地沿，沟沟坎坎，每百亩土地能提升 3%的种植空间，提高了集体土地利用率；其次，计提组织服务费收入成为集体经济收入新来源。按照合同约定，“村两委”领办的农民合作社，计提 40 元/亩的组织服务费，作为村级集体积累用于村级公益事业建设。实施土地托管后，预计全区大约有 50%的村每年可增加 4 万元左右的村级积累，大约有 30%的村可增加 8 万元左右的村级积累，部分较大村庄将超过 10 万元；同时，实行全托的村可以增加土地发包收入。全区 24 个村共有机动地 1 644.8 亩，原先按照每年平均 300 元/亩的价格出租，可实现土地发包收入约 49 万元。实行全托管之后，由合作社统一种植，每亩地每年扣除成本平均保底收入约 600 元，至少比原先通过出租每亩每年多收入 300 元，总收入增加一倍。

（二）存在的主要问题

社员主体地位未体现。联合社注册认缴制，但实际出资人比例太低，不能实现大多数社员参与管理并受益。成员社的认缴出资大多尚未到位。这意味着联合社各成员社的资金尚未联合、利益尚未联结，股本尚未到位、分红尚无可能，由此导致各成员社之间缺少相互合作的积极性；同时联合社和成员社之间的利益联结松散，不利于联合社发挥指导、组织成员社的职能。因此成员社很少进行业务往来和合作，联合社的行业指导和组织协调职能发挥有限。

运行机制不健全。多数镇级农民合作社联合社还没有真正建立起紧密的利益联结机制，没有按交易量或贡献大小返还盈余，甚至没有独立的成员账户和交易记录。县级农民合作社联合社的运营机制也是“摸着石头过河”，没有现成的路子可走，只能结合实际，探索实践。

缺乏人才支撑。专业合作社普遍面临人才匮乏的问题，联合社更是如此。相比而言，联合社更需要懂经营、善管理、能销售的专业人才。目前，联合社的管理人员都由基层社或者成员社的工作人员兼任，这些管理人员本身文化水平偏低，也没有经过专业培训，难以适应联合社发展需要。比如飞防相当大的一部分仍然是人工操作，飞机不是最关键的因素，关键是“缺操作飞防的人员”。

四、对策建议

建立完善规范的运行机制。积极探索具有自身特点的联合社管理运营机制，从财务会计、盈余分配、产品质量控制等各项内部管理制度入手，引导各联合社加强民主管理。以提高为农服务质量为标准，以密切与农民的利益联结为核心，引导各出资企业和基层社转变理念、放宽视野，破除各自为战，真正实现优势互补、联合合作、协同作战，着力在密切联系农民群众、完善双线运行机制等方面实现新突破。

做好农业经营主体提质增效。引导各运营管理主体以“公益性＋市场化”为导向，找准为农服务的结合点和盈利点，搞好各为农服务中心的科学化管理和规范化运营；加快传统企业转型升级，以优质增量稀释僵化存量；壮大出资企业实力，培植新的动力源、增长点，探寻新的盈利模式；在智慧供销、城市供销和智慧农业、精准农业上探索新路径。

引进专业人才，加强人员培训。大力实施“开放办社”工程，广泛吸引各类经营管理和专业技术人才加入，通过与农业、广电等部门及供销社直属院校合作，采取示范性、传导型和媒体传播型等特色鲜明的培训形式，扎实推进新型农民社员素质提升。

分报告六：安丘市供销社综合改革与农民合作社联合社运行机制调研报告[①]

一、引言

安丘市是隶属于山东省潍坊市的省辖县级市，位于山东省中部偏东，潍坊市南部，东与高密、昌邑市以潍河为界，西接临朐县，南隔渠河与沂水县、诸城市毗邻，北连坊子区、昌乐县。截至2015年12月，全市总人口95.5万人，土地总面积1 712平方公里，辖10个镇、2个街道、2个管委会，866个行政村。安丘市是国务院批准的首批沿海对外开放县市之一，2013年被评为国家级农业综合标准化优秀示范市，2015年在全国县域经济发展潜力百强县中排名第95。

安丘市地貌类型以平原为主，分布于市境北部、东部和中南部，占全市总面积的52%，低山、丘陵分布于市境的西南部，占全市总面积的48%。地势西南高、东北低，随泰沂山脉自西向东北倾斜延伸。安丘市属温带大陆性季风气候，年温适中，四季分明，阳光充足，雨热同季，适宜农作物生长。冬季盛行西北风，夏季盛行东南风。年温差较大，冬冷夏热，春秋多旱。

安丘市在农业方面发展独具特色，农产品出口创汇优势明显。安丘农业基础较好，农产品资源丰富，是全国、全省重要的蔬菜出口大市，出口到日本、韩国、美国、欧盟及我国香港等50多个国家和地区，先后被确定为全国园艺产品（蔬菜）出口示范区、中国无规定动物疫病区建设示范县、东南沿海出口蔬菜重点区域基地县、黄淮海与环渤海设施蔬菜重点区域基地县、山东省第一个供港蔬菜备案基地，拥有大姜、芦笋、大樱桃3个国家级标准化生产区，安丘大姜、柘山花生被审定为国家地理标志产品。围绕从根本上保证区域内农产品质量安全，从2007年6月开始，在全国率先启动实施了出口农产品质量安全区域化管理，建立健全了组织领

① 执笔人：张怡铭。

导、质量标准、控制管理、科技服务和检验检测 5 个体系，被确定为“安丘模式”在全国推广。

二、安丘市供销社综合改革与农民合作社联合社发展现状

（一）总体情况

安丘市供销社下辖 22 处市直企业，18 处基层社，经营服务网点 1 276 个，干部职工 2 300 人，总资产 2.35 亿元，2016 年实现销售额 12 亿元，利润总额 1 585 万元。

2014 年供销社综合改革试点以来，截至 2016 年 12 月，在村社共建、农村现代流通、农业综合开发、电子商务、为农服务中心建设等方面共获得各级财政扶持资金 1 695 万元，是 2013 年的 56.5 倍。2016 年，县财政明确在每年给予供销社 100 万元改革发展扶持资金的基础上，追加 200 万元村社共建专项扶持资金，明确每处新建为农服务中心扶持 100 万元的政策。

安丘市供销社以“3 控 3×6＋1”双线运行机制为核心，构建了综合性、规模化、可持续的为农服务体系。依托县联社组建的安丘市供销农资公司，完善市金穗为农服务公司，在 14 个镇（街、区）全部成立了镇级农民合作社联合社，在此基础上，登记成立安丘市农民合作社联合社。由联合社投资建设为农服务中心，在人口大村发展村级综合服务社，形成县有农业服务公司、镇有为农服务中心、村有综合服务社，覆盖全市 60%以上行政村的为农服务体系。安丘市供销社服务架构如图 2－6－1 所示。

（二）农民合作社联合社的组建和发展情况

首先，组建了基层农民合作社联合社，即镇级农民合作社联合社。在各乡镇，由基层供销社主导，领办、创办了一批农民专业合作社。在领办、创办农民合作社之后，共成立了镇级农民合作社联合社，并在工商部门登记为合作社法人，镇级农民合作社联合社与基层供销社“两社合一”，由基层供销社成员领导镇级农民合作社联合社的各项工作。其次，组建了市供销社联合社。依托基层农民合作社联合社，成立市农民合作社联合社，与市供销社一套机构、两块牌子，明确政策性职能和经营性职能。

在安丘市供销社综合改革中，基层农民合作社联合社与基层供销社相比，在对新型农业经营主体的组织和推动发展以及为农服务方面体现了一定的优越

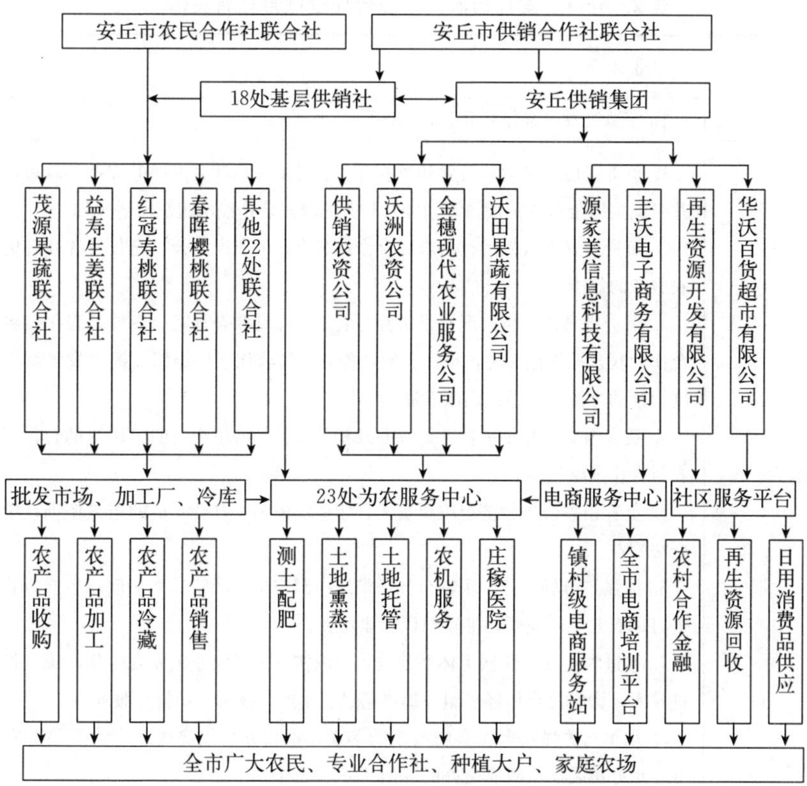

图 2-6-1 安丘市供销社服务架构

性。基层农民合作社联合社鼓励、支持农村集体经济组织、农民合作社、龙头企业、家庭农场等以土地、产品、资金等参股基层社，并创新地引导农民以合作组织为依托，以农民信用互助形式向社员提供互助资金，并在此基础上推进耕种管收售一条龙服务的供销社服务机制。基层联合社建立生产服务部、现代流通部、合作金融部和综合服务中心即“三部一中心”，聘任专业人才担任“三部一中心”的管理服务职位。

截至 2017 年 6 月，安丘市已组建镇级农民合作社联合社 14 个，达到了每镇（街、区）一家，注册成立专业农民合作社联合社 22 家，领办合作社数量达 263 家，入社社员达 23 115 户。在 26 处专业合作社内部开展资金互助试点业务，其中：石埠子樱红樱桃、景芝前屯小麦、官庄丽蕾果蔬等 6 处专业合作社取得由市金融办颁发的《山东省农民专业合作社信用互助业务资格认定书》，占全市各部门全部试点总数的 60%。至目前累计提供互助资金 1 796 万元。安丘市农民专业合作社联合社的主要情况如表 2-6-1 所示，安丘市农民专业合

表 2-6-1　安丘市农民专业合作社联合社有关情况

性质	事业
构成	16 家镇级农民合作社联合社
职能	1. 负责宣传、贯彻执行党和政府有关农村工作和社会发展的方针、政策，制定并组织实施全市供销社系统领办及相关的农民合作经济组织发展规划。 2. 负责做好本级供销社与农民合作社联合社的资产融合，充分发挥社有资产为农服务的效能。 3. 负责指导镇（街、区）供销社与农民合作社联合社融合发展，强化镇级农民合作社联合社规范管理，培训、发展各类农村合作经济组织，提高农民组织化程度，推动合作经济组织健康发展。 4. 负责组织实施供销社系统领办及相关合作经济组织内的信用互助合作，推动农村合作金融创新。 5. 负责相关合作经济组织负责人、职业农民和社（会）员的组织培训，维护其合法权益。 6. 加强与市场对接，根据市场需求统一制定生产经营计划，创新生产方式，推进订单农业生产模式，推动现代农业发展。 7. 推进农业社会化服务体系建设，组织实施现代农业服务规模化，统一推广先进技术，为农民合作经济组织提供信息、生产、技术、销售等服务。 8. 承担有关强农惠农富农政策的落实，承接并组织完成政府购买服务有关任务，承办市委、市政府交办的其他任务
股份构成	安丘市农民专业合作社联合社仍处在建立初期，尚未进行注册，没有进行股份确认
主要制度设计	生产服务部、现代流通部、合作金融部、综合服务中心
已开展的主要工作	宣传、贯彻执行党和政府有关农村工作和社会发展的方针、政策，制定并组织实施全市供销社系统领办及相关的农民合作经济组织发展规划。指导镇（街、区）供销社与农民合作社联合社融合发展，强化镇级农民合作社联合社规范管理，培训、发展各类农村合作经济组织，提高农民组织化程度，推动合作经济组织健康发展。组织实施供销社系统领办及相关合作经济组织内的信用互助合作。培训合作经济组织负责人、职业农民和社（会）员，维护其合法权益。推进农业社会化服务体系建设，组织实施现代农业服务规模化，统一推广先进技术，为农民合作经济组织提供信息、生产、技术、销售等服务
与市供销社关系	一套班子，两块牌子
与市资产运营公司关系	尚未进行注册，暂时无关

（续）

性质	事业
与县级农业服务公司关系	无直接关系
有没有入股下级联合社	没有
与乡镇联合社关系	指导镇（街、区）供销社与农民合作社联合社融合发展，强化镇级农民合作社联合社规范管理，培训、发展各类农村合作经济组织，提高农民组织化程度，推动合作经济组织健康发展
与乡镇农业服务中心关系	间接指导

作社联合社仍处在建立初期，尚未进行注册。

（三）农业服务公司和为农服务中心建设现状

目前安丘市已经形成以安丘市金穗现代农业社会化服务公司为为农服务龙头企业，以镇级农民合作社联合社为骨干，以 23 处为农服务中心为落脚点，以土壤熏蒸为特色化服务，以安丘源家美信息科技有限公司以及批发市场分别作为线上线下流通平台，以农民专业合作社、农业企业、家庭农场以及农户等农业经营主体为服务对象的农业社会化服务体系。从而将供销社由流通服务职能转变为向农民提供全方位、多层次的社会化服务的职能。

1. 安丘市金穗现代农业社会化服务公司

安丘市金穗现代农业社会化服务公司是由安丘市供销社以安丘市供销农资公司为依托组建的市级农业服务规模化龙头企业，从而使供销社实现了从卖农资到卖服务的成功转型，公司负责城区周边 10 公里的大田托管、农化服务，提供全环节服务以及全程托管服务。公司成立于 2015 年 12 月，并在市工商局登记注册，注册资本为 100 万元，股东出资情况如表 2－6－2 所示。该公司位于安丘市兴安街道四海社区南，占地面积 40 亩，建设 1 000 平方米的机械仓库 1 处，购置整合拖拉机、旋耕机、喷药机、收割机等农业机械设备 120 台（套）。组建了农药喷施、农业机械、测土配方施肥、大田托管、氯化苦熏蒸、农业技术等 6 个服务队，配备机械专业技术人员 86 人，土壤熏蒸专业服务人员 400 多人。

表 2-6-2　安丘市金穗现代农业社会化服务公司出资情况

股东	认缴金额（万元）	股比（%）
安丘市新合作投资有限公司	36	36
安丘市供销农业生产资料有限责任公司	34	34
潍坊市中盛土壤熏蒸科技有限公司	20	20
安丘市景芝供销合作社	2	2
安丘市柘山供销合作社	2	2
安丘市官庄供销合作社	2	2
安丘市石埠子供销合作社	2	2
安丘源家美信息科技有限公司	2	2

安丘市金穗现代农业社会化服务公司的服务对象主要有农民专业合作社、种植大户、家庭农场以及农户等，公司所提供的服务主要有以下方面：（1）农业科技信息服务。与中国农业科学院合作，投资 1 200 万元，新建 2 600 平方米的“中国农业科学院植物保护研究所安丘教科研中心”，购置了土壤检测设备，为全市的农资供应、农机作业、统防统治、土壤化验、测土配方智能配肥等提供科技信息服务支撑。（2）机械化服务。其中包括耕翻、施肥、农药喷施、播种、培土、收获等机械化服务。（3）土壤熏蒸服务。建设了 500 吨的“潍坊市氯化苦储备库”，研制了 2 000 多台土壤熏蒸机和复配机，为农民开展专业化土地熏蒸服务。在 30 多个大姜种植专业村，建立了“农业行业替代甲基溴防治病虫草害示范区”。使用氯化苦熏蒸土地杀灭线虫病害，比溴甲烷熏地方法，每亩节省费用 500 元，农药使用量减少 50%，产量提高 20%以上。（4）定期组织农民培训。（5）农资配送服务。依托供销农资公司建立的连锁配送、封闭运行的农资配送双追溯体系，为农民提供农业科技、物资、服务三下乡服务，让农民用上质优价廉的生产资料。

2. 为农服务中心

在组建市级为农服务公司之后，安丘市规划建设了为农服务中心，安丘市为农服务中心的建设运营由金穗现代农业服务有限公司参与，服务半径 3 公里左右，服务面积 3 万～5 万亩，形成“3 公里土地托管服务圈”。安丘市财政部门为了强化对农村现代流通体系建设、供销合作社领办创办农民合作社等方面的支持，明确每新建 1 处为农服务中心，市财政将给予 100 万元的支持。

截至 2017 年 6 月，安丘市已建成为农服务中心 23 处，实现了涉农乡镇为农服务中心的全覆盖。主要开展土地托管、农机服务、农资直供、冷藏加工、信用互助、农民培训 6 项服务，配套建设“1＋N”服务项目，将专业合作社、土地托管服务中心、金融机构、邮政、农村电商、物流企业等引入为农服务中心；在农村社区和农产品种植专业村建立综合服务社 848 个，开展日用品、农资、农业技术咨询及家政、储蓄等服务。购置、整合各种农用机械 3 220 台（套），聘任农机操作人员 519 人，2016 年完成土地托管服务面积 55.1 万亩。其设备情况见表 2－6－3。

表 2－6－3　安丘市供销社土地全托管统计

单位：亩

乡镇	托管方式	服务内容							合计
		土地熏蒸	耕地	浇水	施肥	打药	收获	技术服务	
新安街办	全托管	5 700	5 700	5 700	5 700	5 700	5 700	5 700	5 700
兴安街办	全托管	3 200	3 200	3 200	3 200	3 200	3 200	3 200	3 200
景芝镇	全托管	5 200	5 200	5 200	5 200	5 200	5 200	5 200	5 200
凌河镇	全托管	3 900	3 900	3 900	3 900	3 900	3 900	3 900	3 900
石埠子镇	全托管	2 400	2 400	2 400	2 400	2 400	2 400	2 400	2 400
大盛镇	全托管	2 500	2 500	2 500	2 500	2 500	2 500	2 500	2 500
辉渠镇	全托管	2 800	2 800	2 800	2 800	2 800	2 800	2 800	2 800
吾山镇	全托管	1 900	1 900	1 900	1 900	1 900	1 900	1 900	1 900
石堆镇	全托管	1 600	1 600	1 600	1 600	1 600	1 600	1 600	1 600
柘山镇	全托管	3 000	3 000	3 000	3 000	3 000	3 000	3 000	3 000
官庄镇	全托管	3 400	3 400	3 400	3 400	3 400	3 400	3 400	3 400
金冢子镇	全托管	2 800	2 800	2 800	2 800	2 800	2 800	2 800	2 800
大汶河旅游开发区	全托管	1 600	1 600	1 600	1 600	1 600	1 600	1 600	1 600
经济开发区	全托管	2 000	2 000	2 000	2 000	2 000	2 000	2 000	2 000
合　计		42 000	42 000	42 000	42 000	42 000	42 000	42 000	42 000

2016 年，安丘市供销系统通过为农服务中心向全市各地提供土地托管服务，其中土地全托管服务面积达 4.2 万亩，飞防面积达 31 万亩，智能配肥面积达 28.6 万亩，土壤检测面积达 28.6 万亩。安丘市为农服务中心提供的土地托管服务包括全托管和环节托管。从表 2－6－3 可以看出，土地全托管服务包括 7 个方面：土地熏蒸、耕地、浇水、施肥、打药、收获、技术服务。从表 2－6－4 可以看出，环节托管包括三个方面：土地检测、智能配肥、飞防服务。其中，同时拥有智能配肥机和植保飞机的包括官庄镇、柘山镇以及景芝镇（表 2－6－5）。对于全托管来说，面积最大的分别为兴安街道和景芝镇，服务

表 2-6-4　安丘市供销社 2016 年为农服务中心土地环节托管统计

项目基层社	土壤检测（万亩）	智能配肥（万亩）	飞防服务（万亩）
城关社	1.5	1.5	1.74
景芝社	3.5	3.5	3.24
黄旗堡社	1.3	1.3	1.54
刘家尧社	3.2	3.2	3
临浯社	1.3	1.3	1.54
赵戈社	1.3	1.3	1.54
金冢子社	2	2	2
凌河社	2.2	2.2	2.24
雹泉社	0.8	0.8	1.04
官庄社	2.4	2.4	2.44
白芬子社	1	1	1.14
辉渠社	1.4	1.4	1.64
红沙沟社	0.6	0.6	1.04
石埠子社	1.6	1.6	1.84
柘山社	2	2	2.14
吾山社	1.3	1.3	1.54
大盛社	1.2	1.2	1.34
合计	28.6	28.6	31

表 2-6-5　安丘市供销社为农服务中心设备统计

名　　称	智能配肥机（台）	植保飞机（台）
官庄供销社管公为农服务中心	1	1
官庄供销社西利见为农服务中心	0	1
石埠子供销社庵上为农服务中心	1	0
柘山供销社车庄为农服务中心	1	1
供销集团（石堆）茂源为农服务中心	1	0
景芝供销社前屯为农服务中心	1	1
新安城西社区为农服务中心	1	0
新安孙十里为农服务中心	1	0
合计	7	4

面积都达到了 5 000 亩以上。而环节托管面积最大的前两个镇为景芝镇和刘家尧镇，都达到了 3 万亩以上。可见，景芝镇的土地托管服务在安丘市各镇街中发展得最好。

（四）村社共建工作基本情况

安丘市供销社以基层供销社、村两委、合作社为组织形式，利用党组织在农村的政治优势，发挥供销社的网络和服务优势，通过产权联结、资产联合开发、资源整合等多种方式方法，共建服务中心，共建发展项目，共建干部队伍，促进农民增收、村集体经济发展和供销社发展，实现多方共赢，以解决村集体和农民增收难、村级党组织服务功能不强等问题。

截至目前，安丘市供销社与 166 个村实现村社共建，共建批发市场、服务中心、合作社等项目 216 个。实现了农民收入增加、村级集体经济壮大、供销社事业发展。

1. 金冢子镇水右官庄村共建项目

安丘市供销社集中人力、物力、财力，与安丘市金冢子镇水右官庄村实现第一书记驻村共建帮扶。一是利用水右官庄村地理位置特殊，光照充足，阴雨天少，太阳能资源丰富的优势，由村集体提供场所，供销社投资 15 万元安装 25 千瓦的分布式光伏发电项目。二是为解决村民吃水问题，与村集体合作，由村里提供场所、水源、电力，供销社投资 3 万元安装净水设备一套，为全村 150 余户村民提供净化水。三是投资 2 万元，帮助村里安装监控设备一套，在主要路口安装摄像探头 15 个，保证了村民的人身财产安全。四是协调国土、农业、电力等部门，投资 76 万元，硬化村内道路 3 000 米，安装变压器 2 台，解决村民的道路出行和用电困难问题。光伏发电项目自 2016 年 7 月投入运营后，发电 12 000 余千瓦，实现增加村集体收入 1.2 万元，已完成全村 9 户贫困户的脱贫工作。项目预计全年收入 2.3 万元，完成贫困户脱贫后，供销社与村集体按 6∶4 的比例进行分成，实现共赢。净水设备安装后，解决了 150 户村民的用水问题，供销社将年收入 2.6 万余元全部用于增加村集体收入。随着项目的建成投产达效，将促进生态环境向良性循环的方向发展。

此外，为加强社村共建，安丘市金冢子供销合作社与金冢子镇右官庄村合作，成立了安丘市希源苗木种植专业合作社，组建了电商服务公司，建设了 630 平方米的日用品超市和农资超市。

2. 白芬子供销社与太平官村共建项目

2017 年 2 月，联合社还在组建之初，白芬子供销社便与太平官村的村两委公建了氯化苦熏蒸技术团队，专门负责太平官村的大姜熏蒸服务。该技术团队的成员主要是由供销社以及几个种植合作社的技术能手组成，白芬子供销社统一从安丘市联合社的为农服务中心购买氯化苦，再到村里为需要该服务的农户提供收费熏蒸服务。白芬子供销社购买氯化苦可以享有远低于市场的内部价格。太平官村的农户有一部分是该联合社的下属成员社的社员，他们在氯化苦的购买和熏蒸技术的使用上享受极大的优惠价格，对于社员来说，从白芬子供销社购买氯化苦，价格比非成员低 4%，从共建的熏蒸技术队购买熏蒸服务，价格比非成员低 50%。

（五）供销社主导的农业社会化服务综合平台发展现状

安丘市供销社主导的农业社会化服务综合平台，主要包括以下几个形式：农民合作社联合社、农业服务公司、为农服务中心、农村综合服务社。下面对典型案例予以介绍。

1. 农民合作社联合社

（1）安丘市茂源果蔬专业合作社联合社

安丘市茂源果蔬专业合作社联合社成立于 2012 年 12 月，由安丘市供销社牵头，联合 14 个基层供销社领办的专业合作社成立，注册资本 700 万元，拥有社员 4 259 户，出资情况为 14 个成员社各出资 50 万元。通过对依托主导产业建立的专业合作社实施产权联结，形成产、供、销、运、加工强强联合。注册了“城顶山”“田旋花”“沂雪香”“桑海”“丽蕾”等农产品商标。联合社主要以果蔬种植、加工、销售为主，到目前，各专业合作社生产基地已达 1.5 万亩，按照标准化生产要求，种植大姜、大葱、大蒜、马铃薯、樱桃、芦笋、洋葱、紫苏、甜瓜等，其中，标准化种植大姜 6 000 亩、大葱 4 000 亩，建设冬暖式大棚 46 个。标准化种植基地远离污染源，土地肥沃，地下水丰富，严格按照《中华人民共和国农产品质量安全法》和《中华人民共和国食品安全法》的规定实施生产。

为提高产供销一体化能力，联合社一期工程以加工大葱为主，投资 1 400 万元建设蔬菜加工厂，占地面积 35 000 平方米，建筑面积 12 000 平方米，拥有储藏能力 1 800 吨的冷藏库，加工车间 8 600 平方米。通过深加工后，产品统一分级、统一包装、统一销售，提高农产品市场竞争力。产品主要销往日本、韩国、上海联华、北京华普、潍坊丰华、潍坊泰华、安丘家乐园连锁超市等。2016 年加工、销售大葱 4 723 吨，帮助农民增加收入 4 800 万元。

联合社二期工程于 2014 年下半年动工建设，联合社及 3 个成员社共投资

2 070 万元，分别建设了加工车间、恒温储藏库等项目，配备了必要的生产、检测设备，年新增加工能力 4 万吨。其中联合社自身投资 900 万元，新建了 3 100平方米的农产品综合服务中心，包括 1 500 吨级恒温库和 1 886 平方米的交易服务中心，建设 2 500 平方米的蔬菜分拣车间 1 处，目前已全部竣工。

联合社在加强农产品加工、销售的同时，结合当地种植结构特点，积极推进为农服务中心建设，2017 年计划投资 320 万元，在联合社北侧建设建筑面积 2 000 平方米服务大厅、化验室、配肥车间，培训学校，机械库等服务设施，为农民提供旋耕、播种、灌溉、收获等系列化服务。

（2）安丘白芬子村益辉果蔬种植专业合作社联合社

益辉果蔬种植专业合作社联合社成立于 2017 年 3 月，是由白芬子供销社发起并在当地农商所注册成立的，其中白芬子供销社出资占比 51%，其余4 个合作社成员均为果树种植专业合作社，主要经营业务都是蔬果和姜蒜，在联合社的总出资占比 49%，联合社的负责人同时也是白芬子供销社的主任，益辉联合社的成立缘于白芬子村是当地大姜的主要生产地之一，村内大部分村民、生产性合作社都是大姜种植者，有很强的同业合作规模化需求，为了适应这种需求，供销社便把当地发展比较好的 4 家种植合作社联合了起来。由于业务的相似性，联合之后各个成员社之间的业务联系也较为紧密，从农资采购到种植都实现了一定的规模化。

联合社服务的提供主要集中在农资、农技、销售、资金借贷等方面。第一是农资采购服务，白芬子供销社通过长期合作的一些农资公司、化肥厂家等，为社员购买化肥、农膜、农药等农资，由于大姜种植的特殊性，农户个人每年都可以保留姜种用于下一年种植，联合社在种子方面便没有提供过统一购买服务。第二是技术服务方面，由于供销社保有的长期农资供应商，益辉联合社定期联系这些农资公司、化肥公司对社员进行相关知识的培训，针对每个成员合作社的不同情况，开展不同环节的讲座培训，培训内容以施肥配肥为主，并且每年都会组织社员取土样到市农资服务中心进行专业的测土配方。第三是销售服务，由联合社联系当地的专业批发市场，统一进行销售合同的谈判和签约。第四是资金互助服务，具体实施办法是先在银行建立联合社的公共资金账户，与成员社约定，资金富裕的成员若将其资金存入公共账户，则会以高于当地银行存款利率的利息年末返还，同时存在资金困难的成员社若从该账户借取资金，将享受低于银行贷款利率的利息。同时，存入账户的资金多少还直接与年底分红挂钩，联合社年底分红除了按出资额分配以外，还会根据公共账户的资金进行比例分摊，存的越多获得的利息越高，当然这是建立在合作社利润盈余的基础之上的。

(3) 安丘市官庄镇农民专业合作社联合社

安丘市官庄镇农民专业合作社联合社，位于安丘市官庄镇，于2012年10月在安丘市工商局注册成立。该联合社是由官庄供销社领办，联合安丘市丽蕾果蔬种植专业合作社、西利见牛蒡种植专业合作社、寿山花生种植专业合作社、金冠大葱专业合作社及青芋果蔬种植专业合作社共同成立。联合社注册资金1 000万元，其中官庄供销合作社出资额占注册资金的51%，剩余49%由5家合作社相同比例出资，出资形式为认缴。

联合社所在的官庄镇农业较为发达，以种植生姜、大葱为主，5家成员社的社员吸纳了当地70%左右的农户，联合社的主要业务是为成员社提供农资采购和农产品仓储服务，组织农民培训以及为成员社争取政策。目前，联合社拥有固定资产350万元，主要为恒温室和加工车间，流动资产十余万元，负债600万元，负债主要来自筹建农产品储藏基地、加工车间而产生的贷款。

该联合社采取了“抱团”发展的策略，通过联合社以团购形式直接与农资公司联系，以低于市场价10%～15%的价格直接配送，大大降低了生产成本。联合社与农机服务公司联系，以低于市场价的价格提供给联合社成员社，还会与安丘市农业局联系安排专家到乡镇进行技术培训，该项服务也会免费提供给非社员。联合社还会利用供销社的组织优势为成员社申请一些资金和政策，例如曾为丽蕾果蔬种植专业合作社协调申请示范社。另外，该联合社还进行了金融互助服务，2年来共开展了金额达43万元的资金互助业务，主要服务对象为成员社的入社农户。

在产后服务方面，联合社会帮助成员社联系国内的农产品加工企业或出口企业，并通过供销社的电商平台在一定程度上帮助成员社解决销售问题。官庄供销社与5家合作社共同出资330万元建立了恒温室和加工车间，为成员社免费提供农产品仓储服务。

2. 农业服务公司

即安丘市金穗现代农业服务有限公司，见前文介绍。

3. 为农服务中心

限于篇幅，本部分仅介绍安丘市官庄供销社为农服务中心情况。这是官庄供销社于2015年1月投资300万元建成的前庭后院式综合为农服务中心。该中心占地面积17亩，建设机械仓库1 500平方米，服务大厅700平方米，职业农民培训中心100平方米。服务中心设生产经营部、现代流通部、合作金融部，购置和整合耕地、播种、灌溉、采收等农业机械11台（套），组建了6个专业服务小组，开展测土配方、土壤熏蒸、智能配肥、农机作业、农产品收储、农民职业培训等服务项目，组建打井服务队、农业技术服务队、农业机械作业队等大田托管经营服务组织，对专业合作社、家庭农场、种植户进行机械化、系列化服务。2016 年新购置智能配肥机一台，根据测土配方，提供智能配肥服务。

服务中心主要与全镇重点专业合作社以及管公村、西利见村、郑家沙沟、花家岭、朱家庄等周边 10 余个村实施土地托管服务。同时，还将聘请农业局植保站技术人员为技术顾问，对农作物的耕种、灌溉、测土配方用肥、病虫害防治实行田间统一管理。所需要的农药全部由市供销农资公司区域化管理配送中心专营直供店直接供应，所需化肥根据配方混配后直施大田。下一步，农服务中心还将建设 1 800 吨级的恒温库，800 平方米的蔬菜分拣加工车间，为专业社、种植户提供果蔬冷链物流服务，产品出口日本、韩国等国外市场，为农业增效、农民增收发挥积极作用。

4. 农村综合服务社

仅以安丘市尧洼农村综合服务社为例。

安丘市尧洼农村综合服务社地处新安街道汶北社区，该社区现有人口 1 800人，耕地面积 3 600 亩，主要经济作物有西瓜、大葱、大姜、西葫芦、苹果等。农村综合服务社南邻该村集贸市场，北邻安阳路，占地面积 6 亩，建筑面积 1 200 平方米。该综合服务社由供销社租赁村委会土地，投资 90 多万元建设而成，是经营性和公益性相结合的农村综合服务社。经营管理由刘家尧供销社负责，村委会配合。拥有 360 平方米日用品超市、150 平方米农资超市及计划生育指导站、医疗服务中心、村两委办公室、健身广场等服务项目。2016 年综合服务社成立了尧洼果蔬种植专业合作社，建立了 30 亩蔬菜基地。该服务社可服务周边东刘家庄村、徐家庄村、南韩村、河洽村、陈家庄村等 5 个村，为 4 400 口人提供综合性服务。

（六）农村现代流通体系发展现状

1. 现代农产品流通网络建设发展现状

为了建设现代农产品流通网络，安丘市供销社出台了加快农产品市场建设的意见，把供销合作社农产品市场建设纳入全市农产品市场发展规划，鼓励供销社发挥经营服务优势，建设农产品交易市场。瞄准国内国际两个市场，建立完善供销社基地生产—加工—销售的产业体系，将茂源联合社农业综合开发项目作为全市产销一体的重点推进项目。健全家乐园等农资、农副产品、日用消费品流通网络，积极推动多种形式的供求对接，构架连锁化、规模化、品牌化经营服务新格局。全市共建设 27 家日用品直营店和 387 个村级加盟连锁店，发展了 488 个村级农资连锁店。

2. 电子商务发展现状

为加快发展供销社电子商务，安丘市供销社建设了“网上供销社”，促进网上交易、仓储物流、终端配送一体化经营。鼓励基层社承办镇村电商综合服务社，规范运营和发挥源家美电商培训学校作用，培训电商人员，孵化电商人才，构建以供销合作社为主导的农村电商网络。搭建电商平台，成立了源家美电商服务公司，扩建了 900 平方米的特色农产品体验中心，依托盛大农产品交易市场建设县域综合电商运营服务中心，建成农产品线上线下一体化、双渠道销售平台。并在 17 处基层社建设镇级电商服务站，32 个村建设村级电商服务点，着力构建以市农产品电商服务中心为龙头、镇电商服务站为骨干、村电商服务点为支撑的三级农产品产销一体化服务体系。2016 年全市供销联合社电商营销额 6 320 万元，预计 2018 年网上营销额将达到 8 亿元。

（七）土壤熏蒸特色化农业服务

安丘市金穗现代农业服务有限公司与中国农业科学院合作，投资 1 200 万元，新建 2 600 平方米的“中国农业科学研究院植物保护研究所安丘教科研中心”，购置了土壤检测设备，为全市的农资供应、农机作业、统防统治、土壤化验、测土配方智能配肥等提供科技信息服务支撑。建设了 500 吨的“潍坊市氯化苦储备库”，研制了 2 000 多台土壤熏蒸机和复配机，为农民开展专业化土地熏蒸服务。在 30 多个大姜种植专业村，建立了“农业行业替代甲基溴防治病虫草害示范区”。使用氯化苦熏蒸土地杀灭线虫病害，比溴甲烷熏地方法，每亩节省费用 500 元，农药使用量减少 50%，产量提高 20%以上。定期组织农民培训，依托供销农资公司建立的连锁配送、封闭运行的农资配送双追溯体系，为农民提供农业科技、物资、服务三下乡服务，让农民用上质优价廉的生产资料。

三、主要成效和存在问题

（一）取得的主要成效

1. 加强领导，建立了较为完善的供销社综合改革工作推进体系

第一，建立供销社综合改革推进机制。成立了由市政府主要领导为组长，分管市长、相关市长任副组长，30 多个部门主要负责人任成员的供销社综合改革试点工作领导小组和农村合作金融改革领导小组，定期召开会议专题研究供销社改革试点工作。制定下发了各类供销社改革发展的文件 12 个。

第二，完善政策扶持机制。市国土资源局对于为农服务中心建设用地，合理确定了用地规模，对合作社兴办加工企业等，给予重点支持。市财政局强化了对农村现代流通体系建设、供销合作社领办创办农民合作社等方面的扶持。市金融办指导协调供销社金融试点。市农经局对供销社领办的专业合作社，优先推荐省级示范社项目，并给予补贴 21 万元。各镇（街、区）全力支持供销社改革，优先提供建设用地 420 亩，全部用于供销社为农服务设施建设。

第三，健全工作评价机制。将土地托管列入 2015 年、2016 年度科学发展综合考核，占 10 分。将“深化供销合作社综合改革试点工作，健全农业社会化服务体系”列入市委、市政府考核指标，纳入对镇（街、区）科学发展考核；2016 年将为农服务中心建设列入全市“百日会战”重点建设项目督导事项，实行一月一通报，半年一考核。

2. 强化服务，完善了供销合作社组织体系

第一，加强市供销合作社联合社建设。市政府设立供销社合作发展专项资金每年 300 万元。逐步建立起了供销社争取政府部门资源支持、协同发展机制和市场化管理体制、经营机制、用人制度。在成立镇级农民合作社联合社的基础上，经市政府批准，市供销社登记成立安丘市农民合作社联合社，为事业法人单位，与市供销联社一套机构两块牌子，明确政策性和经营性职能。

第二，领办创办农民专业合作社及其联合社。鼓励基层社以经营设施、场地、资金入股等方式领办农民专业合作社，领办产权清晰、制度健全、管理民主的示范社，带动农户开展多方面合作经营。全市共组建专业合作社 222 家，入社社员 20 838 户。在 14 个镇（街、区）全部成立了农民合作社联合社，在联合社内部设立了生产服务部、现代流通部、合作金融部和综合服务中心等机构。

第三，全面改造提升基层社。进一步强化了基层社合作经济组织属性，拓宽了基层社负责人选人渠道。对于发展实力不同的基层社，制定不同的发展目标和发展规划。对于经济实力较强的基层社扩大服务领域，努力打造多功能一体的综合性合作社；对经济实力较弱的基层社，采取政策扶持、强社带动、盘活闲置资产等方式提升服务能力；对承包或租赁的基层社网点规范经营服务，逐步纳入供销合作社经营服务体系。

3. 发挥优势，健全了农业社会化服务体系

第一，搭建农业社会化服务综合平台。整合市、镇两级供销社或村集体可利用资源，依托供销农资公司、社会化服务公司等龙头企业，与镇级农民合作社联合社合作，规划建设为农服务中心 18 处，设立服务窗口，打造综合性服务平台。推广“3 公里土地托管服务圈”模式，设立“96621”服务热线，因地制宜设置农资超市、庄稼医院、测土配肥、农机服务、统防统治、烘干储藏、冷藏加工、信用互助、服务大厅、电商网点、家政、储蓄、中介等服务功能。建立了庄稼医院 17 家和网上视频医院 4 家。

第二，创新为农服务方式。针对粮食作物和部分经济作物耕、种、管、收、加、贮、销等环节，为农户提供土地熏蒸、深耕深松、施肥、播种、农药喷施、灌溉、收获等“保姆式”“菜单式”“套餐式”托管服务。加强与合作经济组织、生产基地、家庭农场、种植大户等的联系与合作，开展全产业链经营服务。

第三，拓展为农服务领域。努力推进托管服务向经济作物和养殖业领域延展，积极为经济作物种植区提供服务。围绕安丘大姜产业，开展土地熏蒸特色化服务。将目前供销社正在开展的工作，纳入“农业三项补贴”。“一喷三防”等政府购买服务优先由供销社实施。依托供销合作社体系探索开展大姜、大葱、大桃等政策性保险之外的农业商业补充保险。着力推进供销社主导的农村合作金融创新，在 22 家专业合作社开展资金互助业务，累计发放互助资金 1 307万元。

4. 产销对接，建设了农村现代流通体系

第一，建立完善供销社基地生产—加工—销售的产业体系，将茂源联合社农业综合开发项目作为全市产销一体的重点推进项目。第二，健全家乐园等农资、农副产品、日用消费品流通网络，积极推动多种形式的供求对接，构建连锁化、规模化、品牌化经营服务新格局。第三，推动线上线下融合发展，搭建电商平台，成立了源家美电商服务公司，依托盛大农产品交易市场建设县域综合电商运营服务中心，在 17 处基层社建设镇级电商服务站，32 个村建设村级电商服务点。

5. 统筹资源，规范完善了新型农村社区服务体系

根据 2014 年市委、市政府下发的《关于实施“社村共建、强村固基”工程的意见》，广泛开展“党建带社建、村建共建”活动，鼓励村党组织与基层供销社开展村社共建活动，支持供销合作社与村集体经济组织开展合作经营，构建村级党组织与基层供销社、农民专业合作社、信用互助组织合作发展机制。要求发挥供销社经营服务优势和村两委的组织优势，围绕农业生产、农业服务，共建项目。截至目前，已与 166 个村共建党支部，共建社会化服务中心等经营服务项目212个。

6. 市场导向，构建了社有企业经营服务体系

健全了社有企业法人治理结构，构建了股东会、董事会、监事会、经理层各负其责、协调运转、有效制衡的运行机制。整合社有企业优质资源壮大龙头公司，承担农资和日用品统采分销、农产品物流、统防统治、融资担保等服务功能。金穗现代农业服务公司积极承担承接政府惠农政策和购买服务，积极开展了农产品销售、关键技术培训、大型农机具服务等业务。同时，支持社有企业供销农资公司承担化肥、农药等国家储备任务，供销农资公司由安监部门批准承担氯化苦等高毒农药储存资格，承担土壤消毒剂短途运输作业，并积极向上争取氯化苦的生产资格。成立安丘供销集团鑫泰烟花爆竹有限公司，经市政府批准，安监部门备案，开展烟花爆竹经销等业务。

7. 理顺关系，创新了供销合作社联合社治理机制

第一，在机构优化了供销联社机关机构设置和职能配置，设置人力资源科、合作指导科等7个科室，配置编制15人。第二，明确人员聘任机制，对于参照公务员法管理的联合社机关新进的工作人员探索实行聘任制，并且经批准可到本级社有企业兼职，但不能在企业领取报酬。第三，理顺联合社与社有企业的管理，联合社把握好社有企业为农服务方向，加强了社有资产监管，促进社有资产保值增值。第四，鼓励发展行业协会，积极开展科研开发、农技推广、技能培训和资质认证等服务，促进协会和联合社融合互补、协同发展。

（二）存在的主要问题

1. 对财政资金扶持依赖性强，资金来源较为局限

在既有资金方面，由于历史原因，基层供销社的资产基本上被处置，难以推进为农服务向高层次方向发展。在盈利能力方面，通过此次供销社调研，笔者发现，相对一些发展较好的县（市），安丘市盈利能力较强的服务主体较少，创新能力较弱，盈利点挖掘较少，盈利方式较为薄弱。

2. "合作社不合作，联合社不联合"的问题仍相对突出

供销社在联合、合作方面的优势还没有充分发挥出来，"合作社不合作，联合社不联合"的问题还比较突出，供销社新型主体经营服务能力较弱，无吸引力，各基层社之间的发展不平衡，没有真正明确和把握供销社在新时期的定位，导致为农服务项目缺乏，农民、农户不愿意加入专业社和联合社。这与一些地区种植品种分散有关，安丘市目前的农业种植以农户个体种植为主，种植大户、专业合作社、家庭农场等新型经营主体还处在发展阶段。加之供销社经营服务能力仍然不足，农业服务主体总体上呈现出不规范、不深入、不高效的局面。

3. 人才匮乏现象普遍

通过调研发现，供销社队伍大部分人员文化层次不高，无论是市供销社机关，还是直属企业、基层供销社，都普遍存在年龄结构不合理、骨干人才断层、后备力量不足等突出问题。加之大学毕业生普遍不愿到农村工作，基层供销社实施农药喷施、测土配方施肥、大田托管、氯化苦熏蒸、电子商务等社会化服务的专业技术人才严重短缺。

四、政策建议

（一）明确农业社会化服务的盈利点，提高经济实力

打铁还需自身硬，只有明确了提供农业社会化服务的盈利点，使提供农业社会化服务的主体得到相对稳定可观的收益，才能使农业社会化服务综合平台有源源不断的前进动力。无论在进一步的改革创新方面，还是在人才引进、提高服务水平方面，都需要有资金作为支撑。而目前对财政资金扶持依赖性强、资金来源较为局限、各级主体发展不平衡等现象，使得供销社发起的农业社会化服务平台总体上呈现出不规范、不深入、不高效的局面。

（二）完善联合社、合作社的联合、合作机制

对于联合社来说，可以建立同业联合的合作社联合社，或建立有业务需求或互补的合作社联合社，从而使联合社更好地发挥其联合作用，使各个成员社建立稳定的合作伙伴关系。对于合作社来说也是同理，建立产品同质性较高的合作社，较容易产生合作。因此建议供销社在领办合作社组建联合社时，在因地制宜的基础上，考虑同质性这一因素；对于异质性较强的合作社和联合社，要学会挖掘其共性，寻找联合和合作的立足点，规范、深化服务，提高效率。

（三）建立供销社人才引进政策

对于当前的农业服务主体来说，人才匮乏最根本的原因在于其盈利能力不高，缺乏相应的政策扶持，使得工作人员工资较低、福利较差。2016 年大学本科毕业生平均月工资为 4 376 元，而供销社平均月工资仅为 3 000 元左右，对人才并没有吸引力。可见在基层供销社的人才引进方面，也需要政策的倾斜和扶持。

分报告七：金乡县供销社综合改革与农民合作社联合社运行机制调研报告[①]

一、引言

（一）金乡县概况

金乡县地处鲁西南平原腹地，苏鲁豫皖四省交界处，隶属于孔孟之乡、运河之都——济宁市。全县总面积886平方公里，人口64万。2013年完成地区生产总值152亿元，实现公共财政预算收入10.01亿元，完成规模以上固定资产投资106亿元，社会消费品零售总额75.4亿元，城镇居民人均可支配收入21 256元，农民人均纯收入12 188元。金乡县历史悠久，汉初置县，定名“金乡”，沿用至今。金乡县自然条件优越，境内地势平坦，土地肥沃，耕地面积82万亩；四季分明，光照充足，雨水适中，夏无酷暑，冬无严寒。坐拥“九湖五河”，生态环境优越，适宜人类生产生活。

（二）区位优势

金乡县位于环渤海经济带、淮海经济区和鲁南城市带。北依“孔孟之乡”曲阜，南邻重镇徐州，东连风光秀丽的微山湖，西接“牡丹之乡”菏泽，地理位置得天独厚。5小时经济圈，可连接北京、天津、上海、南京等15个省会级以上城市，有效辐射全国总人口的40%和全国经济总量的70%。

（三）主要农产品

金乡是世界大蒜种植收购贮藏、生产加工、贸易流通和价格形成中心，常年种植大蒜60万亩，年产70万吨，产品出口160多个国家和地区，出口量占全国出口量的70%以上，素有“世界大蒜看中国，中国大蒜看金乡”的美誉。金乡还是全国重要的棉花生产基地，常年种植棉花60万亩，近年辣椒种植也初具规模，种植面积达到15万亩。

---

① 执笔人：白洋。

二、金乡县供销合作社综合改革情况

金乡县供销合作社紧紧围绕服务“三农”宗旨，在全供销社系统打造一批布局合理、产权清晰、机制灵活、运作规范的新时期优秀基层供销社；启动发展一批资产完整、功能齐全、经济效益好的大社、强社；恢复重组一批困难基层供销社、空壳基层供销社，使供销社组织体系不断修复完善，逐步形成以县社为核心，基层供销社为基础，社有企业为龙头，农民专业合作社、协会、综合服务社、庄稼医院等为服务载体的完整科学的供销社组织体系。

第一，做强做大一批基层供销社。对组织机构健全、基础设施完善、资产保值增值良好的鸡黍、羊山、马庙、霄云 4 个基层供销社，围绕“打造一个日用品经营网络，建设农业生产资料、农产品、融资服务和社会化服务四个经营服务体系，‘十二五’末实现全镇 60％较大村庄和社区建综合服务社”的总体目标，以项目为抓手，以现代经营体制为手段，吸收职工、农民和社会资本参股，推进基层供销社的改造提升，打造成为新时期优秀基层供销社。

第二，启动发展一批基层供销社。对目前靠资产收益能够维持的王丕、卜集、胡集、化雨、司马、兴隆、金马 7 个基层供销社，以盘活社有资产为杠杆，利用供销社土地资源和区位优势，积极与镇、街党委、政府配合，坚持联合开发与自主开发相结合，实现社有资产保值增值，巩固供销社阵地。通过大力发展农业生产资料、农产品、烟花爆竹、再生资源回收利用等传统业务经营，启动发展，并逐步开展日用品超市及连锁经营、融资服务等新的服务项目，实现企业经济效益、企业积累同步增长，职工收益和养老保险、医疗保险有所保障。

第三，创新重组一批基层供销社。主体资产已出让或长期租赁给职工，靠出让金过日子的；小城镇建设供销社整体拆除的鱼山、高河、城关、大义 4 个基层供销社，按照合作制原则，以市场化为导向，实施创新重组。采取投资主体多元化，吸收社会上有实力的实体参股或系统内龙头企业控股组建，整体拆除的基层供销社申请政府予以土地置换。

（一）县供销社基本情况和职责

金乡县供销合作总社（图 2－7－1）下属 14 个基层供销社，4 个县直公司，领办农民合作社 180 余家，拥有干部职工 6 000 余人。资产总额 1.8 亿元，年实现销售收入 11 亿元，利税 1 100 万元。

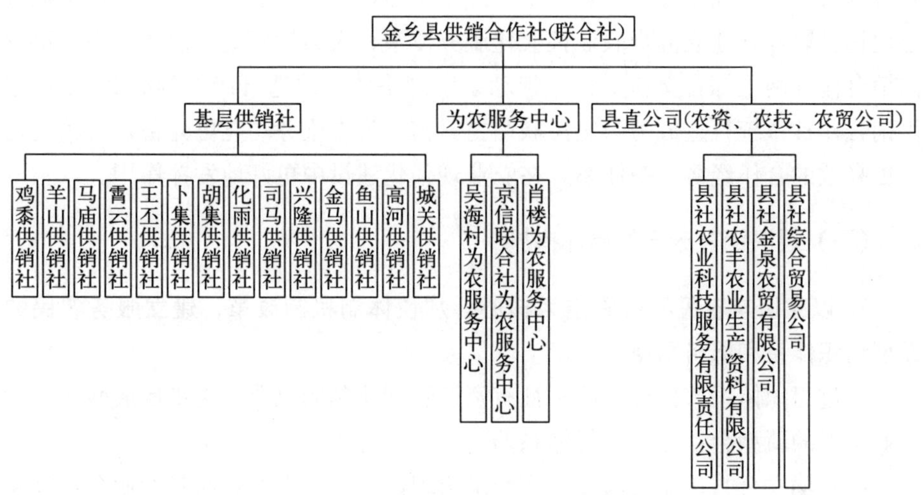

图 2-7-1　金乡县供销合作社（联合社）结构

以“不断深化和密切与农民的关系”为永久追求目标，以“直接组织和服务农民”为根本任务，以服务“三农”为宗旨，以建设农村现代经营服务新体系为主线，加快转变经济发展方式，推进经济战略转型，大力推进经营创新、服务创新、组织创新。加快金乡县农村现代流通服务体系、农资经营服务体系、农村合作经济服务体系、农村综合服务体系、农产品经营服务体系、农村市场体系“六大体系”建设步伐。现已发展成为农业社会化服务的骨干力量、农村现代流通的主导力量、农民专业合作的带动力量，真正办成农民的合作经济组织。到 2017 年底，初步构建农民合作经济组织体系，流通现代化、服务规模化和农村合作金融改革试点取得阶段性成果。

（二）县供销社改革的总体要求和目标任务

以坚持为农服务宗旨，坚持市场经济方向，坚持合作经济组织的基本属性和特色，按照“改造自我、服务农民”总要求，以密切与农民利益联系为核心，以体制机制改革、服务规模化、流通现代化和农村金融综合服务为重点，着力在密切与农民联系、形成上下贯通的实体性合作经济组织、打造农业社会化服务的主渠道、成为农村商品流通的主导力量、发展农村合作金融、改变行政化的思维理念和工作方式等 6 个方面取得实质性突破，把供销社建设成为具有完善组织经营体系和较大服务规模的实体性合作经济组织，打造成为服务农民生产生活的生力军和综合平台。

改造提升基层社、社有企业，创新组织模式，提高基层组织发展活力和为农服务实力；积极培育新型农业生产经营主体，搭建为农服务平台，稳步推进土地托管服务，建立健全农业社会化服务体系；大力发展电子商务，积极培育供销合作社网上综合交易平台，带动系统网络体系改造升级。到 2020 年，把供销合作社系统打造成为与农民联结更紧密、为农服务功能更完备、市场化运行更高效的合作经济组织体系，在农业现代化建设中更好地发挥作用。

（三）县供销社改革的具体措施

1. 以密切与农民利益联结为核心，加快体制机制改革，建立服务农民的新型组织体系和服务网络

通过组织体系、机构职能和社有资产管理体制的改造，逐步形成服务现代农业发展的新型合作经济运行体系。

（1）建立全县一体化农村合作经济组织体系，大力发展农民专业合作社及其联合社

供销社与农民共同出资，建立专业合作社；供销社与专业大户、家庭农场、民办农业龙头企业等联合合作，以品牌战略、产业化运作模式，共同投资入股组建或改造基层社；社有企业从流通环节向农产品加工储运、产销对接等方面拓展，分享加工、销售环节的利润，加快对农民专业合作社、基层供销社和社有企业的改造提升，逐级建立起以生产服务部、现代流通部、合作金融部和综合服务中心（即“三部一中心”）为主要内容的新型合作运行体系。

（2）加快供销合作社职能转变

强化供销社机关建设，健全理事会、监事会组织机构，配齐配强供销社领导班子。明确供销社组织领导、协调服务、监督管理、教育培训等职能，并将建设发展农村现代经营服务新体系、农村融资服务体系、农产品经营服务体系、农民专业合作经济组织的职能赋予供销社。

（3）创新社有资产管理体制机制

县供销社理事会是本级供销社和所属单位社有资产的所有者和管理者，组建由县供销社控股的金乡县供销集团总公司。总公司代表县供销社理事会负责优化系统内社属企业和基层社产权连接及业务联合，确保社有资产保值、增值；指导、协调社属企业及基层社的日常经营业务，整合社属企业及基层社有关现代流通、农业服务等业务，建设并负责仓储配送、冷链物流及信息服务中心运营，负责与省、市供销社经营网络对接；统一规划并指导镇（街）为农服务中心、村级综合服务社等服务终端建设；引导县农民合作社联合社开展所属资产资本实体运营，稳步推进供销社与社有资产运营实体一体化，形成产权明

晰、责权明确、上下贯通、分级所有的资本运营管理体系，发挥供销社资源配置职能，保持供销社资产的完整性。对纳入城区及镇（街）综合开发总体规划的所属困难企业，适时依法实施破产、清算、重组，按照上级有关文件规定对企业职工进行经济补偿。

以农民专业合作社及其联合社改造基层社，以强化为农服务推动社属企业改造，推进基层社和社属企业在体制机制、经营方式、增长模式等方面的转变，建立“县供销社、供销集团总公司、县农民合作社联合社”三位一体，与基层社、领办的农民合作社优势互补、联结紧密的组织体系，构建以仓储配送、冷链物流、信息服务及土地托管、信用互助为支撑，以为农服务中心和综合服务社为终端的服务网络。

2. 突出服务规模化，真正成为农业社会化服务的骨干力量

立足实际，发挥自身优势，吸引各类为农服务合作经济组织加入到供销社队伍中来，积极同农业产业化龙头企业开展联合合作，实现社会资源有机整合、协同作战，变分散为集中，变“小而全”为“大而全”，真正实现农业社会化服务的系列化、专业化、规模化。

（1）优化网点布局

紧紧围绕培育新型农业经营主体和农民生活社区化新趋势，优化供销社生产、生活服务网络布局，采取网点改造、资产重组、社会加盟等形式，打造一批建设标准高、服务功能全、管理水平好的镇（街）为农服务中心、专业合作社联合社和村级综合服务社，集商品流通、科技服务、土地托管服务、庄稼医院等多种功能于一体，为农民提供“一站式”服务。农民可以自由选择农资供应、测土配方、智能配肥、农机服务、农化服务等服务项目。2014 年新建为农服务中心 2 个、村级综合服务社 10 个、连锁经营网点 35 个。2015 新建连锁经营网点 46 个，新发展农产品批发市场 2 个。

（2）强化推进机制

坚持和完善“供销主导、政府引导、部门参与、农民自愿、合同管理”的工作机制，加快供销社与村“两委”、农民合作社、家庭农场和信用互助组织的联合合作，集中解决当前农业发展中的服务、组织、运营和资金保障等难题。土地托管服务向大蒜、棉花以外的其他经济作物延伸，推动农业社会化服务规模发展，建立优势互补、相互促进、多方共赢的利益形成和分配机制，实现为农服务的可持续性。

（3）规范托管方式

进一步完善“保姆式”全托管和“菜单式”半托管服务模式，为农户提供社会化服务。全托管是全权代农户管理土地，打破户与户之间的界限，实现土地成方连片，实行统一耕种、统一管理、统一收割、统一分配的从种到收的托管服务形式。半托管是根据农户意愿，为其提供深耕疏松、农资供应、种肥同播、病虫害防治、机收、秸秆还田、储存、加工销售等两个或多个环节的托管服务形式。具体运作模式：以基地建设、加工销售为主要内容的龙头企业带动模式，以服务社员农户生产环节配套为主要内容的农民专业合作社带动模式，以联合村“两委”共建富民兴社项目为主要内容的社村共建模式，以农民土地入股为主要内容的股份合作模式，以农民自由选择托管服务项目为主要内容的村民主导模式。

3. 突出流通现代化，打造农村商品流通的主导力量

实施“农村现代流通创新工程”，加快用现代流通理念、信息化和物流技术改造供销社传统经营网络，逐步在全县建立起高效、畅通、有序、智能的农村现代流通网络。

（1）建设现代化流通网络

一是提升供销超市的经营能力和现代化水平，运用现代流通方式，让农民享受优质、文明和快捷的服务。二是通过技术改造和资源整合实现仓储配送功能的拓展，探索一网多用、双向流通的新模式，把现代信息技术应用于采购、仓储、配送、销售各环节，降低运营成本，提高服务质量。三是大力推广“电子商务”，实现“线上”与“线下”相结合、有形市场与无形市场相促进，让农民足不出户就能从现代流通服务中受益。四是着力推动流通网络改造升级，提升网络覆盖面，形成县城有龙头公司、配送中心，镇（街）有中心超市，村有连锁便民店的县域现代化流通网络。2014 年提升改造镇（街）日用品直营店 4 个、供销农资直营店 2 个，规范改造放心农资店 25 个。2015 年提升改造镇（街）日用品直营店 4 个、供销农资直营店 1 个，规范改造放心农资店 65 个。

（2）着力培育品牌企业

提升社有资产运营能力，推动优势资源向骨干企业集中，运用品牌、信息和管理等优势进行跨行业、跨所有制、跨区域联合重组。采取多种形式，加快推动与系统内外知名连锁企业开展合资、合作，组建日用品、农资流通等领域的龙头企业，逐步建立采购联盟，实现联合采购。积极利用品牌资源改造现有网点，着力发展统一配送、连锁经营，迅速提升现有网点的经营服务水平。

（3）深化“新网工程”建设

依托系统内龙头企业，优化区域流通布局。大力发展“三品一标”农产品基地，推进以“农超对接、农批对接、产销对接”为主要内容的农产品经营体系建设，2017 年、2018 年发展基地 2 处；加强农产品产后的分拣、加工、冷藏、鲜活农产品社区配送等配套设施建设；加快由县政府支持，镇（街）政府和基层供销社主导实施的农产品交易市场建设，着力“提升羊山、规范高河、规划建设化雨和马庙”，利用市场化手段搞好管理服务；参与城镇化建设，用好存量土地资源，加快建设经营服务综合体、商贸中心，夯实供销社在农村中的经营基础。

4. 实施“农村合作金融创新工程”，建立符合农村实际的新型合作金融服务体系

坚持服务“三农”的本质要求，着力解决农民生产经营活动中“小额、短期、分散”的资金需求，促进农业农村经济发展；坚持社员制、封闭性原则，不对外吸储放贷，不支付固定回报，不对外投资，不以盈利为目的；坚持设立自愿，入社退社自愿，互助合作，风险自担，充分尊重农民意愿；坚持立足农村社区，社员管理，民主决策，公开透明；坚持规范运营，遵纪守法，诚实守信；坚持统筹兼顾，精心组织，稳妥推进。

（1）规范发展农民信用互助社

依托供销合作社组织体系，进一步理顺内部管理体制和运营机制。在整顿、规范的基础上，从率先发展的羊山百信、化雨京信、鸡黍邦农、司马盛德 4 家农民专业合作社中筛选 1 家较早、管理相对规范、内部控制相对健全的农民信用互助社先行试点，试点成功后再行扩展。

（2）组建农民信用互助社联合社

在试点的基础上，农民信用互助社数量达到一定规模后，试点期内适时组建镇（街）或县级农民信用互助社联合社，负责在各成员社之间开展资金余缺调剂，采取“两头堵死、封闭运行”的办法，只在本级范围内开展。

（3）加强农村合作金融业务监管

在加强系统内部管理和指导、强化行业自律的基础上，按照省市要求，县供销社会同有关部门，制定农村信用互助管理办法，组织监督实施，确保新型农村合作金融服务风险可控、安全高效、稳步发展。

三、金乡县农民合作社联合社发展状况

金乡县以密切与农民利益联结为核心，加快体制机制改革，建立了服务农民的新型组织体系和服务网络。在组织体系上，目标建立全县一体化农村合作

经济组织体系，大力发展农民专业合作社及其联合社，并引导和鼓励基层社领办创办农民合作社，提高了农民组织化水平，带动了广大农户开展合作经营。

按照城乡一体化发展思路，依托县供销合作社成立县农民合作社联合社，与县供销合作社一套机构、两块牌子，并明确其政策性职能和经营性职能。依托基层供销社组建区域性或专业性农民合作社联合社。

下面以两个具体联合社为例，从基本情况、运作情况及存在的主要问题三个角度来介绍。

（一）金乡供销京信农民专业合作社联合社

1. 基本情况

金乡供销京信农民专业合作社联合社成立于 2014 年 10 月，社址位于金乡县化雨开发区。京信联合社下辖 5 家农民专业合作社、一家贸易公司、两家农业发展公司、一家为农服务中心、一家电子商务有限公司——金乡县京信种植专业合作社、金乡县嘉福小麦种植专业合作社、金乡县恒兴养殖专业合作社、金乡县恒嘉果蔬专业合作社、金乡县冯信农机专业合作社、济宁嘉汇果蔬有限公司、金乡县恒兴农业发展有限公司、济宁嘉诚农业发展有限公司、金乡县嘉信植保服务中心、金乡县“家乡味道”电子商务平台有限公司。

成立以来，京信联合社在农技服务、大田托管、生活用品供应、信用合作、社村共建、规模化种植、养殖等特色农业方面，让农户得到了看得见、摸得着的实惠，同时通过以上相关产业板块相互融合，促进成员农户在融合环节增加参与度，因融合受惠，实现“能人效益”“示范效益”“赢增效益”三大效益共荣的局面。

京信联合社始终坚持“规范、诚信、创新、共赢”的经营理念，坚持根植于农村，服务于三农，与成员农户紧密联系在一起，共同闯市场，共寻致富路。

京信联合社组织架构如表 2－7－1 所示。

表 2－7－1　金乡供销京信农民专业合作社联合社

性质	企业
构成	五家农民专业合作社、一家贸易公司、两家农业发展公司、一家为农服务中心、一家电子商务有限公司
职能	提供农技服务、大田托管、生活用品供应、信用合作、社村共建、规模化种植、养殖等特色农业服务

（续）

性质	企业
股份构成	总股本 2 000 万元，金乡县京信种植专业合作社 20%、金乡县嘉福小麦种植专业合作社 5%、金乡县恒兴养殖专业合作社 5%、金乡县恒嘉果蔬专业合作社 5%、金乡县冯信农机专业合作社 5%、济宁嘉汇果蔬有限公司 10%、金乡县恒兴农业发展有限公司 10%、济宁嘉诚农业发展有限公司 10%、金乡县嘉信植保服务中心 15%、金乡县“家乡味道”电子商务平台有限公司 15%
主要制度设计	规模种植购销部、生活用品部、农业技术服务部、农资部
已开展的主要工作	农技服务、大田托管、生活用品供应、信用合作、社村共建、规模化种植、特色养殖
与县供销社关系	县供销社领导该合作社
与县资产运营公司关系	无关
与县级农业服务公司关系	无关
有没有入股下级联合社	无关
与乡镇联合社关系	互相合作
与乡镇农业服务中心关系	互相合作

2. 主要职能

规模种植购销服务。针对劳动力少、种植单一、收益低的成员农户采取土地托管方式，施行统一种苗、统一技术、统一化肥农药、统一管理、统一销售“五统一”的办法，打造无公害大蒜基地，创建“京信”品牌。2013—2015 年对部分成员农户实行保护价收购大蒜 2 万余吨。价格每市斤比市场价高出 0.1 元，成员农户比非成员农户增加收入 9%以上。

生活用品服务。在各镇街设立京信联合社生活用品网点 375 个，供应社员日常所需物品，如米、面、油，成员农户凭社员证购买，非成员农户不予享受。

农业技术服务。联合社常年聘请山东省农业科学院专家，为成员农户免费田间地头指导。

农资服务。金乡供销京信联合社采取团购直供模式，通过测土配方，由合作社统一到厂家订购，以出厂价提供给成员农户。把一级批发商、二级批发商的利润转让给成员农户，有效降低生产成本。

3. 主要农产品

富硒京信红朝天椒。该产品鲜红艳丽，均为簇生，成熟后可一次性采收，省工、省时、抗病性强、不易花皮、成品率高，硒含量极高，适宜人体吸收，亩产量高于同类辣椒品种，京信合作社为社员农户建立档案，跟踪服务，一包到底。

富硒京信红晚秋桃。该桃具有晚熟、耐藏、个大、口感好（甜、硬、脆、不裂果）、优质丰产、易管理、效益高等特点。成熟期在11月前后，错过瓜果上市旺季，产品主要出口国外及高端市场，价格可观，冷库储藏至元旦、春节，收益更高。合作社提供从栽到收一条龙服务，签订服务协议。

4. 电子商务平台

金乡县“家乡味道”电子商务平台采用线上、线下相结合的运行模式，填补金乡线上销售平台较多而没有线上线下销售相互融合电商平台的空白。通过打造环境优美、服务优质、管理有序、充满活力的农村电子商务示范园，把该县的优质农产品引领上线，在打通农产品进城流通渠道的同时．通过大数据分析，实现该县农产品按需种植、定制化生产，推进标准化生产、专业化经营，倾力打造“互联网＋”的模式，促进全县农业产业化升级，引领广大群众致富。

5. 观光农业示范园

京信合作社高效循环观光农业示范园以京信联合社发展的500个肉鸭养殖大棚和万亩优质特色林果种植为依托，占地面积500亩，建设集现代化肉鸭养殖、生物有机肥厂、生态农业特色林果示范种植、生物新能源、肉鸭加工、农产品深加工为一体的现代化农业循环经济发展园区。通过把肉鸭养殖产生的粪便作为原料，生产出优质有机肥用于万亩优质生态园，通过养、种、加工为一体的循环链，形成可持续发展的大农业格局。同时，带动本地生态循环农业、观光旅游业以及相关服务业的发展。

6. 该联合社的优势

通过调研发现，该联合社打破了传统的农业种植模式，基于建构专业合作、供销合作、信用合作“三位一体”的农村新型合作经济，致力于为社员提供一个振奋人心的专业的农民联合社，给农民朋友更大的发展空间。采取的模式是：公司＋农户＋合作社。措施是五统一，即：种苗统一、施肥统一、管理统一、销售统一、农药统一、这样有利于生态农业的发展和现代农业的建设。

在调整产业结构方面，为改变结构单一的种植模式，联合社在全县各镇（街道）推广栽培“京信红”富硒晚秋桃和“京信红”朝天椒，并郑重承诺按高于市场价全部回收，致力于引导桃树、辣椒产业向规模化、产业化发展。

在信用互助方面，通过建立信用互助小组，为成员农户调整种植结构、扩大规模化种植以及高效养殖业的发展提供资金支持，破解了农村、农民贷款难、贷款贵的问题，促进了农村经济的发展。

在农资、农机供应方面，联合社把农民所需的化肥、农药、种子、农用机械等以及日常生活用品，均以出厂价提供给社员。把一级批发商、二级批发商的利润转让给农民，并在全县 60 余村免费测土配方，提高成员农户科学种田的积极性，深受成员农户欢迎。

在农村电子商务方面，联合社成立金乡县“家乡味道”电商平台，把京信优质品牌农产品（晚秋桃、辣椒、大蒜等）引领上线，通过倾力打造“互联网＋”的模式，让农产品足不出户卖到全国各地，带领广大成员农户增收致富。

（二）金乡县马庙镇农民专业合作社联合社

1. 基本情况

金乡县马庙镇农民专业合作社联合社是由马庙镇基层供销社领办的联合社，理事长为何士华，也是基层社主任。联合社成立于 2015 年 8 月，发起者和成员为 5 家合作社。这 5 家合作社的主营业务分别为大蒜种植、小米种植、苗木种植、辣椒种植和生猪养殖。联合社于成立之时在县工商局注册登记，注册资本为 30 万元，由 5 个成员社认缴。其中，大蒜种植专业合作社出资认缴 10 万元，小米种植专业合作社认缴 3 万元，苗木种植专业合作社认缴 8 万元，辣椒种植专业合作社认缴 5 万元，生猪养殖合作社认缴 4 万元。因为各成员社为认缴出资，并没有实际出资，所以目前联合社无固定资产、流动资金，也没有负债。

关于联合社成立的原因，理事长何士华表示，联合社的成立主要是为了响应市社的号召，降低成员社的经营风险，更好地了解和享受一些政府的支持政策。由于联合社的成员联系没有那么紧密，所以发挥的功能不是特别大，目前所遇到的困难也不是特别多。

各个成员社由于经营的业务差别较大，而且没有资金互助，所以该联合社属于同一地区不同业联合，且联合不是特别紧密。各个合作社之间发展水平差距较大，与联合社的联系内容也不同。其中，金新农大蒜种植专业合作社有成员 105 名，联合社主要为其提供农资服务、销售服务、技术服务、信息服务，其中联合社收购该合作社的大蒜比市场价高 2%左右，该合作社有一半大蒜通过联合社销售；马庙镇宋庄村苗木种植专业合作社有成员 120 人，联合社主要为其提供信息服务；江楼村养殖专业合作社成员有 30 人，主要也是提供信息服务和技术指导。可见联合社内各成员社的规模、经营业务、与联合社的联系内容都有较大差距。

2. 运作情况

联合社在决策中主要由成员社理事长和联合社理事长商量决定，为一人一票，各家合作社的决策权一样。联合社有理事会、监事会，但没有专门的工作人员。联合社有专门的章程，由县社和市社指导形成。目前联合社没有盈利，所以也没有独立核算单位以及相应的财务管理制度和会计资料。目前联合社运作发挥的作用不是特别明显，所以在运作中不存在问题，也不存在资金、用地、设备方面存在的困难。联合社主要联系的政府部门为乡镇党委，联合社每2个月向乡镇党委汇报联合社的运行状况，联合社还受到了当地村委和乡镇的支持。联合社理事长何士华认为，联合社的发展也应像合作社的发展一样需要有专门的法律保障。

3. 社会化服务情况

联合社由马庙镇基层供销社牵头成立，该基层供销社除了牵头成立了联合社，还在2015年开始建造乡镇为农服务中心，该为农服务中心前期投资300多万元，目前已经累计投资500万元，这些资金37%由基层社职工投资入股，63%由该乡镇中的孟铺村、刘庙村、肖楼村以及曹庄村的村民出资入股，每位村民的出资额都在3万元左右。为农服务中心的主要业务为农资销售、农机作业服务、收购农产品、农产品初加工、储存、物流服务以及销售服务。农资服务不仅仅对联合社成员社提供，也对非成员提供，但是联合社成员在为农服务中心购买农资能比非成员优惠10%。乡镇建立为农服务中心，也得到了县社和市社的支持，奖励该镇为农服务中心拖拉机、脱粒机、无人机等农机若干台，价值50万元。为农服务中心通过提供农资服务、作业服务、加工服务以及销售服务能够有一部分利润，该利润通过供销社员工以及4个村村民的出资额进行分红。以供销社主任为例，何主任当时出资5万元，占出资总额的1%左右，2016年在该乡镇为农服务中心领到分红约6 000元。

供销社除了领办联合社、成立为农服务中心，主要收入来源还有供销超市和农资门市部。其中供销超市主要为日用品的销售，年收入约5万～6万元；有门市部7个，租赁收入约3万元。该乡镇供销社目前有员工96人，但是在供销社领取工资的仅有5人，年工资均为万元以下。

4. 问题与建议

根据调研了解，该供销社目前主要靠销售农资来维持日常开支。不过目前乡镇供销社也没有很大的盈利点，仅仅只能维持现状，维持发展。何主任说，由于市场经济的发展，目前经营农资的不仅仅有供销社，还有很多个体以及公司，所以供销社的竞争压力较大。供销社相比于其他经营主体，其优势在于农民较为信任供销社，认为供销社所销售的农资，包括农药、种子、化肥的质量有所保证，不会有假冒伪劣产品。另外，为了和其他主体竞争，供销社提供的农资服务不是传统的农民上门购买，而是由供销社员工上门统计所需农资的数量，然后将农资送到田间地头，甚至部分还会帮助打农药、施化肥。

关于供销社的改革和发展是否需要政策支持，何主任较为激动地表示，十分需要政策的支持，而且不是单纯的资金支持、用地支持。何主任表示，只要政策规定农资是供销社专营，就像烟草专营一样，那么供销社的发展就会很红火。何主任曾经去江苏邳州、山东日照的部分乡镇供销社参观学习过，这两个地方的农资就是由基层社专营的，所以供销社的发展非常好，盈利能力很强。虽然当地没有专门的文件支持供销社专营农资，但是当地政府规定农资生产厂家只能将农资销售给供销社来经营。

目前大部分基层乡镇供销社的发展也的确是依靠农资销售来维持经营。虽然供销社这几十年的发展一直都是靠信用，而且早和农民建立了相互信任的关系。但是，一旦供销社专营农资，或者说垄断了农资销售行业，那么供销社提供的农资服务还会有这么好吗？农资价格还会这么优惠吗？供销社还会有时间和精力提供一些公益性服务比如技术服务、信息服务吗？这都是需要深入研究的问题。

四、为农服务中心发展状况

金乡县供销合作社为农服务中心位于金乡县化雨镇，于 2012 年 10 月由县供销合作社投资 660 万元建设。中心占地面积 17 亩，建设机械仓库 1 500 平方米，内含配肥车间、化验室等，服务大厅 700 平方米，其中职业农民培训中心 100 平方米，处理地面 9 000 平方米。服务中心内设生产经营部、现代流通部、合作金融部，购置和整合配肥机械、耕地、播种、灌溉、采收等农业机械设备 11 台（套），组建 6 个专业服务小组及专业技术人员。根据农民需求，通过与专业合作社、村委会、农户签订协议，对农业生产实施托管服务，主要为农民提供小麦、玉米等粮食作物与大姜、大葱、大蒜等经济作物的播种、喷药等技术服务，实施配肥加工。同时，聘请农业局植保站技术人员为技术顾问，对农作物的耕种、灌溉、测土配方用肥、病虫害防治等实行田间统一管理。所需农业化学投入品由市供销农资公司区域化管理配送中心专营直供店直接供应。中心成立后，通过提供机械化、专业化服务，帮助农民降低生产成本，推动当地农作物的标准化种植，提高农民组织化程度和农产品产量、质量，促进农业规模化经营，为农业增效、农民增收发挥积极作用。

下面以两个为农服务中心为例进行介绍。

（一）吴海村为农服务中心

吴海村为农服务中心依托于省级优秀合作社金乡县树修食用菌专业合作社、金乡盖世菌业有限公司兴起，位于农作物和食用菌类主产区。

吴海村为农服务中心占地 50 亩，其中农产品加工区占地 6 亩，砖房占地 2 亩，土地硬化也已经完成，已经投入生产，为合作社社员和周边农户所生产的黄色金针菇提供腌制和储存，农户目前正在产出黑木耳、鸡枞菌等高端食用菌类产品和大蒜、小麦等农产品也在为农服务中心进行晾晒，重点服务黑木耳、鸡枞菌种植户 85 户，涉及大棚种植面积 420 亩。农机服务也已经投入运营，购置 3 台大型翻地机，整合周边农户农机 12 台，形成规模化服务能力，开展统一耕种、统一收获等服务，同时提供农机展示、销售、存放、维修等服务。目前投入 600 万元，占地 12 亩的 8 000 平方米恒温房已经建成，用于食用菌类菌种制作以及菌类储藏，目前正在培育铜山 B16 金针菇菌种和高端食用菌鸡枞菌菌棒及黑木耳原种。农民技术培训中心已经建成 3 间，用于技术培训，投影仪以及电脑设备已经配备完成，目前农户学习种植鸡枞菌热情空前高涨，从 2017 年 3 月份到现在，累计举办鸡枞菌培训 7 期，金针菇市场解读和空棚消毒处理类讲座 2 次，出菇期黑木耳温度调节讲座 1 次。目前吴海村为农服务中心已经完成庄稼医院的架构和场地建设，掌握了测土配方技术，有专业的 12 名农田技术人员为农户提供精准施药和智能配肥，服务面积 2 000 多亩；有 20 名专业的食用菌类人才在食用菌生产季节为农户提供配方配比、杀菌物质使用及菜间管理等服务，服务范围辐射较广，面积达到 2 000 多亩，为农户排忧解难，提高了农民的种植技术。食用菌类生产中，资金起点要求较高，为农服务中心已经联合山东农村商业银行和中国邮政储蓄银行采取信用担保、五户联保的形式成立为农服务中心信用联盟，联盟人员多达 200 户，分为 40 组，每人授信额度 5 万元。

（二）马庙供销社为农服务中心

马庙供销社为农服务中心隶属于金乡县供销社，主要围绕玉米、大蒜、辣椒、小麦等开展土地托管服务。农户按照实际需要，自愿选择服务项目，服务中心收取一定的服务费用，生产的粮食归农户。服务对象主要是常年或季节性外出打工的农户，以及无劳动能力或劳动力不足的农户。该服务中心以土地托管为切入点，开展农业社会化服务，形成生产和服务的规模化，以使农户省工省时、节支增收。目前主要为成员农户提供有以下6个服务项目：

（1）测土配方。服务中心建有化验室，运用成分分析科学手段，对农户所在区域地块的肥力、酸碱性、微生物等情况进行定性或定量分析，检测出该区域地块所种植的农作物所需的各种肥料、需要的用量，从而提高土地利用效率，达到科学种田的目的。

（2）农资供应。服务中心建有智能配肥服务站，针对测试土壤中营养元素的丰缺情况、计划产量等，提出施肥的种类和数量，最后依据农作物的需肥特点制定出基肥、种肥、追肥的用量用法和追肥的时间。服务中心生产浩翔牌系列控释肥，以低于市场价的优惠价格直供成员农户，把中间环节的利润让给成员农户。

（3）农机作业。服务中心整合、购置各类大型农用服务机械100多台，可以为农户提供深耕深松、种肥同播、联合收割、秸秆还田等多环节农业社会化服务。

（4）统防统治。服务中心拥有高科技农用电子无人机，成立农技专业服务队，对托管的农作物进行药物喷防，平均每2分钟喷完一亩地，作业效率大大提高，防治效果好。农作物全生育期每亩费用比传统的喷雾防治方式大大降低。

（5）订单种植。服务中心推广玉米、强筋小麦订单种植，服务中心实行“统一供种、统一供肥、免费种肥同播、无人机喷防、田间技术管理、机械化收割”全程多环节托管服务，以高于当期市场价0.05元的价格回收粮食，让成员农户增收。

（6）农民培训。服务中心设立土地托管培训中心，聘请农技专家、教授，免费开展生产技术、统防统治、精准机播等方面的培训或田间地头指导。

下一步，该中心计划新上粮食烘干系统，购置一组日生产能力80吨的混流型玉米烘干机。服务中心收购成员农户的鲜玉米，直接送到烘干机内进行烘干，再输送至存储车间待售。这样，可拉长玉米储存和销售时间，有效防御玉米种植的风险，增加社员收益。

五、金乡县农业科技服务有限责任公司发展状况

金乡县农业科技服务有限责任公司前身为金乡县县社供销有限公司，成立于2015年1月，2016年10月更名为现名。作为金乡县供销合作总社的独资

企业，注册资本 2 600 万元。公司集农业技术研究、开发、服务；农产品购销、冷藏、加工，土地流转托管服务；有机肥、测土配方配肥生产、推广应用；化肥等农业生产资料的经营、管理于一体，是一家综合服务公司。

自公司成立以来，坚持以服务“三农”为宗旨，组织带领基层供销社推进经营创新、服务创新、组织创新，密切与农民的关系，服务农民。以化肥直供、病虫害飞防、土地托管、智能配肥、农民技术培训为抓手，加快农业综合服务体系建设。实现农资存储能力 1 万吨，完成飞防面积 6 万亩，农民技术培训 1 200 人次，参与为农服务中心建设 5 处，为全县 230 个专业合作社提供业务指导，受益社员 10 万人。

总体来看，由于资金、人才、体制等原因，该公司在农业规模化服务方面作为有限。应以这次综合改革为契机，强化公司领导班子建设，组建一支有思想、能作为、敢担当的强有力的队伍；因地制宜制定公司发展规划，整合全系统的力量，发挥资源优势，形成合力，做到目标明确，措施得当，执行有力；政策上争取政府的支持，改善经营环境，应以农业综合服务为抓手，强化公司服务功能，使公司发展成为实现农业社会化服务的骨干力量、农村现代流通的主导力量、农民专业合作的带动力量，使供销社真正办成农民的合作经济组织，取得公司经济效益和社会效益的双丰收。

六、金乡县供销社综合改革的主要亮点

1. 金融服务体系不断完善

2016 年 3 月化雨镇“慧农通”金融服务站建成，这是金乡县供销社京信合作社与中国建设银行金乡支行达成合作协议后的第一个落地成果。

根据协议，双方整合各自网络、品牌、平台等资源实现共享，共同探索“低成本、可复制、易推广”式的农村金融产品和服务，扩大农村基础金融服务覆盖面，为金融机构无法覆盖的基层农村客户提供“金融下乡”服务，使广大的社员百姓办理金融业务更加便捷，达到繁荣农村金融市场，激发现代农业发展活力的目的。建行通过供销社三农服务平台，把相关金融业务深入到乡镇农村，送到农民家门口，向农民发放齐鲁慧农通卡，更加直接地对接三农。

2016 年，中国建设银行金乡支行将陆续在京信合作社各镇（街）网点设立 13 个服务点，目前门头装修及自动金融终端设备正在紧张筹备和调试中。“齐鲁慧农通”卡的投放使用，将有力增强供销社为农服务的金融支撑，着力打造新型农村金融服务方式。据了解，“齐鲁慧农通”卡不仅具有普通借记卡

的支付结算、个人理财等基本功能，特别针对农村群体特征，还实行其他优惠政策，比如开卡免收开卡工本费、小额账户管理费及首年年费；完成套餐签约后，还可以免收部分建行系统内异地及跨行转账手续费。

2. 电子商务业务进展迅速

近年来，金乡县供销社抢抓“互联网＋”发展机遇，把大力发展农村电子商务作为“二次创业”的重要抓手，结合实施农村现代流通创新工程，全面推进“互联网＋供销社”行动计划，积极培育与发展金乡县“供销 e 家”农村电子商务公共服务平台、京信云农网，积极参与全县阿里巴巴农村淘宝项目建设，加快互联网与供销合作社业务融合，构建“线上交易、线下配送”的商业模式，努力打造服务农民生产生活的综合平台。

2016 年 12 月 30 日至 2017 年 1 月 1 日，金乡县商务局、金乡县供销合作总社共同主办，以“电商金乡·购精彩”为主题的金乡县首届电商节，在展现该县名优特新农产品、生活生产、美食小吃、电动轿车、建材家装的同时，隆重推出京信云农网电商购物平台。该平台由金乡供销京信云农电子商务有限公司搭建，链接优质县域资源，实现农产品与电商平台对接，推进农商互联互通互惠共赢，大蒜、金谷、山药等 60 余种本土特色农产品畅销网络。电商节上，京信云农网与县建设银行、县联通公司、三联家电成功签约，同时京信云农网与金乡县宏大食品有限公司，金乡县凯盛农产品物流园与金智慧电子商务有限公司开展了“手拉手”活动。本届电商节设立金乡第一支电商基金，助推全县电商发展。

3. 供销超市建设规模逐步扩大

金乡县供销社以县宏辰商贸有限公司为龙头，目前运营肖云、卜集、羊山、马庙 4 个乡镇供销社直营超市，高河、王丕供销社超市和金乡供销华光社区日用品超市正在紧张建设之中，发展农村社区、村级加盟店 200 多个，实行“统一配货、统一管理、统一标识、统一价格”四统一的连锁经营模式，乡镇供销直营超市、村级加盟店商品配送比例分别达到 100％和 50％以上，提升了供销社在农村的市场份额，赢得了广大农民群众的信赖。

目前，供销社乡镇直营超市商品品种多达 6 000 多个，以“品种全、质量好、价格低”的优势取得了广大农民群众的信赖，赢得了农村市场，在服务金乡 20 多万农民群众的同时，辐射服务丰县、单县、巨野、嘉祥等周边地区的 40 多万农民群众。

金乡县供销社坚持为农服务宗旨，在认真抓好县域农业生产资料、烟花爆竹、再生资源经营网络体系建设的同时，抢抓商务部“万村千乡”市场工程和全国总社“新网工程”建设机遇，以发展供销超市为突破口，利用供销社场地资源优势，联大靠强，借力发展，积极构建日用消费品网络体系，着力改善农村消费环境，繁荣农村市场，促进城乡流通一体化，让农民放心消费、明白消费、安全消费，取得了良好的经济效益和社会效益。

七、对策建议

（一）发挥政府在联合社发展中的作用

从立法角度来说，最重要的是落实国家层面的联合社的制度安排。要抓紧修订《农民专业合作社法》，支持农民专业合作社的合作与联合，明确合作社联合社的法律地位，对联合社与农民专业合作社的法人地位进行区分，对联合社及其成员的法律责任进行明确，对联合社的机构设置做出规定。各地区应根据实际情况，因地制宜，抓紧制定地方性的法律法规，对联合社的成立条件、组成成员、业务范围等做出详细规定，弥补全国性法律制度的缺失。尚未出台登记管理办法的省份可以根据中央意见抓紧制定，已出台的省份应根据中央意见结合当地实情进行修改。

从政策支持角度来说，一是给予必要的财政扶持，支持合作社外部融资。各级政府财政部门应设立扶持联合社的专项资金，支持联合社开展各项培训、技术推广活动；减免金融机构对联合社信用等级评估的相关费用，使其享受贴息贷款等。二是建议出台强有力的产业政策扶持，为农民专业合作社联合社的产业化经营搭建平台。如农业和农村经济的投资项目可优先安排给具备条件的联合社。三是在土地供应、用水用电、加工项目、税收优惠、农业保险等方面给予扶持。如鼓励联合社发展农产品加工和物流配送，创办加工企业、电子商务，开展“三品一标”认证，开展农超对接、农社对接等。

从做好服务的角度来说，政府应适时发挥好为联合社服务的功能。一是指导、帮助联合社登记、注册，减少不必要的手续，在依法办事的前提下提高办事效率。二是发挥政府自身的公信力，帮助协调成员社之间以及联合社与外部的关系，降低内外交易成本。三是为联合社提供及时、有效的市场供求信息。四是建议结合基层农经服务体系建立健全各级合作社指导服务机构，协助联合社建立利益联结机制。

（二）规范基层合作社，完善联合社分配机制

合作社联合社是在合作社的基础上自愿联合组建而成的，从本质上说仍属

于合作社的再合作。基层合作社作为联合社的组织基础，其管理质量与规范化程度直接影响到联合社的治理。我国的农民专业合作社虽然经过了一定的发展和规范，逐步走向成熟，但仍有许多地方需要发展和完善。要明确合作社自身的定位，确保效率和公平兼顾；要加强内部管理，不断完善基层合作社之间的协调机制，降低组织成本；要不断发展和创新联合社的组织模式，充分发挥联合社的组织优势，扩大规模经济的实现范围；要规范和完善联合社章程，完善激励制度与利润分配制度，提高联合社各成员的积极性，加强之间的联系和交流，促进合理有效的利益分配机制的形成。此外，联合社需要不断提升生产资料采购、农业生产技术指导、农产品销售以及信息、金融方面的服务能力，扩大联合社的社会化服务规模，努力为更多社员办实事，做好事，切实提高社员的经济福利，实实在在发挥联合社的作用，增强联合社的吸引力。同时，通过加强内部管理和进行合理的利益分配，使得联合社变得更加紧凑，从而降低对没有加入联合社的合作社的正外部性，既留住了联合社已有的基层合作社，又能进一步吸引更多合作社加入。

（三）加强联合社的经营管理人才队伍建设

任何管理活动都需要人的参与，联合社经营的目的是为了实现基层合作社社员的共同利益，联合社的管理和经营同样需要靠基层社员。合作社再次联合后，规模的扩大必将带来经营和管理复杂性水平的提高，传统的经营管理理念逐渐不能满足这种要求，管理人员经营管理能力的提高也变得尤为重要。一方面，可以广泛吸纳农村现有人才积极加入到联合社的管理经营中来；另一方面，可以有意识地培养懂管理、懂技术、懂经营的人才，为联合社的持续稳定发展积蓄后备力量，从而推动联合社更好发展。

分报告八：嘉祥县供销社综合改革与农民合作社联合社运行机制调研报告[①]

一、引言

嘉祥县隶属山东省济宁市，位于山东省西南部，东邻任城区，西与巨野县、郓城县接壤，南抵金乡县，北与梁山县、汶上县隔河相望。南北长47.5公里，东西宽22公里，总面积971.6平方公里，其中耕地面积920 249亩。辖1个街道12个镇2个乡709个村委会762个自然村，80万人口。嘉祥县历史悠久，文化底蕴深厚，名胜古迹众多，是中国古代“四大圣贤”之一曾子的故里。嘉祥县有各级重点文物保护单位36处，其中国家级重点保护单位——汉代武氏墓群石刻被史学界称为“世界文化瑰宝”，国家级文物保护单位——曾庙，在海内外享有盛名，青山寺崇宇楼阁，景色壮观。

嘉祥县地处鲁西南黄泛冲积平原。地势自西北向东南微倾。全县最高点孟良山海拔243米。京杭大运河流经县境东北部，赵王河、洙水河、洙赵新河均自西向东，注入南阳湖。嘉祥县属暖温带季风区大陆性气候，春旱多风，夏热多雨，秋高气爽，冬季干冷，四季分明。年平均气温12.8～13.9℃。在东亚季风影响和控制下，干湿季节分明，年降水量在季节分配上很不均匀。

农业方面，栽培作物主要有小麦、玉米、地瓜、水稻、棉花、大豆、麻等41科98种136个品种。木本植物主要有毛白杨、泡桐、刺槐、白榆、旱柳、楸树、欧美杨、大枣、苹果、杏树等21科13属。水生植物17种26属35种，人工栽培种类有芦苇莲藕、蒲草等。饲养畜禽有牛、马、猪、羊、鸡、兔等13个种类24个品种。水产动物有淡水鱼类、虾类、贝类、中华鳖等9目16科35属46种。生物群落及物种构成，在鲁西南地区以至全省都占有独特的优势，具有重要开发价值。

---

① 执笔人：蒋承祚、王碧宁、张怡铭。

二、嘉祥县供销社综合改革概况

2014年供销社综合改革试点以来，嘉祥县党委、政府高度重视，强力推进供销社综合改革，综合改革试点启动工作会议召开后，县政府立即召开常务会议，专题研究供销社综合改革工作，相继出台了《关于印发嘉祥县供销合作社联合社综合改革试点实施方案的通知》和《关于深化供销社综合改革的实施意见》，确立了供销社综合改革领导小组联合会议制度。县政府每年设立100万元的专项扶持资金，并将供销社土地收储出让收益地方留成部分全额奖给县供销社，用于供销社改革发展。党委、政府的重视支持和有关部门的积极配合，各职能部门积极与供销社搞好工作对接，县委组织部下发了《关于实施"党建带社建·社村共建"工程的意见》，农业局与供销社联合下发了《关于协同推进农业社会化服务发展的意见》，形成了各方重视改革、支持改革、参与改革的浓厚氛围。为嘉祥县供销社的改革发展奠定了坚实的基础。

接下来，将从供销社联合社、为农服务中心以及村社共建的视角对嘉祥县供销社的改革现状进行具体介绍。

（一）农民合作社联合社的组建和发展情况

1. 县级供销社联合社的组建

经县编办同意，嘉祥县供销社组建并登记了具有事业法人地位的县级农民合作社联合社（表2-8-1），与县供销社"一套机构、两块牌子"。创新机关运行机制，对内设科室进行了调整，改经济发展科为现代流通科，增加发展规划职能；工业科和审计科合并为资本运营科，注册成立供销资产管理公司，健全了以县社机关为依托的行业指导体系（见表2-8-1）。

表2-8-1 嘉祥县农民专业合作社联合社

性质	事业
构成	嘉祥县供销农业服务有限公司+13个基层社+142个农民合作社
职能	指导、协调、监督、服务、教育培训
股份构成	总股本360万元，嘉祥县一家人农产品有限公司持股40%，万张供销社、仲山供销社、卧龙山供销社、梁宝寺供销社分别占股15%
主要制度设计	生产服务部、现代流通部、金融服务部、综合服务中心，与县社相关机构合署办公

（续）

已开展的主要工作	
与县供销社关系	合署办公
与县资产运营公司关系	
与县级农业服务公司关系	最大股东
有没有入股下级联合社	尚未
与乡镇联合社关系	指导镇（街）供销社与农民合作社联合社融合发展，强化镇级农民合作社联合社规范管理
与乡镇农业服务中心关系	间接指导

2. 基层供销社联合社的组建

立足提升为农服务能力，以乡镇为单位，以基层供销社为主导，广泛吸纳各类农民合作社、涉农龙头企业等新型农业经营主体参加，组织农民合作社、家庭农场、农产品企业等新型农业经营主体，按照基层社持股不超过 20%、农民合作社等新型经营主体不低于 80%的股权比例，采取共同出资、利益共享、吸纳整合等方式，组建乡镇区域农民合作社联合社。截至目前，嘉祥县已组建镇级农民合作社联合社 13 个，达到了每镇（街）一家，在全市率先实现农民合作社联合社涉农镇（街）全覆盖。

3. 发展农民合作社

围绕优势产业、特色产业，结合土地托管、美丽乡村建设、精准扶贫等重点工作，依托基层社联合村两委、种植大户、农机大户等共建农民合作社，已领办农民合作社 142 家，以此为纽带提高农民的组织化程度。截至目前，利丰蔬菜、农家人、联润、天成合作社被评为全国总社农民合作社示范社。

（二）农业服务公司和为农服务中心的建设与服务现状

嘉祥县目前已经形成以嘉祥供销农业服务有限公司为龙头，以镇（街）农民合作社联合社为骨干，以为农服务中心为平台，以农民合作社、农产品基地和企业等农业经营主体为服务对象的农业社会化服务体系，供销社因此也实现了由流通服务向全程农业生产服务的延伸。具体做法如下：

1. 嘉祥县供销农业服务有限公司

嘉祥供销农业服务有限公司成立于 2015 年 9 月，注册资本 360 万元，是嘉祥县供销社按照供销社综合改革要求和农业社会化服务需求，由嘉祥县一家人农产品有限公司（股本比例 40%）及万张、仲山、卧龙山、梁宝寺 4 个基层供销社（股本比例各占 15%）联合组建的全资社有企业。主要经营范围：供销品牌化肥、农用机械销售、农业植保服务、农业技术咨询与推广服务、病虫害防治、农产品购销等。公司成立以来，通过购置整合农业机械、参建为农服务中心、推广新型农资和先进农技等方式，积极参与农业社会化服务。截至目前，公司已参与建设万张、梁宝寺等为农服务中心，购置整合农业机械 400 余台，培训农民社员 3 800 余人，托管土地面积 1 万余亩。

嘉祥供销农业服务有限公司成立后，为培育自身为农服务载体，按照省社“3 控 3×6＋1”的顶层设计和县供销社的统一部署，积极筹措资金参与为农服务中心建设。先后参与建设了万张、梁宝寺等为农服务中心，每个服务中心公司参股 20%，联合社、基层社、成员合作社及其农民社员共持股 80%。参与建设方式为：公司购置智能配肥机、植保无人机、粮食烘干塔，以及深耕疏松机、气吸式播种机、玉米籽粒直收机等单一合作社负担不起的大型机械，以股权的形式投放到为农服务中心，由服务中心运营和维护，为农民合作社及种地大户开展服务。同时，公司根据各合作社、基层社土地托管服务需求，对各为农服务中心的农机设备、服务人员进行协调调配，解决了农机需求与配置不均衡、单一社服务能力低的问题，最大限度地优化了服务资源配置，构建起县域为农服务网络

2. 全力推进为农服务中心建设

（1）科学制定为农服务中心建设五年规划。按照布局合理、规模适度、半径适宜、功能完备的标准要求，科学制定一般占地 20 亩左右、服务半径 3 公里、服务面积 3 万～5 万亩集农机作业、测土配方与智能配肥、病虫害统防统治、粮食烘干、农民培训、庄稼医院及涉农部门服务窗口等 6＋1 功能于一体的为农服务中心建设规划。全县共规划建设为农服务中心 13 处，截至 2017 年 7 月已建成 4 处。

（2）规范建设运营为农服务中心。按照省社“3 控 3×6＋1”为核心内容的双线运行机制，结合本县实际，为农服务中心主要采取供销农业服务公司联合基层供销社、农民合作社联合社、涉农龙头企业、种植大户等共同投资方式建设，其中农业服务公司投资不少于 20%，基层社投资不少于 15%。建成运营后，按照各自出资额，注册成立新的股份公司，作为供销农业服务公司的分公司，按照股份制企业运营。建成运营的 4 处为农服务中心，新增粮食烘干塔 4 台，新增粮食仓储能力 2 万吨，日烘干能力 1 000 吨。在提升为农服务综合能力的同时，自身得到了发展。

3. 采用三种服务模式，快速推进土地托管服务

（1）依托基层社，联合村两委共建农民合作社、共建农产品种植示范基地，带动土地托管服务。全县 6 个基层社与村两委共建农民合作社 6 个，示范基地 9 处，面积 1 400 余亩，带动土地托管服务面积达到 4.6 万亩。

（2）整合社会资源，联合推进土地托管服务。吸纳农家人、天成、应朋、乡情等系统外的农民合作社，加入组建的农民合作社联合社，共同提高为农服务能力，联合推进土地托管服务面积达到 3 万余亩。

（3）推广套餐种植模式，引领土地托管服务。加强与省供销合作经济协会、山东水发集团、圣丰种业的联合合作，通过发展订单农业，推广夏玉米、“两糯一号”酿酒专用高粱、优质小麦良种繁育等套餐种植模式，做给农民看，引领土地托管服务面积达到 5.8 万余亩。2016 年底，全系统土地托管服务面积达到 14 万亩，其中全托管服务面积 1.2 万亩。

（三）供销社党建带社建村社共建创新工程现状

2014 年嘉祥县委组织部出台了《关于实施“党建带社建·社村共建”工程的意见》。《意见》以党的十八大和十八届历次全会精神为指导，深入贯彻落实《关于全面深化农村改革加快推进农业现代化的若干意见》精神，坚持为农服务宗旨，按照“组织共建、资源共享、发展共谋、事业共兴”的总体要求，实现农民合作经济组织快速发展、社村共建项目成效显著、农民收入持续增长、村集体经济实力大幅增强、供销社农村现代经营服务体系和组织体系基本健全、农村基层组织服务能力全面提升，基层服务型党组织得到有力加强。主要目标：基层供销社在 60%以上的中心村领办创办农民合作社并创办共建项目，70%以上的中心村建有供销社现代流通服务网络终端；农民年人均纯收入递增 12%以上，70%以上的中心村集体经营性收入达到 3 万元以上，基本消除集体经济空壳村；在农民合作社和共建项目中建立健全基层党组织，实现基层党的工作全覆盖。将培育新型经营服务主体、开展农业社会化服务和发展壮大村集体经济结合起来，推动“村社共建”工程，现已发展共建村 103 个，共建农民合作社、农产品基地等项目 200 余个，累计助农增收 530 余万元。2017 年以来，县供销社积极与县委组织部下派办对接，依托 30 名驻村联户第一书记，在联系村开展村社共建，充分发挥驻村干部的组织优势，组织村民共建农民合作社、农资日用品超市，在服务好农民群众的同时，有力地推进了村社共建工作。

嘉祥县社注重自身经营服务体系建设与基层服务型党组织建设相结合，提升了供销社服务“三农”能力，开展“五个”共建：一是共建社区服务中心，二是共建专业合作社及其联合社，三是共建农产品基地，四是共建农村现代流通网络，五是共建干部队伍。

（四）流通现代化建设状况

1. 规范发展日用品连锁经营

华联超市投资 2 000 余万元，改造提升城区中心店及昌盛街、孔庄店直营店 3 个，新建唐宁街、孟姑集、卧龙山、万张、星河湾、祥和小区直营店 6 个，新增营业面积 1.6 万平方米，增加销售额 9 000 余万元。纸坊、仲山、梁宝寺等供销社投资 800 余万元，新建日用品直营店 4 个，新增营业面积 5 000 平方米。新增销售额 4 500 万元。全系统已建成日用品直营超市 25 个，发展村级加盟超市 182 个，覆盖全县 90%的镇（街）和 70%的中心村。

2. 加快推进农资经营服务创新

组织实施“精施肥用药工程”和以“推广新型肥料、推广先进施肥技术”为主要内容的供销社“沃土计划”。指导基层社、生资公司和农业服务公司全力推进测土配方、智能配肥、水肥一体化示范和病虫害飞防作业等。配备测土配方仪器 2 台（套），安装智能配肥机 4 台，购置无人植保机 2 架，组织开展测土配方、智能配肥 1.5 万亩，组织开展农作物飞防作业 2.5 万亩。同时，实施“放心农资”工程，依托市社圣和农资公司，积极开展化肥联采直供直施，年均销售“放心农资”1 万余吨。

3. 探索推进电子商务发展

组织实施农村电子商务进农村、进社区、进农业“三进”工程，新组建阳光供销电子商务有限公司，对接省社供销 e 家平台开通了嘉祥县级分站，邀请嘉菊朵云清、细毛长山药等特色农产品企业入驻，打造具有本地特色的农村电商平台，平台运营 10 个月，线上交易额达到 300 余万元。目前，县城区供销 e 家运营中心，万张、仲山服务中心及仲山狼山村服务站已开始试营业。

三、基层供销社主导的农民专业合作社联合社发展现状

为深入了解联合社产生、运行的机制等问题，能有针对性地提出促进农民专业合作社联合社发展的对策建议。这里对嘉祥县基层供销社主导的农民专业合作社联合社的发展现状进行案例介绍。

（一）嘉祥县满硐农民合作社联合社

嘉祥县满硐农民合作社联合社是由嘉祥县满硐供销合作社联合其他4家合作社组成，联合社各成员对联合社的注册资本进行出资。其中满硐农民合作社出资320万元，占57.1%的股份，嘉祥县天宇蔬菜种植专业合作社、嘉祥县鲁虹核桃种植专业合作社、嘉祥县红垒农作物种植专业合作社、嘉祥县庆社农作物种植专业合作社分别出资60万元，各占10.7%的股份。业务范围包括小麦、玉米、大豆、棉花、蔬菜、水果的种植销售，组织采购供应成员关于种植所需要的农业生产资料，引进新技术、新品种，开展与种植有关的技术培训、技术交流和信息咨询服务。

（二）嘉祥县黄垓农民合作社联合社

嘉祥县黄垓农民合作社联合社是由嘉祥县黄垓供销合作社联合其他4家合作社组成，联合社各成员对联合社的投资进行出资。其中黄垓供销合作社出资320万元，占57.1%的股份，嘉祥县利发农作物种植专业合作社、嘉祥县丰玉霖土地托管专业合作社、嘉祥县作才农作物种植专业合作社、嘉祥县金祥富硒水果种植专业合作社分别出资60万元，各占10.7%的股份。业务范围包括小麦、玉米、大豆、棉花、蔬菜、水果的种植销售，组织采购供应成员关于种植所需要的农业生产资料，引进新技术、新品种，开展与种植有关的技术培训、技术交流和信息咨询服务。

（三）嘉祥县金屯农民合作社联合社

嘉祥县金屯农民合作社联合社是由嘉祥县银河农作物专业合作社、嘉祥县培其农作物种植专业合作社、嘉祥县兴屯香瓜种植专业合作社、嘉祥县穗鑫农作物种植专业合作社、嘉祥县凌盛玉丰农作物种植专业合作社得等5家专业合作社组成的，联合社各成员对联合社的投资进行出资。分别出资60万元，各占20%的股份。业务范围包括小麦、玉米、大豆、棉花、蔬菜、水果的种植销售，组织采购供应成员关于种植所需要的农业生产资料，引进新技术、新品种，开展与种植有关的技术培训、技术交流和信息咨询服务。

（四）济宁市天辰种植专业合作社联合社

济宁市天辰种植专业合作社联合社是由嘉祥县红运供销合作社联合其他4家合作社组成的，联合社各成员对联合社的投资进行出资。其中嘉祥县红运供销合作社出资180万元，占36%的股份，嘉祥县天宇蔬菜种植专业合作社、嘉祥县天成玉米种植专业合作社出资170万元，占34%的股份，嘉祥县长丰农作物种植专业合作社、嘉祥县风华农作物种植专业合作社、嘉祥县亿鑫农作物种植专业合作社分别出资50万元，各占10%的股份。业务范围包括小麦、玉米、大豆、棉花、蔬菜、水果的种植销售，组织采购供应成员关于种植所需要的农业生产资料，引进新技术、新品种，开展与种植有关的技术培训、技术交流和信息咨询服务。

（五）嘉祥县盛农园蔬菜种植专业合作社联合社

嘉祥县盛农园蔬菜种植专业合作社联合社是由嘉祥县供销合作社牵头，以嘉祥县利丰蔬菜种植专业合作社为依托，联合同喜山药、天宇、绿园春、联民、沙土地西瓜、鑫源、惠农7家蔬菜种植专业合作社组建而成，拥有社员760人。注册资本（认缴）1 500万元，嘉祥县利丰蔬菜种植专业合作社出资800万元，嘉祥县惠农蔬菜种植专业合作社出资100万元，嘉祥县同喜山药种植专业合作社出资100万元，嘉祥县绿园春蔬菜种植专业合作社出资100万元，嘉祥县天宇蔬菜种植专业合作社出资100万元，嘉祥县联民蔬菜种植专业合作社出资100万元，嘉祥县鑫源蔬菜种植专业合作社出资100万元，嘉祥县沙土西瓜种植专业合作社出资100万元。

联合社坚持为农服务宗旨，全力推进农产品经营体系建设，采取统一技术服务、统一种苗供应、统一农资服务等方式，为全县372个西红柿冬暖大棚、62个黄瓜冬暖大棚、20个辣椒冬暖大棚、2 000亩山药、3 000亩红尖椒、600亩白菜提供产前、产中、产后服务。聘请山东省农业科学院王芳德教授、瑞克斯旺种子公司孙玉琴和寿光市农业局刘春香高级农技师等知名专家，统一为社员提供技术指导种植咨询等服务。全年共举办技术培训班12次，示范观摩会26次，培训人员500余人，统一组织采购社员所需要的种苗、农资、大棚等物资，全年可提供种苗26万棵，化肥280吨，农膜12吨，降低了社员生产成本，助农增收180万元，带动农户300多户。同时联合社与嘉祥县华联超市、华联恒温库、济宁市供销社圣德农产品连锁有限公司等市场超市建立了长期合作关系，提升了蔬菜种植产业的组织化程度，推动了嘉祥县蔬菜种植产业的迅速发展。

（六）嘉祥县梁宝寺农民合作社联合社

本联合社成员出资总额680万元（表2-8-2）。章程规定成员可以用货币

表 2-8-2　梁宝寺农民合作社联合社成员出资情况

成员名称	出资额（万元）	出资方式	所占比例（%）
嘉祥县梁宝寺供销合作社	320	货币	47.2
嘉祥县宏喜农作物种植专业合作社	60	货币	8.8
嘉祥县义和农作物种植专业合作社	60	货币	8.8
嘉祥县康华农作物种植专业合作社	60	货币	8.8
嘉祥县隆丰农作物种植专业合作社	60	货币	8.8
嘉祥县丰收农作物种植专业合作社	60	货币	8.8
嘉祥县裕祥土地托管专业合作社	60	货币	8.8
合计	680	—	100

出资，也可以用土地、实物、知识产权等能够用货币估价并可以依法转让的非货币财产作价出资。成员以非货币财产出资的，应当评估作价。成员不得以劳务、信用、自然人姓名、商誉、特许经营权或者设定担保的财产等作价出资。

（七）嘉祥县联祺农作物种植专业合作联合社

嘉祥县联祺农作物种植专业合作联合社于 2014 年 4 月 16 日在嘉祥县工商局登记注册，注册资本 1 500 万元，固定资产 600 余万元。由嘉祥县农家人玉米种植专业合作社、官旺农作物种植专业合作社、麦盛玉丰农作物种植专业合作社、联润农作物种植专业合作社共同组建，入社社员现已达到 1 000 余户。嘉祥县联祺农作物种植专业合作联合社新建办公场所 200 平方米，仓库 2 000 平方米，购置大型小麦收割机 6 台，自走式玉米收获机 6 台，大型拖拉机 5 台，配备大型新型气吸式大豆玉米播种机 6 台，玉米精量播种机 500 余台，小麦种肥同播机 200 余台，机载喷雾机 6 台，自走式高杆喷雾机 4 台，背负式弥雾机 200 余台，大大提高了土地托管能力，基本实现了种、管、收一条龙服务。

嘉祥县联祺农作物种植专业合作联合社设置有测土配方、智能施肥、统防统治、农机作业（存放维修）、粮食烘干贮藏、庄稼医院（视频对讲系统）、农民培训等六大服务功能。同时，中心还整合农业、气象、农产品检测、农机等涉农部门入驻，形成了“一站式一个窗口”的全程社会化服务中心，服务半径 3 公里，服务耕地面积达 3 万亩，服务人口 3.2 万人。联合社 4 家成员合作社分别位于嘉祥县东、南、西、北 4 个方向，通过有机结合，优势互补，整合了合作社的各种优势社会资源，实现了县域内的全覆盖服务，提高了土地托管能力，解决了原来合作社服务能力小、服务项目单一的问题，现已托管土地 10 万余亩，植保服务达到了 6 万余亩。

四、乡镇级联合社和为农服务中心发展状况

乡镇级为农服务中心是推广新型农资和先进农业技术的具体实施组织，通过分析乡镇为农服务中心的运行组织状况案例，有助于对以供销社为核心的农业社会化服务体系有更直观的认识。下面，我们以嘉祥县万张镇农民专业合作社联合社和为农服务中心为案例进行介绍。

（一）嘉祥县万张农民合作社联合社

嘉祥县万张农民合作社联合社于 2014 年 12 月 11 日召开设立大会，由全体成员一致通过，并于 2015 年 2 月在嘉祥县工商行政管理局注册成立，注册资本为 560 万元，以认缴方式出资。万张农民合作社联合社位于山东省济宁市嘉祥县万张镇驻地供销社院内，由嘉祥县万张供销社、嘉祥县联润农作物种植专业合作社、嘉祥县鑫源蔬菜种植专业合作社、嘉祥县金伟华种植专业合作社、嘉祥县新华东水果种植专业合作社共同出资创办，出资情况如表 2-8-3 所示。法人马留绪先生同时也是嘉祥县万张供销合作社、济宁市嘉供种植专业合作社联合社、嘉祥县联润农作物种植专业合作社的法人代表。联合社以抱团发展、共同发展平台、共建发展项目、助农增收为目标，开展农业社会化服务。

表 2-8-3　济宁市嘉祥县万张农民合作社联合社构成及出资情况

股东	出资比例（%）	认缴出资（万元）
嘉祥县万张供销合作社	57.14	320.00
嘉祥县联润农作物种植专业合作社	10.71	60.00
嘉祥县金伟华农作物种植专业合作社	10.71	60.00
嘉祥县新华东水果种植专业合作社	10.71	60.00
嘉祥县鑫源蔬菜种植专业合作社	10.71	60.00
合计	100.00	560.00

目前，联合社已发展农民社员 800 余户，托管土地 1 万余亩。

1. 基础设施建设

2015 年，联合社与嘉祥县农业资料公司出资共建万张为农服务中心，建设了 600 平方米的农资储备库、330 平方米的农机存放维修库、260 平方米的

农民培训中心，以及200平方米的综合服务大厅。新订购了智能配肥机和粮食烘干塔及相关配套设施，为农民和众多新型农业经营主体提供测土配肥智能配肥、农机作业、通防统治、粮食烘干收储等“一站式”服务。

2. 组织制度建设

联合社成立了理事会、监事会，设立了“三部一中心”，依据合作社章程制定了财务管理、收益分配、社务公开、议事决策等制度，规范联合社日常管理。

3. 服务体系建设

联合社组建了40人的农机作业服务队和60人的植保服务队，具体实施土地托管服务中的农机作业和田间植保服务。通过机械化作业、标准化种植、科学化管理，降低农业生产成本，提高粮食产量，实现农民增收和联合社发展。

该联合社以土地托管为基础，土地托管模式由专业合作社在征求农户意见的基础上，与农户签订托管服务合同。土地托管服务流程如图2-8-1所示。合作社进行统一生产管理，联合社一方面组织农资直供直施、种肥同播、病虫害防治、农产品收购销售等一个或多个环节的服务，另一方面根据农户的意愿，确保种植作物与品种，为农户提供产前、产中、产后全程跟踪服务，2017年土地面积达到20 000亩，农资供应及销售2 000余吨，智能测土配肥500余吨，飞防服务面积3 000余亩，粮食烘干3 000余吨，新建粮食标准储藏库1 940平方米，仓储能力10 000吨，投资73万元购置先进大型农业机械6台。

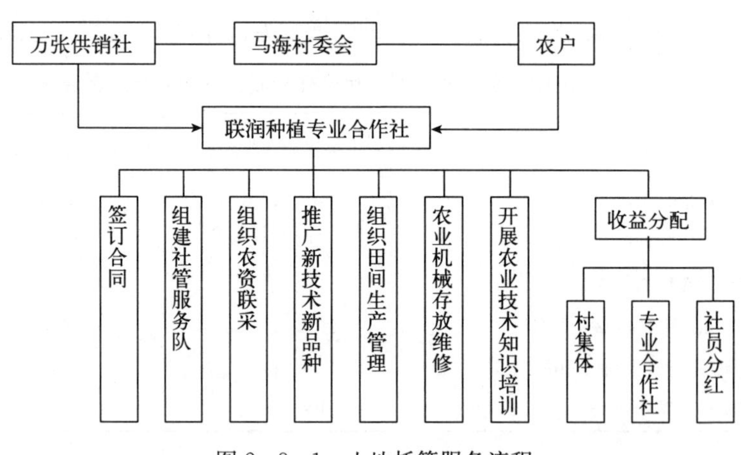

图2-8-1 土地托管服务流程

（二）万张为农服务中心

嘉祥县万张为农服务中心于2015年2月成立。位于嘉祥县万张镇马海村北，功能定位是为小麦、玉米等农作物生产经营提供系列化服务。项目投资380万元，由万张联合社与嘉祥供销农业服务有限公司出资共建，占地30亩，建筑面积4 032平方米，粮食存仓库1 824平方米，智能配肥及农资储备库560平方米，农机存放维修库840平方米，农民培训中心、办公室、农药种子、化验室608平方米的。辐射周围25个村庄，服务农田3万亩。其构成和运行机制如图2-8-2所示。

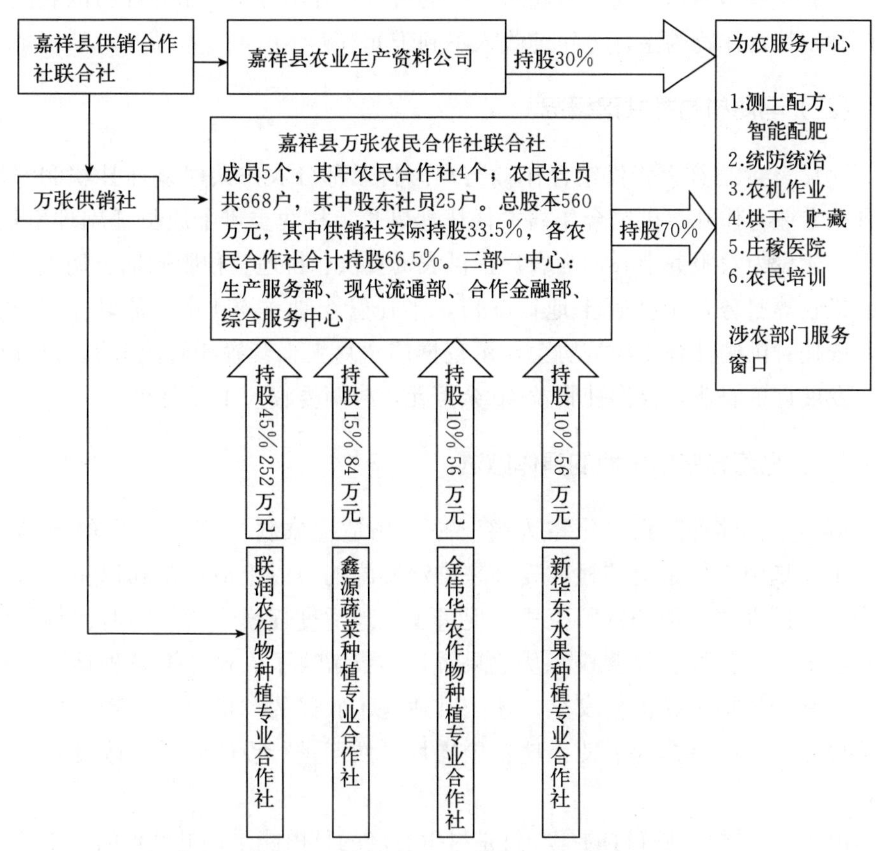

图2-8-2 嘉祥县万张为农服务中心运营机制

五、村社共建情况

村社共建是对为农服务中心和联合社社会化服务功能的重要延伸和补充，在提供社会化服务，组织农民，促进村集体和村民增收方面发挥了重要作用，充分发挥了传统骨干业务优势，协调各方资源，提高农业经济效益，增加农民和村集体的收入。

下面以马海村村社共建案例对此进行详细介绍。

（一）马海村村情

马海村隶属嘉祥县马集镇，总人口 1 292 人，总户数 331 户，耕地面积 1 350亩，主要农产品：小麦、玉米、花生、草莓、红苹果、洋蓟、白花菜、薤菜、马铃薯、西瓜。村里有超过一半的人口在外出务工，留守在村的农民大多以种植粮食作物为主，一年纯收入不到千元/亩。

（二）马海村村社共建概况

2013 年，嘉祥万张供销合作社与马海村及部分农户共建嘉祥县联润农作物种植专业合作社，供销合作社主任任理事长，村两委班子成员任副理事长、理事。建设为农服务中心，为农户提供农资直供、耕地、种肥同播、病虫害防治、机收等服务，全托管土地 500 亩，半托管土地 2 600 亩，流转土地 300 亩，依托省供销社合作经济协会，示范推广“夏玉米套餐托管服务”，繁育良种，发展订单农业，合作社收益 40 余万元，村两委收入 4 万余元。

（三）马海村集中土地的具体做法

由“零耕碎种”到“化零为整”是一场适应农村生产力发展的土地变革。土地集中工作是由该村村委会来推动实施的，以土地置换和返租倒包手段为主，探索“土地托管”模式，促进了土地适度规模经营，同时保留了农民对土地的承包权、经营权。从效果看，不仅解决了农村“谁来种地”的难题，有利于保护国家粮食安全，还因其适应了农民的“惜地”心理，更易为农民接受。目的就是为了使土地集中连片，便于进行设施建设、改良和统一管理。

山东省嘉祥县马海村的马心竹是村里有名的种田能手，见到他时，他正在麦田里察看长势。马心竹家的耕地从 2016 年起他就托管给嘉祥县联润农作物种植合作社。因为他心里有本明白账：“连片托管，用大农机耕种收、厂家直供农资，省力省心又省钱。2016 年麦子每亩打了 1 000 斤，玉米打了 1 200 斤，自己种每季也就八九百斤，节本加增产，每亩能多收 200 块钱。”在一份马海村村民马福秋与联润农作物种植合作社签订的土地托管合同上看到，马福秋将自家 2.7 亩地托管给合作社，合作社收取一定的服务费，负责全程机械作业，选用的种子、农资须与马福秋商定，价格应低于市价 10%，收获的粮食全部归马福秋，合同有效期一年。合作社理事长马留绪说，合作社成立短短3年，托管土地已经达到3万亩，涉及两个乡镇的40多个村。

“要借助村‘两委’的组织优势，推动土地托管。”济宁市供销社主任王春明说。马海村村支书马有信说，“以前，村里装了路灯，却交不起电费，只有逢年过节时才开。搞了土地托管以后，每年村集体都有两三万元的收入，能给村里干不少事。我们村干部在村里的威望也更高了。”在村两委组织下，土地托管实施了3年，村集体经济多年来终于有了零的突破。

六、主要成效和存在问题

（一）取得的主要成效

1. 县、乡两级组建成果

县级农民合作社联合社由嘉祥县供销社组建并登记，具有事业法人地位，与县供销社“一套机构、两块牌子”。工业科和审计科合并为资本运营科，注册成立供销资产管理公司。乡镇区域农民合作社联合社以基层供销社为主导，组织农民合作社、家庭农场、农产品企业等新型农业经营主体，按照基层社持股不超过20%、农民合作社等新型经营主体不低于80%的股权比例，采取共同出资、利益共享、吸纳整合等方式组建而成。农民合作社由基层社联合村两委、种植大户、农机大户等共建。

2. 为农服务公司、为农服务中心提供服务成果

嘉祥供销农业服务有限公司是嘉祥县供销社按照供销社综合改革要求和农业社会化服务需求，由嘉祥县一家人农产品有限公司（股本比例40%）及万张、仲山、卧龙山、梁宝寺4个基层供销社（股本比例各占15%）联合组建的全资社有企业。万张、梁宝寺等3处为农服务中心，每个服务中心嘉祥供销农业服务有限公司参股20%，联合社、基层社、成员合作社及其农民社员共持股80%。

嘉祥供销农业服务有限公司成立以来，通过购置整合农业机械、参建为农服务中心、推广新型农资和先进农技等方式，积极参与农业社会化服务。公司购置智能配肥机、植保无人机、粮食烘干塔，以及深耕疏松机、气吸式播种机、玉米籽粒直收机等单一合作社负担不起的大型机械，以股权的形式投放到为农服务中心，由为农服务中心运营和维护，为农民合作社及种地大户开展服务，通过对各为农服务中心的农机设备、服务人员进行协调调配，解决了农机需求与配置不均衡、单一社服务能力低的问题，最大限度地优化了服务资源配置，构建起县域为农服务网络。

3. 村社共建成果

嘉祥县社注重自身经营服务体系建设与基层服务型党组织建设相结合，提升了供销社服务“三农”能力，开展“五个”共建：一是共建社区服务中心，二是共建专业合作社及其联合社，三是共建农产品基地，四是共建农村现代流通网络，五是共建干部队伍。嘉祥县推动“村社共建”工程，现已发展共建村103个，共建农民合作社、农产品基地等项目200余个，累计助农增收530余万元。

（二）存在的主要问题

1. 县乡村三级联合不够紧密

县级联合社与乡镇级联合社及村级合作社联系较少，基本没有业务往来，大部分是自己单打独斗，因此农民对合作社、联合社不太了解，如何运营管理不清楚。

2. 联合社业务单一

多数联合社仅限于种植、收割等种植过程的联合，未对农产品进行深加工，没有形成品牌或拳头产品，特色农业没有与旅游产业完美结合，使产品效益逊色。联合社成员之间仅仅是在物质资料和种植信息之间进行交流，虽然规模扩大，但在种植技术方面不够专业，团队的专业素质还有很大的提升空间。

3. 联合社人才缺失

联合社缺少专业技术人员、营销人员和管理人员，没有专门人员任职，都是由供销社工作人员兼职。

七、政策建议

（一）加强县乡村三级联合

县级联合社与乡镇级联合社及村级合作社要紧密联系，县级联合社确实要起到监督和指导作用，对国家的涉农法规、政策及相关文件认真详细解读，及时传达到乡镇，深入农户，对他们的意见及时整理反馈。乡镇级联合社要把各自联合社及成员社的运作章程向农民详细说明，让农民对合作社、联合社有清楚认识，农民才能相信并自愿加入，这样联合社才能充满生机并发展壮大。

（二）拓宽联合社的业务范围

联合社不能仅仅局限于提供耕种收等基础化服务，要与加工企业合作，对农产品进行深加工、精包装，增加农产品的附加值，建立自己的品牌，使农产品产业化、规模化，进而闻名全国，走向世界。

（三）采取多种渠道引进人才

高薪聘请有专业知识、有管理能力的专业人才到联合社任职；联合社要与高校对接，聘请知名专家到联合社兼职，把他们的研究成果及时引进。

分报告九：宁阳县供销社综合改革与农民合作社联合社运行机制调研报告[①]

一、引言

宁阳县是山东省泰安市的一个下辖县。西汉时汉高祖于宁山（今伏山村南）之南置县，因山南为阳，故名宁阳。宁阳县位于山东省中部，县城距泰山56公里、曲阜25公里、水泊梁山40公里，处于泰山、曲阜、水泊梁山旅游三角中心，总面积1 125平方公里，辖2街道9镇2乡，2012年人口82万。境内地势东高西低，东部多为低山、丘陵，西部多为平原。主要地貌类型有低山、丘陵、平原和水面。境内最高峰为东部凤仙山，海拔608米；最低处为东疏镇胡茂南洼，海拔46米。大小山峰146座，面积138平方公里；丘陵多分布于低山周围，海拔70～200米，面积432平方公里；较大河流15条，总长204.6公里，流域面积1 021.3平方公里，属黄河、淮河流域水系。宁阳县属暖温带湿润季节性气候区，一年四季分明。年均气温13.4 ℃，1月份平均气温－2.1 ℃，7月份平均气温26.8 ℃；极端最低气温为－19 ℃，极端最高气温为40.7 ℃。年日照时数2 679.3小时，年无霜期199天，平均降水量689.6毫米。春、夏季多东南风，秋、冬季东南风和北风较多。

农业方面，2016年宁阳县粮食生产实现“十三连增”；与2010年比，蔬菜、苗木花卉、林果种植面积分别增加3.6万亩、5.4万亩、7.2万亩，标准化畜禽养殖小区（场）增加532家，规模以上农产品加工企业、农民专业合作社、家庭农场分别增加32家、681个、326家，土地流转和“三品”认证面积分别增加21.6万亩、38.4万亩。多年来，宁阳县注重农业品牌建设，“宁阳大枣”被认定为农产品地理标志登记保护产品，“宁阳大枣”“宁阳桥白”（地方大白菜的名称）和“许家桥大白菜”被认定为中国地理标志证明商标。宁阳香椿、宁阳桥白被认定为全国名特优新农产品，珍稀类食用菌被山东省五大产业振兴计划列为重点保护品种。

① 执笔人：刘世琦。

二、宁阳县供销社综合改革与农民联合社发展现状

宁阳县供销社系统共有企业 22 家、基层供销社 12 处、乡镇规模超市 9 处，各类经营网点 520 处，系统在册职工 2 542 人。2016 年，全县供销系统实现销售收入 44 亿元，同比分别增长 16%、8%，完成招商引资额 1 590.7 万元，东疏、华丰等 2 家供销社被评为全国标杆社示范社。基层供销社及乡镇农民联合社积极实施“新型农民社员素质提升工程”，以培养职业化农民和提高农民生活质量为目标，对接农业、农机、科技等部门，与中国农业科学院、山东农业大学、泰安农科院建立联系合作关系，形成多层次教育培训体系，培训新型农民 4.8 万人次，培育种植大户、家庭农场、农民专业社、农业龙头企业等新型农业经营主体 38 个。

近年来，宁阳县供销社积极响应市社和省社的号召，认真贯彻落实中央《决定》和省市《关于深化供销合作社综合改革的实施意见》精神，积极争取县委、县政府支持，将深化供销合作社综合改革纳入全县全面深化改革大局中统筹谋划、协调推进，建立起了“党委统一领导、党政齐抓共管、供销合作社系统具体落实、有关部门密切配合”的工作推进机制，在联合社领办、为农服务中心建设和村社共建等方面取得优异成绩，形成了以联合社和为农服务中心以及供销 e 家为代表的服务体系，以村社共建服务中心和第一书记为纽带的村社共建体系（图 2－9－1）。

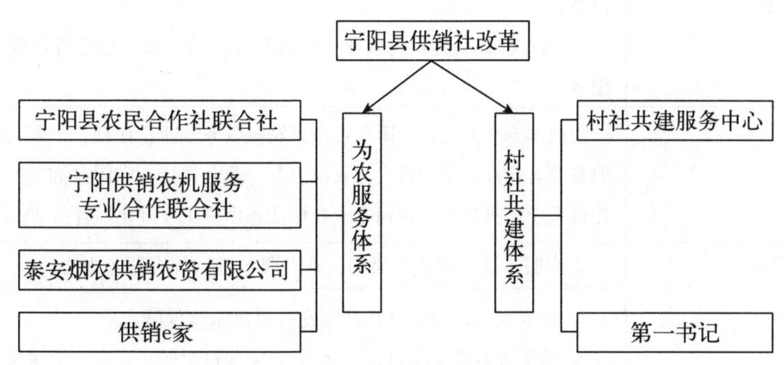

图 2－9－1　宁阳县供销社改革路线图

（一）为农服务体系

1. 农民合作社联合社组建和发展情况

宁阳农民合作社联合社的建立与山东省内其他地区的联合社相比具有一定

的特殊性，在创办上具有“自上而下”的特点，主要做法是首先在县级成立一家联合社，通过县级联合社进行联合社创立及业务开展的探索，吸取联合社运作的充足经验，为乡镇联合社的建立和运行探索出一条可行的道路。基于这一理念的指导，在12个基层社、8个农民专业合作社共同发起之下，宁阳县农民合作社联合社（表2-9-1，图2-9-2）于2015年12月正式成立，由东疏供销社主任侯军出任联合社理事长，部分基层社主任、企业负责人、专业社理事长、村委会主任及农民共同组成董事会、监事会，于2015年12月完成工商注册登记。以此为模板，各基层社克服困难，积极争取协调乡镇党委、政府的支持，以基层社为依托，建成了乡镇范围内的农民合作社联合社，到2016年11月，全县县级、乡镇级农民专业合作社组织架构初步形成（图2-9-2，表2-9-1）。

表2-9-1　宁阳县农民专业合作社联合社概况

性质	工商业
构成	宁阳县12个基层社+8个农民专业合作社
职能	1. 立足本社住所地，逐渐向周边县（市、区）延伸发展，不断提高本社荣誉，树立本社形象，增加本社经济实力； 2. 积极参与土地托管服务，大田服务，为农民提高保姆式菜单服务，不断提高农民经济收入，促进农业经济的发展； 3. 统一收购、加工、销售本社成员种植的粮食、蔬菜、水果； 4. 为本社成员提供化肥、不再分装的包装种子、农机具、农业机械设备； 5. 为本社成员提供与农业生产经营有关的技术、信息咨询服务及农机服务
股份构成	总股本600万元，宁阳县百家兴农机服务专业合作社、宁阳县福祥农机服务业合作社、宁阳县大田农机服务专业合作社、宁阳县泗望生姜专业合作社及宁阳县粮飘香种植专业合作社各出资120万元，各占20%股份
主要制度设计	生产服务部、现代流通部、金融服务部、综合服务中心
已开展的主要工作	1. 建章立制，为联合社健康发展提供制度保障； 2. 承接政府购买项目，2016年承接县农业局6万亩土地深松深耕项目和4 000亩秸秆还田项目 3. 指导乡镇农民合作社联合社的建立和运行
与县供销社关系	上下级关系，东疏镇供销社主任担任县级联合社主任
与县资产运营公司关系	无关
与县级农业服务公司关系	无关

（续）

有没有入股下级联合社	尚未
与乡镇联合社关系	1. 指导镇（街）供销社与农民合作社联合社融合发展，强化镇级农民合作社联合社规范管理； 2. 共同承担政府购买服务项目，将任务分配至有条件承担的乡镇联合社
与乡镇农业服务中心关系	无关

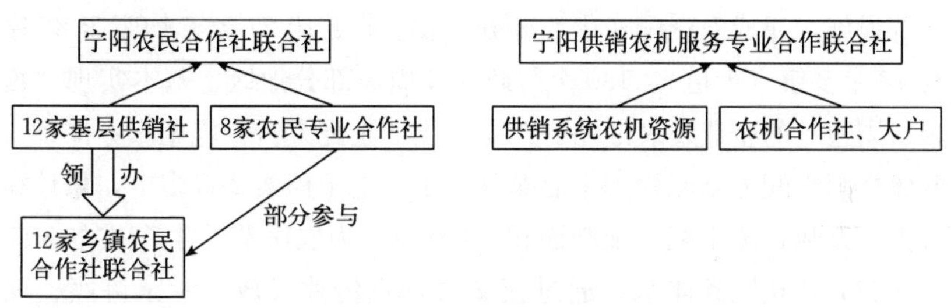

图 2－9－2 宁阳县联合社结构示意

县级联合社成立后，主要发挥的作用是承担政府购买农业服务，2016 年，县联合社凭借更低的报价和更先进的作业设备成功承接了县农机局 6 万亩土地深松深耕项目和 4 000 亩秸秆还田项目，然后将作业任务分发给乡镇联合社，根据作业量分配项目资金，将县级供销社和乡镇供销社打造成了一个利益共同体。

宁阳县供销社还有一个具体特色的经验是成立一家县级农机作业联合社——宁阳供销农机服务专业合作联合社，该联合社的主要作用是把供销系统和县里农机合作社及大户的农机资源整合起来，实现县域农机作业的合理调配，既能提高农机综合作业率，又能提高农机资源的利用率。两个联合社之间既有竞争又有合作，共同促进了资源的优化配置。

2. 农业服务公司和为农服务中心建设情况

宁阳县已经形成以泰安烟农供销农资有限公司为龙头，以镇（街）农民合作社联合社为骨干，以为农服务中心为平台，以农民合作社、农产品基地和企业等农业经营主体为服务对象的农业社会化服务体系，供销社因此也实现了由流通服务向全程农业生产服务的延伸。

泰安烟农供销农资有限公司成立于 2011 年，注册资金 600 万元，其中烟台市农业生产资料总公司出资 360 万元，占注册资金 60%，宁阳县供销社出资 240 万元，占注册资金 40%（图 2-9-3）。公司现有员工 42 人，有办公、仓储、化验、展厅、生产、农机库等配套经营场所 8 处，占地 23 亩，总建筑面积 12 000 平方米，主要经营农业生产资料供应，开展农业机械服务、土地流转、土地托管服务、订单农业开发、粮食购销、现代农业信息技术培训等项目。

公司成立以来，出资成立了宁阳供销现代农业发展服务有限公司，参与建立了宁阳供销现代农村电子商务有限公司，另外还领办了四家农民专业合作社。宁阳县供销社依托泰安烟农公司构建了现代农业社会化服务体系：一是建立网络服务体系。依托泰安烟农公司建成农资仓储、展销、测土配肥、技术服务中心等设施，建成农资配送中心 5 处，发展直营店 27 家、加盟店 86 家，覆盖全县 13 个乡镇（街道）、480 个行政村及周边部分地区，基本实现“覆盖宁阳、辐射周边”的企业发展战略。二是建立测土配方营养施肥服务体系。目前全县共建立测土配方施肥检测中心 2 处、土样电子档案 2 万多个，累计完成配方肥直供 6 万吨，测土配方施肥面积 33 万亩，为农民节约生产成本 800 多万元。三是建立科技服务体系。通过夜场科普宣传片投放、专家讲座、现场问答、发放明白纸等形式，举办各种培训 1 500 次，累计培训农民近 2.8 万人（次），极大地提高了农民的种植管理水平。其构成及股份情况见图 2-9-3。

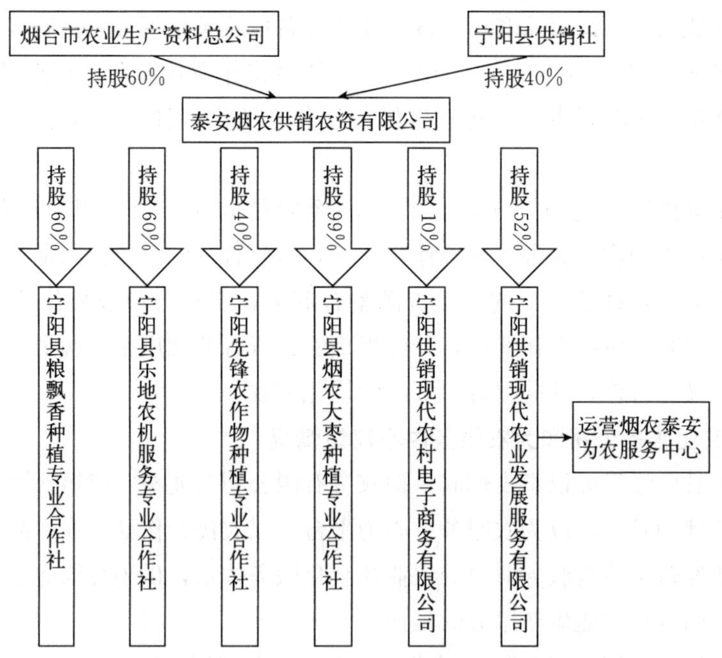

图 2-9-3　泰安烟农供销农资有限公司结构示意

2014年，泰安烟农公司投资300多万元成立宁阳供销现代农业发展服务有限公司，并以该公司为主体建立了县级为农服务中心——烟农泰安为农服务中心，目前已累计投资860多万元建立、购置了各类资产（详情见表2-9-2）。

表2-9-2　烟农泰安为农服务中心资产

场所名称	面积（平方米）	设备名称	数量（台）
高标准仓储基地	5 000	自走式玉米收割机	8
展厅	1 000	小麦联合收割机	14
办公经营场所	800	无人植保机	1
农资农化技术服务中心	400	粮食烘干塔	1
智能配肥中心	500	智能配肥机	1
标准化农机库房	1 000	拖拉机	12

烟农泰安为农服务中心建立以来，主要在以下方面发挥了重要作用：

（1）土地托管

通过与各乡镇农民合作社、家庭农场、种植大户等新型农业经营主体洽谈形成合作，并组织农民对土地进行集中连片种植，连片面积一般不低于100亩，合作期为三年一周期，实行统一耕种、统一播种、统一灌溉、统一施肥、统一打药、统一收割，实施机械化种植和标准化生产，并可根据农户需求供应各个生产环节服务，小麦玉米轮作情况下每亩最多能节省87元（具体服务价格见表2-9-3）。目前已实现托管土地5万亩，部分环节服务面积10万亩。

表2-9-3　服务价格

作物	托管方式	市场价格（元/亩）	托管价格（元/亩）
小麦	还田（一遍）	60	50
	旋地（一遍）	40	35
	耕地（一遍）	60	50
	种子（20斤）	40	36
	播种	30	27
	供肥＋施肥	160	150
	供药喷药防病防虫	100	100
	收割（地头交粮）	80	70
	人工培土、补地头	50	50
	合计	620	568
玉米	种子	50	45
	种肥同播	140	130
	供药喷药防病防虫	80	70
	收割（地头交粮）	90	80
	合计	360	325

（2）测土配方施肥

通过引进智能配肥机、智能终端机，并建立标准化测土配肥化验室，成立测土配肥专业服务队，根据土壤供肥性能和作物需肥规律，协调好土壤、肥料和作物三者之间的平衡，实现减肥、环保、高产和优质的目标。目前实现测土服务面积 6 万多亩，建立起了宁阳全部土壤数据库。

（3）农资供应

通过公司直接与农资厂商进行谈判，大规模采购提高了议价能力，使得农资价格相比市场价格降低 10%以上，使得质量更有保障，并且投资兴建乡镇为农服务中心，建立起完备的配送网络。

3. 供销 e 家建设情况

2015 年，县供销社 5 个直属企业和 5 个基层供销社共同出资成立宁阳供销现代农村电子商务有限公司。公司以服务和带动全系统电子商务发展为出发点，以农村电子商务和农产品电子商务为切入点，以经营服务创新和联合发展为手段，加快构建集仓储、物流、配送、农业社会化服务、农产品上行交于一体的电子商务网络服务体系，为供销合作社深化改革、转变方式、加快发展提供有力支撑。

公司根据供销系统现有日用品、农资和农业服务不同网络资源和业务模式，配备专职人员，分模块操作，争取全国供销集团公司股权投资 400 万元，搭建起“供销 e 家・宁阳”网上商城，并成为全省首批对接省供销社“供销 e 家”的县域平台。商城可展销家电、食品、烟花爆竹、特色农产品、农资等 12 个商品大类 500 多种单项商品。商城累计实现 B2B 销售 1 395 万元，其中日用品销售 680 万元，农产品销售 350 万元，农资销售 110 万元，大田托管服务 115 万元，承接政府购买统防统治、土地深松等农业服务 140 万元。2017 年 1 月，滩头供销 e 家社区服务中心 B2C 业务正式上线启动，线上线下同步投入运营，华联商厦、东疏供销超市、乡饮锦迈隆 B2C 业务预计 6 月上线运营。

为更好发挥供销社在农村流通的主渠道作用，解决农村电商“最后一公里”难题，电商公司实施了宁阳县电子商务运营服务项目，项目立足供销合作社的特点和优势，实施“1＋3＋9”县域农村电子商务建设工程，即围绕 1 个“供销 e 家”县域运营中心，以华联供销 e 家线下体验店、乡镇综合商务区和村级供销 e 家服务站为 3 个纵向业务支撑，推进县域供销 e 家平台运营中心建设、仓储物流体系建设、B2B、O2O、B2C 商业形态拓展、县城线下店建设、乡镇综合商务区建设、村级服务站建设、特色农产品上行、为农服务中心线上服务、县域生活圈等9个重点项目建设，加快构建县域电子商务网络服务体系，争取将全县供销社打造成一张网。

（二）村社共建体系

1. 村社共建乡镇为农服务中心

东庄镇南故城村位于宁阳县域最东部，是春秋战国时期的郕城故址，蒙馆公路、磁莱铁路沿村横贯而过，交通便利。全村共有耕地1 800亩，576户，2 010人。由于该村注重村集体项目建设，具有一定的经济基础，先后被授予“山东省生态文明乡村建设先进村（社区）”“山东省新农村建设示范村”、省级卫生村、省级文明村、省级基层组织先进单位等荣誉称号。

为推进实施服务规模化，整合社会优势资源，搭建现代农业社会化服务平台，构筑多层次、全方位社会化服务新体系，东庄供销社主动与南故城村对接，积极参与实施“党建带社建、社村共建”，村两委通过征求村民意见、外出考察学习，决定村社共建宁阳县故城农业服务公司，实施南故城为农服务中心建设。

服务中心占地面积20亩，现已建成沿街综合服务设施2处，面积1 225平方米，测土配方车间及农资仓库600平方米，标准化农机库房及农机具维修车间1 100平方米；粮食、种子仓库共计1 000平方米，粮食临时仓储晾晒场所面积6 000平方米。沿街一楼为综合服务大厅，开设农资超市、庄稼医院、配方肥直供、农机服务、统防统治、电子商务代理及体验店、快递服务、电信、邮政、银行、水电代缴等服务窗口；二楼为新型农民培训室、农民联合社三部一中心（生产服务部、现代流通部、合作金融部、综合服务中心）。服务中心现已完成主体工程，近期实施装修，预计7月底可投入运营。

服务中心依托供销社系统优势资源，整合涉农站所、农机大户、种粮大户，逐步为群众提供良种农资供应、耕种管收、产品销售、生活家政等系列化服务，实现标准化生产、规模化服务、集约化经营，打造农业生产社会化服务的主阵地，提升村两委服务群众工作水平。预计2017年底服务中心可辐射南故城及周边7个村土地面积2万亩，2020年达到5万亩，年可实现服务收入100余万元，农民增收节支600万元，安排就业40余人，培训新型农民3 000人次，经济与社会效益良好。

2. 发挥“第一书记”精准扶贫带领作用

老王庄村位于开发区东南部104国道东，为市级贫困村，全村258户、

658人，共有建档立卡贫困户11户16人，是县供销社“第一书记”扶贫帮扶村。2016年以来，按照省、市供销社和县委组织部扶贫攻坚工作部署，县供销社选派副主任科员赵伟到开发区老王庄村任第一书记。赵伟到村后，始终牢记脱贫攻坚这一中心任务，抓党建促脱贫，抓班子带队伍，抓项目带经济，扎实开展各项工作，把村民满意作为衡量工作成效的根本标准，主动从村民最盼、最愿、最急、最难的事情做起，以民为本，恪尽职守，尽心尽力为村民办实事、办好事，得到了领导和村民的一致好评。

一是加强党员干部队伍建设，增强班子的凝聚力、战斗力。针对不同群体党员情况，教育引导党员立足岗位作贡献，发挥模范带头作用；引导两委成员主动融入脱贫攻坚这一工作中心，切实解决群众关心的热点、难点问题，密切党群干群关系，干事创业的凝聚力、战斗力明显增强。二是实施村基础设施建设。先后争取县财政、县农开办、商务局、县公路局专项资金30万元，硬化水泥路面320米，新修田间生产路1 000米，完成了村级自来水、路灯、电商服务站和办公设施改造建设，改善了村民生产生活条件。三是通过就业安置实现农民增收。争取开发区化工企业支持，安排就业岗位20个，解决了8户有劳动能力贫困户的就业问题，年实现人均劳务收入2万余元。

为实现贫困户脱贫致富，2016年9月，县社扶贫工作组会同村两委在入户走访、座谈了解的基础上，经考察论证并报开发区扶贫办同意，实施社村共建畜禽养殖产业扶贫项目，组建了宁阳县鑫星畜禽养殖合作社。合作社由村两委成员、南驿供销社、开发区华鸿公司和11个贫困户共同出资，注册资金50万元。争取到省供销社精准扶贫专项资金13万元，明确每个贫困人口股本5 000元，确保贫困户长期受益。该项目总投资28万元，占地面积7亩，完成改造经营设施2 000平方米，购置打草机1台，饲料颗粒机1台，羊床4套，护栏50米，一次性购买波尔山羊100余只。合作社吸纳贫困劳动力5名，负责看管放养，在专业社获得劳务报酬。专业社年终收益70%用于全村贫困户分红，30%用于村集体发展基金再投资。2016年春节前首批育肥羊出栏后，贫困人口人均分红800元，全村贫困户全年可实现人均增收1 200元，村集体增收1万余元。

2017年，为扩大养殖规模，促进专业社持续快速发展，增加贫困户收益，新增投资23万元，规划新建山羊养殖设施2处，预计项目扩建后，新增山羊养殖规模300只，年可实现销售收入10万元，村集体实现增收3万元，确保实现2017年贫困户全部脱贫目标。

三、乡镇供销社改革及领办农民合作社联合社情况

（一）东疏供销社

1. 供销社概况

近年来，东疏供销社牢牢把握“改造自我、服务三农”的总体要求，以基层供销社体制机制改革创新为统领，以现代农业社会化服务体系和新型流通服务体系建设为重点，扎实推进重点项目建设，着力将供销社打造成为党委政府抓得住、用得上的为农服务重要抓手和骨干力量。目前，全社现有在册职工106人，离退休职工96人，中共党员40人，行政管理人员8名。共建成各类经营网点38个，其中：综合商务区1处，大中型日用品超市3处，总资产达2 940万元；组建现代农业服务公司1个，镇域农民联合社1个，领办创办农民专业合作社18个（图2－9－4）。2016年，开展大田作物托管服务面积1.2万亩，承接政府土地深松项目4 000亩，实现总销售8 000万元，年创利税300万余元，构建了全镇及周边人民群众生产、生活物资供应、科普知识、娱乐健康的综合体系。近年来，东疏供销社多次受到各级政府、部门表彰，被全国供销总社授予“全国百强基层社”和“全国基层社标杆社”。

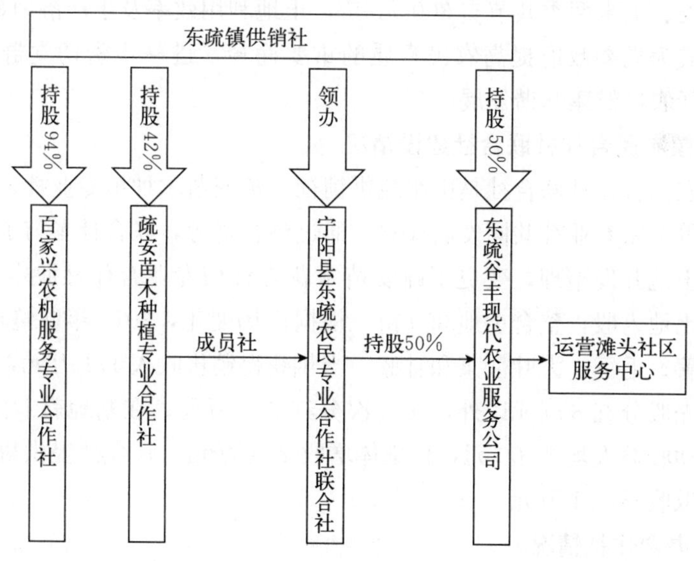

图2－9－4 东疏镇供销社结构示意

2. 为农服务中心建设情况

为适应东疏农业农村发展新形势，更好地服务辖区新型农村发展，解决农

业种植中缺乏大型农业机械、劳动力和科学技术的突出问题，2016 年东疏供销社组建起东疏谷丰现代农业服务公司，在大伯集管理区党总支配合下，实施了滩头社区服务中心建设。服务中心位于大伯集管理区滩头村驻地，占地面积 6 亩，项目总投资 300 万元。目前已建成服务大厅 260 平方米，高标准农机仓库 600 平方米，硬化粮食晾晒场 2 100 平方米；购置大型玉米收获机 2 台、小麦收割机 4 台、1304 型拖拉机 4 台、深松机、旋耕机、播种机等农机具 12 台(套)。

服务中心积极争取驻地管理区支持，整合村级党组织组织服务优势和供销社系统经营网络资源，为周边 10 个行政村 2 万多人提供全产业链服务，最大限度满足新形势下农民生产生活需求。服务内容涵盖日用品与农资销售、供销 e 家农村电商代购代销服务、大田托管服务预约、测土配方精准施肥、农机仓储维修、新型农民培训、水电暖费代缴、泰安银行金融储蓄代办以及党委政府交办的农村业务代办、农民服务职能等。

服务中心已于 2017 年 1 月开业运营，现已具备承担宁阳县东疏镇及周边乡镇约 3 万亩耕地范围内大田作物“菜单式”“保姆式”托管服务、测土配方精准施肥和农技培训、病虫害统防统治服务的能力。通过实现农田精准施肥、病虫害统防统治，可减少农业投入，降低生产成本，减少土壤、地下水等环境污染。小麦、玉米两季共节支 300 元/亩，土地利用效率及生产潜力显著提高。力争打造成为党委政府提高农民素质的重要途径，进一步密切党群、干群关系，促进新农村健康和谐发展。

3. 乡镇农民合作社联合社建设情况

东疏农民合作社联合社是由东疏供销社、疏安苗木种植专业社、百家兴农机专业社等 7 家专业社共同发起成立，通过整合资源，联合社参与了小屯村整体搬迁后土地开发整理，变更了疏安苗木花卉种植专业合作社股本，吸纳 52 户农民以土地入股，整合土地 300 亩，根据市场变化，2016 年调整种植结构，种植马铃薯、毛豆、大叶菠菜和甘蓝，当年获得销售收入 171 万元，股东除获得土地优先股分红 800 元以外，又二次分红 9.2 万元，在基地就业的 14 名社员获得劳动收益人均 8 000 元，村集体增收 2.5 万元。联合社提供耕地、销售服务，提取收益 2.1 万元。

4. 领办合作社情况

东疏供销社积极响应“党建带社建、村企共建”号召，面对小屯村整体搬迁出现的困境，2012 年抽调东疏供销社副主任杜敏杰回村任村支部书记，通过村社协调配合，一是在该村村集体原有 10 余台（套）农机具的基础上，联合 8 户农民入股新购置大型小麦收割机、玉米收获机、精播机等 6 台（套），创办了“百家兴农机服务专业合作社”；二是动员吸纳 10 余户农民入股，流转该村 300 亩土地，领办了“疏安苗木花卉种植专业合作社”。

其中“疏安苗木花卉种植专业合作社”通过两年多的发展，种植各种苗木、蔬菜等已初具规模，长势喜人，年销售苗木、蔬菜等 300 余万元，帮助社员增加收入 16 万元，流转土地农民纯收入 31 万元，每年为周边农民创造务工机会 3 000 余个工时，增加劳务收入 20 余万元，社会效益和经济效益显著。2017 年，为解决社员季节性生产生活资金需求，加快社有资金周转，提高资金利用率，专业社在按照 6 个“坚持”要求的基础上，根据《中华人民共和国农民专业合作社法》《山东省农民专业合作社条例》《山东省农民专业合作社信用互助业务试点暂行管理办法》，专业社积极向县金融办申报开展内部金融信用互助。3 月 7 日，获得省金融办颁发的《信用互助业务资格认定书》，为山东省 2017 年度第一家。4 月注册成立了宁阳县疏安苗木种植专业合作社互助资金管理部，吸纳 16 名社员，计划每人入股 4 万元，共计 64 万元，目前正在与金融办、农商行签订信用托管三方协议，预计 7 月专业社内部信用互助可获得开展许可。信用互助部的成立，有利于解决社员在生产经营中的资金短缺问题。

（二）华丰供销社

1. 供销社概况

华丰供销社现有职工 144 人，在镇驻地有规模的超市 2 个，村经营网点 21 个，领办创办农民专业合作社 4 个，组建华丰镇农民专业合作社联合社 1 个，参与精准扶贫包村 2 个，帮扶贫困户 55 户，与村两委共建扶贫项目 1 个。供销社按照全国总社提出的“试点先行，带动全面”的思想，在坚持“农民缺什么，我们就发展什么，农民需要什么，我们就提供什么”的原则下，领办了宁阳县华丰农民专业合作社联合社，摸索出一条基层供销社＋为民服务中心＋农民专业合作社＋村两委的共建发展思路。

宁阳县华丰农民专业合作社联合社计划于 2017 年 10 月 1 日正式开展服务，目前刚完成工作筹划部分。联合社位于山东省泰安市宁阳县华丰镇供销社院内，由宁阳县福兴农机服务专业合作社、宁阳县良伟农机服务专业合作社、宁阳县华丰富华樱桃种植专业合作社 3 个合作社组成，于 2016 年 11 月在宁阳县市场监督管理局注册成立，注册资本 250 万元，联合社构成与出资情况如表 2-9-4 所示。负责人陈良伟同时也是宁阳县良伟农机服务专业合作社、宁阳县福兴农机服务专业合作社的负责人。

表 2-9-4　泰安市宁阳县华丰农民专业合作社联合社构成及出资情况

股东	出资比例（%）	认缴出资（万元）
宁阳县福兴农机服务专业合作社	60	150
宁阳县良伟农机服务专业合作社	20	50
宁阳县华丰富华樱桃种植专业合作社	20	50
合计	100	250

2. 为农服务中心建设情况

第一，对布局的规划。按照“3公里土地托管服务圈”的标准，在东庄、华丰各规划建设为农服务中心1处，确保“为农服务”全镇覆盖。整合农业、农机、粮食、水利、气象等部门服务项目向为农服务中心集中，推行集农机服务、农产品收储加工销售、农民培训等功能于一体的“一站式”服务。

第二，加快建设进度。东庄南故城为农服务中心正在实施建设，项目占地面积20亩，土建面积6 900平方米，其中：综合服务设施沿街楼3层2 600平方米，一楼展销服务大厅，二楼是新型农民培训、娱乐休闲多功能厅，三楼是农民联合社三部一中心。厂房的建设是标准化农机库房及维修车间1 000平方米；配方肥加工车间面积400平方米；粮食临时仓储晾晒场所面积2 000平方米；农资、农药、种子仓库共计600平方米；综合服务及配套用房300平方米。现已建成标准化农资仓库1个，预计年底可全面完成土建任务。

第三，拓展服务功能。引导为农服务中心创新经营服务方式，推动服务品种由粮食作物向经济作物拓展，服务环节由单一环节向耕、种、管、收、储全链条延伸，服务产业由农业向一二三产业融合发展提升，实现对农业生产的“保姆式”“菜单式”托管服务。预计2017年可服务南故城及周边7个村土地面积2万亩，2020年实现5万亩，培训新型农民3 000人次，成为现代农业生产社会化服务的主阵地。

3. 村社共建情况

完善“党支部＋供销社＋专业合作社”三位一体新型组织体系，推动社村共建，实现助农增收。

第一，加大沟通协调力度。主动捕捉属地村发展信息，针对性地实施社村共建，开展贫困帮扶。

第二，强化载体支撑。发挥供销社经营服务优势，主动与现代农业公司、泰安烟农公司对接，与属地村两委合作共建农民合作社 6 个，共建发展项目 4 个，共建服务中心 2 处，共建联合社 2 个，搭建起为农服务综合载体，为下一步工作开展奠定良好基础。

第三，推动成果共享。按照“产权明晰、责权统一”的原则，合理分享社村共建利益，实现了供销社发展、村集体增收和农民致富“三方共赢”。通过社村共建，华丰、东庄供销系统新增经营收入 20 万元，村集体年增经营性收入 9 万元、人均增收 800 元、户均增收 2 000 元以上。与华丰镇满家村颜书记对接，借助泰安烟农公司测土配方施肥、农业技术服务等优势，帮助该村组建泰安烟农村级服务站，对该村流转的 300 多亩西瓜、樱桃等经济作物种植基地免费提供测土化验，把低于市场价格 10%的测土配方肥提供该村，降低了农户生产成本，提高了种植效率。与东庄镇王家庄村对接，立足村里的苹果园老资源，经村两委在广泛征求党员群众意见建议的基础上，共建宁阳县凤仙山林果专业合作社，合作社由成立时的 22 人发展到现在的 136 人，入股土地由成立之初的 80 亩发展到现在的 2 450 亩。2015 年合作社实现利润 215 万元，社员盈余返还 55 万元，为社员增收 30 万元，在增加群众收入的同时，也拓宽了村集体的增收渠道。

4. 农村现代流通服务及电商平台建设情况

以市场配置资源、深化农村流通改革为导向，创新运用“互联网+”理念，改造提升供销流通服务业态，加快培育城乡电子商务市场主体，推动农村流通服务转型升级。

第一，合理设置镇村网点。依托华丰大华、康华超市，采取新建、改造、加盟等方式统一布局经营网点。建成镇级规模超市 2 个，新建村级门店 6 个，改造提升农村供销经营网点 38 个，形成了连锁化、规模化、品牌化的流通服务网络。

第二，积极搭建电商平台。坚持线上线下融合、内力外力并用，主动参与县供销现代农村电子商务公司组建运营，实现 B2B 线上采购商品 2 万元，与支付宝、微信第三方合作，共建大华、康华线上商城，拓展 B2C、O2O 业务，完成线上交易 200 万元。

第三，配套完善物流网络。立足临沂至华丰、东庄地域优势，推动物流网络向村、社区延伸，加快发展镇域配送、农资配送，打通物流服务“最后一公里”。依托 2 处乡镇规模超市，新建改造日用品仓储设施 2 000 平方米，购置配送车辆 3 台，2017 年完成农产品、日用品配送 300 万元，构建了“网货下乡”和“农产品进城”双向流通格局。

（三）宁阳县金源核桃专业合作社联合社

1. 联合社基本情况

山东省泰安市宁阳县金源核桃专业合作社联合社成立于 2013 年 7 月，由鹤山镇供销合作社、葛石镇供销社和 3 家合作社共同发起，现在联合社由 3 家成员合作社组成。联合社于 2013 年 7 月在宁阳县工商局正式注册，注册资金 300 万元，其中，鹤山镇供销社出资 120 万元、葛石镇供销社出资 43.2 万元、宁阳县金源薄皮核桃种植专业合作社出资 20 万元、宁阳县凤凰水乡核桃种植专业合作社出资 20 万元、宁阳县金岭核桃种植专业合作社出资 20 万元，其余由其他个人进行出资。随着规模的扩大，联合社现有固定资产 350 万元，流动资产 55 万元，并无负债。

作为全县第一家完成注册的联合社，联合社负责人张胜银表示，当时成立联合社主要是为了顺应农村合作经济发展的新趋势，便于扩大核桃的种植规模，实现核桃集中化生产、加工、包装，有利于打造统一的商标品牌，提高农产品附加值。在最初注册联合社时，遇到了区域联合社难以注册的问题。后来，在县供销社与县工商局的沟通协调下，联合社顺利完成了工商注册，成为第一家顺利完成注册的联合社，标志着宁阳县农民合作社进入了新的发展阶段。

目前，联合社由宁阳县金源薄皮核桃种植专业合作社、宁阳县金岭核桃种植专业合作社、宁阳县凤凰水乡核桃种植专业合作社 3 家合作社组成。其中，金源薄皮核桃种植专业合作社与金岭核桃种植专业合作社位于宁阳县鹤山镇，凤凰水乡核桃种植专业合作社位于宁阳县葛山镇，该联合社属于跨区域同业联合。现在，3 家成员合作社的发展水平相当，核桃种植面积均为 2 000 多亩。每年 3 月，联合社组织成员社集中进行核桃种植，8 月，联合社统一组织核桃收购。同时，联合社会邀请专家定期对各成员社进行施肥、浇水等方面的专业技术培训。该联合社在成员社加入后真正实现了统一种植、统一管理、统一收购。该联合社属于跨区域紧密型的同业联合。

2. 负责人基本情况

联合社负责人、鹤山镇供销社主任张胜银在受访时说，作为一名老党员，2017 年 55 周岁的他，自高中毕业以来，一直在镇供销社工作。自联合社成立 4 年以来，他一直担任联合社的负责人。在联合社任职期间，他从未在联合社领过工资或获得过误工补贴。他的人脉关系很广，亲戚朋友中有村镇干部、县市领导，有企业家、商贩，也有在银行、医院、事业单位工作。张胜银表示，他们镇供销社副主任担任金岭核桃种植专业合作社的理事长，两个镇的镇干部担任另外两个成员合作社的理事长。他承认，这样做便于保证各项工作能够顺利实施，但是由于目前乡镇普遍存在机制内人员老化问题，这也限制了当前联合社的进一步发展。

3. 联合社运作情况

联合社对日常事务进行决策时，主要由联合社理事长与合作社理事长共同协商决定。日常事项决策严格遵循一人一票制，一般由一个成员社理事长对事项进行提议后，其他理事长一人一票，对事项是否通过进行公平投票表决。在产品定价决策方面，一般由联合社对成员社的核桃进行集中收购、统一加工与包装，最后按照当期核桃精包装市场价位出售给本县的超市。联合社有理事会与监事会，但没有专门的工作人员，大部分都是两个乡镇供销社人员兼职。在最初成立联合社时，各个成员社均出资 20 万元，后来，各个成员社并未向合作社再缴纳任何费用。联合社有专门的联合社章程，并且是按照联合社章程来进行运作的。联合社一般一年召开两次社员大会，上半年 3 月针对核桃田间管理进行商讨；下半年 8 月，在核桃进行收购时对当期核桃售价进行集体讨论。理事会一般也一年召开两次，但时间并不十分固定。

联合社作为独立核算单位，有微利，但是并未按照出资比例进行分红。联合社有严格的财务管理规章制度，有兼职的会计、出纳，会计资料很完整并且向下属的合作社全部公开财务和营运情况。联合社有各合作社的资金账户、产品交易记录、农资交易记录。目前，联合社没有退社的情况。

4. 联合社的服务提供

为实现农产品的规模化、现代化、产业化，联合社统一为成员社提供产前农资采购服务、农技服务和农业培训，产后销售服务以及运输、加工与储藏服务。联合社为成员社提供农资（化肥、浇水等）上门服务，社员购买农资可以赊销，等到核桃卖出后再从销售款中将农资费扣除，比社员自己购买节省近5%的采购成本。联合社也为成员社提供农技培训服务，联合社为每个成员社派送一名年轻、文化程度高的技术人员，指导社员进行更加专业的疏果、剪枝等环节的全程管理工作。联合社为成员社提供产后销售服务，对从社员手中集中收购的核桃进一步深加工、精包装后，再提高价格出售给县乡的各大超市。现在，薄皮核桃已经注册统一的商标品牌“鹤来飞”。联合社统一加工、包装后薄皮核桃的卖价比合作社自己卖贵 10%～20%左右，根据每年市场行情不同，价格也有波动。2017 年，薄皮核桃从社员手中收购价格为 18 元/斤，销往超市价格为 20 元/斤。联合社只为成员社提供一系列的农业服务，不对非成员提供这些服务。

5. 问题的思考

目前联合社的内部运作基本顺畅，但也存在一些问题。由于种植核桃树承包土地至少 10 年，所有款项需要一次性付清，社员表示承包金无力支付，缺乏政府的资金支持。联合社在运作过程中也缺乏专职的专业技术人才与管理人才。谈及联合社的发展前景，张胜银表示，联合社成立以来，合作社抱团作用明显，特别是薄皮核桃在国家商标局成功注册“鹤来飞”商标后，联合社统一提供农资，统一管理技术，统一收购，统一加工、包装、销售，规模化的生产经营不仅节省单个合作社的生产成本，同时增加了农产品的附加值，真正实现了抱团合作、互利共赢。张胜银坦言，虽然联合社目前发展比较稳定，应该出台相关法律法规对联合社予以规范与约束，使得联合社运营过程做到有法可依、有法必依、执法必严、违法必究。

宁阳县金源核桃专业合作社联合社是跨乡镇同业紧密联合成功运作的案例，它紧紧抓住薄皮核桃这一特色产业，通过合作社带动农户，联合社紧密联结合作社，与加工企业通力合作的方式，实现薄皮核桃规模化的深加工、精包装，成功打造了“鹤来飞”品牌，并辐射带动全乡薄皮核桃产业发展的大格局。对于未来发展方向，笔者建议注重开发薄皮核桃的其他经济价值，比如与药厂、食品加工厂合作，挖掘薄皮核桃的药用价值与营养价值，打造独具特色的多元化品牌；利用薄皮核桃品牌影响力，逐步打造其他农产品品牌，并尝试运用“农业＋旅游业＋电商”的商业模式，实现线上与线下双向并进的乡村旅游特色农产品开发及品牌推广。

（四）宁阳县磁窑镇泗望集村生姜种植专业合作社

1. 合作社基本情况

合作社成立于 2009 年 7 月，理事长叫孙前进，同时也是该乡镇供销社主任。所以该合作社是由乡镇供销社牵头领办。合作社目前有成员 273 人，经营土地 2 300 亩，全部种植生姜。合作社注册资本 60 万元，其中供销社出资 30 万元，其余 30 万元为社员个人实际出资缴纳。供销社出资的 30 万元为合作社的成立提供了很大的支持和帮助，合作社前期成立时用入股的资金购买了冷库、洗姜机、农用运输车辆，建立库房、仓库等。

2. 合作社与供销社、为农服务中心

该合作社由乡镇供销社牵头成立，供销社出资 50％入股。2015 年在供销社的牵头下还成立了为农服务中心，占地 200 平方米，租用村里百姓的土地，一年租金为 1 000 元，用于建立仓库。为农服务中心的建立投入资金 3 万～4 万元，全部由乡镇供销社领办的该合作社出资。所以供销社、合作社、为农服务中心有着密切的联系。供销社为合作社的成立提供了资金支持，合作社又出资成立了为农服务中心。合作社的盈利会分红给供销社，为农服务中心为合作社提供仓储服务。具体联系见图 2-9-5。

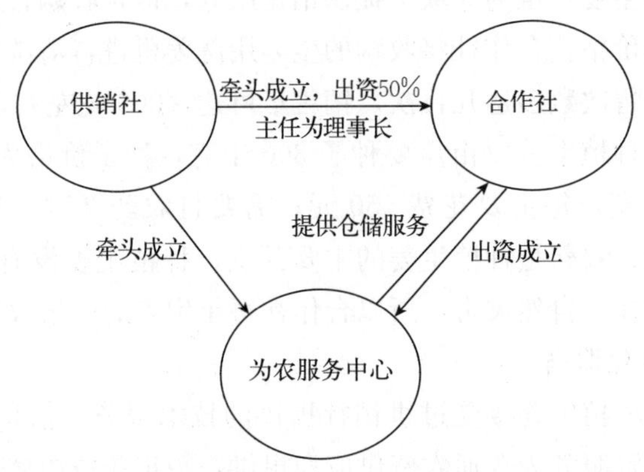

图 2-9-5　供销社、合作社与为农服务中心的联系

3. 合作社农业生产经营情况

（1）土地

合作社能够成功走出第一步最重要的原因是因为供销社牵头，并且给予了资金支持。目前合作社经营的土地为 2 300 亩，未流转土地，所经营的土地均为成员自家土地，因为当地流转土地较为困难，如果流转土地方便且价格较低的话，合作社也有意愿流转土地来扩大生产经营规模。目前合作社经营的 2 300亩土地能给成员带来 550 元/亩的利润，以合作社的能力，能够经营5 000 亩土地。

（2）劳动力

合作社生产主要由各个成员自家提供劳动力，合作社日常事务由理事会负责管理，另外合作社雇佣了 10 个人来进行洗姜加工，目前雇人不是特别困难，工资约为 100 元/天。另外，合作社有会计一名，一年工资为 2 000 元，合作社一年工资支出约为 12 万元。

（3）资本

合作社拥有冷库一个，于 2009 年建立，当时花费 70 万元；租用仓库一年花费约 5 000 元；农机具方面在 2009 年购买农用运输车辆和洗姜机，一共花费 15 万元。目前合作社没有负债。

4. 生产成本与收益

合作社 2016 年销售生姜收入约 720 万，支出 715 万元，其中工资性支出 12 万元。合作社的盈利能力和前两年相比差别不大，和其他合作社相比没有明显的差别。2016 年销售生姜 8 050 吨，合作社收购成员种植的生姜。市场上生姜的价格为 1.15 元/斤，合作社收购成员的价格为 1.2 元/斤。合作社不仅收购成员种植的生姜，也为非成员提供销售服务，但是收购普通农户的价格低于合作社成员的价格。合作社将收购的生姜用洗姜机进行清洗之后，统一卖到集市，一年的销售次数多达几百次，销售量可达 8 000 吨左右。

合作社成员种植生姜每亩需要种子 300 千克，种子价格为 3 元/千克；化肥每亩需 275 千克，每亩要花费 550 元；需要打农药 3 次。每亩花费约 100 元。种子、化肥、农药是种植生姜的主要开支，种植生姜没有购买农业保险，目前也没有受到什么自然灾害，所以合作社每年生姜的产量较为稳定。

5. 农业社会化服务

目前合作社种植生姜接受过供销社提供的技术服务、信息服务，不收费；合作社接受的农资服务为普通农资供应商提供，一年花费约 230 万元。合作社目前接受的社会化服务主要为这几项，效果较好，但是理事长表示希望能够得到更多优质、方便的社会化服务来促进生产发展。

在提供农业社会化服务方面。合作社目前能够为普通农户提供一些信息服务和销售服务，合作社也会收购部分普通农户种植的生姜，一方面普通农户种植的生姜有了出路，不用担心销售不出去；另一方面，合作社将收购的生姜进行清洗加工，能卖更高的价钱，这也能够增加合作社的收入。通过合作社提供的信息服务和销售服务，能够帮助农户降低生产成本约 5%，且能够提高销售价格 4%左右，普通农户通过合作社的销售数量达 150 吨。帮助其他农户提供销售服务和信息服务不仅能够帮助其他主体提高农业生产收入，对于合作社自身发展也有一定的促进作用，通过提供社会化服务对自身产量、质量和收入都有大约 5%左右的提高。目前合作社的发展没有受到政府资金、实物以及示范推广项目的支持。

理事长孙前进表示目前接受的社会化服务非常不充分，供销社和政府所提供的社会化服务在质量上和数量上尚无法满足合作社生产经营生姜所需。

6. 合作社发展规划与意愿

据理事长孙前进表示，合作社发展最大的优势是有供销社在合作社成立之初的资金支持，目前，制约合作社发展的主要因素为土地规模过小，如果流转土地比较方便且土地租金价格合适的话，合作社有意愿通过流转土地来扩大经营规模。

四、主要成效和存在问题

（一）取得的主要成效

1. 切实发挥联合社作用

宁阳县供销社把县级农民合作社联合社作为参与政府采购招标的主体，以整体较为强大的实力赢得政府采购项目后，再将任务分配给各乡镇农民合作社联合社。通过这样的形式，使各级联合社切实发挥出了各自作用，也使彼此之间形成了利益共同体，有了相互监督、相互促进的机制，而并非仅仅在组织之间存在联系。

2. 改善了村两委与农民群众的关系

通过将供销社优秀同志抽调至村两委担任职务，通过领办合作社等形式壮大了村集体的经济，使得村集体有了基层治理的经济条件，使得一些遗留问题得以解决，也明显改善了村两委与农民之间的关系。

3. 积极探索同类联合社的组建

在调研中发现，宁阳县供销社领办了一些主要由同类专业合作社组建而成的联合社，如宁阳供销农机服务专业合作联合社、宁阳县友邦粮食种植服务专业合作联合社、宁阳县蒋集镇温氏畜禽养殖专业合作社联合社、宁阳县金源核桃专业合作社联合社等，通过组建同类合作社的联合社，将区域内经营同一类项目的主体联合起来，能够实现优势互补，提高地区的产业化水平，是一条值得探索的联合社发展道路。

（二）存在的问题

1. 乡镇联合社尚未加入县级联合社

由于宁阳县工商局暂时不允许联合社加入联合社，因此宁阳县农民合作社联合社目前由乡镇供销社和部分农民合作社组成，但业务开展却通过乡镇农民合作社联合社，虽然乡镇供销社与乡镇农民合作社联合的人员构成相同，但确实造成了实际成员与注册成员不一致的现状，对于今后承接项目可能会造成一定困难。

2. 为农服务中心建设不足

目前宁阳县已建成县级为农服务中心 1 处，乡镇为农服务中心 4 处，对于服务“三农”做出了一定贡献，但相较于省内先进地区来说，数量相对较少，规模相对较小，还需在这一方面作更多努力。

3. 资金缺乏，投入不足

宁阳县供销社在2016—2020年改革关键期规划建设项目相对集中，特别是为农服务中心、乡镇综合商务区、农村电子商务等一些全新课题和项目资金需求大，缺口大。资金问题已成为制约宁阳县供销改革发展的重要因素之一，省供销社扶持资金较为分散、不够集中。

4. 干部职工队伍老龄化问题严重

宁阳县供销系统人才队伍呈现“一高三低”特点，即：人才队伍年龄高，学历低，文化素质低，专业技能低。人才队伍老化直接导致学习创新能力和观念更新动力的缺乏，跟不上形势需要、管理需要和企业自身发展的需要，很大程度上影响了供销社的改革发展。长期以来，受体制机制等因素影响，专业技术人才严重匮乏，亟须引进更多优秀的年轻人才。

五、政策建议

1. 加强与县工商部门沟通

目前多数地区已实现了乡镇联合社加入县级联合社，宁阳县工商部门存在认识上的问题，还需宁阳县供销社积极与之沟通，争取早日解决在联合社组织上的问题。

2. 加强为农服务中心建设工作

可以通过与具有一定实力的合作社或种植大户合资成立公司的形式，因此引进社会资金和具有相关经验的社会人才来共同建设经营为农服务中心，同时需要与相关部门沟通协调用地问题。

3. 优化资金扶持方法

建议省供销社财政扶持资金注重并优先向基层供销社倾斜，为基层供销社打造服务三农主阵地注入资金支持，同时省供销社改变为农服务中心等大项目资金扶持办法，将专项资金整合统筹使用，放大专项资金的集聚优势。

4. 加强人才引进工作

建议省供销社加强与省编办、人社等部门沟通协调，从政策层面引导县级党委、政府配齐编制、配强工作人员，解决县级供销社人员配备不足问题。

分报告十：东阿县供销社综合改革与农民合作社联合社运行机制调研报告[①]

一、引言

供销合作社作为一个几乎与中华人民共和国同时成立的公共部门，拥有庞大的各级分支机构和从业人员。在我国经济进入新常态以后，随着城镇化和工业化的进一步发展，农业现代化也得以深入推进，农村经济发展进入了新的阶段，一方面随着大量新型经营主体如雨后春笋般涌现，农业生产方式的转变对覆盖全程、便捷高效的农业社会化服务有着迫切的需求，另一方面农民生活水平的提高也需要提高多样化、多层次的生产生活服务。为了适应这一发展的需要，打造中国特色的为农服务综合性组织成了新形势下的必然选择。历史悠久的供销社长期扎根基层，拥有广泛的群众基础与公信力，组织体系与经营网络相对健全、完整，拥有肩负这一重任的先天性基础。但也正是由于多年不变的组织体制，暴露出各方面存在的问题，比如与农民的合作关系不够紧密、层级之间联系松散、体制还未理顺以及综合服务能力欠缺等，这些问题直接影响了供销社未来潜力的激发，如何突破其自身发展瓶颈成为亟待研究的问题。

供销社因其参公管理性质而具备“政府信用”，并且原本就是一个经济实体，具有人力、组织、渠道、技术、品牌等优势，可以在整合上述各类服务机构中发挥核心作用（孔祥智，2014）。但同时也正是因为这种隶属政府的身份，使其无法开展实体性的经营活动，而现代化服务的提供、现代流通网络的建设都离不开经济业务本身，这就需要一个经济组织来协调运营。与此同时，各类新型经营主体发展速度加快，服务提供能力不断增强，走向规模化也是各经营主体追求的主要目标。但是主体之间的联合也是有交易成本存在的，一个外在组织者的推动会大大降低这种搜寻与协商成本。基于上述两方面原因，农民专业合作社等新型经营主体走向联合正是形势所需，供销社作为一个具有公信力的公共部门，组织成立联合社是最有效的选择。

---

① 执笔人：赵昶。

供销社的综合试点工作自从 2014 年被写入中央 1 号文件和《政府工作报告》中以后，便先后在河北、浙江、山东、广东 4 个省份逐步展开试点。为了总结供销社改革背景下联合社的发展成效与经验，理顺各级供销社、联合社的运营体制机制，我们选取山东省作为目标开展专题调研，调研采取座谈研讨、问卷访谈、实地调查、个案剖析等方法，对山东省的 10 个县进行深入调研，总结规律。其中东阿县在自然条件、人文经济条件上都有充足的农业发展优势，特色阿胶产业的发展为该县的农业发展提供了一定的经济支撑。东阿县供销社早在 1949 年就已经成立了，一路历经兴衰沧桑至今，各级供销社都在摸索一条适合本县的复兴之路，良好的农业发展条件为进一步县镇供销社改革打下了坚实的基础，其改革过程中形成的体系架构与运营模式十分值得我们借鉴学习。

东阿县地处鲁西平原，位于泰山脚下，黄河岸边，隶属山东省聊城市，土地总面积达 729 平方公里，下辖 2 个街道、7 个乡镇、1 个乡和 1 个省级经济开发区。从自然条件来看，东阿县地形沿黄河滩区多为洼地，属于聊城分布最广、面积最大的一种地貌类型，由于地势平缓，排水不畅，雨季容易形成涝灾，陈集镇、高集镇均有大面积洼地分布，但低洼的地势土质却相对肥沃，适宜多种农作物生长。四季分明，年平均气温和降水量适中。东阿县水资源总量 460 亿立方米，可利用水量 2.8 亿立方米，各种自然资源丰富，条件适宜，对发展农业生产十分有利。从人文条件来看，全县 2016 年生产总值达 201 亿元，城镇居民可支配收入 19 541 元，农村居民人均可支配收入 11 306 元。交通便利，毗邻京九、京沪、济邯、济馆等交通大动脉，同时 105 国道和两条省道贯穿全境，交通区位优势为开拓农业市场提供了硬件保障。全县总人口 42 万人，其中非农业人口 7.96 万人。东阿又是“千年阿胶福寿乡”，阿胶的产量和出口量分别占全国的 75%和 90%以上，充分带动了该县工业经济的发展。农业发展方面，东阿县耕地面积 60 万亩，土地流转面积 14.92 万亩，占耕地总面积的 42%。小麦种植面积 60 万亩，粮食总产量 11 亿斤，无公害蔬菜面积 18 万亩，大牲畜存栏 14 万头，肉蛋奶总产量 5 万吨，是全国绿色食品原料标准化生产基地。

在目前供销社改革的大背景下，联合社主要功能的发挥主要体现在以下几个方面，一是现代化农业社会化服务模式的创新，二是农产品流通体系的建立，三是农村合作金融业务的开展，四是城乡综合服务平台窗口的打造。其中东阿县在体系构建与业务开展方面脉络较为清晰，本文对其改革开展的几个方面与各级联合社的发展模式进行详细介绍与案例分析，在总结成果经验的基础上，找出目前存在的问题，并给出对应的政策建议。

二、东阿县供销社综合改革与农民合作社联合社发展现状

（一）东阿县供销社改革前运营架构

东阿县供销社下设铜城、陈集、杨柳、高集、牛店、大李、姚寨、大桥、姜楼、刘集、关山、单庄等13个基层供销社，负责各个乡镇的基层工作，虽然东阿县内部已经进行了行政区重新划分，现有乡镇已合并为10个，但是仍保留了原来的基层社。县社下属3个行业协会分别为农资流通组织、再生资源组织、农村合作经济组织，他们对13个基层社进行直接的行政干预指导。10个县社直属公司包括利群农资公司、盛佳物流公司、绿丰源农产品公司、盛佳电子商务有限公司等（详见图2-10-1），为下属基层社提供实体性经营服务，其中盛佳物流公司成立时间最早，于2007年11月11日成立，当时还未进行供销社改革，所以完全由未参公的县社参股300万元资本成立，后来由于改革影响，变为县社与两个自然人共同持有股份。相同情况的还有利群农资公司，成立之初也是县社控股的企业，由县社领导领办，但是改革后便以盛佳物流公司的名义对该公司进行控股。县社又在2015年以盛佳物流公司的名义，成立了盛佳电子商务有限公司，其中盛佳物流公司控股56%，社会上私人资

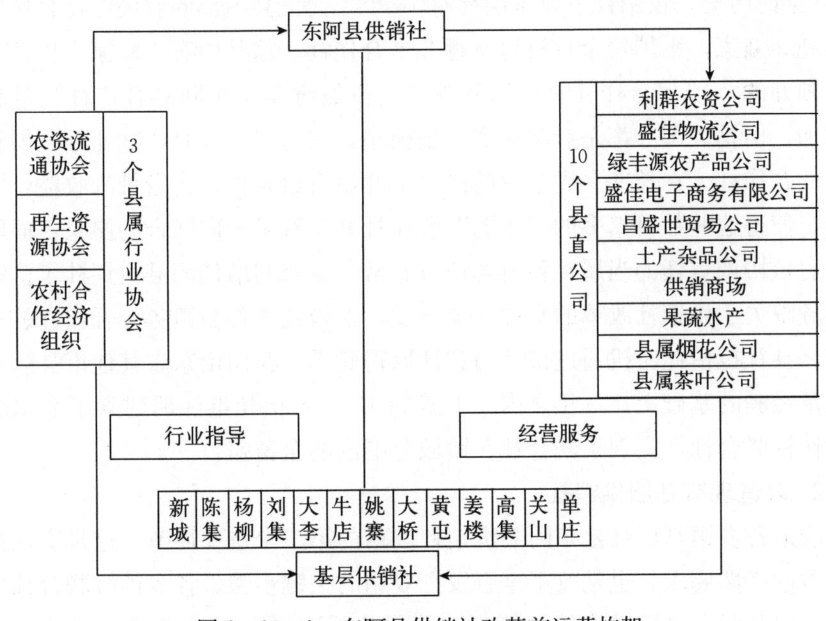

图2-10-1　东阿县供销社改革前运营构架

本占比44%。通过这些直属实体公司建立起日用消费品、农产品、农资、再生资源四大营销网络，加强了县社与基层社的实体性联结。东阿县供销社暂未批复编制，现有职工653人（不包括原破产企业职工），按时发放工资的员工有56人，正在上班的职工34人，这里面有20位员工依然是工人身份，其中不乏几位始终无法提升成干部的科长。整个聊城市参公的县供销社只有东阿和茌平，每个月可以拿到一小部分车险等保险补助。目前东阿县供销社系统上下正在围绕一个为农服务目标，用活合作制、开放办社两种手段，聚焦村社共键、为农服务中心建设、电商平台建设三大重点，落实党建带社建、争取土地扶持政策、加快电商综合服务网点建设、强化督导考核四项措施，为实现与农民密切力、实体性合作经济组织活力、为农服务能力、供销合作社感召力运行力竞争力、供销实力形象魅力5个能力的提升而处于不断改进之中。

（二）东阿县供销社改革开展情况

1. 建立10个乡镇级联合社

组建乡镇级联合社是东阿县供销社迈出的改革第一步。乡镇级联合社成立的原因中，以往各县所见的政策驱动只占了很小的一部分比例，极大一部分是水平参差不齐的众多合作社自身发展的需求，主动要求走向联合，因此实现镇域联合已经成为东阿县供销社改革的首要任务。东阿县供销社自成立至今已有近70年的历史，供销社下属基层社有13个，而该县内部的农民专业合作社已经达到970家，平均每个行政村有近2个合作社，这其中有120家合作社是供销社领办的，42家合作社有供销社参股。虽然近年来东阿县合作社数量膨胀式增加，但是大部分都是有名无实，规模小，实力弱，鲜有实际业务开展较为丰富的合作社。在长期空壳运营的同时也并没有给合作社自身带来收益，资不抵债，使得这些数目繁多的“小弱”合作社开始有了走向联合的愿景，而能在其中肩负协调重任的当属在各村各镇有着常年威望与信任的县供销社了。2015年国务院关于供销社改革的文件一经下发，便得到了各乡镇各个合作社的积极响应，县社也借此时机通过市社与省社取得联系，在向山东省其他市县认真学习改革经验的基础上，一年之内在下属的10个乡镇相继注册建立了乡镇级农民合作社联合社，实现了联合社在镇域范围内的全覆盖。

2. 改造现有基层供销社

改造各乡镇基层社是东阿县供销社改革的第二个重要环节，这是实现镇域联合后的必然要求，也是改革是否发挥效用的关键步骤。各乡镇级联合社虽已成立，但是联合之后谁来统一管理运营成为了阻碍联合社高效运行的一大障碍，无人负责、无人监督的联合势必松散低效。各个基层供销社如果能发挥实际作用，挑起管理各自乡镇联合社运营的重任，那么便能实现同上对接，同下统筹。同上与县社对接，一方面以基层社的身份获得县社的行政指导，另一方面以基层社领导下的联合社的名义获得县社下属企业的实体性服务；同下与各个合作社成员统筹，一方面下达县一级的指挥管理要求与监督，另一方面作为县级服务提供的渠道，发挥好服务传递的媒介作用，同时统筹好领域内为农服务中心自主提供的现代化服务管理工作，这也是乡镇一级供销社改革在整个改革体系中应该扮演的角色。

但是基层社目前还存在各种各样的问题，东阿县下 13 个基层社都是特困企业，全县有职工 653 人，在岗的不足 100 人，其余全部为下岗职工，每个基层社现在有 10 多个员工，月工资只有 1 000 元，还全部来自原有固定资产的租赁收入。但是基层社的原有资产房大都处于地理位置优越的街道边缘，正是拆迁的重点，因而现有职工仅有的部分收入也面临着不保的风险。像刘集供销社目前在刘集镇只剩下一块供销社的牌子，以及下岗的 38 名职工，供销社主任空有一人之职；同样的情况也发生在牛店供销社、大李供销社、杨柳供销社、大桥供销社。从这些基层社的现有管理结构来看，大都为一个主任兼出纳，一个副主任兼会计，几十名下岗职工，几名老党员，为数不多的两三个在职职工，总体年龄结构偏高，受教育程度偏低，固有资产也几近为零。要想承担领导联合社这一重任，在承上启下的过程中拥有话语权，势必要对基层社进行改革，使其拥有真正的管理能力，否则联合也只是徒有其名。基层社目前的唯一优势就是广泛的号召力与群众基础，通过与基层群众长久建立起来的信任关系，通过整合劳动力、资本、土地、农机等多种资源，采取合作制、股份制等多种合作形式，鼓励村民加入合作社，组织合作社走向联合，强化基层社与农民在组织上和经济上的联结。

对于基层社的具体改造工作从以下几个方面进行。(1) 为“原牌子”注入新鲜血液。在现有乡镇供销社牌子的基础上，成立乡镇级联合社，对《联合社章程》进行修改，除了农民专业合作社外，积极鼓励农民社员、家庭农场、种田大户、涉农企业、已承包或租赁的原基层社网点使用者入社，重新完成工商注册，同时对于所有入社的社员及其入社资产都要登记入册。一方面社员之间的合作方式可以采取股份合作制等合作方式，通过比例明确的股权关系，签订劳动合同协议确定合作关系，另一方面对于那些不想形成股权依附关系的主体，只要严格遵守联合社章程，便可以在保持独立经营的同时加入联合社实现抱团发展，但是不享有股权分红等权利。(2) 完善内部治理机构。现阶段基层社内部治理结构一片混乱，人员权责不明晰，效率低下。为了与县级供销社进行良好的工作对接，基层社必须要对现有员工进行明确的分工。在落实理事会、监事会、成员代表大会三会制度的基础上，还应该建立生产服务指导组、现代流通组、合作金融组等专项管理部门，同时为了保证基层社员工激励效应，还应该建立健全按交易额返利和按股分红相结合的分配制度，切实提高基层社员工的工资，使得利益与工作绩效挂钩，而非仅仅靠遗留的原有固定资产获得为数不多的固定工资。实现民主管理，民主监督，建立起长效管理运营机制。（3）村社共建，把支部建在合作社上。为了加强基层社、联合社与农民专业合作社的纽带关系，基层社要大力组织村社共建，鼓励乡镇各联合社与各村两委共建合作社，共建为农服务中心。在每个合作社都设有党支部，同时在基层社与联合社设立总支部，拉动“党建带社建”，在村社共建实现村集体发展壮大的同时，巩固党在该村的执政基础，达到双赢。（4）提高基层社人才素质。由于基层社残存的劳动力多为中老年干部，虽然对于基层社有着深刻的认识与管理经验，但是仍然需要大量人才来完成各部门小组的具体工作。这一方面需要有较强的学习能力和创新能力的人才，另一方面需要有实践经验丰富的农村能人。因此基层社在完善治理机构的同时，还应逐步形成进得来人、留得住人、养得起人、人尽其才的人才管理机制。

基层社改造的试点工作已经展开，按照因地制宜的原则，发挥不同基层社的特色作用，进行分类指导。先选择牛店、大桥、刘集、关山 4 个乡镇基层社开展试点，边试边改，总结经验之后普遍推行。虽然各地都存在人才、资金、技术等难题，但是也都找到了各自改革的重点与方向，牛店镇以为农服务公司为发展的重点对象，凭借飞翔为农服务公司多年的创办经验和政策倾斜，为各个乡镇为农服务公司做好示范，刘集镇以村社共建为主要工作，关山镇以订单农业为发展方向，依靠县社的电子流通服务平台，将优势做大做强，大桥镇以示范带动、引领农业发展方向为突破口，优势基层社充分整合各自的社会资源，从而为后续其他基层社改造带来经验与业务帮助。

3. 搭建各级为农服务平台

在筹备各乡镇级联合社成立的同时，为迎合规模化服务体系建立的需要，各乡镇联合社的为农服务中心都在工商局挂牌成立了自己的为农服务公司，以为农服务公司的身份开展各项服务经营工作。从其他市（县）的经验来看，为农服务公司的建立必须要有一定的服务提供基础，有相当规模的经营业务才可以，如果不是基于扩大规模的需求而硬性成立为农服务公司，那么这笔投入便像无底洞般无法获得相应收益。据县供销社负责人反映，为农服务中心是公益性的组织，而东阿县供销社致力于建立盈利性的现代化服务体系，所以县社各位负责人一致认同将各乡镇原有的为农服务中心都改为为农服务公司。目前10个乡镇联合社中已有9个挂牌成立了为农服务公司。

从各个乡镇为农服务公司的股权构成来看，基层供销社认缴51%的股份，其余49%由社会上有资本的企业、个人进行出资入股，县级为农服务公司并未出资。由于大部分基层供销社存在资金困难，所以起初大多注资20%，该部分大多来源于社会筹资，剩余认缴股份可以在20～50年之内付清，这部分主要靠省社、市社批复的资助金来填补。以牛店镇飞翔为农服务公司为例，成立之初两位供销社职工出资占比49%，基层社认缴的51%中只有20%是实际注入资金，飞翔为农服务公司挂牌成立后，2016年省社批复了100万元资金予以支持，现阶段该笔资金还在农业开发办公室等待验收之后才能拨款给牛店供销社，市社也拨款20万元作为村社共建项目金，届时一并作为基层社股权注入剩余股份中。

东阿县供销社于2015年12月组织成立了县级为农服务公司——东阿县联创服务公司（以下简称“联创”），统领全县各个乡镇的为农服务公司。联创是县供销社实质领办而非入股的企业，这是由于县社出于事业单位的身份无法经营实体性资本性的业务。从股本构成来看，县级联创公司成立之初是将利群农资公司进行资产评估后，整体注入公司股份的，而利群农资公司是县供销社的直属公司，所以实质上联创这34%的股份依然是由县社所控制。除此之外，下级各乡镇的为农服务公司都必须参股5%，当时只有5个乡镇建立了为农服务公司，它们总共参股25%，最后还有41%的股份是来自山东省开元农资有限公司的股本投入。值得注意的是，东阿县的为农服务体系中，股份参与是自下向上的，联创并没有参股乡镇级为农服务公司，但是乡镇级为农服务公司参股了联创（图2-10-2）。从公司成员构成来看，联创的经理是供销社的一名副主任，其余大部分员工也都是供销社的人。目前联创服务公司主要为下属各个乡镇为农服务公司提供统一的农资购买服务和农机统防作业服务，这部分服务占比非常少，各乡镇为农服务公司的绝大部分服务都是自己独立提供的，只有少部分特殊农资（如高毒农药）通过联创购买。但联创会承接一些政府项目或公益项目，2017年5月刚刚中标了东阿县粮食高产创建项目。由于涉及业务较少，所以还未涉及利润分配，但是供销社主任已经对联创的分配机制有了充分的规划，未来利润分配将按照股权和参与量三七分成，其中纯利润按股权占比一一分配给各个股东，通过服务量、经营量、销售量这些硬性参与指标的衡量对下属参股乡镇为农服务公司进行激励分红。通过这种统分结合的方式更

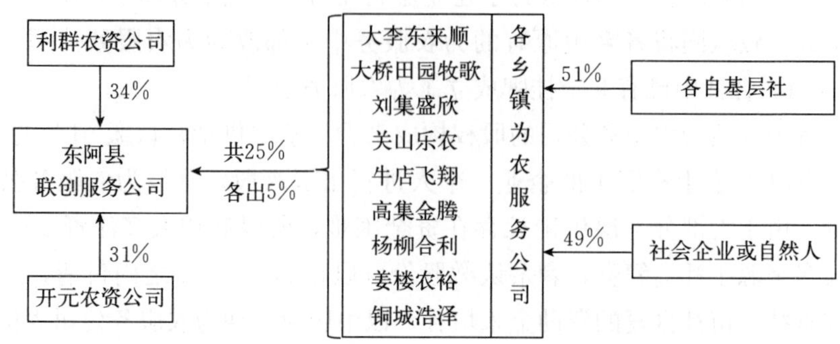

图 2-10-2　各级为农服务公司股份结构

好地密切乡镇为农服务公司和县级为农服务公司之间的关系，进一步增强各级联合社、供销社之间的实体性联结。

4. 组建县级联合社

改革的第四个重要环节是建立东阿县农民合作社联合社。镇域联合已经初步实现，各级为农服务公司也已经筹备完成，走向县级联合不仅是乡镇级联合社进一步大联合的需要，更是县供销社经营实体性业务的要求。东供粮食种植农民合作社联合社作为东阿唯一的一个县级联合社，于 2014 年在工商局挂牌成立。县供销社领办的东阿县联合社已经筹备完成，目前已由县编办上报市编办等待批复，预计 2017 年 7 月底便可以获得批准，在此之前，所有县级联合社的业务都先交由东供联合社运行。东供联合社理事长为刘建新，是县供销社的副主任，同时也兼任牛店供销社的基层社主任。章程规定的联合社成员是 10 个乡镇级联合社，名义上既不包括 13 个基层社，也不包括乡镇联合社中比较出色的合作社成员。东阿县联合社批复下来后，将成为县社工作开展的主要抓手，东供粮食种植联合社的所有业务也将合并到县联合社中。

东阿县联合社的成立将 10 个乡镇联合社，10 个县社直属公司、3 个县下协会等都纳入到同一个体系下，充分整合了东阿县供销社原有资源，与改革后的新鲜血液充分融合在了一起，是该县供销社改革整合形成体系化、网络化的一步。但是县社在资本运作方面尚无很好的解决办法，也没有将各项拨款资金投入县联合社的打算，资本运营公司也暂未建立。

（三）东阿县供销社改革后运营架构

至此，东阿县供销社形成了如图 2-10-3 所示的全方位多层级改革架构。一方面形成了由上级到县级再到乡镇级，由乡镇级到村级再到村民个人的多层

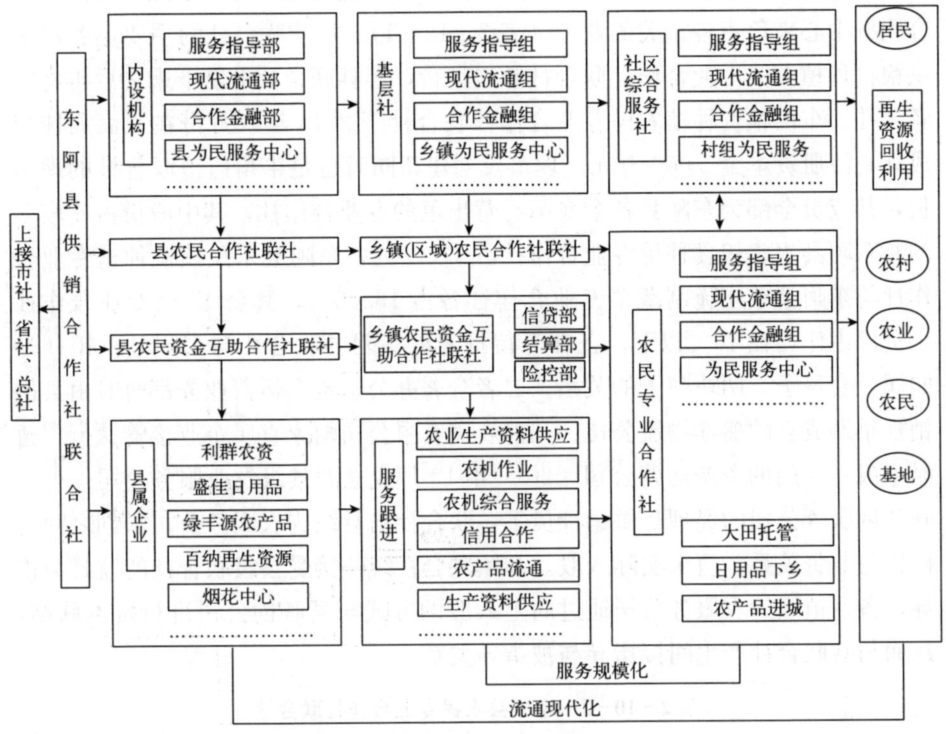

图 2-10-3 东阿县供销社改革架构

级垂直运作体系。东阿县供销社作为行政事业单位，上接市社、省社、总社的各项行政指导，内部分化给县社对应组织部门，向乡镇基层社对应小组传递，进一步到达村属社区服务社的负责小组；另一方面形成了以供销社为主导的行政指导路线，以联合社为依托的实体经营路线，以服务公司为主体的现代服务路线，以资金互助社为载体的资本通融路线的全方位改革路径。乡镇级联合社作为中间枢纽，利用自己的为农服务公司承接县服务公司的统一农资服务，同时对下属专业合作社开展各自的农机作业等服务，在县社现代化流通体系下形成了规模化的服务架构。

(四) 县级联合社运作情况

1. 基本情况

东阿县农民专业合作社联合社是省编办批复的事业单位（即将批复），目前由 10 个乡镇级联合社组成，主要职能是承接上级行政指示，对下属联合社成员进行指导、协调与监督，同时为他们提供以农资供应、技术培训为主的农业社会化服务。县联合社下主要设生产服务部、现代流通部、金融服务部、综合服务中心来负责各相关的业务（表 2－10－1）。目前联合社的主要业务由东供粮食种植农民专业合作社联合社开展运行，等县联合社批复下来之后再将二者合并。东供粮食种植农民专业合作社联合社于 2014 年 8 月份在工商局挂牌成立，注册资本金 5 000 万元，理事长刘建新同时也是牛角店镇联合社的理事长，其成员全部为东阿县各个乡镇经营出色的专业合作社，其中股份占比较多的有东阿县永鑫粮食种植专业合作社占 17.20%，东阿县乐民核桃种植专业合作社与东阿县单庄腌制蔬菜专业合作社各占 16.00%，其余 15 个专业合作社出资额占比均在 10%以下。正在等待批复的东阿县联合社与东阿县供销社是同属一套班子，两块牌子的关系，二者合署办公。资金运营业务都暂时由县供销社早期成立的盛佳物流公司、利群农资有限公司两家直属企业接管执行，暂时未成立专门的资产运营公司。2015 年 12 月成立的县级农业服务公司——东阿联创服务公司的经理是供销社员工，联合社与县级为农服务公司联创之间是协作与监督关系，暂未实际入股。乡镇联合社统一接受县级联合社的监督与指导，各乡镇级为农服务公司通过向上入股的方式与县联创公司进行资本联结，从而与县联合社产生间接指导与被指导关系。

表 2－10－1　东阿县农民专业合作社联合社

性质	事业单位
构成	10 个乡镇级联合社（已实现镇域全覆盖）
职能	指导、协调、监督、服务、教育培训
股份构成	即将批复，暂无股份构成
主要制度设计	生产服务部、现代流通部、金融服务部、综合服务中心，与县社相关机构合署办公
已开展的主要工作	协调各乡镇联合社出资成立县为农服务公司，同时指导联合社成员建立各自的为农服务公司
与县供销社关系	合署办公
与县资产运营公司关系	暂无资产运营公司
与县级农业服务公司关系	协作与监督关系，暂无实际入股
有没有入股下级联合社	尚未
与乡镇联合社关系	指导镇（街）供销社与农民合作社联合社融合发展，强化镇级农民合作社联合社规范管理
与乡镇农业服务中心关系	间接指导

2. “两条线一大片”的服务运营机制

即将批复的东阿县合作社联合社由东阿县联创农业服务有限公司和盛家电子商务有限公司两大公司参股支持，由10个乡镇级农民合作社联合社共同参与组成。其中两参股公司分别引领农业全程社会化服务体系与农村现代化流通服务体系，为下属“一大片”的10个乡镇联合社成员提供服务，联合社再进一步服务于下属专业合作社，最终实现惠农利农。具体的业务开展情况如图2-10-4所示。

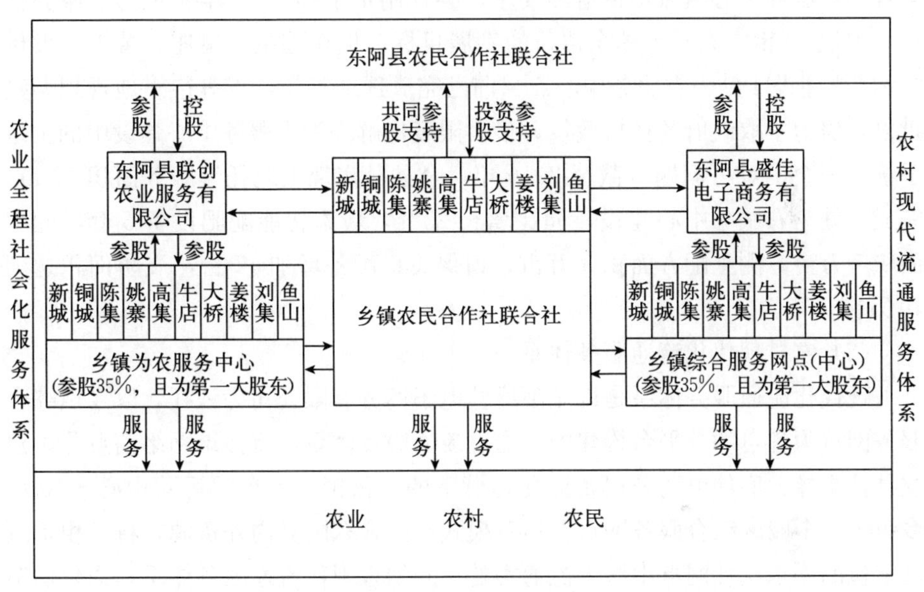

图2-10-4 东阿县农民合作社联合社双线运营机制

资料来源：东阿县供销社

（1）农业全程社会化服务体系

社会化服务体系由县级为农服务公司联创公司引领下属乡镇为农服务公司，乡镇为农服务公司由下向上参股，已建成的5家为农服务公司已经实际入股25%，其余正在建设中的为农服务公司也参与了剩余部分股份。全程社会化服务体系以为农服务公司为运作枢纽，县级联创农业服务公司作为龙头企业，承接各项政府购买服务和公益性活动，而各乡镇服务开展以各自为农服务公司为依托，以大田土地托管为切入点，在耕、种、管、收、储、售等主要环节提供全程社会化一条龙服务，开拓农业社会化服务的主渠道，打造既能为农民生产生活提供综合性、规模化服务，又能体现国家意志和政策导向的服务队伍。

在联创公司的领导下，各乡镇为农服务公司旨在打造农资直供、农机服务、农民培训、测土配方与智能配肥、庄稼医院与统防统治、烘干仓储（冷藏加工）、综合服务等全方位的一条龙服务，开拓3～5公里托管服务圈，托管服务面积3万～5万亩，以达到助农增收、助村集体壮大、合作社得发展的显著效果。2015年以来，东阿县供销社已先后建成了大李东来顺、大桥田园牧歌、刘集盛欣、关山乐农、牛店飞翔等5处为农服务公司，高集金腾、杨柳合利、姜楼农裕、铜城浩泽等4处为农服务公司正在建设过程中。按照省社2020年实现为农服务中心镇域全覆盖的要求，县社制定了到2018年实现为农服务公司（占地20亩左右）乡镇全覆盖的发展目标，拟在陈集、单庄、黄屯、大桥4乡镇再建设4处为农服务中心。目前已完成选址工作，正等待土地规划调整批复，努力争取政府的扶持政策，最大限度地解决为农服务中心建设中的土地手续、资金困难等问题。截至2016年，全县已实现土地托管服务面积30亩，完成5处为农服务中心建设，同比增长25%，新添智能配肥设备5套，配肥面积7万亩，测土配方面积5万亩，植保飞机配备增加17台，飞防面积达到10万亩。

（2）农村现代化流通服务体系

现代化流通服务体系是以东阿盛佳电子商务有限公司为依托，以乡镇综合服务网点为各自的分平台构建的。通过流通服务体系，将传统网络信息化，建立县社主导、盛佳电商公司企业化运营下的“供销e家东阿运营中心+10个乡镇、一个园区综合服务网点”运营模式。融合东阿县内外资源，将已租赁或已承包的原基层社网点中属于流通类的一并纳入现代流通服务体系，强化供销e家东阿运营中心的创新孵化能力。目前县级供销e家电商平台正在建设中，10个乡镇供销社传统网络信息化改造和电商网络中心预计在2018年年底完成并实现对接工作。依靠已租赁承包的基层社网点和现有的盛佳电商平台，东阿县2016年实现了3 000万元的电子交易额，农村服务社共计715个，城乡社区服务中心完成两处，农产品批发市场建立完成两处，填补了以往在实体性流通方面的空缺。东阿县供销合作社发挥流通网络覆盖城乡的优势，加快推进新农村现代流通服务网络建设，改善农村消费环境，开拓农村市场，促进了城乡经济社会统筹发展。

（3）各项创新工程辅助穿插

首先是资金互助工程。由基层社控股、设立农民信用互助社，规范发展农民信用互助业务。东阿县供销社尝试系统内坚持社员制、封闭性原则，开展农民合作社、农民合作社联合社信用互助业务、融资担保业务、农业互助保险业务，解决农民融资难题。其中牛店镇鑫博蔬菜种植专业合作社内部的资金互助业务开展得较好，规模不大但很稳妥，通过信用互助使得内部的资金紧张问题有所缓解。2016 年东阿县总共开展信用互助的合作社有两家，互助金额达 1 300万元，同比增长 3.17%，规范化办理并获得证件的只有一家互助社，目前正在按照“两头封死、封闭运行”的要求推进，不对外吸储放贷，不支付固定回报。但这实际上就是让合作社内部富裕社员拿出钱来给贫困社员用，现阶段农民社员的觉悟并没有普遍达到这种程度，所以开展的规模很小。

其次是形成了协同体系下的窗口联合。各乡镇为农服务公司与农村集体经济组织、基层农机推广机构、涉农服务窗口、龙头企业等都开展合作，形成了服务农民协同机制，在服务农民生产生活方面形成新动能。在飞翔、东来顺、浩泽、农裕、乐农等为农服务中心都设有综合服务窗口，农民在生产生活中遇到的困难，通过窗口服务甚至电话服务就可以得到解决。

村社共建工程也有了一定的效果。通常各乡镇为农服务公司都会让利两分钱给村两委，村两委组织号召村民购买服务，联合的村民越多，村两委获利越多，服务规模化越大，是一个双赢的过程。2016 年东阿县共计开展村社共建村 100 个，共建项目以及合作社 103 个，帮助农民增收 1 500 万元，村集体增收 200 万元。同时培训社员 12 500 人次，一定程度上提高了农民社员的素质。

（五）乡镇级联合社运作情况

东阿县各乡镇级联合社是下属合作社成员自主走向联合的，县供销社联合社在其中发挥的是搭桥引线的作用，所以供销改革体系下的乡镇级联合社在实际运营中呈现出了极大的自主性特点，主要表现在县级联合社、为农服务公司对乡镇级联合社的作用不太明显，个别乡镇级联合社发展优势明显，业务丰富，大多数乡镇级联合社刚刚起步，服务能力较弱，但运行架构清晰，未来工作开展方向明确。其中，姚寨镇农民专业合作社联合社依托东来顺为农服务有限公司，形成了集农资供应、农机作业、植保飞防、粮食烘干、粮食银行为一体的特色现代化农业服务体系。由于自身具有极大的发展优势，辐射能力强，与县联合社、联创服务公司之间的联系并不紧密，但仍会通过联创购买固定农资，并能接手联创服务公司承接的一些项目。牛店镇农民专业合作社联合社也形成了自己的规模化服务，虽不及姚寨镇的东来顺公司富有特色，但却便于其他乡镇效仿学习。同时牛店镇专注于村社共建工程的开展，并优先创立了自己的特色服务业务。而高集镇联合社则以自身经历说明大部分刚刚起步的联合社在发展初期的战略重点应该放在构建体系上。

1. 构建区域现代化农业服务体系：姚寨镇农民专业合作社联合社

东阿县姚寨镇农业专业合作社联合社成立于2016年12月，由姚寨镇供销社领办，其下有6个成员合作社，分别是东阿县鑫淼粮棉种植专业合作社、东阿县鑫科粮棉种植专业合作社、东阿县庆丰粮食种植专业合作社、东阿县富康果蔬种植专业合作社、东阿县海山粮食种植专业合作社、东阿县俊岭粮食种植专业合作社。联合社注册资本金860万元，每个合作社实际出资40万元。联合社理事长题召洋不仅是东阿县姚寨镇农民专业合作社联合社负责人，也是鑫淼粮棉种植专业合作社、鑫淼粮食银行的理事长，东阿县海山粮食种植专业合作社、东阿县东来顺为农服务有限公司的股东。

东来顺为农服务有限公司（以下简称“东来顺”）是姚寨镇联合社下的为农服务公司，姚寨联合社下属成员社的所有社会化服务都是由东来顺公司提供的。东来顺成立于2015年8月，注册资本500万元，是通过鑫博蔬菜合作社的信用互助业务实现的。其中供销社持股51%，题主任持股10%，法人代表刘善仓出资5%，其余社会人士出资剩余部分。题主任担任东来顺董事长，总经理是出资人之一的张明芳。2016年实现销售收入1 800万元，纯利润85万元，用于分配的利润只有10万元，按照入股量和交易量六四开的比例进行分红。

从运行架构来看，东来顺为农服务公司由供销合作社、鑫博蔬菜合作社、鑫科粮棉合作社、鑫淼粮食银行等单位组成（图2-10-5），每个单位负责不同的业务，姚寨供销社主要负责协调指导工作，鑫博蔬菜合作社主要负责资金户主业务，鑫科粮棉合作社主要负责订单农业，鑫淼粮食银行负责以粮食储存为基础的资金业务周转。各单位的发展情况一定程度上也反映出了东来顺公司的现代化农业服务的提供框架：

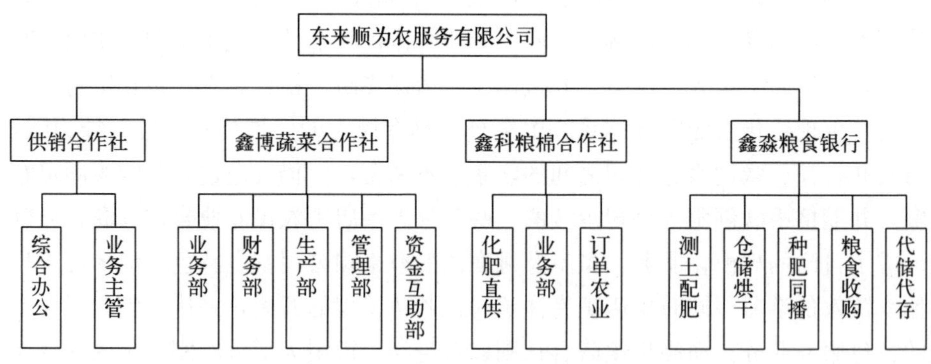

图2-10-5　东来顺为农服务公司运行架构

（1）姚寨供销社现有职工 20 人，主任、副主任和会计都在供销社兼职，月工资分别为 2 000 元、600 元和 200 元不等。姚寨供销社作为基层社发挥组织与监督的作用，充分协调东来顺公司与联合社的业务与关系。

（2）鑫博蔬菜合作社是联合社成员社中发展规模最大的合作社，同时也是东来顺的资金依托。鑫博蔬菜合作社于 2009 年 5 月，由题主任以及其他 7 位县供销社员工发起成立，注册资本金 118 万元，社员由最初的 68 户发展到现在的 460 户，入社股金增加到了 400 万元，带动农民 1 200 余户。鑫博蔬菜合作社目前拥有自己的注册商标鑫博士、题博士和洋糯香，蔬菜示范棚 10 个，育苗基地 1 处，大力发展订单农业，仅糯玉米订单就达 3 000 亩，回收价格每斤高于市场价格 0.1 元。2014 年秋季又发展了订单优质麦 6 000 亩，同年 10 月开工新建了 2 000 平方米仓储粮仓一处，降低了农民粮耗，增加了社会效益。为鑫森粮食银行的成立奠定了硬件基础。丰富的运营经验、规模化的订单农业、特色化的商标产品为鑫博蔬菜合作社提供了坚实的资金基础，累计投放小额社员互助金 500 万余元，解决了社员扩大生产经营的“资金瓶颈”问题，取得了良好的经济效益和社会效益。2016 年在县金融办指导下，与农村商业银行签订合作托管协议，为东来顺为农服务公司提供资金互助业务与最直接、最基础的金融服务。

（3）鑫科粮棉合作社主要为东来顺公司提供直供化肥，合作社主要种植玉米和优质麦，采用订单农业的销售模式，储存粮食在两个月内不收取储存费用，这种“先找市场、再抓生产、产销挂钩、以销定产”的模式很好地适应了市场需要，给农民的收入带来保障。该合作社订单农业的发展模式也被引进到了东来顺服务体系中，鑫科粮棉合作社也因此成为东来顺订单服务的依托对象。

（4）鑫森粮食银行于 2015 年 5 月成立，占地面积 16 000 平方米。对于没有仓库进行粮食储存的农户个体或其他经营主体，存粮以防损失是十分迫切的需求，鑫森粮食银行便很好地解决了这个问题。通过粮食银行与村组签订协议，农民粮食存到粮食银行，验收后为储户发放粮食储存折，储户凭存折兑粮，并可在粮食银行签约的粮油超市兑换成品粮或其他日用消费品。一方面储户无需承担风险，落价保底、涨价顺价，跌价保底结算，涨价利益分成，规避了市场风险。另一方面存粮期间储户随用随取，还可以获得利息分红。定期存粮每斤每月可获得 6 分钱利息，存期有一年、半年、3 个月。随用随取便属于活期存粮，每斤每月利息便只有 2 分钱。粮食银行每月可以获取 3 分钱的利息分红。自 2015 年运作以来，已有 90 余户农民存粮 500 吨。“粮食银行”这种新型的粮食流通业态，很好地解决了农户日常储粮不科学、不安全和占地费时的问题，大大减少了农民晾晒、用工问题，有利于为种粮大户、家庭农场、合作社提供现代化、机械化、规模化保障，为农业现代化，适度规模化发展作出积极贡献。

东来顺为农服务公司利用供销合作社系统优势和社会资源，建成了占地21亩的为农服务中心，集种植、加工、仓储、销售服务于一体，为联合社提供信息咨询、综合服务、订单农业、土地流转、农业保险、烘干仓储、信用互助、测土施肥、庄稼医院等服务。具体如下：（1）粮食烘干。服务中心拥有耕种收保设备30余台（套），2016年耗资300万元构建烘干塔1套，日烘干量400吨以上，让农民像收小麦一样收玉米，玉米鲜穗脱粒后进入烘干塔，烘干入仓。截至2016年10月，已收购小麦4 600余吨，收购玉米穗4 300余吨，烘干小麦和玉米1万吨，使小麦玉米两种作物的产量提高15%，减去农民承担的烘干费用后每亩仍增收120元。（2）粮食仓储。凭借鑫博蔬菜合作社现有的2 000平方米标准化粮仓，储粮能力达3.5吨，向成员、种粮大户及社会各界提供仓储服务，按储存时间每月每斤收取存费0.004元，在价格合适时进行价格结算，提高了对方的收入。同时还承接国家储粮项目，每吨每月收费60元。2016年累计储存粮食750吨。（3）测土配方。新上智能配肥机一台，测土化验后配出高含量、低成本的玉米肥2 000余袋，经种粮大户试用，每亩成本同比降低10%，产量增长10%以上，同时形成了自己特有的配肥流程体系（图2-10-6）。截至2016年，已经累计配置玉米用肥和小麦用肥200吨。（4）订单农业。依托鑫科粮棉合作社、鑫淼粮食银行发展订单农业，凭借鑫淼粮食银行仓储设备的优势，保证订单在两个月之内不收取粮食存储费用，与美国国民淀粉厂签订优质麦订单5 000亩，订单种植糯玉米5 000亩，其中法国罗盖特公司订单2 000亩，保龄宝公司订单3 000亩。全程机械化规模种植订单小麦、玉米比农户自己种植每亩增收减支达到987元，成本减少主要包括两个方面，一个是提高机械化使用效率，用工少，另一个是肥料、施药、二次包衣减少肥药投入成本。截至2016年10月，销售优质小麦100吨，实现收入1 300余万元。（5）土地托管。目前承接菜单式托管大田面积2万余亩，在南陈村、牛东村、付五村、黄启元村、前王村、旗杆刘村组织了6支40余人的托管服务队，全部实行机械耕种、种肥同播、统防统治。通过土地托管给农民带来便利和收益，具体收益对比情况如表2-10-2所示，通过对比发现，托管后无论是小麦还是玉米最终都实现了每亩地纯利润增加400元。

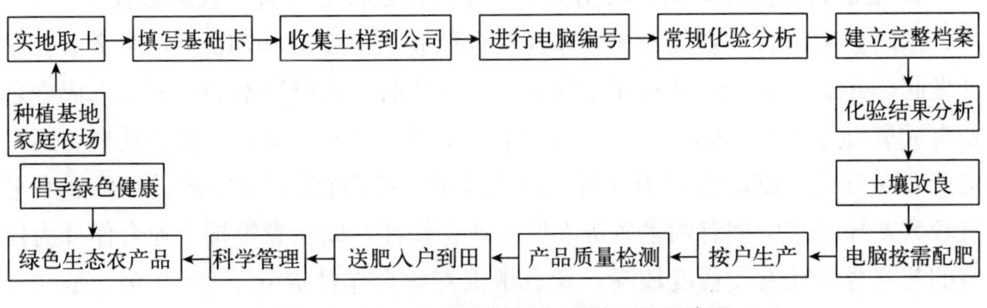

图 2－10－6　东来顺服务公司测土配肥流程

表 2－10－2　农户自己种植与托管规模种植投入产出对比

作物名称	小麦	玉米
农户自己种植每亩地投入	犁地 60 元，播种 20 元，种子 60 元，底肥 120 元，追肥 50 元，打药 2～3 次（除草剂一次，治虫 1～2 次）40 元，浇水两次 80 元，收割 60 元，用工 5 个 400 元（用工指打埂、往家拉麦、晾晒、入仓、防虫、销售），共计投入 890 元	播种加播肥 25 元，种子 50 元，底肥 120 元，追肥 50 元，打药三次（治虫两次加除草剂一次）45 元，浇水二次 80 元，收获 70 元，秸秆还田每亩 70 元，用工 4 个 320 元（含运粮、晾晒、交售等环节）共计投入 830 元
托管规模种植每亩地投入	犁地 50 元，播种 15 元，种子 50 元（专业合作社补贴一部分），二次包衣 20 元，肥料 130 元（控释肥，春季不再追肥），打药二次（治虫、除草各一次）25 元，浇水两次 80 元，收割 50 元，用工 1.5 个 120 元，共计投入 890 元	灭茬旋耕深松播种施肥 35 元，种子 35 元（订单种子），二次包衣 8 元，肥料 130 元（缓控释肥），打药二次（治虫、除草各一次）25 元，浇水两次 80 元，收获 50 元，秸秆还田 50 元，用工 1.5 个 120 元，共计投入 533 元
综合效益比较	农户自己种植一亩小麦产量按 1 100 斤计算，每斤小麦收获下来每斤 1.158 元，产值 1 298 元减去投入 890 元，每亩地收入 408 元。 托管规模化订单种植一亩小麦按 1 100 斤计算，其优质麦价格比普通小麦每斤高出 0.10 元，每亩地增加收入 110 元，每亩地纯收入 1 408－540＝868 元，比农户自己种植收入提高 868－408＝460 元	按每亩平均产量 1 100 斤计算，农户自己种植一亩玉米产值为 1.02 元×1 100斤＝1 122 元减去投入 830 元，纯收入 292 元。 全程机械化规模种植一亩订单玉米产量按 1 100 斤计算，每斤价格比普通玉米高 0.10 元，每亩地增加收入 110 元，每亩地纯收入 1 232－533＝699 元，比普通玉米每亩地提高收入 699－292＝407 元

资料来源：东阿县东来顺为农服务有限公司。

2. 推进村社共建与特色业务开展：牛店镇农民专业合作社联合社

东阿县牛角店镇农民专业合作社联合社成立于2016年12月，由7家合作社发起，并于2016年12月在东阿县工商局注册，注册资本260万元。成立之初有成员将近1 000人，现有13家合作社，成员1 600余人。联合社现有固定资产260万元、流动资产100万元，无负债。联合社的13家成员社发展水平有较大差异，其中拥有两家省级农民专业合作社，以新意粮棉专业合作社为代表的几家合作社发展程度较高。新意粮棉专业合作社成立于2010年，是联合社各成员社中最早成立的，在各成员社中发展水平最高，提供从种到收的一条龙服务，并拥有粮食烘干机，日烘干能力可达300吨。鑫博蔬菜专业合作社主要经营大棚蔬菜种植，并向合作社内部成员提供资金互助服务，在合作社内部进行资金的调剂，由内部成员进行担保，利息与银行贷款相似，可解决农户贷款难的问题。

牛店镇供销社联合社在村社共建方面做了比较多的工作。牛店镇供销社联合社成立了专门的领导小组，设立村社共建办公室，根据县级政府的指示开展相关工作。县委、县政府下发“村社共建”意见后立刻设立了专项扶持基金。紧接着根据县社下发的“村社共建”实施方案，将任务分解落实到镇、街道，制定共建项目的验收标准与考核办法。最后收到上级办公室的考核方案之后，迅速将其纳入本镇各街道科学发展考核中，确定每年开展两次村社共建推进会，纳入镇街党委书记工作考核的标准中。目前，全镇83个村已经实施共建项目26个，实现交叉任职人数60余人，累计带动村集体收入增加70万元。

牛店镇联合社于2015年4月控股成立的飞翔为农服务公司，除了提供土地托管、智能配肥、农机服务、粮食烘干储存、统防统治、农民培训等常规性的社会化服务外，还率先设立了综合服务窗口开展当地的特色服务业务。该窗口的设立，是落实2015年中央1号文件要求供销合作社为农民提供的“综合性服务”既包括生产性服务，又包括生活性服务的实际行动。它为农民提供快捷服务的平台，既在固定的服务大厅承接快速服务，也通过固定电话随时接受成员电话咨询与业务处理。主要承办的快捷业务有信息咨询、订单农业承接、农资直供购买、农机服务预定、农民培训资讯、代理缴费购物、社员内部小额借贷服务等。通过快捷窗口办理各种快速业务，免去了成员四处奔波，无处获取信息的困扰，提高了联合社整体的信息利用率和服务公司的资源配置效率。这种经验值得其余乡镇的为农服务公司效仿学习。

案例：飞翔为农服务中心规模化运营案例

飞翔为农服务中心是由东阿县牛店供销社控股的飞翔为农服务公司建立的，项目总投资580万元，总占地面积22亩，建有粮食仓储库430平方米、农机仓库460平方米、晾晒场820平方米、综合服务大厅560平方米，配置和整合大型农业机械设备30余台（套），投资200余万元购置安装了先进低温粮食烘干设备4组12台及其配套设施，日烘干能力达300余吨。2016年新增智能配肥机1台、无人植保飞机3架，服务半径5公里，可为周边30余个村庄近2万余农民提供耕、种、管、收、加、储、销等系列化服务。

产前方面，主要是统一采购化肥、农药、农膜、种子，通过飞翔服务中心采购农资，比合作社单独采购节省5%，但是对非联合社成员提供服务时会收取一定的费用。产中服务包括统一协调、组织、安排各专业合作社进行培训，主要是协调各合作社的培训工作。除此之外，依托新意粮棉种植和义松农机两个专业合作社，以“保姆式”全托管、“菜单式”半托管的流转方式服务农民耕地面积2.6万亩，土地托管服务使农民群众每亩地降低种植成本10%、增加粮食产量10%、订单增收10%左右。2016年共为种粮大户、家庭农场、农业企业及周边农民烘干粮食达3万余吨，较好地帮助解决了他们的粮食晾晒困难问题。产后销售服务主要是帮助联系厂家进行粮食的销售，以玉米为例，2016年玉米最低收购价为0.7元/斤，通过飞翔服务中心联系玉米销售商（包括饲料厂、淀粉厂），可以比当地市场价贵100元/吨。目前除传统渠道外，还通过“供销e家”、京东等电商平台进行销售。

3. 发展初期完善联合社运行架构：高集镇农民专业合作社联合社

除了上述两个发展比较出色、有自己特色的乡镇联合社及其为农服务公司外，东阿县大部分乡镇联合社的发展水平相当，其中也有一些尚处于起步阶段、实力较弱、存在很多问题的联合社。高集镇农民专业合作社联合社作为一个刚刚起步的乡镇级联合社，虽然在业务开展上并没有上述两个乡镇的联合社那么充实，但是由于改革路线目标明晰，再加上榜样乡镇联合社示范带头，其自身的运营架构也是相对清晰的。运行架构勾勒出之后，乡镇联合社本身对于自身定位也会准确许多，这有利于找准未来主要发展方向，并充分利用现有架构内已有资源，少走弯路。

东阿县高集农民合作社联合社成立于2016年11月，由3家合作社发起，由供销社领办，联合社成立时间不长，所以现仅有 3 家成员社。联合社于成立之时在县工商局登记注册，注册资本为 500 万元，其中供销社出资 33%，成员社出资 67%，均为认缴而非实际出资（图 2-10-7）。联合社的 3 个成员社分别为乐民核桃种植专业合作社，主要种植核桃、牡丹；富民甜叶菊种植专业合作社，主要种植甜叶菊和玉米、小麦；金科粮食种植专业合作社，该合作社理事长就是联合社理事长，也是乡镇供销社主任——李鹏，该合作社成立于 2009 年，目前有成员 100 人左右，主要业务除了种植粮棉油之外还有 100 亩推动托管的业务，帮助托管对象提供化肥、施肥、喷药，以及耕种收机械化服务，理事长李鹏占出资额的 51%，2016 年通过合作社分红获得收入约 10 万元。

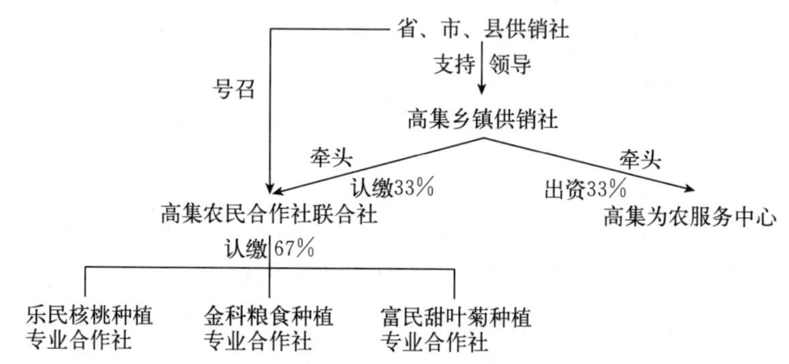

图 2-10-7　高集镇联合社、基层社、成员合作社以及为农服务中心的关系

为农服务中心由基层社领办，为联合社以及其他农业生产经营主体提供农机、农资、技术培训、统防统治以及粮食烘干等社会化服务。该为农服务中心占地 20 亩，建设投资 300 万元，其中 50 万元为省里下拨的财政支持资金，250 万元中基层出资 33%，中粮集团投资 60%，其余部分为贷款。

联合社不为成员社提供农资采购服务，但是 3 个成员社农资服务一般以该乡镇为农服务中心提供为主。目前联合社没有注册商标，也没有自己的销售平台。此外，联合社目前还没有能力为成员社提供运输、加工、储藏以及资金服务。该联合社没有实际性的业务，所以目前没有盈利和分红，但是已经形成了清晰的运行架构。未来该联合社想要发展，在现有架构的基础上必须要通过提供社会化服务来增加联合社收入，从而增强各个成员社的凝聚力，其中规模化的服务提供仍然是未来努力的方向。

三、主要成效和存在问题

（一）联合社发展取得的主要成效

在供销社改革的大背景下，东阿县对现有供销体系进行改革，改革后的东阿县供销合作社走在了聊城市同行业的前列，2016 年供销系统内实现了销售总额 18.77 亿元，同比增长 81.67%，利润总额 850 万元，同比增长 29.57%，所有者权益 3.52 亿元，同比增长 12.46%[①]，在此基础上形成了特有的“两条线一大片”的联合社运营体系，推动了当地的农业现代化建设进程。具体来看，东阿县各级联合社所取得的成效如下：

1. 落实了东阿县供销社改革的基本框架

东阿县供销社改革后全方位多层次的改革框架，为各级联合社的建立与发展指明了道路，但各级联合社的进一步壮大更是落实了已经建立的基本框架。东阿县供销社联合社下属的 10 个乡镇联合社涵盖了县下所有乡镇与基层社，联合范围比较广，县级联合社成员全部为清一色乡镇级联合社，便于制定公平统一的运营规则，降低县社的协调管理成本，提高运营效率。在县联合社的指导下，制订协调统一的管理制度和服务措施，即统一品牌谈判、统一订单种植、统一技术指导、统一购置农资、统一生产品种、统一整地播种、统一收获储存、统一银行借贷、统一产品销售。这种高效统一的管理体制进一步巩固了供销社改革的成果，有助于加强各级供销社之间的联系。

东阿县的各乡镇级联合社，虽然也是在政策号召下走向联合的，但大部分专业合作社早就有了合作的需求，这些合作社的诉求同时也带动了能力较弱的合作社寻求帮助的信心，因此乡镇级联合是在众多水平各异的合作社普遍需求下实现的。为农服务中心的建设也是如此，在乡镇联合已经实现的基础上，规模化的运营载体就是各乡镇的为农服务公司，于是在镇域联合实现后，各乡镇的为农服务中心也相继成立。最后，这些众多的实体运营主体的协调工作、上级资金拨款的投入工作等都需要有一个负责实体资金业务的县级组织来指导监督，县级联合社的成立也最终慢慢实现。这一步步形成体系的过程是始于基层的，是自下而上的变革过程，这与自上而下的行政干预下形成的体系虽然看似没有区别，但主动性与积极性相差却很大。也正是这种联合社体系的形成模式，才使得各级供销社之间的归属感和信任感比较强，从而稳固了供销社改革

---

① 数据来源：东阿县供销社办公室。

的成果。

2. 整合了全县范围内的为农服务资源

充分发挥供销合作社的资源优势和政府信用优势，组建各级合作社联合社，把合作社、龙头企业以及包括村两委成员在内的农村能人组织起来，既能够实现农村各项资源的优化配置，也可以实现供销合作社基层社的重建（孔祥智，2014）。东阿县各级联合社的成立，促进了各个乡镇为农服务公司之间的业务交流，加强了县级、乡镇级为农服务公司之间的联系。据统计，各个乡镇联合社的农资购买服务有近 20%是来自县级为农服务公司，而各村农民专业合作社的农机作业服务有近 50%购买于本乡镇的为农服务公司，有利于农业资源在全县范围内的合理流动，极大地降低了交易成本。

3. 形成了全产业链的现代化服务体系

山东省供销合作社改革探索的实质，就是在小规模农户的限制条件下，通过服务实现了规模经济，这个过程就是建设现代农业的过程（孔祥智，2015）。东阿县供销社创新改革思路，各级联合社立足于自身需求，从全程社会化服务、现代化流通服务“两条线”着手，为“一大片”的 10 个乡镇联合社提供全方位的体系化服务，思路清晰和目标明确，使得从县到镇再到每一个合作社内部，都有着清晰的服务、流通双线运营轨道。尤其在社会化服务的规模化方面取得了显著成就，2015 年中央 1 号文件明确指出：“重点支持为农户提供代耕代收、统防统治、烘干储藏等服务”，这是农业社会化服务体系建设的重点，也是各个乡镇耕、种、管、收、加、储、销一体化服务的出发点与落脚点，部分乡镇已经实现了全环节的规模化服务。从服务情况来看，农机服务方面，各乡镇的农机作业服务有一半来自为农服务公司，剩余部分由合作社自己联系社会上其他专业大户、农机合作社等进行购买服务。农资服务方面，全县的农资供应覆盖率达 80%。在规模化服务的同时也进行了村社共建工作的开展，在各乡镇为农服务公司购买服务主体中有 50%都是规模比较大的，其中就不乏村两委来签订的整村订单。从各乡镇联合社的服务效果来看，姚寨镇农民合作社联合社联合合利粮食、鑫科粮棉、峻岭粮食、鑫淼粮棉、富康果蔬等 6 家农民专业合作社，在联合社内部实行统一测土配肥 3 000 吨，统一储存小麦 400 万斤、玉米 350 万斤。牛店镇农民专业合作社联合社联合华涛粮食、新意粮棉、鑫博蔬菜、义松农机、昆泰粮食、新梦粮食、新垚粮食、国栋粮食等 8 家农民专业合作社，在联合社内部实行统一播种 1 万亩，统一储存小麦 600 万斤、玉米 400 万斤。刘集镇农民专业合作社联合社联合同心葡萄、同心桃果树、同心圆果树、道强果树、裕丰粮食、美丰粮食等 6 家农民专业合作社，在联合社内部实行统一购肥 3 000 吨，统一购置树苗 5 000 株，统一技术指导、产品销售等，美丰粮食订单种植糯玉米 10 万亩、销售 40 000 吨。通过为农民生产经营提供便捷高效的服务，把千家万户的分散生产经营变为相互联结、共同行动的合作生产、联合经营，实现小规模经营与大市场的有效对接，提高我国农业的整体素质和市场竞争力（钟真，2013）。

4. 带动了县乡层面农业生产效益提高

中央 11 号文件明确要求供销合作社改革要“坚持为农服务根本宗旨”，要“做到为农、务农、姓农”。东阿县在供销社改革的背景下，实现了县乡各级的联合，虽然联合的出发点是各个合作社自身发展的需求，但是落脚点却在促进农民收益的增加。以姚寨镇联合社为例，在其现代化服务运营体系内部，有作为资金支柱的鑫博蔬菜种植合作社，有以订单农业作为主要业务支撑的鑫科粮棉专业合作社提供大量统一订单客户，有为粮食仓储开创新出路的鑫淼粮食银行，一根资金支柱，两种特色业务成为东来顺现代服务体系的有力支撑。尤其是鑫淼粮食银行有很大的借鉴意义，为农民代储粮食，解决了农民卖粮难、储粮难、加工难的后顾之忧，同时又减少了粮食损失，确保储藏品质，提高了粮食利用率，合理周转规避粮价波动风险，增加了农民收入。有利于农民种粮积极性的提高，促进国家“藏粮于民”战略的实施。有效率的镇域联合可以指导各类合作社更好地组织农民，从而把更多的农民吸引到合作社中来，实现规模效益，反过来促进更多的合作社走向联合，进一步扩大自身联合的规模，最终实现乡镇级联合社组织能力、管理水平的提高，服务功能的完善，与农民联系的紧密性大大增加。

（二）存在的主要问题

1. 各级供销社力量薄弱，缺乏专业性创新人才

由于县供销社是事业单位，无法涉足与资本相关的实体性业务，成立县社直属的资本运营公司似乎成了县供销社的不二选择。但是东阿县供销社目前运营能力不如从前，并缺乏自己的资本运营公司，这导致省社、市社批复的资金无法作为自身股权予以投放，也阻碍了对乡镇级联合社及为农服务公司的参股入股、资金业务往来。同时，县直属的实体公司较多，仅是承接县社股权投入的就有利群农资、盛佳物流、盛佳电商 3 个企业之多，没有专业的资金管理人员进行梳理，交错的股权关系难免会产生矛盾与摩擦，不利于县社对控股情况详细掌握，更不利于县社从利润分配中获取分红。

基层社在县级供销社体系中发挥着承上启下的作用，但是无论是在资产拥有还是人员构成方面来看，基层社力量都太过薄弱。从资产方面来看，13 个基层社都被上级批为特困单位，仅有的租赁资本也面临着被一一拆除的风险，同时少额固定工资也只有少数人拥有，没有经济来源与盈利空间的基层社在协调整个乡镇合作社联合的话语权上有所欠缺。从人员构成方面来看，一方面基层社职工太少，无法对其进行明确的权责划分，从而无法有效上传下达相应部门的信息与指示，另一方面由于供销社人员偏向老龄化，对先进的农业知识与专业技能了解甚少，学习起来也困难，人员素质提高空间不大，同时缺乏年轻职工。最后是固有问题难以解决，上级对于供销社批复编制太少，很多科长到现在还是工人身份，一直无法提升，导致无法提高工作的积极性。

2. 乡镇联合社差异较大，存在一家独大的现象

各个联合社之间发展水平参差不齐，发展比较好的联合社已经完全实现了服务的规模化，并收益可观，发展较弱的联合社仍不能独立提供各项具体业务。差异化过大的乡镇联合社成员不利于县级联合社的统一管理，像姚寨镇联合社、牛店镇联合社这种业务较为全面的联合社，就占据了县内部绝大部分的服务份额，垄断的趋势更不利于其他联合社发展，也有可能降低他们自身的积极性。同时，东阿县目前有近 200 家农民专业合作社，其中有不少发展十分成熟，但也存在很多有名无实的。虽然联合社的目的是发挥以优带劣，减少差距，实现规模化，但是没有实际业务的合作社在联合社中的存在意义很小。这类合作社的存在无疑会降低联合社内部的凝聚力与向心力，不利于良性竞争与良性合作的发展。联合社对于成员合作社目前还没有加入门槛限制，无法杜绝这种搭便车现象的发生。

3. 联合社内部激励不足，缺乏完备的利润分配机制

按照制度变迁理论，制度创新的动力基础是外部利润（一种在已有制度安排下无法实现的利润，能通过内部环境的改善获得），外部利润的不断累积诱致当事人进行制度创新（刘芳，钱忠好 等，2006）。成熟的利润分配机制还未建立，联合社虽然有一定的利润来源，但是涉及利润二次分配的联合社少之又少，内部尚未建立起股权合作机制，激励机制更是缺乏。没有利润分配，就无法建立和加强统一的指导关系。这导致各级联合社之间的关系较为松散，县级联合社对乡镇及联合社的统一领导关系弱化，这与其对应的实体性为农服务公司自下而上的参股方式有关，县级为农服务公司未参股下级为农服务公司，自然缺乏一定程度的领导力，这会直接或间接对联合社的统一工作产生影响。除此之外，由于没有利益共担机制，县级为农服务公司与乡镇为农服务公司之间的服务联结也不够密切。

4. 联合社服务能力不够，不能满足多数合作社要求

虽然存在发展非常好的乡镇联合社，但是大部分联合社的服务能力仍较弱。为农服务中心虽已建成9处，但是服务提供比较完备的只有一半左右，提升服务功能仍然是联合社要解决的一大难题。虽然对于联合社来说“村社共建”是个很好的抓手，但是如果服务能力不足，即使与村两委合作成功，成立的合作社集合了全村人，也还是没有底气去承接项目、扩大规模。

四、政策建议

1. 改造基层社，加强人才队伍建设

基于基层社在改革中的桥梁作用，如何壮大基层社是东阿县供销社改革所面临的核心问题。要改革基层社的内部管理机制，为基层社注入新的活力，注重加强基层社人才和干部队伍建设。一是坚持开放办社，广泛吸纳农村各类优秀人才入社，参与管理和运营工作，将各类优秀人才纳入供销合作社人才和干部选拔任用培养体系，基层社、村两委、社会各界带头人可以交差任职，引导他们来基层供销合作社干事创业。二是拓宽基层社负责人选任渠道，鼓励村两委负责人、农村能人等入社参选，公开基层社管理人员招应聘选拔任用渠道，实行考试考核或竞争上岗，试用或末位淘汰等制度。三是营造引人引智环境和氛围，转变系统用人观念。四是建立基层社人才干部孵化器，借大众创业万众创新大好形势，与系统内外高等院校联系，鼓励大学生到基层社开展调查研究，实习体验，撰写毕业论文，为基层社改造出谋划策。引导热爱供销事业的大中专毕业生到基层社来干事创业，鼓励社会就业大军到基层社创业就业，为基层社孵化出更多的优秀人才。五是完善人才和干部管理体系，建立健全基层社人才和干部管理制度、录用考核制度、升迁管理制度、交流合作制度、子女入学就业优先制度、参加社会医疗保险和养老等社会保障制度，提高基层供销人的幸福指数，消除其后患之忧。

2. 适度提高成员联合社、合作社的准入门槛

对于各联合社成员来说，实现相互之间的统一性要做到，一是保持农民合作社联合社的为农服务属性，二是保证农民合作社联合社内部能够实现农民组织的民主控制（谭智心，张照新，2016）。对于加入联合社的成员合作社，考虑对其进行交易量、服务量等实体业务的量化评估，彻底排查有名无实的空壳合作社。但是对于那些确实有规模化需求、切实想实现发展却没有太多实体性业务的合作社，可以考虑让其入社，但是要有明确的试用期限制，在规定期限内如果没有改变的话，联合社有权规劝退社。

3. 完善基层社与联合社内部的利润分配机制和激励机制

建立健全联合社内部按股权和交易量共同决定利润分配的分配机制，进一步细化按交易量衡量的具体指标，增强可行性。在此基础上增加交易量占比，有效增强激励。严格执行“一人一票、按交易量返还”的基本原则，坚持民主管理与民主决策。除了联合社外，基层供销社的工资机制也要改革创新，利用基层社与联合社一套班子、两块牌子的关系，在联合社系统下增加员工的工资和奖金，提高基层社员工的工作积极性。

4. 提供资金支持，促进服务能力的提升

联合社服务能力的提升离不开各项业务的开展，服务规模的扩大，而这都是需要资金支持的，目前各个乡镇为农服务中心尚未完善的主要原因也是资金问题。所以建立长效的资金扶持机制是十分有必要的。在当地政府加大对联合社财政扶持力度的同时，鼓励积极开展资金互助业务，用于服务设施的建设与完善。除此之外，还要建立健全联合社与成员社的信用档案，在信用评定基础上对联合社开展授信（刘同山，周振，2014）。只有解决了资金的问题，薄弱乡镇的服务能力才有提升的硬件资本，在建立规模化服务的进程中还要向已经实现规模化的乡镇积极学习探索，总结经验。

第三篇
案例报告

案例报告一：滕州市案例

1-1　滕州市羊庄农民专业合作社联合社

一、联合社基本情况

滕州市羊庄农民专业合作社联合社位于滕州市东部的羊庄镇驻地，于2015年由羊庄供销社牵头，组织康之源粮蔬农民专业合作社、富民棉花专业合作社、富强农机专业合作社、中黄沟花椒种植专业合作社联合成立了滕州市羊庄农民专业合作社联合社。牵头人是羊庄供销社主任王磊。王磊现年47岁，父亲曾在供销社提供农资服务，王先生从小便生活在这种环境下，于是对供销社的运作情况有着深刻的认识。也是父亲常年在供销社工作，才有了偶然的机会让王磊得到了在羊庄联合社担任法人的机会。

提起成立联合社的原因，王先生告诉我们这是由目前他观察到的农民在市场上的劣势地位决定的。农民个体户无法全面了解市场行情与供需状况，在种植农产品的选择上存在极大的风险，这是由于“怎么销”的问题是农户面临的最重要的问题，而在这个问题的解决上单个农户的力量又过于薄弱，通过销售实现盈利从而真正达到惠民的目的似乎有些难度，正是看到了这一点，王先生有了成立联合社的念头，通过将合作社聚集，利用成员众多的优势，一方面更好地为大家提供准确的市场信息，增加盈利的可能性，另一方面则是为成员提供产销服务，帮助大家解决“怎么销”的难题。

二、联合社的运作情况

羊庄联合社的注册资金有620万元，其中供销社出资180万元，占股达36%。联合社内部有专门的工作人员，有完备的理事会与监事会，并且会定期召开理事会和社员大会，总结和安排每年的工作。联合社吸收新的合作社是无门槛的，可以不出资，也无需缴纳费用，目的就是让更多的合作社加入联合社，在大规模的基础上为更多的人提供成本更低的供销服务。联合社没有自己独立的章程，是参考工商部门统一的联合社章程，但是在财务制度方面是十分严格的，有专业的会计从业人员，会计资料也完备齐全，具体的运营状况和财务状况会向合作社全部公开，同时联合社也对各个合作社的产品以及农资交易记录有存档。

在决策方面，为了提高决策效率，减少不必要的管理成本和纠纷，联合社基本采取社长一人决定的方式，各个合作社对社长的决策没有太大的干预权。问起这样做的原因，王磊给出了最后销售时进行定价决策的例子，蔬菜价格都是由市场决定的，联合社能做的就是随行就市，但是这需要对产销量、市场货源有个大体的了解，才能为下面的成员提供准确的供求价格信息。而这项工作最重要的就是“抢时间”，如果不能及时决定是否以谈判价格成交，生意很快就会被其他合作社或者联合社抢走，带来的损失将难以估计，这种损失在联合社也是有过先例的。正是因为之前惨痛的教训，让社长决定在价格决策方面采取一人决策的方式，减少谈判协商的时间成本。在其他事情的决策上，虽然会与其他合作社进行协商，但是大部分情况都不存在太大的分歧，所以社长反映联合社在决策方面的效率还是很高的。

联合社自成立以来并无退社现象发生，这与联合社盈利状况良好密不可分。在种植方面，联合社的收支是持平的，主要盈利都在销售、储存、加工等环节。在利润分配方面，联合社采取按股东大小以及按出资额多少进行分配的方式，将各种成本提出后，从纯利润中提取 20% 留作联合社的资金用于进一步的发展。每年利润分配的多少由当年的盈利状况决定，多盈多分，少盈少分，但是最终的分配情况还是会通过正规的股东大会来商议决定。

三、联合社提供的服务

联合社主要提供大田土地托管和社会化服务两大类服务。在大田土地托管方面，联合社于 2016 年开启土地托管系列化服务体系建设，确立了标准化示范田 150 余亩，托管土地 500 多亩。主要的托管方式有完全托管和半托管，完全托管主要是外出打工或者没有能力经营土地的农户，将自己的土地交给联合社经营，联合社给他们每亩土地 1 000 元的租金，年底按每年利润不同再给予一定的分红，平均每人每年可以得到 2 000 元以上。而半托管则是仅仅在部分环节由联合社统一进行管理，具体环节由农户和联合社协商。通过这种方式，既解放了大量的年轻劳动力，同时也让没有劳动能力农户的土地不至于荒废，提高了土地的利用效率和生产效率。

在社会化服务方面，联合社于2015年底依托联合社投资成立了羊庄为农服务中心，投资额达220万元，占地面积10余亩，该为农服务中心现在已经投入运营，辐射范围达到了周边3公里，促进了联合社加工销售一体化的一条龙服务。农资采购服务方面，联合社在滕州有自己的合作公司，服务价格远远低于市场价格，为农民每亩地节省了30元开支，同时也带动农资销售增加利润10万元，所购农资直接送运到地头，极大地降低了中间环节和流通成本，给农户带来了切实的便利。技术服务方面，联合社定期举办科技培训班，培训农户50余人次，并聘请专家技术人员给社员进行具体指导，这些服务对非联合社成员也免费提供。销售服务方面，联合社有自己固定的农产品批发市场，统一帮助成员销售产品，制定保底价格，当市场价格高于保底价格时按市场价收购成员的农产品，而当市场价格低于保底价格时则按保底价格收购。除此之外，合作社还会为成员提供信息服务以及短期资金借贷服务与储藏服务，据王先生介绍，联合社的储藏服务为农民带来了很大的福利，2015年洋葱0.4元一斤的时候，联合社统一入库储存，后来因为雨雪天气导致洋葱价格暴涨，达到了1.2元一斤，入库几个月相当于种地3年的利润。

四、存在的问题及未来规划

联合社主要存在两方面的问题。一是人才方面，联合社还缺乏多方面有能力的人才，接下来的方向是想走出国门，所以对于出口方面的人才非常需要。另一方面则是经济作物的影响力方面，当地村民普遍种植粮食作物，大都规避风险不愿种植经济作物，但是王先生认为还是经济作物获利空间大，所以希望能加强这方面的号召，让老百姓增强对种植经济作物的信心。

合作社抱团成立联合社的作用非常明显，这是因为成员社之间差距较大，通过联合带动相对较弱的合作社，这是王先生现在努力的方向。除此之外，王先生组织成立了另外一个联合社，但仍处在起步阶段，他希望将其也发展壮大，从而扩大机械化规模和水平。

（调查员：赵昶）

1－2　滕州市南沙河农民专业合作社联合社

一、联合社基本情况

被访人田尚是滕州市南沙河农民专业合作社联合社的主任。该联合社成立于2015年11月，由4家合作社发起，由滕州市南沙河供销合作社牵头成立。联合社目前有4家合作社，分别为：祥意粮蔬种植专业合作社、天盛粮食专业合作社、新玲农机专业合作社和枣庄盛祥农业植保专业合作社。联合社于2016年9月在滕州市工商局正式注册，注册资本为400万元，其中供销社出资160万元，占出资总额的40%。

联合社现有固定资产1 500万元，流动资产400万元，目前暂无负债。

问及当初成立联合社的主要原因，田主任认为，主要是为了按照市总社发展镇级农民合作社联合社的要求，同时立足当地农业生产现状和结构特点，适应农民种地有土地托管意愿以及对于农业机械化和专业植保服务等农业社会化服务的需求。

在联合社成立的过程中，遇到的主要困难是资金问题。联合社的成立有许多基础设施需要建立和完善，比如：农机购置和更新、道路硬化、棚库建造等都需要大量资金，因此联合社的成立和发展对于资金的需求都非常大。目前，联合社通过自筹资金、大户资金入股、社会资金入股等方式来解决资金问题。而且，联合社的发展受到省级供销社和县（市）级供销社的支持，目前政府审批通过将发放道路硬化、库棚建造和农机购置等相关补贴100万元，按照联合社实施进程来发放补贴，但是目前联合社还未收到该项政府补贴。

联合社中4家合作社成员的发展水平差异较大，其中新玲农机专业合作社由于农机投资成本较大，且农机作业收益较高，所以相对来说是这4个成员中发展最为突出的一个。但是由于农业生产的季节性较为明显，所以新玲农机专业合作社的发展也存在较强的季节性——农忙时节效益好，农闲时节效益相对较一般。新玲农机专业合作社除了给其他成员合作社提供农机作业服务之外，自己也流转经营了200亩土地，主要种植小麦、玉米。

二、负责人的基本情况

目前联合社的主任是被访人田尚，但是他刚上任才只有一个多月。联合社的前一任主任是张杰，也是联合社目前的法人代表，法人代表暂时还没有更换为被访人田尚。田尚现年 49 岁，中共党员，虽然上任时间不是特别久，对于联合社的基本情况也不是特别熟悉，但是由于他在上任之前一直是滕州市南沙河供销合作社的员工，在此期间他在供销社做过销售员，负责过供销社的农资销售、经营管理，甚至还在供销社做过财务管理，对于供销社的业务非常熟悉并且也热爱这一行。所以他当选了由供销社牵头成立的这一家联合社的主任，目前他在联合社不领取工资或者补贴。

被访人田尚表示，他的亲戚朋友中有村干部、乡镇干部、县（市）领导，也有从事同行业的人员，这对于他能够成为该联合社的主任或多或少有一定的关系。

三、联合社的运作情况

问及目前联合社的发展运作情况及主要作用和功能，联合社主任田尚表示，联合社主要发挥组织协调成员社合作，以及促进成员社信息共享的作用。比如，联合社会根据不同成员社农业生产情况对农机具进行合理调配，将新玲农机专业合作社的农机作业服务效用最大化。与此同时，由于成员社化肥需求量较大，联合社统一采购能拥有较大的议价权，所以在农资采购环节联合社会组织成员社，在选定品牌和厂家后，进行议价定价，然后统一采购。与此同时，联合社还为成员社提供仓库，组织销售。对于联合社的产品定价以及农资选定等一些决策，主要由 4 个成员社理事长和理事会成员形成的理事联合会以及联合社主任一起进行讨论决策，一人一票，少数服从多数。

联合社目前只有田尚主任一名，暂时还未设立理事会、监事会，也没有专门的工作人员。联合社有相应的联合社章程，主要规定了成员社的权利和义务，如果没有相应的联合社章程，将无法获得工商注册。

联合社目前召开的社员大会次数不多，一次是商讨联合社筹办的相关事宜，一次是商讨二期建设以及投资问题。而联合社理事联合会的召开相对比较频繁，在耕、种、收每个环节前都会进行相应的讨论。该联合社是一个独立核算单位，有盈利，盈利主要来自联合社统一采购农药、化肥等农资，农资公司会返利给联合社，2016 年 1 000 吨农资，返利 30 万元。联合社盈余的 15%为联合社计提联合社资产累计，4%用于成员社分红，具体按照成员社出资比例进行分红，其余用于联合社的其他开销以及税费缴纳。

联合社的财务管理制度较为严格，有专门的会计，会计资料比较完整并向下属合作社全部公开财务和运行情况。联合社有各成员社的资金账户和产品、农资交易记录。

四、联合社提供的服务

联合社给各合作社提供产前农资采购服务，能够帮助合作社节省7%～10%的农资成本，与此同时通过返利，联合社也有可观的获利收入，为联合社的发展提供一定的资金保障。

在产中环节，联合社向各合作社提供农业培训和信息咨询，不收取费用，给非成员也提供相应的培训和信息服务。主要包括发放一些宣传单，组织农机技能培训，农产品介绍以及农资介绍等。

在产后的销售环节，联合社为成员社提供销售平台，主要是市供销总社的商务平台，价格比合作社自己卖贵5厘/斤，不给非成员提供销售服务。

此外，联合社的成员社之间会相互提供资金互助。比如在农资购买环节，如果祥意粮蔬种植合作社在此时资金不够，而天盛粮食种植专业合作社资金充足，那么天盛就会帮助祥意垫付相应农资费用，等到祥意有了相应的资金，再按照3～4厘的月利息偿还本息。这样成员社之间可以相互有偿、低价提供资金互助服务。

五、联合社存在的问题

联合社主任田尚表示，目前联合社相应的运行机制体制仍不够完善，仍处在构建完善阶段。与此同时，联合社在资金、用地方面仍有较大的困难。联合社的发展需要约10亩工业用地用于储备库和服务大厅的建设。需要政府在这一方面大力支持和引导。

田尚表示，联合社目前缺乏管理型人才和相应的技术人员，他认为聘请大学生成本过高，而对目前的管理人员和技术人员提供相应的培训是最好的方法。希望有关部门能够提供这样的培训服务。

在联合社的运作过程中，缺乏相应的监管，合作社的章程还不够严谨，在运作中仍能发现不少问题，比如提供的农机服务为按亩收费，这一过程中，有些人会将面积少报，对联合社来说是一种无形的损害。

六、联合社发展前景

就目前而言，合作社抱团成立联合社的作用较为明显，与单个合作社相比，联合社能够有效降低农资成本，此外还能有相应的分工，且不愁销路。

联合社主任还是比较看好联合社未来的发展前景的，他希望联合社能够继续做大做强，有更多的成员社能够互利互助。这就需要联合社有规范的章程，能够从严管理，并且不断优化管理理念。联合社目前主要和镇经管站、农机站、农办，以及县农业局和供销总社等政府部门联系，并且受到当地村委和乡镇的支持。

与此同时，田尚表示，需要有相应的法律法规来规范联合社的发展，就像2006年颁布的中华人民共和国农民专业合作社法一样，对于合作社的成立和发展有明确的法律法规，使得联合社未来的发展有法可依。

（调查员：张阳悦）

1-3　山东省枣庄滕州市贵通果蔬专业合作社

滕州市贵通果蔬专业合作社位于山东省枣庄滕州市界河镇葛庄村，于2009年11月注册成立。合作社于2013年11月被评为国家级示范合作社，并受到了滕州市政府5万元的奖励。合作社目前经济效益好，带动成员增收效果明显。

一、合作社基本情况

（一）合作社本身

合作社所在的界河镇葛庄村地处平原地区，交通较为方便，距离县城15公里，距离104国道0.5公里，距离高速公路入口12公里，距农贸市场2公里。葛庄村人均土地面积1.2亩，村里大部分耕地种植马铃薯。村里没有企业，人均年收入15 000元，在乡镇中排名较为靠前，这与合作社带动本村社员增收有较大关系。

合作社目前有社员106户，主营业务为马铃薯的种植，拥有标准化种植基地1 200亩。合作社由滕州市贵恒农产品公司领办，注册资金为225万元，其中贵恒农产品公司出资120万元，占注册资金的54.5%，其余为普通成员出资入股。106名社员中，有6名为贵恒农产品公司的员工，分别出资6万元、4万元、4万元、3万元、3万元、3万元。被访人王洪贵是合作社理事长，同时也是公司的副经理，在合作社成立时出资6万元。合作社其余100名社员是界河镇葛庄村的村民，共出资76万元。

（二）合作社与公司

贵恒农产品公司是合作社的主要成员，是领办合作社的一家农产品加工、销售企业。该公司是滕州市供销总社的下属企业，为股份制企业。企业注册资本300万元，其中市供销总社出资183万元，占公司61%的股份，因此该公司是一家市供销总社为主要股东的股份公司。在牵头成立该公司之前，公司的主要业务是收购当地农户种植的一些马铃薯、绿萝卜、地瓜，进行精加工、包装，将农产品销售给供销超市。由于公司没有自己的农产品生产基地，也就无法对收购的农产品在生产环节进行监督，农产品的质量也无从保障（尤其是农药残留等），无法进行进一步的业务拓展（比如与大型超市合作）。因此公司决定领办合作社，为公司的农产品加工、销售提供可靠的、质量产量有保障的农产品。

（三）合作社与联合社

合作社在2014年12月还加入了龙阳农民专业合作社联合社，该联合社是乡镇联合社，目前有成员社6家，除了贵通这一家主要种植马铃薯的合作社，还有一个主要种植马铃薯的家庭农场、一个专业种植地瓜的合作社、一个专业种植大白菜的合作社，以及一家植保专业合作社和一家农机专业合作社。6个成员社主营业务不尽相同，其中植保专业合作社和农机专业合作社为成员合作社提供优惠价格与市场价的社会化服务，而领办贵通果蔬专业合作社的贵恒农产品公司也会收购地瓜专业合作社和大白菜专业合作社的农产品，为他们提供销售服务，这一销售服务占这两家合作社销售业务的1/3左右。由此可见，该联合社的主要性质是同一地区不同业的联合，联合的主要目的是为了进一步合作，优势互补，通过低价高效有偿的社会化服务供给与需求，将外部成本内部化，互利共赢。

（四）合作社与社员

合作社社员通过资金入股，在马铃薯种植过程中，遵循合作社统一购买农资、统一接受合作社技术指导、统一机械化操作、农产品统一收购的原则。其中，种子为合作社统一购买，除了能够保证合作社种子质量之外，还能比农户单独购买的价格要低；成员社所需的化肥由联合社统一购买，价格能比合作社统一采购还要低；由于该合作社种植的马铃薯对于农药品质要求比较高，所以农业局会提供相应化肥采购指导，推荐一些低毒、高效的农药品种，合作社统一购买。耕种收环节的机械化操作，也是合作社统一接受联合社成员农机合作社的服务，价格要比市场价优惠：耕地环节市场价为80元/亩，合作社的价格为60元/亩；打药市场价为50元/亩，合作社价格为40元/亩；收获环节由于要保持马铃薯品相完整、美观，所以采用半机械化，通过农机先深挖，再人工翻出、收捡、套袋、入箱，深挖环节市场价格为100元/亩，合作社价格为80元/亩。

农资购买和农机服务环节所有的费用先由合作社的流通资金统一支付、垫付，社员在收获环节与合作社统一结算，合作社将马铃薯收购的款项扣除农资费用和农机服务费用支付给社员。

合作社的盈余提取25%作为合作社的公积金和公益金，30%为给社员的分红，按照出资额多少的比例进行分红。其中理事长占出资额的2.72%，2015年获得分红2 350元，其他成员也按照出资额多少，在合作社有盈余的年份可以获得相应的分红。

二、理事长基本情况

理事长王洪贵衣着整洁，在交流过程中可以看出他有较好的经营管理能力。在成为合作社理事长之前是贵恒农产品公司的副总经理，在公司工作之前为乡镇供销社主任，这为他成为合作社理事长积累了丰富的生产经营管理经验。他不是村干部，但是中共党员，现年55岁。在合作社成立时出资6万元，是除了贵恒农产品公司以外出资额最高的成员。理事长在合作社不领取报酬，在农产品公司担任副经理，年薪约5万元。

王洪贵家有2.4亩耕地，也种植着马铃薯，现在主要由妻子在进行生产管理，妻子也加入了合作社，出资5 000元。这2.4亩土地在妻子的生产管理下，通过合作社的统一管理、统一销售，一年能获取纯利润1.5万元左右。儿子现年30岁，在华为公司上班。

夫妻2人一年收入约7万元，支出方面，食物一年支出18 000元，衣着5 000元，电话费1 200元，水电费600元，医疗支出2 000元，红白喜事随礼支出8 000元，其他支出10 000元。

三、农业生产情况

（一）土地

合作社106户成员经营土地1 200亩，这些土地为标准化生产基地，由于目前本村各家各户都在种植马铃薯，且经济效益较高，所以各家都不愿意将土地流转出去。合作社目前没有流转土地，若要流转难度也非常大。因为合作社目前 1 200 亩的生产基地已是最佳规模，而且其马铃薯生产的质量检测标准要求较高，生产规模过大不利于监管，难以保证产品的高品质。各个成员种植土豆的耕地均为自家耕地，其中王何家人口较多，所以耕地面积大，约为 30 亩左右，是合作社耕地规模最大的成员，王何也担任了合作社的副理事长，一年在合作社领取报酬 12 000 元。合作社生产所需的化肥、农药存储的仓库租用了社员家的一块宅基地，12 间，一年租金为 6 000 元。

（二）劳动

合作社的行政管理主要由理事长、副理事长和理事会成员负责，只有副理事长领取报酬，月薪 1 000 元。财务方面有会计一名、出纳一名，均为兼职，月薪均为 1 000 元。合作社在装袋、入箱包装环节雇佣短工 15 名，一年工作约 100 天，均为本乡镇四五十岁的女工，日薪 80 元。在生产中的日常管理比如浇水等环节所需劳动力均由合作社社员自家提供。

（三）资本

合作社有小型农药机 4 台，于 2010 年购置，可以使用 4～5 年，价值 4.8 万元。在流动资金方面，为成员入股资金 220 万元，主要用于支付合作社收购社员马铃薯的费用、工资以及购置农机具的费用。合作社目前没有负债。

（四）生产成本与收益

2016 年，合作社农业经营收入约 1 440 万元，支出 1 429 万元，不用缴纳税费。由于 2016 年土豆市场行情好，销售价格可达 4.4 元/千克，所以盈利较为可观，盈利能力比前两年好。与此同时由于合作社生产的马铃薯销售渠道为深圳华润万家、上海家乐福和北京物美，所以有品质保证的马铃薯价格比市场价格还高一些。2016 年合作社 1200 亩土地两季收获马铃薯 4 800 吨，由于第三方检测 180 项指标全部合格，且于 2010 年获得无公害认证，所以合作社生产的马铃薯全部销售给签订合同的 3 家大型超市。合作社与超市签订合同，并交纳 5 万元的保证金，一旦合作社生产的马铃薯农药或者其他指标超标，5 万元保证金将被吞没。所以合作社实行标准化生产，并将提供优质无公害的马铃薯视作是合作社发展、盈利的生命线。

成本方面，一亩马铃薯种植需要种子 130 千克，3.6 元/千克；一亩地需要3袋复合肥，1袋有机肥，其中复合肥150元/袋，有机肥70元/袋，一亩地化肥费用约520元；农药的使用量根据马铃薯长势而定，一般而言一亩地化肥费用为150元；机械化操作租赁作业费方面：耕地一亩地花费80元，打药40元，收获深挖80元。

四、农业社会化服务

合作社除接受政府部门、农技部门等一些免费的技术指导外，还专门聘请了4名农业局的技术人员，在生产中对合作社社员的耕、种、收各个环节进行专业技术指导，一年支付给技术人员每人1.2万元。合作社的农资服务主要由合作社所加入的联合社提供，能够有效降低农资购买成本，选购一些有品质保证的化肥、农药，与此同时农业局也会免费提供一些农药采购的指导和帮助。合作社接受的物流服务是市供销总社下属的三兴物流提供的冷库服务，该服务比普通社会上的冷库服务价格低，且能有效保障冷库24小时冷藏，进而保证马铃薯不发霉、无病变。在信息服务和品牌服务方面，主要由政府免费提供指导，效果较好。合作社种植的马铃薯所接受的质量服务由专业的第三方公司提供，一年花费3 000元，对合作社的水质、土地和马铃薯进行专业检测，供给超市证明。在作业服务方面，主要接受联合社其他成员社所提供的优质、高效的农机服务和植保服务，而且价格比市场价格要优惠10%～20%。理事长王洪贵表示，目前合作社接受的社会化服务较为充分，尤其是联合社和成员社提供的社会化服务，能有效帮助合作社成员降低生产成本，另外政府提供的一些信息和指导对于合作社的发展也有重要的作用和意义。

合作社给社员能够提供统一的、专业的技术服务、农资购买服务、销售服务、物流服务、信息服务、质量服务以及作业服务。通过合作社的这些服务来保证社员种植马铃薯的品质。但是目前合作社没有给非社员提供相应的社会化服务。合作社为成员提供的服务能够帮助农户有效降低生产成本，比农户自己解决便宜10%～15%，合作社收购社员马铃薯比市场价格高2.5%～5%。

五、发展规划与意愿

可以说，合作社的成立、发展较为成功，经济效益、社会效益都较好。合作社目前最大的优势就是通过领办合作社的公司与大型超市签订合同，形成农超对接，为合作社的销售提供有效保障；其次合作社加入联合社，为合作社进一步降低生产成本提供了保障；此外也离不开政府的支持与帮助。目前合作社的发展还没有比较突出的困难。合作社已经达到了最佳的经营规模，再扩大规模则无法保证对生产的有效监督，进而也不能保证农产品的质量要求。

（调查员：张阳悦）

1－4　滕州龙阳镇冯庄村腾龙合作社

一、基本情况

腾龙合作社于2009年由关祥秋组织成立。关祥秋，合作社理事长，成立合作社之前凭借食品加工做小本生意挣钱，后来一次偶然的机会，他和朋友一起在外地看到了黄瓤地瓜这个品种，十分想学习种植并引入自己的村里。他也立刻将自己的想法投入了实践，先引进了一小批黄瓤地瓜，和朋友亲自去市场上卖。刚开始运行的时候这个品种的地瓜销路并不是很好，关先生说没有客户的难题是他起步之初面临的最头疼的问题，但是万事开头难，没有市场也要硬着头皮找市场。于是他就和朋友到处奔波找市场，主要是印一些名片给各处流动的小商小贩，以低廉的价格卖给他们，让他们帮助销售。经过关先生和朋友们的共同努力，积少成多，渐渐地生意便做大了，大家都觉得黄瓤地瓜品种质量好，于是回头客也多了起来，渐渐地便由与流动摊贩合作到与固定超市合作，市场销路越来越好。关先生家里有5口人，妻子和他一起参与合作社的运营与管理，儿子和儿媳则在外打工，主要是推销产品的工作，还有一个4岁的孙子在家里上学。

二、经营状况

土地方面，腾龙合作社目前有土地40亩，主要经营的作物是地瓜，每亩土地每年的利润能达到1 000元。这40亩土地都是2011年流转的本村土地，每年的租金是根据当年700斤小麦的价格决定的，小麦市场价格波动，土地租金也随之波动。合作社每年生产的地瓜都会储藏在地下。关先生认为现在的40亩土地是最低底线了，少于40亩土地将会赔钱，但是经营能力的上限是200亩土地，在这种情况下则可使每亩地的年利润达到2 000元左右，是现在的2倍。

劳动力方面，合作社现在很少雇人，因为基本上都实现了种植的机械化，除了作业环节需要雇佣 40 人左右的短工之外，其余环节需要的劳动力数量不多，这也与经营规模不大有关。

资本方面，合作社目前没有负债，从固定资产来看，现有一个温室大棚，修建于 2010 年，当时花费 6 000 元建造，估计可以使用 20 年左右。现有农机具包括深翻机、旋耕机、收割机，都是购置于 2014 年，接受了政府 4 万元的农机补贴之后，总共花费不到 9 万元，均可使用 15 年左右。

从 2016 年的生产状况来看，虽然每天地瓜销售量达 5 万斤左右，销售收入达 70 万元之多，但是合作社 2016 年一年的毛利润只有 3 000 元左右。这是由于地瓜的价格太低，虽然销量多但依然很难弥补成本，2016 年地瓜的销售均价为每斤 0.35 元，但生产成本高昂，每亩地需要地瓜种子 150 斤，成本达 180 元，花费也是每亩地需要 200 多元，一年中农家肥的花费也要达到 8 000 元左右，除此之外农药、农膜还要花费 5 000 多元。

三、社会化服务

腾龙合作社于 2014 年入股富阳供销社联合社，联合社下面有 6 个合作社成员，主要有农机合作社、种植合作社、劳务合作社。加入联合社虽然一年分红只有几十元，但是却可以接受更全面更优惠的社会化服务。首先是农资供应服务，通过联合社购买的化肥、农药可以比合作社或者农户自己联系购买节省 10 元左右。值得一提的是，合作社只是负责组织，具体购买的时候并不是合作社统一购买，而是大家分户按照优惠价格购买，只有种子是合作社统一订购的，一颗种苗 0.12 元，合作社负责单种育苗，这是为了保证品种质量，社员则可以低价购买育好的地瓜苗。农资服务除了化肥、农药的购买，还有地膜、农膜的购买，通过联合社购买农膜可以节省 7 元；其次是销售服务，合作社成员生产的地瓜，大部分通过合作社直接销售到市场，合作社以高于市场 0.01 元的价格收购社员的地瓜，再贩卖到商贩那里，只有一少部分通过联合社销售到超市，这个价格要比市场价格高出 0.05 元，但是联合社会限制收购量，所以通过该途径销售出去的地瓜占比很少；还有就是作业服务，联合社会提供农机具的出租服务，比市场每次的租赁价格要便宜 10 元。除上述服务外，合作社还会给社员提供如下服务，技术服务方面理事长会联系专业人员定期培训农药知识以及测土配方知识，农资服务和销售服务则直接依靠联合社，每年还会免费为社员提供质量检测服务，质检合格的社员才可以享受销售服务，最后还会通过微信发送市场价格信息，为社员提供便捷的信息服务。

目前合作社对于接收到的服务十分满意，并且认为还可以在此基础上为社员提供更多的服务，但是理事长并不愿意成为专门提供服务的合作社，主要原因是感觉没有足够多的精力。但是理事长目前还在联合社下的成员社，一个劳务合作社中兼职，被安排到一个牡丹合作社负责行政管理，每月可以拿到1 000元的固定工资，工作比较轻松随意。

四、难题与发展规划

合作社目前面临的最大难题是地瓜的市场价格太低，不能收回成本，如果一直是这种低廉的价格，合作社凭借一分钱微薄的利润很难进一步发展。腾龙合作社未来还是有非常强的意愿想要扩大规模，比较信赖的方式还是通过农户的再联合。这是因为目前在联合社中获取了大量的便利，关先生非常看好联合社未来的发展。但是问及未来农业的主导经营主体时，关先生表示还是家庭经营好一些，“合作社的管理成本太大，不如家庭经营省心啊！”关先生最后笑着说。但即使是这样，他还是从社员的利益出发，不拿社员一分钱，即使是联合社几十元的分红最终也要分给大家，这种精神是值得学习与推崇的。

（调查员：赵昶）

1－4a　龙阳镇丛条村刘氏生态家庭农场案例

一、家庭农场基本情况

刘氏生态家庭农场地处山东省滕州市龙阳镇丛条村，成立于2014年5月，并且同时进行工商注册。目前该家庭农场共经营土地面积24亩，其中流转土地12亩，自有土地12亩，主要由户主刘克涛及其妻子共同耕种，在农忙时节会进行大量雇工，户主刘克涛同时担任村书记，并且是农业技术人员。

该农场共耕种4种作物，其中有12亩土地为两季耕种，分别种植马铃薯和玉米两种作物，还有10亩土地种植生姜，另有2亩土地种植大蒜，该家庭农场的收入来源主要是马铃薯种植。对于目前经营的规模，户主表示，已经达到了他所能照顾的最大面积，并且自家土地的收益与其他家相比，收益要稍微低一些，这主要是因为种植的作物还是需要精耕细作，而他们由于种植面积过大，无法满足精细化生产的要求，所以在盈利水平上要低于平均水平。

二、家庭农场土地利用情况

目前该农场共经营 24 亩土地，自有土地 12 亩，转入土地 12 亩，转入的土地主要在 2010 年和 2013 年，分别转入 10 亩和 8 亩，随后有 6 亩土地转出，需要注意的是，在起初进行土地流转的时候，并没有签订书面协议，而只是口头商议，在 2014 年家庭农场注册之前的 3 个月，集中补充了流转的书面合同。

对于这些转入的土地，一次性签订的协议期限为 5 年，因为受访者认为土地的规模会对应相应农资、农机的投入，如果流转期限过短，那么则可能会出现投入无法收回成本的问题，投入水平的下降将会导致最终农产品产量的下降；如果流转期限过长，那么农民也会缺乏安全感。而土地流转的资金则是以现金支付，支付时间是每年农产品收获之后。由于当地推广马铃薯特色种植，每亩土地的净收益大幅提升，2016 年每亩土地种植一季马铃薯的平均净收益为 7 000～8 000 元，而再种植一季玉米的平均净收益为 1 500～2 000 元，按照这样的情况，一亩地的净收益约为 1 万元，高者甚至能够达到 13 000～15 000 元，带动当地农民实现了收入的大幅增加，但是也带来了另一个问题，那就是土地租金的急速上升，农业收入的增加，吸引更多的土地需求，甚至有从事非农就业的外出打工人员返乡参与农业生产。2010 年每亩耕地租金为 260 元，2013 年每亩租金为 700 元，而 2017 年就已经涨到了 800～1 100 元。前些年马铃薯种植收益的显著增加，导致 2017 年马铃薯供应大幅增加，价格下降一度接近零利润线，甚至还会亏本，一旦马铃薯市场价格出现大幅波动，那么种植户的收益可能仅能覆盖土地租金。

三、家庭农场经营情况

劳动力方面，自家投工两人，为户主夫妇 2 人。由于家庭农场经营较为简单、粗放，也不存在较多的外部约束，因此在行政管理和财务管理方面不存在相关劳动力的需求。对于日常的田间管理，自家投入的两个劳动力基本能够应对一般情况，仅在一些特别情况下需要短期少量雇工。而在作业环节和物流环节，特别是马铃薯收获包装环节，对劳动力需求较大，这主要是因为当地种植的马铃薯属于薄皮马铃薯，无法使用机械进行拣选、包装，只能使用农机将土壤翻起，再利用人工逐个进行挑选、分级、包装。每年会有 10 天左右用工需求巨大，共需雇佣 60 个劳动力，每日工资也比较高，达到

120 元。

成本费用方面，2016 年 12 亩土地种植马铃薯，共使用种子 7 000 元，化肥 3 500 元，农家肥 4 500 元，农药 1 500 元，农膜 600 元，机械服务费 600 元，燃料动力费 500 元，工具材料费 4 000 元，工棚消耗 7 000 元，保险费用 360 元。共收获 30 吨马铃薯，销售均价为 3.4 元/千克，累计收入约为 10 万元，加上 2.5 万元左右的雇工工资，平均每亩土地种植收益约为 4 500 元。

四、家庭农场社会化服务情况

该家庭农场虽然从事具体的种植业，经营规模也比较大，但是实际上他们的工作重点放在技术推广上。户主刘克涛掌握一种生物质堆肥技术，这项技术能够帮助马铃薯提前成熟，在价格较高的时候提早上市，并且他乐于参加各类技术培训，不断提升自己的农业技术知识水平，是当地小有名气的农技专家，因此经常提供技术指导服务，服务的地域不仅仅局限于市内，省内，甚至邻省也会邀请他前往指导，每年服务带动农户至少 500 户，光是技术指导这一项，纯收入就能达到 5 万元。

所以其实家中的 24 亩土地在某种程度上发挥了试验田的作用，并不是希望通过种地能够获得多大收入，而是通过自己的土地对新技术进行摸索，并且通过实验结果说服不相信他的农户。

（调查员：姚炜航）

1－4b　滕州市龙阳镇丛条村农民李玉彬案例

一、基本情况

被访者李玉彬，2003 年加入马铃薯合作社，虽然不是合作社理事长，但是李先生之前担任村支书 20 多年，对村里的情况以及合作社的情况都非常了解。李先生家里有 6 口人，父亲虽年事已高，但仍然会从事简单的农业劳动，自己和妻子则是家里的主要劳动力，儿子儿媳都在外地公司上班，已经不参与农业劳动了。问起当初为什么加入合作社，以及合作社初期的优势所在，李先生说是科学的种田方法吸引了他，当时周围很多合作社也在种植马铃薯，但是只有该合作社每亩地多收入 50 元，李先生起初非常好奇，入社之后才知道是因为合作社一直秉承科学种田的信念，虽然大面积种植马铃薯，但是都会给每一位社员配方配肥，准确了解每块地该上多少肥料，大大降低了种田的成本。凡事都有两面性，虽然科学种田的初衷是好的，但是刚刚开始人们并不是完全相信合作社给出的配方，担心有亏损的风险。鉴于此，理事长组织社员进行测土配方知识的学习，让他们自己对科学种田有所了解，“只有村民自己了解了机理，他们才会信这个东西!”李先生这样告诉我们。所以接下来的描述也是站在一个社员，一个服务接受者的角度来进行。

二、经营状况

土地方面，李先生家里有 7 亩耕地，其中一半地是流转亲朋好友的，虽然是亲戚的地，也经过了村委会批准，约定有口头合同。每亩地的租金为每年 600 元，2004 年签订的租地合同，但是土地租用期限却不固定。正是由于当地土地流转非常困难，李先生当初才流转了自己亲戚的地，租金要低于村里每亩 800 元的平均年租金价格。劳动力方面，除了播种环节需要用汽油机人工播种之外，耕种、收获环节已经全部实现了机械化。目前在劳动力方面面临的难题就是劳动力成本太高，虽然说家里也不需要多余的雇佣劳动力，但是真正去人才市场上雇佣工人的成本还是高于李先生心理可以承受的预期成本，所以本身土地面积不大，农忙的时候咬咬牙也就过来了，并没有雇佣各种类型的工人。资本方面，李先生家里只有很少的农机具，一辆三轮运输车是 2005 年购置的，当初花了 4 000 多元，至今仍在使用，还有专门的马铃薯收获机、田园机，是 2010 年购置的，也是花费 4 000 元左右，使用年限预计可以达到 15 年。

从 2016 年的生产经营状况来看，李先生一家人的农业经营收入达到了 9 万元，毛收入达 5 万元还多，加入合作社以来的盈利能力逐年提升，盈利能力也远远强于其他同类合作社。2016 年一共收获了 3.5 万斤马铃薯，平均每斤价格为 1.3 元左右。从生产成本来看，每亩地的平均成本在 3 500 元左右，2016 年一年种子花费 4 000 元左右，化肥每亩地要用 350 斤，每亩地的化肥成本有 500 元，除此之外每年还要打 6 次农药，春天、秋天各 3 次，由于马铃薯喜干，天气不好的时候还要酌情多打一两次。合作社给每一位成员都买了马铃薯保险，这是一种价格保险，根据不同种类的马铃薯，大棚马铃薯和地膜马铃薯，给出不同的预计价格，比如大棚马铃薯预计每斤 1 元，地膜马铃薯预计每斤 0.75 元，如果最终的市场价格低于这个预计价格，保险就会赔付差价，多高于该价格则按市场价格收购。

三、社会化服务

合作社提供的社会化服务比较全面，首先是技术服务，李先生每年都会接受肥料使用培训，主要是采用开会培训的方式，通过这种方式熟练掌握了育苗、温床培育、消毒等等前期的技术性劳动，由于培训效果好，李先生家里都能独立完成；农资服务方面，合作社会统一给社员购买肥料和种子，通过合作社购买的肥料只需要140元一袋，而市场价格要150元一袋，马铃薯种子每斤至少可以优惠0.2元；作业服务方面，合作社会提供农机具租赁服务，比市场价格要低不少，同时还会有统一的土地翻耕服务，这项服务是收费的，每亩地要收60元的作业费，比市场价格低10多元。除此之外还有质量服务，李先生每年都会免费接收合作社的土壤检测，看自己的地里缺什么肥料，便于进一步配方施肥，十分有针对性，但是这一项服务是仅仅针对本社成员的；销售服务方面，合作社会对产品进行无公害评估，只有达到无公害标准的马铃薯才能接受统一的销售服务，以每斤高于市场价格0.2元的价格收购。通过接受这些服务，每斤马铃薯的平均价格由1.3元上升到了1.5元，成本也节约了近10%，效果十分显著。

四、难题与未来规划

李先生认为合作社目前没有十分迫切需要解决的问题，最大的问题就是马铃薯价格偏低了，虽然技术是现阶段合作社的优势，如果没有很好的市场销路，获得足够的资金支持，那么以后进一步的技术创新就有可能面临困难。但是李先生也并不想继续扩大生产规模，他认为现在的土地规模已经达到了最优状态，土地面积进一步扩大则可能有亏损的风险。

（调查员：赵昶）

1－5　滕州汉民农民专业合作社联合社

一、联合社基本情况

滕州汉民农民专业合作社联合社是一个区域性的联合社，成立于2016年10月，并完成工商注册，由4家合作社发起，共涉及农户20户。截至目前，联合社并没有形成固定资产、流动资产和负债，也未开展实际的经营活动，但是在为农服务方面发挥了非常大的作用。

该合作社由供销社基层社的主任领办，4 个成员社分别为种粮合作社，蔬菜合作社，植保合作社（为农服务中心）和销售合作社。种粮合作社由理事长领办，主要种植大田作物，例如玉米、小麦等。种植面积 63 亩，全部为机械化种植，由联合社外部的专业农机合作社进行作业服务，由于该合作社流转的土地属于村集体用地，因此地租较低，每年能够实现 6 万元的净收益。蔬菜合作社不仅种植蔬菜，同时还在菜地旁边开辟鱼塘养鱼，总经营面积 319 亩，其中用于种植蔬菜和养鱼的土地面积各占 50%，雇佣工人较多，劳动力成本较高，同时由于近年来鱼价较低，因此收益情况不太乐观。植保合作社以专业技术为支撑，主要为农户提供测土配方、配肥等服务，盈利较为可观。销售合作社提供的服务涉及农资采购、农产品包装、销售等，并且在农资采购环节采取赊销的形式，待农产品销售之后扣除前期农资费用一次性返还，自有种植基地 300 亩，辐射带动基地周边 3 000 亩，在当地占据较大的市场份额。

该社成立的原因主要有如下两个：首先是农民群众的自身需求，例如，农户在采购农资的时候，既需要保证农资的质量，同时农资价格也不能过高，而对于普通农户来说，只能通过小型的经销商进行购买，而通过联合社这种组织形式，和理事长供销社的相关资源，可以直接对接厂家，甚至能够提供赊销的服务。其次是供销社上级领导部门政策的贯彻和落实，当地正在推行供销社改革，大力发展联合社，发挥联合社的带动性和服务功能则是改革的主要内容之一。

二、联合社的内部运作

该联合社目前并没有进行实质性的经营运作，没有营业收入，也不存在营业成本。根据理事长的介绍，目前该合作社借助理事长丰富的人脉资源，以服务社员为主，带动周边农户为辅的方式，在农资采购、雇工、土地流转、销售、农技培训等方面，提供信息指导、人员协调的无偿服务，将农民的生产、销售需求和市场服务的供给有效结合了起来。

值得注意的是，这里我们提到的无偿服务，不仅对于社员如此，对于周边农户也是如此。理事长认为目前阶段的发展目标是巩固联合社的发展基础，最重要的是群众基础，只有群众通过联合社的服务获得了真正的利益，真正相信了联合社，未来才有可能加入合作社，进而加入联合社，壮大联合社。只有通过前期免费服务的方式，才能够吸引到尽可能多的农户，扩大影响力。等到未来影响力达到一定程度之后，才考虑进行一些收费，为联合社创收。

三、联合社存在的主要问题

目前联合社存在的主要问题，首先是银行对公账户的开立存在困难。据理事长介绍，2016 年年底就已经以联合社的名义向当地银行提出申请，要求开立对公账户，但是相关申请和材料提交之后，到现在都没有办理成功；其次是专业技术人员比较缺乏，并且聘请价格较高，以一般联合社的规模，还无法负担起一个专家的雇佣费用，目前的一个解决办法是，通过各联合社共同出资缴纳相关费用的方式，以县、市一级联合社的名义集中聘请专家进行服务，发挥更高一级联合社的统筹协调功能，办成单一联合社办不成的事。

四、联合社的发展前景

联合社在行业层面具有很大的影响力，理事长对联合社的未来发展十分看好。首先，联合社可以充分整合资源，形成利益共同体，例如，当农产品丰收的时候，联合社可以发挥类似协会的作用，统一社内成员的销售价格，形成凝聚力，避免相互杀价，从而保证社员的经济利益。其次，政府可以通过联合社更有力地支持农业。服务农业是政府工作的一部分，但是通过传统的乡镇政府、村委会等机构，并不能很好地将农民的生产生活组织起来，而本案例中在供销系统基础上建立起来的联合社，既可以发挥经济职能，同时也可以兼顾政治职能，更好地贯彻落实政府的惠农、支农政策。

关于出台联合社相关的法律法规，理事长也是十分赞同。因为联合社的发展在当地已经成为一种趋势，虽然依托供销社系统成立的联合社动机更加单纯一些，但是仍然必须要进行规范，既增强联合社的包容性，同时也要兼顾联合社的带动性，通过联合社这个抓手抓好农业农村农民工作。

（调查员：姚炜航）

1－6　滕州市西岗农民专业合作社联合社

一、联合社基本情况

滕州市西岗农民专业合作社联合社位于山东省滕州市西岗镇，是在西岗镇供销社负责人张杰的牵头下于 2016 年 10 月成立的，并于同月 14 日在滕州市工商部门注册。现有成员合作社 5 家，社员 500 人左右。该社依托为农服务中心为联合社成员提供农技、农化服务，农业生产资料供应，农机具存放，大田作物托管（喷药、施肥、耕种、收割）、农产品交易、信息交流、合作社内部资金互助等。目前，土地托管面积 3 200 亩，其中全托管 600 亩。

联合社的成立是由宏顺种植合作社（滕州市供销社参股）牵头，5 家合作社发起成立的，分别为段庄种植专业合作社、丰裕种植合作社、舜耕粮蔬专业合作社、宏顺种植专业合作社和正义粮蔬专业合作社。注册资本为 520 万元，其中宏顺种植专业合作社出资 220 万元，舜耕粮蔬专业合作社出资 150 万元，其余三家合作社各出资 50 万元。在土地规模来看，除舜耕粮蔬专业合作社的规模较大，达 1 100 亩左右，其余 4 家都在 400 亩左右。目前合作社有固定资产 500 万元左右，流动资产 200 万元左右。

谈到成立联合社的原因，负责人张杰谈到，独立的合作社规模小、发展空间窄、彼此之间信息不沟通（技术指导服务、农机作业服务需求），成立联合社建立信息平台，能够达到信息共享、资源共享、降低成本等目的，从而提高地区合作社的整体竞争力。在成立联合社时，张杰也遇到了自身难以解决的困难，如工商部门以不能以地名为名称进行注册为由不予审批，后经滕州市领导及供销社与工商部门的协调最终得以注册。除此之外，当地政府还在购买农机具上进行了一定的补助。

综合来看，该联合社属于同业联合、紧密型的类型。

二、负责人基本情况

负责人张杰，现年 41 岁，中共党员，中专学历（枣庄市供销学校），在联合社成立之初就担任负责人，是从其他供销社所属合作社调到现联合社。在交谈中，张杰谈到，自己身为西岗镇供销社主任的职务是能够牵头成立联合社的重要原因，与自己有较为丰富的信息资源和人脉资源有很大关系。据了解，张杰本人在联合社并不领取工资或误工补助，属于滕州市供销社的干部，只在供销社领取工资。社会关系主要是有一些乡镇干部、企业家和银行的亲朋好友。

对于联合社的成立，负责人认为由于当前农民种地难且不赚钱，以联合社的形式对土地进行托管，一方面能够降低成本，并通过更加专业化的耕种实现农业生产增产增收；另一方面能使农民将时间节约出来从事其他行业，提高年收入。

三、联合社的运作情况

该联合社的决策机制是5家合作社共同商议，由于在注册资金和合作社规模上相差不大，5家合作社之间在决策权和话语权上并没有明显差别。联合社有理事会，由5家合作社的理事长组成，但由于刚成立半年，还没有专门的工作人员。

联合社有根据工商部门相关文件而制定的联合社章程。成立以来，未召开过社员大会，只在成立时召开过一次理事会。

目前该联合社是独立的核算单位，但由于刚成立半年，很多业务还未开展，无法计算是否盈利。但谈到若未来盈利时的利益分配问题时负责人张杰表示，会按照成立时的出资额来按比例进行分配。

在财务制度方面，该联合社有严格的财务规章制度，有专职财务工作人员，但由于刚成立不久，会计资料尚不完整。负责人承诺今后会向下属合作社公开财务和运营情况。

四、联合社提供的服务

该联合社采取了“抱团”大发展的策略，加大了农资购买团购优势，直接与丰谷农资公司及其他农资厂家联系，以低于市场价10%～15%的价格直接配送到社员，大大降低了生产成本。例如金中华化肥市场价2 400元/吨，后与丰谷农资公司联系，给予了团购批发价格2 150元/吨，比市场价便宜了10%左右。另外联合社团购的农资也会出售给非社员，价格低于市场价但略高于社员价，并以此为联合社赚取利润。

联合社还提供农业技术培训服务，分批次地组织农户（400余人），已累计进行了7次培训，培训内容主要包括病虫害防治、栽培技术和测土配方施肥等。进行培训的讲师一种是联合社内经验丰富的社员，另一种是县、市农业局的专家。每次培训都不收取费用，并且社员会转告一些非社员一起前来参加培训。

在产后服务方面，联合社会利用宏顺种植专业合作社的烘干机对合作社的粮食进行烘干（收取成本费），并联系饲料厂、粮库等销售渠道，但销售价格与市场价格基本相同。这些服务也同样会给非社员提供，收取一定的费用。此外，该联合社还会为各合作社联系粮库提供储藏服务，联合社自身也在筹划着建立粮库。

另外，联合社提供资金服务，主要是通过种子、化肥赊卖给合作社的形式来提供。

五、联合社存在的问题

由于成立时间不长，目前该合作社还未出现内部运作方面的问题，由于各合作社地位相对平等，联合社在决策制定时公平公正且有效率。

在资金、用地、设备方面，负责人张杰表示目前在用地方面有一些困难，一是流转土地困难，农户不愿将条件好的土地流转；二是建设用地审批困难，难以满足联合社粮库、机棚等用地需求。负责人还表示希望政府下一步能够加强农业技术指导，引导合作社、种植大户种植一些附加值高的农作物。

在人才方面，张杰表示联合社最缺专业技术人才，如对病虫害防治精通的人才，他认为最好的解决办法是能够通过技术培训来培训自己的成员社员成为这方面的人才。

六、联合社发展前景

目前来看，合作社抱团成立联合社的作用较为明显。除上述提到降低购买农资价格之外，西岗镇农民专业合作社联合社还整合了当地的农机资源，一改过去农机乱象：一是改变了过去无序竞争的状态，形成了较为统一的市场价格；二是通过调配农机作业，大大提高了农机的利用率。

对于未来规划，联合社成员舜耕专业合作社已与东王村、温堂村两村探索开展了土地股份合作模式，采取保底分红、村集体入股年底结算、共同承担风险的运作模式，实现了农户、农民合作社、供销社、村集体的多方共赢，目前正准备推广到其他成员社、推广到更多的村，把农民从土地上解放出来。

（调查员：刘世琦）

1－6a　滕州市西岗为民农业技术服务有限公司

一、基本情况

滕州市西岗为民农业技术服务有限公司（以下简称西岗为农服务中心）

定位为公益性与经营性相结合，服务为本、不追求大规模盈利的工商注册企业法人，法人代表为丰谷农资公司副总经理李峰。目前为农服务中心已建成1 200平方米综合服务大楼、860平方米粮食烘干周转库；购置精准配肥机1台、粮食烘干塔2台、玉米收割机2台、中型拖拉机2台、小型拖拉机4台、无人喷药飞机2架、地磅1台，组建了6支服务队伍，专业服务人员12名、服务托管能力达3万亩。为农服务中心的服务对象无地域或组织限制，专业大户、普通农户、联合社成员社和非成员社等农业经营主体均可接受服务。

为农服务中心预计总投入880万元，现已累计投入660万元，其中滕州市丰谷农资有限责任公司先期投入现金60万元、农机具等设备和服务大厅等建筑共计500万元，丰谷农资公司在为农服务公司的创建、发展和运营中拥有绝对的话语权和影响力。为提供更多为农服务项目，为农服务中心后期引入西岗供销社和舜耕合作社，西岗供销合作社投入现金60万元，舜耕粮蔬专业合作社投入现金40万元。

二、发展历程

2014年11月，滕州市丰谷农资有限责任公司投资建设滕州市西岗为民农业技术服务有限公司。2015年11月，为农服务中心基本竣工，进行试运营；2016年12月，滕州市西岗供销合作社和滕州市西岗镇舜耕粮蔬专业合作社正式入股西岗为农服务中心；为农服务中心预计2017年6月正式运营。

三、服务范围

农业科技培训和服务。为农服务中心成立以来，多次聘请滕州市农业局、山东省土肥研究所等农技专家，举办4次马铃薯、冬小麦、夏玉米等高产种植和测土配方施肥技术讲座，全年培训人员360人次，受到了农民朋友的欢迎，为农服务中心被评为“滕州市农业技术培训示范基地”。为农服务中心还为农民合作社和农户免费提供测土配方、配肥、配药等技术指导服务。2016年，为农服务中心全年完成土样采集、化验、分析108份，提出配方施肥方案、建议66个，供应配方肥6 000余吨，发放小麦、玉米、马铃薯高产种植明白纸、宣传单6 000份，发放购肥优惠卡8 800张。

信息整合和共享。为农服务中心加强与西岗镇及周边乡镇农民专业合作社和种植大户的联系，通过将合作社和大户纳入微信群的方式整合和共享各主体提供的农产品销售价格、行情等关键信息，实现了农业经营主体信息共通、资源共享、优势互补。

农资统购统销。为农服务中心依托丰谷农资公司，充分利用丰谷农资公司在进货渠道和规模上的优势，直接向农资生产厂家统一采购农资并直供农户等农业经营主体，降低农业经营主体的农资购买支出，经营主体每吨农资可获100余元的优惠。通过规模采购和批量长途运输降低为农服务中心的购入成本；通过直销农户免除中间商层层加价，降低农户购买价格；同时通过农资直供农户和田间地头，免除农户短途运输农资的费用。2016年为农服务中心从湖北澳特尔、金丰华、江苏云台山等大型生产厂家进货并开展直供，切实让利于农，受到专业合作社和农户的欢迎。

农机服务。为农服务中心依托舜耕粮蔬专业合作社，组织舜耕合作社的农机能手成立为农服务中心农机服务队，在农忙时节为农民合作社和专业大户等农业经营主体提供机耕、机播、机收等农机作业服务，每亩作业价格低于市场价20～30元。同时，为农服务中心面向农民合作社和农户等农业经营主体开展农机租赁和农机存放服务。通过农机服务，为农服务中心整合了当地的农机资源，不仅改变了过去无序竞争的状态，形成了较为统一的市场价格，而且农机调配作业大大提高了农机的利用率。

（调查员：马庆超）

1-6b 滕州市西岗镇舜耕粮蔬专业合作社

一、基本情况

滕州市西岗镇舜耕粮蔬专业合作社成立于2010年5月，由滕州市丰谷农资有限责任公司联合西岗镇东王庄、魏庄、温唐村52户农民发起设立，初期注册资本108万元。目前注册资本301万元，其中丰谷农资公司投入共计162万元，包括资金和农资、农机等物资。合作社目前暂无理事长，前任理事长为丰谷农资公司副总经理，现已退休。合作社目前拥有社员360余户，年销售额600余万元。先后被评为“山东省农民专业合作社示范社”“枣庄市农民专业合作社示范社”，并多次被枣庄市、滕州市两级供销合作社评为“农民专业合作社示范社”。

二、土地托管

（一）发展历程

滕州市西岗镇耕地面积达 6.5 万亩，以种植小麦、玉米大田作物为主，然而当地村民外出务工人数较多，导致农业劳动力缺乏，因此土地流转应运而生。西岗镇 2006 年率先在全国开展土地流转试点，并建立全国首家土地流转交易市场。

2010 年在丰谷农资公司的指导下，舜耕农民合作社先后在西岗镇东王庄、温堂、魏庄等村试点开展大田作物托管和示范种植基地建设，其中在东王庄实行 310 亩耕地全托管。试点效果显著，一定程度上解决了兼业农户农业生产自顾不暇的后顾之忧。

2013 年下半年东王庄村两委深化与舜耕农民合作社的合作，推进全面托管模式，村两委在征得村民代表一致同意的基础上，整建制将全村土地交由舜耕合作社种植，达成 1 111 亩耕地的整建制全托管合作协议，实现了由村两委和合作社共同生产经营，采取保底分红、共担风险、村集体入股年底结算等形式，形成股份制生产、经营、分配模式。在舜耕农民合作社土地“保姆式”全托管的示范和丰谷农资公司的推动下，测土配方、农技指导、农资直供、农机作业等“菜单式”半托管服务应运而生。目前西岗镇 68.3%的耕地参与流转，面积达到 4.1 万亩，22 个村实现了整建制流转，2016 年进行“保姆式”和“菜单式”托管的耕地达 3.6 万亩。

（二）运作模式

2016 年合作社全托管东王庄村 1 111 亩土地，其中 1 011 亩种植小麦，100 亩种植春季马铃薯。

入股方包括东王庄农户和村集体。其中，东王庄村民以土地入股，舜耕合作社根据土质将入股土地分为两个档次，档次高低决定耕地保底分配多少。东王庄村集体将现有的电力、灌溉等设备设施以及办公、仓储等场地进行作价入股，占股 20%，因此村集体也可享受每年的年底决算收益分红。

整合不相连的地块，增加耕地面积。将原来分属不同农户的耕地进行整合打通，平整分割耕地的路、沟、渠并将其改造为耕地，实现增加土地面积达 61 亩。新增耕地带来的收入完全归村集体所有。

经营管理由舜耕合作社牵头，村两委参与。合作社管理人员包括 3 名舜耕合作社社员和3名村两委干部。舜耕合作社负责种植作业、物资、资金保障、技术管理；村两委负责水电、场地等生产经营设施。另外成立由村两委人员组成现场管理队，负责正常生产的耕、耙、种、管等环节。

加强与上游部门联合合作。推动统一管理，发挥独特优势，与科技部门、种子公司合作，生产基地被滕州市科技局列为示范种植项目实验支持单位，被滕州市种子公司列为小麦繁育基地，实现每亩增收120元。

制定公平合理的分配方式。对于农民，采取“保底＋分红”的分配方式，即正常年份首先根据农民入股耕地的质量为每亩土地提供900元或1 000元的保底金，在此基础上农民再参与合作社年底决算收益分红。对于其他主体，按照各自的付出及承担的责任采取5个20%的年底决算收益分配模式：合作社20%，农户20%，村两委20%，生产经营管理者20%，合作社提取再生产基金（即公益金）20%。

有效管控和合理分担生产经营风险。一方面，不仅为被托管的土地购买政策性农业保险，而且附加购买补充农业保险商业险，有效降低生产经营风险，切实保护农民收益。另一方面，健全内部风险监管机制，由3名合作社代表和2名村两委成员代表组成理事会，1名合作社财务人员和1名村会计组成监事会，集中监管资金投入使用和年底分红。如果出现自然灾害等不可抗力造成的损失，由合作社承担60%的损失，村两委及农户承担40%的损失。

（三）实施效果

村两委和合作社共同进行生产经营的全托管合作模式，采取保底分红、村集体入股年底结算、共担风险的运作，实现了村民得到实惠、合作社获得发展、村集体增加收入的多方共赢局面。

农业生产成本显著降低，农民收入增加。一是农资成本降低，如每亩耕地每年可减少种子、化肥、农药等基本农资80元左右的成本；二是耕作环节成本降低，规模经营使得大型机械可充分发挥作用，每亩土地每年可节省耕、耙、种、收40元左右的成本；三是综合管护成本降低，农业科技得到充分应用，统一选用名优品种、测土配方、科学管护，有效降低成本。成本减少意味着农民农业收入增加，同时农民免除了农业生产劳动的后顾之忧，从而能够专心进行非农劳动，获取更多的非农收入。

实现农民利益与合作社紧密联结，合作社生命力得以增强。以前合作社与农民大多为单一的农资买卖关系，现在通过开展土地托管服务解决农民的后顾之忧，形成对农民较强的吸引力，越来越多的农民参与到合作社的组织体系中来。通过年底分红让农民共享合作社规模经营的红利，利益联结更加紧密。

村集体共享红利，收入增加。整建制托管使得分隔土地连片化成为了可能，通过平整沟、渠、路等土地分隔地块，溢出土地 61 亩，新增土地带来的收入归入村集体。同时村集体以水电等设备设施以及办公等场地作价入股参与分红，直接共享土地托管的红利。以 2015 年为例，村集体通过溢出土地收入 6.1 万元，年底分红 6 万元。村集体收入增加，提高了村集体服务村民、建设村居的能力，村集体一次投入建设资金 400 余万元，2016 年东王庄被西岗镇党委、政府评为美丽乡村建设重点，同时被组织、民政、科技部门定为示范点。

（调查员：马庆超）

1－6c　滕州市宏顺种植专业合作社

一、合作社基本情况

滕州市宏顺种植专业合作社位于滕州市西岗镇北赵庄村，为滕州市西岗镇供销社领办，成立于 2014 年 9 月，并于 2014 年 10 月 8 日在工商部门登记注册，注册资本 360 万元，主要出资人是滕州市西岗供销合作社，出资额 320 万元，占 88.9%。发起人有 5 位，其中一位是西岗镇供销社职工孙清涛，现已调离，其余 4 位是本村村民，各出资 10 万元。2016 年 10 月合作社进行了注册资本变更，103 位社员各出资 2 万元，注册资本达到了 582 万元。

宏顺种植专业合作社所在的北赵庄村，处在平原地区，人均土地面积 1 亩左右，人均年收入 1 万元左右，在西岗镇排在中游水平。由于北赵庄村当地工业相对不发达，所以村中多数人口在村外谋生，导致了大片闲置土地，合作社成立之初的主要目的便是流转闲置土地进行粮食规模化种植，现经营面积达 800 亩，服务已拓展至组织采购、供应成员种植粮食、蔬菜所需的生产资料；为成员引进粮食、蔬菜新品种，种植新技术；组织对成员开展粮食、蔬菜种植技术交流和咨询服务等。

合作社所在位置交通便利，距离滕州市 20 公里左右，距离西岗镇 4.5 公里，距离高速公路入口 25 公里，距离省道或国道 20 公里左右，良好的交通条件为合作社的发展提供了便利。

二、理事长及理事会成员基本情况

现任理事长王宏伟，现年 41 岁，大专学历，家中两个孩子都在上高中，是西岗镇供销社的职工，由于工作能力突出，于 2016 年 7 月调任到宏顺种植专业合作社担任理事长，同时还在管理着西岗供销合作社液化气站。理事长拥有的对合作社发展有作用的社会关系有村干部、私营企业主、企业管理人员和供销社内的同事等，对合作社有着比较大的帮助。

其余 4 位理事是合作社发起时出资的 4 位农户，他们在村中有着比较高的威信且拥有的土地面积较大。

三、合作社经营情况

在起步阶段，合作社能够成功走出第一步的原因在于当地有大量农地闲置，并且处于平原地区，便于机械化耕种，另外当地政府对于合作社的成立进行了优惠政策支持及大力宣传。成立之初遇到的困难主要是土地流转困难，后来其他农户看到第一批入社的成员获得了较好的收益后便陆续加入。土地流转至合作社后，通过“统一耕地、统一供种、统一播种、统一病虫草害管理、统一收割、统一收购”的模式，打破了一家一户田块之间的界限，方便合作社大面积统一管理，降低了农药、肥料、田间用水等生产资料的投入成本，增加了入社农户的收入，并且解决了农村劳动力流出后无人种地的问题。

目前合作社经营着 800 亩土地，是分三次流转来的。第一次流转是 2014 年 9 月租入 200 亩土地，平均每亩价格为 900 元/亩；第二次流转是 2015 年 9 月租入 400 亩土地，平均每亩价格为 950 元/亩；第三次流转是 2015 年 12 月租入 200 亩土地，平均每亩价格为 950 元/亩。800 亩土地用来小麦和玉米轮作。据了解，种地补贴在 2015 年前归入社社员自己所有，2015 年下半年开始归合作社所有，理事长解释说在他看来理应谁种地谁受惠，所以补贴应该归合作社所有。

800 亩土地都位于北赵庄村，租入是经过了村委的批准，但只有 2014 年的 200 亩是通过土地交易所进行流转。合作社与入社农户之间有书面合同，村委进行了担保，合同是土地流转时所签订，期限为 5 年，租金采用现金支付，一年一付。

合作社出资对土地进行了整治，分别花费 3 万元修建田间道路和花费 3.2

万元进行深耕。目前宏顺合作社在耕种收环节已经实现了完全机械化作业，因此每年需要雇佣 12 名机手进行为期 50 天左右的机械化作业，每人每天的工资为 80 元。另外每年还会雇佣 5 名男工，15 名女工进行 7 天左右的田间植保，价格为每人每天 50 元左右。

合作社目前有 3 位行政管理人员，负责合作社的日常事务，工资为每月 3 500元，另还有一名专职会计负责处理合作社财务，每月工资也是 3 500 元。

资产方面，宏顺合作社现有一棚库用于存放农机具，花费 15 万元建于 2015 年。合作社在 2014 年、2015 年前后购置了 3 台拖拉机、2 台收割机和2 台农用运输车，共计花费 39 万元，其中拖拉机补贴 10 万元，收割机补贴1 万元。

生产成本与收益方面，2016 年合作社农业经营收入达 200 万元，支出合计 160 万元，其中工资支出 40 万元，理事长王宏伟说与前两年相比盈利能力要差一些，主要是因为这两年粮食作物的价格在下跌。2016 年 800 亩土地采用小麦与玉米轮作，小麦收获 84 万斤，每斤售价 1.2 元，总计收入 100.8 万元；玉米收获 100 万斤，每斤售价 0.88 元，总计收入 88 万元。合作社还有部分农资业务，主要是通过西岗农民专业合作社联合社成员社的身份以较低的价格购进农资，然后出售给农户或其他合作社。费用方面，2016 年一年生产经营发生的物质与服务费用主要有种子费用 5 万元，化肥费用 21 万元，农药费用 14 万元，另外还有 4 万元左右的燃料动力费。

四、合作社存在问题与发展规划

合作社目前存在的最大问题是缺少专业技术人员，使得每年在田间植保环节都会出现一些问题，王宏伟认为解决方法是不断提高自己的经济效益，从而能够开出较高的工资来雇佣专业人才。

对于将来，理事长王宏伟有扩大土地规模的愿望，主要是想通过农户联合合作的方式进行一定规模的土地流转，但由于本村的土地基本都已流转到合作社，因此可能会向临近村拓展业务。

（调查员：刘世琦）

1－6d　舜耕粮蔬种植专业合作社成员案例

王元果是山东省枣庄滕州西岗镇东王庄村的一名普通村民，现年 53 岁的他家里有 4 口人。全家有土地 4 亩，是全家人生活的主要依靠，主要用于种植当地的特色作物——马铃薯。2014 年，王元果将自己家的 4 亩土地入股到舜耕粮蔬种植专业合作社，并成为了合作社 256 个成员之一。

一、合作社基本情况

舜耕粮蔬种植专业合作社是由丰谷农资公司牵头成立的合作社，丰谷农资公司是市供销总社下属的农资公司。合作社成立之初，主要为村里的农户提供土地托管服务。现在全村的所有土地都入股到合作社，由合作社统一生产管理。合作社目前有成员 256 户，全部为本村村民，土地经营面积为 1 111 亩。由于以前各家各户土地较为分散，现在统一成片之后，所有土地的面积比以前各家各户土地面积之和多出了 61 亩，这也是合作社统一生产经营的好处之一。

合作社与入股农户签订合同，其中保底收益为 900 元/亩，另外合作社盈余的 20%按照各个成员入股土地面积进行分红。合作社的盈余按照 5 个 20%进行分配，分别为合作社社员分红、合作社组织盈余、村委会、农资公司和社会公益。

合作社统一生产经营管理 1 111 亩土地，由于土地集中连片，所以合作社在农业生产中的耕、种、收环节机械化程度高，且机械化操作的效率高。合作社购买了拖拉机、施肥机，以及收获所用的深挖机。合作社可以以更低的价格，从丰谷农资公司处购买农资。合作社所需要的人工均为雇佣本村的劳动力，工资一日一结。合作社有会计一名，为农资公司的一名职工，不领取合作社工资。合作社的会计资料特别完善，有相应的财务报表，且向全体成员公开。

二、被访人基本情况

自从王元果将自家 4 亩土地入股到合作社后，家里发生了比较大的变化。以前自家耕种这 4 亩土地，在农闲的时候王元果会出去打点短工，日常田间植保料理主要由夫妻俩负责，而到了农忙时节，不仅夫妻俩要去田间采摘收获，还会将外出打工的儿子和女儿叫回家来帮忙。

而现在不一样了，王元果夫妇两完全从农业生产中“解放”了出来。王元果目前在村里的建材厂上班，月薪为 2 800 元。此外，他有一台小型的二手拖拉机，购买时花了 1 万元。在农忙时节，他会去临近村进行农机作业，一年也可获取净利润 1 万多元。这对高中毕业，且现年 53 岁，不愿意离家很远去谋生工作的王元果来说，一年的收入也不少，可达 5 万元。如果不将土地入股到合作社，王元果表示不会有这么多收入。

王元果的妻子目前主要为合作社提供一些人工的田间植保、套袋装箱等工作。工资按天计算，一天 100 元。这样下来 50 岁的王元果妻子，作为一名地地道道的农村妇女，一年也有 7 000～8 000 元的收入。而且工作较为灵活，工资按天计算，多劳多得，相当于为合作社打工。这样王元果的妻子在本村就可以谋生，且完全可以照顾好家庭。

王元果有一儿一女，儿子现年 26 岁，女儿 27 岁，均在北京上班。月工资 3 500 元左右。王元果表示，如果以前没有将自家 4 亩土地入股到合作社，到了农忙时节，儿女还得回家来帮忙，这对儿子女儿来说相当于少赚了两个月的工资，一年下来也有万把块钱，这相当于一个机会成本。所以说，对于王元果家来说，将土地入股到合作社，可以说提高了全家的收入。

三、一些思考

舜耕粮蔬种植专业合作社的特色之一是“村社共建”，由于全村所有村民的土地均入股到合作社，所以实现了“村社共建”。由于合作社高效的组织管理，所以生产经营效益高，带动了村集体的建设和农业经济的发展。

舜耕粮蔬种植专业合作社的特色之二是“多头监督管理”。合作社是由丰谷农资公司牵头成立的，且丰谷公司出资比例最高，所以丰谷公司高度重视合作社的运行和发展，并且安排公司职工义务为合作社的会计。此外，由于合作社盈利分红的主体有五大类，所以这五大类的主体对于合作社的运营管理都十分重视和关注。合作社理事长、理事会、村委会干部、普通成员、丰谷公司等多头监督管理运营，每一个主体都愿意为合作社的发展献计献策，这对于合作社的成长和发展来说十分有利。

舜耕粮蔬种植专业合作社的特色之三是“解放农村剩余劳动力”。传统的农业生产主要是小农经营，普通农户将自家劳动力完全投入到农业生产中去，这样的农业生产往往是“贫困而有效的”，但是普通农民往往没有意识到劳动生产效率不高这一事实，精耕细作，将全部精力都投入到自家耕地上，不利于农业机械化、现代化的发展。而舜耕粮蔬种植专业合作社的运行发展模式，让村民将土地入股给合作社，完全交由合作社来统一生产经营管理。不仅可以提高农业生产效率和机械化程度，更为重要的是解放了农村剩余劳动力。像王元果家庭就是最典型的代表，一家 4 口人的劳动力全部都得到了完全解放。一方面，可以得到合作社每年的保底和分红，另一方面，可以在周边打工或者为合作社打工赚取工资，一年下来一家收入要提高将近3万元，这对于像王元果这样的普通农村家庭来说是非常不容易的。

舜耕粮蔬种植专业合作社的成功运行和发展可以说是创造了多赢的局面：普通农民劳动力得到了解放，钱袋子鼓了；村集体经济发展了，村农业经济发展了，村子强大了；合作社实现了经济效益、社会效益。

（调查员：张阳悦）

1－6e　西岗镇温堂村农户案例

在西岗镇温堂村做的农业经营主体问卷，两个被访人都是合作社的普通农户，土地规模都在3亩左右，主要种植马铃薯、萝卜等，而且都是自己亲自经营，不存在土地流转、入股的情况。

一、农业生产情况

（一）起步阶段

当地发展农业有着得天独厚的自然优势。地处鲁中南低山丘陵南部地区，属于黄淮冲积平原的一部分。地势呈东高西低，北高南低，由东北向西南倾伏状。本区地貌大致可分为低山丘陵，山前平原和沼湖洼地三种主要地貌型，其中低山丘陵区占全市土地总面积的54.6%，山前平原占26.6%，洼地占18.8%。土壤分为棕壤、褐土、潮土、砂礓黑土和水稻土5个土类，80个土种，土壤肥沃。河流众多，最近处距海有100多公里，属暖温带季风型大陆性气候，光照充足，热量丰富，降水较多，四季分明。

当时市场形势有利。当地农民合作社2013年开始经营，当年马铃薯等当地主要种植作物的价格较高，销路也广。

起步阶段主要面临一些资金约束情况，缺乏启动资金，在土地流转、劳动力、技术供给、销路、有关部门支持等方面不存在较大问题。

（二）土地

该普通农户目前经营土地总面积共3亩。没有流转土地，都是自己的，而且都是直接经营。随后我对该地关于租入和转包土地的问题进行了访谈。了解到该地有土地交易所，土地租入或转包需要得到当地村集体的批准，租入的土地都在本村，采用书面合同的形式，村干部提供担保。期限是固定的，一般都是 5 年。租金都是采取先付清现金的形式。当地租金为每年每亩 800～1 000 元。关于土地作价入股的情况，该地有土地交易所，土地租入或转包需要得到当地村集体的批准，以承包经营权入股，入股的期限也是 5 年。股份不能转移也不能退出，采取按照盈余一定比例分红的模式。

该农户有用自家耕地建设的办公、厂房、物流仓库等设施。当地土地流转很容易。他认为土地所有权属于国家，长期在外从事非农工作的人也应该交回土地承包权，去世或者外嫁的人应该交回土地承包权。该农户听到过农地三权分置的说法，即所有权、承包权、经营权三权分置。他认为流转来的土地可以抵押去贷款，并且他愿意去融资贷款。他认为凭借他的能力，经营 15 亩地是最理想的，这种情况下每亩能实现利润 600 元。

（三）劳动力

粮食作物生产基本实现了机械化，从耕地、播种到收获都是机械操作。该农户直接参加农业劳动，自己亲自经营管理。不过他谈到，现在雇佣劳动力越来越难了，工资低，人家都不愿意来，随便出去打工一天的工资都很高。他还谈到自己干农业的原因有长期务农，熟悉农业和可以照顾家人。

（四）资本

该农户拥有的固定资产情况如下：在农用场所方面，有仓库一个，在农机具方面有收割机，都是利用自有资金购置。该农户目前无负债，对当地贷款利率不是很清楚。也没有投资股票、基金、债券等金融产品的打算。

（五）生产成本与农产品收益

2016 年农业经营收入约 10 万元，支出合计 3 万元，无纳税。盈利能力与前两年相比好一些。

二、农业社会化服务情况

该农户目前接受的社会化服务有技术、农资、销售、物流、信息、品牌、金融、质量、作业、基建服务等。在降低成本方面，比农户自己解决便宜 10%左右，产量和销量也有一定程度的增加。据该农户所知，当地政府出台了支持农业新型经营主体发展的专门文件。政府的现金补贴是每亩 60 元，目前没有实物奖励。他认为，现在从事农业生产经营所能获取的社会化服务总体上是充分的，比较好。

三、发展规划与意愿情况

该农户认为，发展到现在最大的优势是劳动力，主要制约因素就是缺少资金和市场销路不稳定。该农户比较愿意通过农户联合再合作的方式扩大规模。并且愿意长期专门从事农业生产，但是不愿意让自己的下一代继续从事农业生产。

四、社会关系与外部环境情况

该农户表示，在他亲戚和朋友中有提供社会化服务的农户，是兼业户。目前家庭收入主要依靠从事农业生产，如果想借钱，金额不大的话，还是比较容易的。他所在的温堂村地处平原地区，村中企业有一两家，人均年收入大概在 3 万元左右，距离县城的距离有 20 公里，少数民族比例也较低。村中人均土地面积 1 亩多一点。

（调查员：白洋）

1-6f　西岗镇段庄村专业种植大户案例

在西岗镇段庄村做的农业经营主体问卷，被访人是加入农民合作社的专业大户，总共经营土地 450 亩，全部为土地流转转入的土地，平均每亩每年租金 900 元，主要种植作物为玉米、蔬菜还有中草药。主要接受西岗农民专业合作社联合社提供的服务。

一、农业生产情况

（一）起步阶段

当初能走出第一步的原因最重要的是有政府的优惠政策和支持，政府推动土地流转，才有了他今天的规模经营。其次就是他在农业生产经营方面比较有技术和经验。这也是当前土地流转的原因，有些农业种植大户既掌握高效农业种植技术，又有规模经营的强烈愿望，但苦于无地经营，需要政府推动土地流转积极解决这一矛盾。

刚开始运行阶段面临的主要问题是劳动力不够，因为流转了很多土地，但是由于工资水平相对于外出打工还是有些低，很多人不愿意被雇佣去劳作。另外，由于转入了大面积的土地，产量上去了面临的最大风险就是销售风险，如果出现销路不畅等情况，损失会非常惨重。

（二）土地

2013 年该专业大户一次性流转租入土地 450 亩，土地分两块儿，主要用途为种植粮食和蔬菜水果，农业三补贴归原承包农户所有。2013 年以前，该地区一直以传统的小麦、玉米等粮食作物为主，2013 年后才渐渐开始种植经济作物。

关于土地租入或转包的情况：据该专业大户介绍，当地土地租入或者转包需要得到当地政府的批准。当地有土地交易所，与转出土地者是村集体关系，租入的土地也在本村。镇政府以书面形式进行担保，2013 年 4 月 18 日签订的合同，期限是固定的 10 年。每年 9 月 18 日先以现金形式付清租金。

关于土地作价入股的情况：当地土地入股需要得到政府的批准，通过土地交易所，以土地承包经营权入股，每亩每年 900 元，入股期限是 10 年，入股面积 450 亩，股份不能转移和退出，盈余按照一定比例分红。

该农户有办公、厂房、物流仓库等用地，这些建筑用地的来源都是 100% 流转来的土地。当地土地流转很容易。该农户认为土地所有权属于国家，长期在外从事非农工作的人也应该交回土地承包权，去世或者外嫁的人应该交回土地承包权。该农户听到过农地三权分置的说法，即所有权、承包权、经营权三权分置。他认为流转来的土地不可以抵押去贷款，因为他没有所有权，并且不愿意去融资贷款。

（三）劳动力

粮食作物生产基本实现了机械化，从耕地、播种到收获都是机械操作。该农户直接参加农业劳动，自己亲自经营管理。按照他目前的经营状况，理想状态下需要雇佣 70 个人较为合适，其中管理方面 10 人，直接从事生产 60 人。目前雇佣这些人很难。他觉得自己如果不从事农业，也可以找到收入差不多的活儿，依然从事农业是因为长期务农，熟悉农业，还有可以照顾家人。

(四) 资本

现有固定资产情况：农用场所方面，用自有资金购置了仓库和厂房，农机具方面，用自有资金购置了拖拉机、收割机、农具、运输车辆等。该专业大户没有负债和贷款，对当地借贷利率情况不是很了解。没有购买过股票、基金、债券等金融产品。

(五) 生产成本与农产品收益

据估计，2016 年农业经营收入 200 万元，支出合计 140 万元，其中工资支出 40 万元，没有纳税。盈利能力相比较前几年来说好一些，与其他同类经营主体相比差不多。

2016 年主要品种的产出和销售情况：

玉米，收获面积 230 亩，收货量 700 千克，销售量 700 千克，销售两次，均价为每千克 1 元，销售去向是商贩。

蔬菜，收获面积 220 亩，收货量 3 000 千克，销售量 3 000 千克，销售两次，均价每千克为 2 元，销售去向是商贩。

2016 年生产经营发生的物质与服务费用：

种子用量大约 300 千克，费用 500 元，化肥 200 千克，费用 800 元，使用农药 4 次，农药费用 120 元，农膜费 120 元，租赁作业费 1 000 元，包括机械作业费 150 元，排灌费 50 元，燃料动力费 10 元，工具材料费 20 元，修理维护费 10 元，其他直接费用 10 元，保险费用 30 元。

2016 年有涝灾，受灾面积 50 亩，每亩损失 3 000 元。

二、农业社会化服务情况

该农户目前接受的社会化服务有技术、农资、销售、物流、信息、品牌、金融、质量、作业、基建服务等。在降低成本方面，比农户自己解决便宜 30%左右，产量和销量也有一定程度的增加，达 40%左右。据该农户介绍，当地政府出台了支持农业新型经营主体发展的专门文件，经确认后可获得政府 1 000 元的现金奖励。他认为，现在从事农业生产经营所能获取的社会化服务总体上是充分的，比较好。他很愿意成为提供农业社会化服务的专业户。亲戚朋友里面也有专门提供社会化服务的专业户。

三、发展规划与意愿情况

该专业大户认为，发展到现在最大的优势是土地流转规模大、资金充足以及政府的支持。制约现在发展的主要因素是劳动力不足和市场销路不好。他表示很愿意扩大经营规模，采取农户联合再合作的方式。

四、社会关系与外部环境情况

该专业大户表示亲友关系中有私营企业主，对自己的帮助很大。借钱的话还是比较方便的，目前家庭收入主要依靠从事农业生产。

所在村的主要特征：该村地处平原地区，村中农户信教比例很少，村中企业有两家，人均年收入大概在 2 万元左右，距离县城的距离有 20 公里，少数民族比例也较低，人均土地面积 0.8 亩。

（调查员：白洋）

1－7　滕州市东郭农民专业合作社联合社

一、联合社基本情况

（1）联合社成立时间是 2016 年 4 月，由 6 家合作社发起，联合社现有 6 家合作社，分别为金贯、丰旺、富阳、盐实、贯通、功德宝专业合作社。

（2）正式注册时间是 2016 年 5 月，注册地为滕州市工商管理局。

（3）成立联合社的原因：①通过对市场做充分的分析调研，及时调整种植结构，积极引进改良新品种，改进种植新技术，开展新型技术培训，达到信息共享，及时主动适应市场变化的需求。②通过实行标准化生产，统一采购农业生产资料，开展科学施肥、精准施药、农机作业、机播机防机收、统防统治，大力提高机械化使用效率和集约化水平，努力降低生产成本。③大力培育区域品牌，为未来更好更强的发展和走出去奠定基础。④统一销售农产品，有效克服了农民专业合作社难以适应大市场的矛盾，提高了销售收入。

（4）成立联合社中遇到的困难：基础差、成员文化水平低、基本无启动资金、推销难、推广新品种难、机械化程度低。

如何克服：政府的帮助和支持、土地改良、农药和化肥的控制、规模化经营土地。

（5）您认为您能牵头成立联合社的最重要原因是：公司化管理、上级主管领导的监督和指导、人员素质好、有实力和经验、在市场化经营方面有基础。

（6）联合社现有固定资产300万元，流动资产600万元，负债850万元。

（7）联合社在成立过程中是否得到了政府的相关支持：否。

（8）联合社中各合作社之间发展水平是否相当？否。

合作社一：有经验、有实力、起步早、市场进入早、效益高、抗风险能力强。

合作社二：由能人牵头，众人合作。

合作社三：众人心不齐，都想少劳多得。

（9）联合社属于哪种类型：同业联合，紧密型。

二、联合社运作情况

以马铃薯、毛芋头、蔬菜、小麦、玉米、花生、地瓜等作物的种植、销售、储藏、加工业为主。依照章程成立了理事会、监事会，下设生产资料供应、技术指导、产品销售、财务管理、信用互助5个业务部。其职能：①通过对市场的充分分析调研，及时调整种植结构，积极引进、改良新品种，改进种植新技术，开展新型技术培训，达到信息共享，及时主动适应市场变化的需求。②通过实行标准化生产，统一采购农业生产资料，开展科学施肥、精准施药、农机作业、机播机防机收、统防统治，大力提高机械化使用效率和集约化水平，努力降低生产成本。③大力培育区域品牌，为未来更好更强的发展和走出去奠定基础。④统一销售农产品，有效克服了农民专业合作社难以适应大市场的矛盾，提高了销售收入。

（1）联合决策，各家合作社按照出资比例行使决策权，一人一票。

（2）有理事会和监事会，没有专门的领导班子，一般都是合作社领导兼任。

（3）各合作社向联合社出资。

（4）联合社具有自己的章程，但是因为成立不久，还在初级阶段。

（5）社员大会一年一次，理事会一季度一次。

（6）联合社是独立的核算单位，目前盈亏基本平衡。盈利来自销售利润，分配按照章程规定进行，考虑各个合作社的出资情况。分配标准是成员大会共同商定决定的。

（7）联合社具有严格的财务管理规章制度，有专门的财务工作人员，会计资料很完整，向下属合作社公开财务和运营情况，情况全部公开。

（8）联合社有各合作社的资金账户、产品和农资交易记录。

（9）联合社目前无退社情况。

三、联合社提供的服务

目前，已托管土地 2 000 亩，其中大田作物 1 600 亩，经济作物 400 亩。服务内容主要包括：开展农业生产资料的直供直销，推广优良种植新品种、新技术，科学施肥、精准用药、水肥一体化，实行机械化作业，成立农业生产社会化服务队伍，大大降低人工种植成本。

（1）联合社给各合作社提供产前农资采购服务，比合作社自己采购节省10%左右，费用包含在采购成本里，给非成员提供。

（2）联合社给各合作社提供产中农技服务和农业培训，不收费，不给非成员提供。

（3）联合社给各合作社提供产后销售服务，还没有统一商标品牌，价格会稍微贵一点，部分有自己的销售平台，不收费，不给非成员提供。

（4）联合社给各合作社提供运输加工与储藏服务，收费，给非成员提供。

（5）联合社给各合作社提供资金服务，收费，给非成员提供。

四、联合社存在的问题

（1）联合社内部运作存在问题，比如有实力的合作社相比缺乏实力的合作社更有话语权，这样可能忽视了一部分人的利益，各个合作社发展水平不一样对联合社发展有一定影响，决策时要考虑的面比较广，降低了效率。

（2）联合社在资金、用地和设备方面存在一定困难。

（3）联合社现在最缺运营、经营管理、财务会计人才，政府应该加大补贴，支持人才引进。

（4）各个合作社基础不一样，联合起来有名无实，启动资金少、技术人才不足、各种农机缺乏。

五、联合社的发展前景

（1）合作社抱团成立联合社作用还是明显的，在信息共享、农资购买优惠方面有一定效果，也便于组织培训。

（2）未来发展规划需要政府加大支持力度，促进更多的合作社参加联合社。

（3）联合社现在主要和当地政府农业相关部门联系，村委有一定支持。

（4）最好出台联合社相关法律，以保障联合社的健康发展。

（调查员：白洋）

1－8　滕州市良友农机专业合作社和滕州市玉良蔬菜专业合作社

一、合作社基本情况

滕州市良友农机专业合作社和滕州市玉良蔬菜专业合作社都成立于2011年12月，位于山东省滕州市界河乡西李庄村，理事长均为王玉良。

两个合作社均有5位发起人，农机专业合作社主要是提供农机维修、保养、出租、作业服务等；蔬菜专业合作社主要提供农资采购、农产品销售服务。虽然这两个合作社都有5位发起人，但是仅有王玉良一人入股，同时将所有与合作社交易的成员都认为是社员，成员身份认定模糊，并没有实质上形成一个利益的共同体，也不存在向与合作社发生交易的社员返还利润的环节，所以在本质上还是个体工商户的色彩更浓厚一些。这两个合作社目前的办公地点均在理事长自己家中，其他理事对合作社的发展并没有实质性贡献。在农机合作社中，共有农机30余台，其中包括喷药机、播种机、施肥机等小型农业机械，资产价值总计为15万元；而蔬菜合作社则没有什么固定资产。

二、合作社的经营模式

合作社主要通过为农户提供免费的技术服务、销售服务、信息服务来吸引其通过合作社采购农资、销售农产品，在这个过程中，合作社仍然对社员给予一定程度的优惠，但是也会保证合作社的收益。在技术服务方面，对农户如何使用肥料、使用新技术进行指导，并且聘请专家讲解病虫害防治技术，或者为自己的社员进行现场指导，还对如何保养、使用农机提供指导。在农产品销售方面，通过介绍客商，集中代销的方式提供服务。特别需要注意的是，该理事长还组建了社员微信群，为感兴趣的农户提供农产品市场价格、天气预报、最新政策解读、技术指导的相关信息，方便快捷地把服务送到每家每户。这种活用新媒体的新型经营主体在目前的调研中还是比较少见，不过未来随着新媒体的普及度进一步深化，通过新媒体提供信息服务，肯定是发展的必然趋势。

三、合作社的未来发展

理事长也坦然，目前合作社的发展还存在一些不规范的地方，包括社员资格和股东出资方面，这主要与目前合作社经营规模较小有关，未来理事长希望能够进一步扩大经营规模，服务更广大的地区。但是现在还存在资金约束，在没有资金支持的基础上很难进一步发展。下一步，合作社打算规范合作社的运作，吸纳社员股金，以土地入股或者现金入股的方式增加合作社的资本金，扩大服务的市场份额，设立专门的合作社办公场所和生产设施，进一步提升合作社的盈利能力，带动力和影响力。

（调查员：姚炜航）

案例报告二：临沂市河东区案例

2-1 临沂市河东区刘店子农民合作社联合社

山东省临沂市河东区刘店子农民合作社联合社位于山东省临沂市河东区八湖镇刘店子村，联合社成立于2014年10月，含有5个成员合作社，现有成员1 322户。4个合作社的主营业务分别为草莓种植、葡萄种植、果蔬产销、水利服务以及农业机械化服务。

一、联合社基本情况

在区政府的号召下，联合社成立于2014年10月，并同期在河东区工商局注册登记。联合社的注册资本为100万元，其中临沂市河东区刘店子供销社出资20万元，河东区盛田农机服务专业合作社、河东区惠田水利服务专业合作社、河东区德兴果蔬产销专业合作社、河东区祥瑞葡萄种植专业合作社以及河东区康达草莓种植专业合作社各出资15万元，联合社理事长袁春法出资5万元。联合社目前有固定资产150万元，流动资产300万元，暂无负债。

联合社组织结构主要分为三大部分，理事会包括理事长袁春发、理事韦自玉和刘明；监事会包括监事长殷鹏、监事张森和郑秀芹；党支部包括支部书记周雪莲、支部成员丁成奇和朱崇观。

联合社理事长袁春发为刘店子供销社主任，现年50岁。被访人王春红是联合社的出纳，主要负责联合社资金互助的管理运营。联合社理事长月工资3 000元，出纳月工资2 500元，联合社另外聘请会计一名，月工资也为2 500元。

二、联合社运作情况

联合社有理事会、监事会，也有专门的工作人员，一年一度的股东大会决策方式为一人一票，并且联合社有较为规范的章程，是独立核算单位。联合社有盈利，盈利主要来自两个方面：一是联合社收购成员社未销售的葡萄、草莓等，再批量销售给当地的草莓加工厂和葡萄酒厂，从成员社处收购价与销售给加工厂价格之差就是联合社的盈利；二是资金互助中资金拆借产生的利润。

成员互助金不仅可以帮助解决联合社中成员社农业生产急需的资金短缺问题，联合社通过较好地运用这一笔资金也可以产生丰厚的利润。联合社的成员将自家闲置资金存入联合社的互助金中来，由联合社统一管理。如果联合社中其他成员在农业生产中需要借贷资金，就可以从互助金中借款，利率为 9.8%（相当于 1 万元借款一天利息为 2.8 元）。略微高于银行借款利息，但是相比于银行贷款，这一方式有两个最为明显的优点，一个是更为快捷便利。联合社成员只要填写借款申请表，即可获得借款；另一个是随借随还，一旦资金充裕了就可以把资金退还到联合社互助金中去，利息按所借的天数来计算。这对于文化知识水平不是特别高的农民来说是借用生产资金最方便的方式。联合社互助金除了借给联合社成员之外，还会将多余的资金借给小额信贷公司，这一家小额信贷公司为供销社的成员之一——亿家担保公司，年利率为 7.2%，借款期限分别为 3 个月、半年、一年。这样联合社的互助金可以得到充分利用，可以使资金效用最大化，也能为联合社谋取更多利润，更为重要的是可以更为方便地向普通成员提供资金借贷服务。

2016 年 1 322 户成员中有 600 多户成员将自家闲置资金投入到联合社的互助金中去，少的 500 元，多的 10 000 元，2016 年互助资金累计已达 300 多万元。农户将资金投入到联合社的互助金中去，年底可以得到本金 6%～7%的分红。而联合社将资金贷给需要的成员利率为 9.8%左右，贷给小额信贷公司的利率为 7.2%，所以一年下来联合社互助资金运作可以盈利十几万元，除去给联合社的理事长、出纳、会计发工资，一年还有 2 万～3 万元盈余。

联合社每年召开一次成员大会和理事会，主要是向全体成员汇报这一年联合社运作发展情况和盈利情况，并发放相应的分红款项。

三、联合社提供的服务

联合社为成员提供的服务主要为三大块。一是提供技术服务和农业培训，这是免费给成员提供的，并且也会给非成员提供技术和信息服务。二是销售服务，主要是联合社收购一些农户未能及时销售的草莓和葡萄，再统一销售给酿酒厂和草莓加工厂，销售服务也会给非成员提供。三是该合作社最为重要的一项服务就是资金服务。通过资金互助，不仅能够帮助一部分成员使家里的闲置资金得到增值，也能帮助另一部分成员解决购买化肥、农药等农资所需的大笔资金借款问题，与此同时，联合社通过互助金的合理运作拆借还能有可观的利润。可以说，联合社所提供的资金服务是最为重要的也是最有效的社会化服务。

四、联合社存在的问题与发展前景

据被访者说，联合社目前在内部运作方面没有存在什么问题，在做决策时效率较高，也不存在资金、用地和设备方面的困难，不缺乏相应的人才。我想这与联合社较为详尽的章程、政府的支持监督以及供销社的支持和监督有一定的关系，再加上联合社组织架构比较完整，责任清晰明了，所以联合社的运作较为规范，带动效果也比较明显。

谈及合作社的发展前景，被访人说十分看好该联合社未来的发展，对于未来规划，在管理能力之内希望能够吸纳更多的成员社来扩大规模，在为更多成员提供相应的农业社会化服务的同时，联合社也能有更多盈利，来促进当地农业发展和农民增收，促进经济发展。

联合社主要和当地的供销社联系较为密切，并且得到了当地村委会、乡镇的支持。被访者认为需要出台联合社的相关法律法规，就像 2007 年实施的合作社法一样，来更好地保护联合社成员的权益，促进联合社健康、可持续成长发展。

五、一些思考

可以说，资金互助是该联合社最明显的特征也是最大的优势，但是在采访过程中，被访者被问及具体的资金互助情况时总有一些支支吾吾，我想大抵是害怕这样的资金互助有非法集资的嫌疑。所以联合社法的出台和实施过程中对于联合社资金互助这一块，需要有明确的规定，防止联合社陷入非法集资的泥潭中，与此同时也不能束缚住联合社为成员、非成员提供相应的资金服务。农业生产所需资金时效性明显，且农业抵押、担保贷款比较难，更为重要的是农民的知识水平有限，不愿意用烦琐的程序去银行贷款。所以较为简单方便的资金借贷对于农民来说是非常重要的，尤其是新型农业经营主体的发展，更加需要资金支持。因此在合作社法颁布实施的 10 周年之际，也应该补充完善或者说是出台专门的联合社法，来促进联合社健康发展，为其发展提供坚实的保障。

（调查员：张阳悦）

2-2 临沂市河东区太平镇同德有机农业专业合作社

一、基本情况

被访者周广财，是同德有机农业专业合作社的负责人，现年48岁，大专以上学历。2003年，周广财开始关注并发展农业。2003年4月，周广财成立临沂同德农业科技开发有限公司，主要从事农业高新技术研发、蔬菜生产、加工、销售和农资配套服务。同年，周广财注册了“同德”商标，希望能干出一番名堂。

同德合作社主要经营蔬菜、水果和水稻，位于临沂市河东区太平办事处驻地。临沂河东区同德有机农业专业合作社是临沂同德农业科技开发有限公司发起，于2007年12月经河东区工商行政管理局批准注册设立，是河东区第一家农民专业合作社，目前已有社员2 000余户。当初建立合作社的主要原因是政府的农业支持政策，周广财看好有机农业的市场前景，以及自己拥有同德农业科技开发有限公司，而且2006年，公司生产的“同德”牌有机蔬菜被认定为临沂市名优农产品，有品牌。但在创立阶段也遇到了一些问题，如资金、土地流转困难等问题，农户流转意愿较低，最终由于政府的支持，通过村集体实现了土地流转。周先生家里有3口人，妻子和他一起参与合作社的运营与管理，还有一个上小学的女儿。作为河东区通过工商系统首家注册的农民专业合作社，在当地政府的大力支持下，公司和专业合作社均有了长足发展，取得了比较卓越的成绩。合作社致力于打造区域行业龙头，实现社员成员共同致富的目标。

二、经营状况

土地方面，同德合作社目前有土地400亩，主要经营的作物是蔬菜、水果和水稻，地块成片，平均每亩租金为1 500元，一年支付一次，至2028年。土地流转方面，周广财表示比较困难，主要是农户的观念意识不行，自己种地并不赚钱，土地流转意愿并不是很高。劳动力方面，合作社的工作人员目前有8名男性、15名女性，均为长期雇工。管理人员工资收入一个月3 000元，生产人员工资收入一个月2 000元，年工资支出约为60万元，雇工平均年龄大概50岁左右，雇人难度不大。固定资产方面，均于2012年购置。农用场所方面，拥有温室大棚，花费100万元，预计可使用年限30年；仓库、厂房，花费100万元，预计可使用年限30年。农机具方面，拥有拖拉机，花费30万元，预计可使用年限10年；收割机，花费150万元，预计可使用年限10年；农具，花费50万元，预计可使用年限10年；运输车辆，花费70万元，预计可使用年限10年。

流转的400亩土地中，水稻收获面积300亩，收获量150吨，销售均价1.7元/千克。蔬菜收获面积100亩，收获量800吨，销售均价2.5元/千克。从2016年的生产经营状况来看，农业经营收入约200万元左右，支出200万元左右，收支平衡。盈利能力与前两年差不多，与其他同类经营主体相比稍好一些。

2016年，同德合作社加入刘店子联合社，联合社通过为农服务中心为合作社提供测土配肥、农资、技术、农机、基建等服务。同德合作社以其成员为服务对象，为成员技术指导服务，农资统一供应，蔬菜包销加工等服务，为菜农提供产前、产中、产后服务，提供销售信息，让社员得到更多实惠。尤其在技术方面，合作社的科技力量很雄厚，依托临沂同德农业科技开发有限公司，分别与沈阳农业大学、辽宁省农业科学院建立战略合作伙伴关系，设立临沂同德农业科研工作站，积极与科研机构搞合作，保障产品品质。品牌方面，2006年公司生产的"同德"牌有机蔬菜被认定为临沂市名优农产品，2009年公司的"同德"牌商标被山东省工商行政管理局认定为山东省著名商标。借助同德的有机品牌和统一供苗供种的服务，合作社的成员省了很多的事。产品统一打上"同德"农业的商标，进行统一收购销售。成员只管种好地，销售方面完全不用操心。

三、难题与未来规划

周广财认为合作社面临的最大问题是资金问题。周广财表示自己目前没有贷款，信用贷款额度较小，而且手续麻烦。周广财愿意拿流转来的土地经营权去获得贷款，并且认为用流转来的土地经营权去获得贷款是可行的，周广财也听说过其他省市可以进行抵押贷款，但多次去银行、信用社等金融机构尝试贷款却遭到了碰壁，金融机构不认可土地经营权，不愿意放贷。

未来周广财希望进一步研发技术，提高生产效率，同时，周广财表示愿意为农户提供比现在更多更优质的服务，并希望号召更多的种植户参与进来，将"同德"优质农产品的品牌做大做强。随着人们对生活品质要求的不断提高，人们对有机蔬菜的需求也会越来越大，周广财表示有机蔬菜是目前最安全、最健康的蔬菜，自己有信心能将合作社发展得更好。

谈及未来中国农业会“后继无人”，周广财表示不同意这种说法，说自己10年前就考虑过这个问题，但现在越来越重视新型职业农民的培育，效率会更高。谈及未来中国谁来经营农业时，周广财认为同德有机农业专业合作社是临沂同德农业科技开发有限公司（同德公司）主导下的合作社，他认为这种模式很好，龙头企业主导下的合作社经营模式是未来的趋势，若没有龙头企业，仅仅有合作社是发展不起来的。周广财也发表了5篇农业生产方面的论文，自己经常学习，希望自己能做懂知识的农民。通过与合作社负责人周广财的交谈，也发现周广财很有企业家才能，相信他也能带领同德合作社走得更好更远。

（调查员：赵春晓）

2－3　临沂市河东区郑旺农民专业合作社联合社

一、联合社基本情况

临沂市河东区郑旺农民专业合作社联合社位于临沂市河东区郑旺镇郑旺村，于2015年10月在河东工商局注册成立，由5家专业合作社发起。联合社负责人是林廷宣，男，现年65岁，中共党员，高中学历，并担任基层供销社负责人，已任职30多年。提起成立联合社的原因，被访者表示结合供销社综合改革试点的要求，按照“3控3×6＋1”的指导思想，发挥为农服务的功能。建立联合社，这是为农服务一个很好的抓手，在成立过程中也得到了政府的大力支持。联合社现有固定资产1 000万元，流动资产300万元，基本没有负债。该联合社属于同一地区不同业的联合，各个合作社之间的发展水平也并不相当。如德胜大蒜专业合作社发展得最好。德胜大蒜专业合作社目前有社员400多户，年产大蒜500万斤，占全镇产量的一半左右，效益很好。而且德胜大蒜专业合作社是全省第一批金融改革试点，信用互助是其一大特色。蒜农社员卖蒜后获得的收入可以存入德胜大蒜专业合作社，若有其他社员需要继续种植其他作物或开展其他业务等需要资金的，可以从合作社贷款，而且利息率很低，借款1万元，利息为1 500元左右。

二、联合社运作情况

联合社内部有专门的工作人员，有完备的理事会与监事会，联合社每年召开一次社员大会，并且会定期召开理事会，总结和安排每年的工作。联合社的运作依据联合社章程，有严格的财务制度，有专业的会计从业人员，会计资料也完备齐全，具体的运营状况和财务状况会向合作社部分公开，联合社也对各个合作社的资金账户、产品交易记录、农资交易记录有存档。联合社自成立以来并无退社现象发生。

决策方面，联合社通过召开理事会、股东会进行决策。各家合作社的决策权是一样的，一人一票。盈利方面，主要盈利在农资供应、土地托管、电商服务等环节。分配方面，联合社采取按出资额多少进行分配的方式，去除各种成本后，预留发展资金，用于联合社的进一步发展。利润分配的多少由当年的盈利状况决定，多盈多分，少盈少分。

三、联合社提供的服务

现在为农服务中心还在建设中，虽然尚未建成相关建筑，但部分业务已经开展。

农资：联合社对接盛民公司，通过签订供应合同，为成员合作社统一提供产前农资采购服务，比合作社成员自己购买要便宜。对非成员不提供此项服务，非成员可直接到为农服务中心的农资超市协商购买，也可定量提前供应，但不享受优惠价格。联合社提供测土配肥，实现有针对性的精准施肥。此外，还有 1 个月左右收麦，联合社正在进行农机招标，打算购置 35 台收割机、打捆机等各种农机具，并应用到 1 个月后的收麦工作中。

培训：联合社通过为农服务中心的培训中心，邀请农业专家、技术人员为各合作社免费提供农技服务和技术培训，部分专题培训只向成员提供。如：大蒜专业技术培训主要面向德胜大蒜专业合作社。一些公共培训，如：提高农民素质等讲座，成员、非成员均可参加。

销售：联合社通过为农服务中心的平台作用，为各合作社提供产后销售服务。一是联合盛业超市开展农超对接。二是对接河东区社农产品电子交易中心、市社交易中心、供销 e 家、阿里巴巴等 4 个网络销售平台，进行网上销售。三是联系区域内的生产企业，直接进行供应。以上服务均不收费，不同的渠道卖的价格不同，但都能保证盈利，解决了合作社生产种植的后顾之忧。

四、存在的问题及未来规划

联合社目前最大的问题是人才问题，缺乏年轻的农业技术人才。现在的主力主要是40～50岁左右的农业技术人才，年轻人并不太爱农业，甚至很多人都没有见过农作物种植的过程，同时又沉不下心，不愿意进农村搞农业。但中国农业现代化离不开年轻人的参与，所以希望国家进一步加大政策推动力，号召年轻人报考农业专业，参加农业工作。

合作社抱团成立联合社的作用非常明显，与单个合作社相比，已经体现了很好的优越性。如：联合区域内的合作社，在更大范围内开展农资联系、新品种引进、市场对接服务等，形成了更大的话语权，同时享受更大的优惠；联合社发挥联结、组织作用，使为农服务中心的各项服务功能直接惠及各个合作社；联合社组织成员合作社共同投资参与建设为农服务中心，服务中心的效益也能惠及合作社和社员。

郑旺联合社是第二批成立的联合社，由于成立较晚，为农服务中心还在建设阶段，预计2017年年底建成，联合社的负责人很看好联合社的发展，希望通过扎实经营、扩大影响、抱团发展，成为农业现代化的主力军。

（调查员：赵春晓）

2-4　祥瑞葡萄种植专业合作社

一、合作社基本情况

祥瑞葡萄种植专业合作社位于山东省临沂市河东区八琥镇树沂庄社区，为该社区党支部书记周雪莲于2010年成立并注册，注册资金为500万元，主要出资人为理事长周雪莲。

祥瑞葡萄种植专业合作社所在的树沂庄社区，处在丘陵地区，人均土地面积1亩左右，人均年收入9 000元左右，在八琥镇排在下游水平。由于树沂庄社区产业以农业为主，收入不高，所以村中多数人在村外谋生，导致了大片闲置土地，周雪莹看到无人耕种的土地十分痛心，便通过树沂庄社区以土地入股的形式流转了1 000亩土地，占全社区土地面积近1/3。由于葡萄种植的前期投入太大，合作社目前只经营了其中的500亩土地，其余500亩中的300亩转租给药材商种植金银花，另外200亩转租给村中的种植大户进行花生等经济作物种植。

合作社所在位置交通便利，距离河东区30公里左右，距离西岗镇4.5公里，距离高速公路入口4.5公里，距离省道或国道2公里左右，良好的交通条件为合作社的发展提供了便利。

二、理事长及理事会成员基本情况

理事长周雪梅，现年48岁，高中学历，丈夫为乡镇教师，家中两个孩子还在上学。周雪梅是树沂庄社区现任支部书记。作为女性社区党支部书记和合作社理事长，周雪梅具有过人的经营管理能力和强烈的“三农”情怀，近几年一直是临沂市人大代表，并且在2013年入选了“新沂蒙·新红嫂”十大女村官候选人。

在访谈过程中，周雪梅屡次表达出了对“三农”的情怀，她说2009年冬季，面对无人种植的土地，她召开了社区成员代表大会商议以“土地入股分红”的形式将土地流转到社区集中经营，每年的租金是500元加分红。由于本地的特殊沙土地质，周雪梅想到了种植葡萄，为此她请来了张裕葡萄酒厂的技术人员对本地自然条件进行测试，结果显示本地土壤、气候都十分适合种植葡萄。据周雪梅介绍，酿酒用葡萄需要在第六年才可以使用，前5年由于达不到稳定品质所以全部无法利用，正是由于这种较高风险性和较长的投资回报期，难以寻找到社会资本投资到合作社，周雪梅只能自筹资金投入合作社进行前期的基础设施建设、引进苗木等，已经陆续向合作社投入850万元左右，资金来源是她向银行贷款、向亲朋好友借钱。2014年周雪梅以林权证抵押的形式向临沂市商业银行贷款300万元（林权价值的30%），利率为8%（5%基础利率+3%风险利率），祥瑞葡萄种植专业合作社也因此成为了临沂市第一家从商业银行贷款的合作社。但由于前期过高的投入和短期内酿酒葡萄无法利用，使得周雪梅也产生了疲倦的心态，她认为如果没有经营合作社的话她的收入每年不会低于10万元，但因为前期已经投入如此巨大的资金，使得她也不得不继续经营下去。对于农业，周雪梅有着自己比较深刻的认识，她认为单靠普通农户各自经营是无法维持下去的，独立分散的农户由于难以对农产品市场信息进行准确把握，跟风种植某一农产品使得价格经常出现今年暴涨明年暴跌的情况，只有将土地集中，交给具有一定能力的团体经营，才能进行产业结构调整，真正实现“农业供给侧改革”。

三、合作社经营情况

目前合作社经营着社区流转土地其中的500亩，每亩地的租金为500元加分红，500元的租金价格是根据当时的小麦价格计算得出的每亩收益而制定的，由于合作社暂时没有盈利所以目前每年的租金就是 500 元，每年土地的成本在 25 万元左右。土地流转合同签到了 2028 年，签长期合同的原因是葡萄种植前期投入大、回报期长。据介绍，因为社区成员很多都将土地闲置，当时流转这部分土地比较容易，现在如果想扩大规模继续流转土地依然不难，但碍于资金有限，合作社一直保持在 500 亩的规模上。从 2010 年开始，合作社对经营的土地陆续进行了整治，共计花费 700 万元左右，其中地块平整花费 200 万元，水利设施花费 150 万元，修建田间道路花费 100 万元，改良土壤花费 250 万元。

目前合作社有全职员工 60 人，其中管理人员 12 人，生产人员 40 人，另外还聘请了两名技术人员。管理人员需要负责制定生产计划、分配劳动人员、财务管理等工作，工资为每人每天 150 元；生产人员负责日常的设施修建，葡萄种植、植保和采摘等工作，工资为每人每天 70 元；技术人员负责病虫害防治，改良、引进品种等工作，工资为每人一年 15 万元。计算下来，合作社全年工资支出在 130 万元左右。

目前合作社负债 190 万元，主要是理事长周雪梅以个人名义进行的借款和贷款，每年应支付的利息约为 15 万元。贷款主要用于修建基础设施和合作社日常运作。固定资产方面，合作社于 2010 年修建了一座仓库用于存放农资物品，花费 40 万元，可使用 15 年左右。另外合作社 2010 年还购置了 7 台拖拉机、8 台打药机，共计花费 40 万元左右。物质与服务费用方面，合作社现有 25 万棵葡萄苗木，为 2010 年栽种，当时花费 180 万元左右。每年每亩施用生物菌肥 1 000 斤，总计花费 40 万元；每年施用农药 5 次，花费 5 万元；每年的农膜花费 2 万元，另外每年的燃料动力费为 3 万元左右，修建水利设施 2 万元左右。2016 年，合作社所在地区遭受风灾，损失在 30 万元左右。

2016 年，500 亩土地共收获约 1 500 吨葡萄，全部销售给葡萄酒酿造厂，共计收入 210 万元左右，支出合计 200 万元左右，全年盈利不足 10 万元。

社会化服务方面，2014 年祥瑞葡萄种植专业合作社加入了八琥镇农民合作社联合社，联合社对合作社提供了多方面服务。首先是农资服务，加入联合社以后每年的农资费用降低了近 10%；其次是信息服务，通过联合社牵头，合作社与齐鲁工业大学牵头，成立了研究生实习基地，对合作社在技术上提供了很多帮助；最后联合社还免费提供了测土配方服务。农户加入合作社以后，一是享受了低价却有保障的农资，二是葡萄产量和价格都有所提升，正是由于对农户的技术带动作用巨大，2014 年合作社获得了“国家级科普示范基地”称号，并获得 20 万元资金补助。

四、合作社存在问题与发展规划

周雪梅介绍说，合作社目前存在的最大问题就是缺少资金。每年通过种植葡萄的收益在整个产业链中是最少的，最大的收益部分被酿酒厂赚取，每 2 千克葡萄酿成 0.5 千克葡萄酒，再加上人工费、包装费 10 元左右，每瓶葡萄酒的成本仅为 13 元左右，但售价却要在 120 元以上，每年酿酒厂通过她种植的葡萄酿造的葡萄酒的利润要在 3 000 万元左右，因此下一步周雪梅想建造合作社自己的酒庄，但这一块的投入要在 1 500 万元左右，令她有些力所不及。周雪梅还打算开拓一片鲜食葡萄种植区域，打造从采摘到酿酒的过程，以这样体验形式进行销售，然后加上酒庄参观加餐饮的模式，这样真正实现了一二三产业的融合。

（调查员：刘世琦）

案例报告三：莒南县案例

3－1　莒南县坊前镇农民专业合作社联合社

一、联合社基本情况

临沂市莒南县坊前镇农民专业合作社联合社位于临沂市莒南县坊前镇，是由坊前供销合作社牵头，联合乐力农机、天雪小麦、雪峰茶叶、民生种植4个合作社共同组建成立的，于2014年9月在工商局登记注册。联合社现有团体成员5个，其中农民专业合作社4个，共有社员177户。联合社成员出资总额100万元，均为实际出资。其中供销社出资40万元，占总股本的40%，乐力农机化种植合作社出资20万元，占总股本的20%，天雪小麦种植合作社出资20万元，占总股本的20%，雪峰茶叶种植合作社出资20万元，占总股本的20%。联合社现有固定资产150万元，流动资产150万元，没有负债。该联合社属于同一地区不同业的联合，联合社对4家合作社进行协调、沟通、支持、组织，进行为农服务。

联合社负责人是韩庆山，男，现年55岁，中共党员，中专学历，兼任基层供销社负责人。从1976年开始一直担任茶叶、果品、种植、养殖、加工等技术人员，所以很懂技术，经常为村民讲课，讲授效果很好，村民参与度很高，联合社负责人具有一定的专业能力和领导能力。

二、联合社运作情况

联合社内部有专门的工作人员，有完备的理事会与监事会，联合社每年召开一次社员大会，并且定期召开理事会，总结和安排每年的工作。联合社的运作依据联合社章程，有严格的财务制度，有专业的会计从业人员，会计资料也完备齐全，具体的运营状况和财务状况会向合作社全部公开，联合社也对各个合作社的资金账户、产品交易记录、农资交易记录有存档。联合社自成立以来并无退社现象发生。

决策方面，联合社通过召开理事会、股东会进行决策。决策权分配上，理事会中农民占70%，合作社占30%。由于农民更有经验，所以提高农民的话语权。理事会决策，监事会监督，社员代表大会通过，决策遵循少数服从多数的原则。盈利方面，联合社每年大概有3万～5万元的盈利，主要来自农资供应、土地托管等环节。坊前镇联合社负责人韩庆山一直强调，联合社的初衷就是要服务农民，所以联合社不以盈利为目的，也正因为此，当地农民很信赖联合社，互动关系良好。韩庆山表示坊前镇联合社在乡镇一级的联合社的排名中是位于前列的。

三、联合社提供的服务

坊前镇联合社有一个特色，是依托各个村的便民超市，开展各项服务。联合社在该镇每个村选出一个联络员，即便民超市的经理，为避免竞争，每个村子只设一个联络员，该联络员了解本村的种植、收获情况，方便联合社开展各项服务。如村联络员向联合社反映本村需要收割，联合社就会通知相关合作社，如农机合作社去收割，合作社会与村联络员取得联系，由村联络员带领去具体地块进行收割。此外，便民超市日用品、农资用品等都是统一从联合社提货，再进行销售。联合社也会根据销售量等指标给予联络员一定的提成，一般为5～10元/亩，激励其工作积极性。

生产资料、生活资料：联合社向社员提供化肥、种子、农药、日用品、喷灌等生产资料、生活资料的服务，便宜优惠而且保证质量。一般而言，化肥一包便宜10元，花生种子一包便宜0.2元，农药一瓶便宜1～2元，对非社员老百姓也提供该项服务，但对社员的价格更加优惠。

大田托管：是半托管的形式，主要提供种、收、储存等服务。给社员播种，价格为5～7元/亩，利润约为0.5元/亩。收割价格为80元/亩，比老百姓自己找人收割要便宜10～20元，体现了联合社的优越性。收割范围不局限于当地，也去周边县市进行收割。联合社的服务均为薄利，不以盈利为目的，主要是为三农服务。

测土配肥：社员从联合社购买化肥，免费享受测土配肥服务。

技术培训：邀请农业专家、技术人员为各合作社免费提供农技服务和技术培训，联合社负责人韩庆山由于很有农业生产经验，经常在晚上去各个村进行讲课，比如农药的打法等，深受农户好评。

储存运输：联合社提供储存、运输服务。储存方面，由于茶叶基本不需要储存，直接进行销售，所以主要是储存小麦。1 000 斤小麦的储存价格是2 元。联合社提供统一配送服务，价格含在产品价格里，不再单独收费，价格透明。

销售：联合社提供销售服务。此外，联合社也提供换购服务。老百姓可以在便民超市、小麦合作社进行小麦换购，如用小麦换馒头、煎饼等用品。目前联合社还没有烘干、资金互助等业务。

四、存在的问题及未来规划

联合社目前存在的问题是资金、土地问题。土地方面，联合社负责人说，比如建设为农服务中心等设施需要 50 亩土地，但土地批复困难。此外储存设施、烘干设施等还需要政府进一步的资金支持。现在盈利的钱主要用于投资建设配套设施等，所以还需要慢慢来，进一步扩大规模。

（调查员：赵春晓）

3－2　山东永能生物质科技有限公司

山东永能生物质科技有限公司位于莒南县十字路镇经济开发区，是一个主营生物质发电、供热及附属产品的生产销售；生物质能发电技术、生物质综合利用技术的研发、咨询、推广及服务；农林废弃物回收、销售；生物质发电配套设备、环保节能产品的批发、零售的农业企业。企业总投资 12.16 亿元，由莒南县人民政府采用 PPP 模式与山东永能节能环保服务有限公司合资建设。公司于 2011 年工商注册后开始经营，被访人是公司一位农业生产经营方面的主要负责人，叫史凤华，现年 33 岁。

一、公司农业生产经营情况

公司目前经营土地 1 500 亩，2011 年向普通村民流转后进行统一生产经营。1 500 亩土地共分为 3 大片。其中 80 亩主要种植巨菌草。巨菌草为一种丛生植物，燃烧热值非常高，是发电原材料之一。剩余的土地用来种植牡丹，用于压榨植物油所用，由于目前牡丹花只种植了两年，尚未结果进行榨油。

流转的土地租金为 900 元/亩，需要得到政府的批准，通过书面合同与被流转土地的村民签订协议，期限为 10 年，公司能接受最低年限为 5 年，租金为一年支付一次，每年需要支付租金 135 万元。被访者史凤华表示当时流转土地还是比较容易的，因为村民外出打工比较多，所以愿意把撂荒的土地流转给公司，与此同时也有部分农民觉得自己种植粮食赚不到钱，所以也愿意把土地流转给该企业。

二、农业社会化服务

（一）企业接受的农业社会化服务

企业生产经营的这 1 500 亩土地由被访者史凤华来管理。具体而言，对于土地耕地、播种和收获环节，企业通过与当地的昊睿农机化种植专业合作社合作，企业购买该合作社提供的农业社会化服务，具体包括农资采购、农业机械化作业服务、信息服务、技术指导等。在田间植保方面，公司会雇佣本村的一些劳动力来进行浇水、拔草等工作，这些短期雇工的信息一部分也由该合作社提供。所以，该企业在农业生产经营方面，最大的农业社会化服务来源就是有合作关系的昊睿农机化种植专业合作社，企业购买该合作社的农机作业服务和农资服务，并连带获得一些免费的技术指导和信息服务。

目前企业所经营的 1 500 亩土地总体而言获得的社会化服务质量较高，比较充分，效果比较明显。企业不用花费过多的人力、物力、财力用于土地的生产经营，通过购买昊睿农机化种植专业合作社的服务，可以满足大部分社会化服务的需求，被访人对于目前所接受的农业社会化服务总体还是非常满意的。史凤华表示通过接受社会化服务对于产量能提高 10%，质量能提高 10%，总体而言对于企业收入也能提高 10%左右。由于便捷高效的社会化服务，所以企业有扩大生产经营规模的愿望，被访人表示只要土地流转没有问题，企业在种植巨菌草方面还是愿意扩大生产规模的。

（二）企业提供的农业社会化服务

企业提供的社会化服务不同于一般经营主体提供的社会化服务，为收购农民的秸秆。通过这一项社会化服务，一方面农民的秸秆不用填埋或焚烧，另一方面农民平均每亩还能收益 80～90 元，可以说是一举两得。对于公司而言，这些回收的秸秆是企业发电的原材料，一般而言 1.3 千克秸秆燃烧可以发一度电，公司目前一年两季可以回收 2～3 吨秸秆用于燃烧发电，产生的电并入国家电网，企业可以收益 0.4～0.5 元/度。

三、农业生产成本与收益

（一）劳动力成本

公司拥有行政管理人员 5 人，平均年龄为 50 岁，工资为 6 000 元/月；财务管理人员 3 名，平均年龄 45 岁，工资为 3 500 元/月；企业所经营的 1 500 亩土地雇佣一些临时短工，在耕种环节雇佣普通村民 6 名，均为男性，需要雇佣 10 天，日工资为 80 元，平均年龄为 50 岁；田间植保和浇水除草雇佣男性 8 名、女性 8 名，男性日工资 80 元，女性 60 元，需要雇佣 15 天左右。这些短工均为本村村民，行政管理人员为本县招聘的企业管理人员。

（二）固定资产投入

在固定资产方面，企业的厂址在经济开发区，占地面积达 313 亩。公司距离县城 8 公里，距离国道省道 15 公里，距离高速公路入口 20 公里，总体而言公司所在的经济开发区交通较为便利，这对于企业收购农户的秸秆较为方便。公司项目主要分两期建设，一期主要建设 2 台中温中压循环锅炉、1 台汽轮机组、3 套原料储存库、冷却、化水等附属配套设施。项目投产后，年可消化玉米秸秆、果壳、花生壳、果蔬秧等生物原料 32.78 万吨，年可实现总发电量 1.5 亿千瓦时，供电量 1.1 亿千瓦时，蒸汽量 24 万吨，供暖 100 万平方米，实现节煤 16 万吨，减排二氧化碳 43.2 万吨。二期主要建设 25 万立方米刨花板生产线和 3 万立方米变电站、成品库、热能中心、产房建筑等。

（三）农业生产资料成本

在企业所生产经营的 1 500 亩土地中，目前有 80 亩用于种植巨菌草，等收获后和其他回收的秸秆一起用于燃烧发电。巨菌草的种植每亩需要化肥 200 斤，约 8 000元，农药花费约 3 200 元，耕种收环节购买机械化服务约 5 000 元。由于公司所种植的巨菌草主要用于发电，所以企业所经营的土地没有直接的农业收入。

（四）生产收益

企业的两项项目完全投产后，将形成完整的农林生物原料循环利用产业链，有效解决农林生物废料导致的环境污染问题，并且能够增加农民收入，同时年可实现销售收入 10 亿元，实现税收 2 000 万元，实现社会效益、环境效益和经济效益同步增长。

四、一些思考

企业目前发展最明显的特征就是组织化和社会化。一方面企业所经营的土地通过接受社会化服务可以大大提高生产效率，另一方面企业回收普通农户的秸秆可以帮助农民增收并且能够环保高效地实现社会效益。企业目前发展处于起步阶段，等到公司的规模再扩大一些，能够回收秸秆的范围就不局限于本乡镇了，可能会扩大到本县市或者是本省。

（调查员：张阳悦）

3-3　丰乐草莓专业合作社

一、合作社基本情况

丰乐草莓专业合作社位于山东省临沂市莒南县石莲子镇郝家庄村，为石莲子镇供销社领办，于2009年成立，2016年经过莒南县工商局注册。合作社注册资金100万元，主要出资人为石莲子镇供销社，出资比例占50%，其他出资人均为合作社成员。石莲子镇供销社与郝家庄村合作成立农民合作社是在山东省供销社改革倡导的“村社共建”新模式的背景下成立的，村集体、供销社和农民合作社一块儿闯市场，拓宽了为农服务领域，也壮大了村集体经济。为了合作社的良好发展和运行，合作社专门聘请了具有丰富农资经营经验的职业经理人，专门负责合作社的建设和运行。2015年，合作社联合石莲子镇供销社与郝家庄村建起了200亩的标准化种植基地，引进了多种优良草莓品种，有力提升了当地草莓种植产业。

丰乐草莓专业合作社所在的郝家庄村，处在丘陵地区，人均土地面积1.2亩，人均年收入4 000元左右，在石莲子镇排在中游水平。村子距离县城30公里，距离高速入口和国道、省道都在10公里左右，良好的交通为当地打造草莓交易市场带来了便利。

二、经营者基本情况

合作社的日常经营者为经理李海防，现年51岁，泰安市供销学校毕业，是一位精明能干的女性，具有10多年的农资销售经验，还曾接受过中国人民大学农资MBA班的培训。据介绍，合作社建立种植基地时，需具有相关领域的人才进行管理经营，于是李海防经过多重考核被聘请为合作社经理。担任经理职务以来，李海防兢兢业业，时常亲自到田间劳作，皮肤晒得黝黑。建设基地时常遇到土地纠纷，都是李海防出面解决，也因此搞得焦头烂额，就在前两天，李海防遇到了一件棘手的问题，村中一位农户认定已经搭建好的大棚占用了自己的土地，借此坐地要价，不然要拆除大棚，采访过程中李海防不时接打电话协商此事。李海防说："接手供销社以来遇到了许多没有料想过的困难，很多时候都是凭着自己对农业的一腔热情在坚持下去。"据她介绍，由于这两年合作社刚起步还没有什么收益，所以自己在合作社基本属于"义务劳动"，但每年自己的农资公司能够营利 50 万元以上。

三、合作社经营情况

合作社所在的郝家庄村具有 30 多年种植草莓的历史，当地金黄色的砂质土壤适合草莓生长。合作社成立之前，由于种植户各自独立决策，种植的品种不统一，无法形成规模的市场，在这一背景下，石莲子镇与郝家庄村成立了丰乐草莓专业合作社，利用低于市场价的农资物品和引进优良品种的优势吸引周边草莓种植户加入合作社，现已有成员 150 名，土地规模 200 亩。2015 年，合作社花费 200 多万元建立起标准化种植基地，其中当地政府支持 100 万元。种植基地建立以来，合作社引进先进的生态管理技术，水肥一体化节水节肥工程设计，与山东农业大学合作的以虫治虫，与福建省农业科学院植物保护研究所合作的以螨治螨项目陆续落地实施，还从北京市农林科学院引进优良品种"白雪公主"，外表内里都呈现白色，口感香甜，入口即化，并凭其优良品质在 2017 年临沂草莓节上获得了金奖。

合作社以每年 3 万元的价格租用了一座 600 平方米的仓库，用于办公和存放农资等。合作社经营的 200 亩土地每亩每年的租金为 800 元，每年的费用在 16 万元左右，土地流转后，合作社花费近 3 万元进行了地块平整、花费 6 万元改良了土壤，灌溉水源则来自政府在村里修建的蓄水池和水利设施。2016 年，合作社在种植基地安装了 20 台喷雾器和 2 台弥雾机，共花费一万元左右，此外为了机械化作业还购置了 1 台拖拉机和 1 台耕地机，共花费 4.5 万元。合作社现有负债 200 万元左右，其中 150 万元为经理李海防以个人名义从农村信用社获得的贷款，是通过房屋抵押加上李海防丈夫的公务员身份担保获得的，每年要支付的利息在 17 万元左右。

合作社有长期雇工 10 人，其中 3 名管理人员、1 名技术人员，还有 6 位作业人员。管理人员的工资为 2 000 元/月，技术人员的工资为 4 000 元/月。长期雇工劳动时间在 240 天左右，2 个男工的工资为 80 元/天，女工的工资为 60 元/天。合作社每年还会雇佣 35 名短期雇工，劳动时间在 120 天左右，其中 5 名男工，20 名女工，男工工资 80 元/天，女工工资 60 元/天。计算下来，全年的工资支出在 36 万元左右。2016 年生产经营发生的物质与服务费用合计将近 36 万元，其中栽种草莓苗花费 10 万元，施用化肥、农家肥花费 5 万元左右，每年两次喷洒农药花费 1.2 万元，还有农膜费 20 万元。

2016 年合作社收获面积 30 亩，其余 170 亩还处于育苗阶段。35 亩地共收获草莓 50 吨，平均每斤售价 6 元，共收入 60 万元左右，减去一年的各类支出 89 万元，可以得知合作社目前还处于亏损的状态，这与收获面积占种植面积比例较小有关。

合作社提供给社员的农业社会化服务作用比较明显，首先是能从合作社技术人员那里获得技术服务和作业服务，是合作社免费提供的；二是能够从李海防的农资公司处购买低于市场价 10%的农资；三是利用合作社打造的“丰乐草莓”品牌能使产品售价提高 7%左右。

四、合作社存在问题与发展规划

目前制约合作社发展的主要困难在于一是缺乏资金，二是土地规模过小，三是政府支持不够。对于未来的发展规划，李海防谈到首先是在 2017 年要扩大收获面积以获得更高的经营收入，其次是将来想要打造一片采摘园，以采摘体验的形式吸引游客到种植基地来，既能提升产品知名度，还能提高产品的价格，从而获得更高的产品附加值。

（调查员：刘世琦）

3-4　莒南县相沟乡宋家沟社区德旺家庭农场

一、基本情况

被访者赵德旺是莒南县相沟乡宋家沟人，和妻子专心经营德旺家庭农场，家里还有一个上初二的女儿，不从事农业生产。赵德旺之前一直从事货物运输工作，年收入能达到 10 万～20 万元，问起 2015 年为什么开始从事家庭农场工作，赵德旺说自己和朋友去烟台游玩，发现在烟台种植苹果可以每亩赚到几万元，觉得自己为什么不能也种植苹果呢，于是开始流转土地，种植苹果。

当问到未来中国谁来经营农业时，赵德旺认为不管是什么经营方式，经营农业的人必须是热爱农业的人。通过调查，也发现赵德旺是一个很热爱农业的人，从事运输行业也能赚到很可观的收入，但被问及为什么干农业，他回答主要是不想离开农村；看到烟台种植苹果的高收入，觉得自己有信心挣钱；种地时间灵活，还可以照顾家人。

二、经营状况

德旺家庭农场主要是种植苹果，共流转土地160亩，由于苹果树需要几年的生长期才能丰产苹果，所以德旺家庭农场在苹果树之间的土地上种植红薯，以赚取收入。果树目前只有投资支出，没有收入。收入方面，主要是地瓜收入。2015年地瓜收入1 500元/亩，2016年，由于土地改良，土地质量提升，地瓜收入2 000元/亩，总收入20万左右。收入基本都投入果树、水、地等支出。赵德旺表示，等2018年左右，苹果可以批量产出时，将不再种植红薯，专心种植苹果。

土地方面，德旺家庭农场流转土地共160亩。2015年流转土地120亩，主要是流转大队和个人的土地，地块成片。价格方面，流转集体的土地每年价格为460元/亩，流转个人的土地每年价格为300～400元/亩不等。2016年流转土地40亩，主要是个人的土地，地块成片。价格方面，流转个人的土地每年价格为300～400元/亩不等。赵德旺认为自己能走出第一步离不开政府的优惠政策和土地支持，自己在流转土地时并不困难。流转土地均经过了村委会批准，有书面正式合同，期限到2028年。租金支付为一次性支付5年，平均支出为160亩×400元×5年＝32万元，支付来源为自家积蓄。

劳动力方面，已达到95%的机械化，平时和妻子就能忙过来，只在忙时雇2～3个人，工资80～100元。

销售、物流方面，主要是靠自己联系客户，谁的价格高卖给谁。

三、社会化服务

问及德旺家庭农场与板泉为农服务中心的关系时，赵德旺表示，主要是从板泉为农服务中心接受农药、种子、测土配肥、耕种、机械等一条龙服务。赵德旺的家庭农场位于相沟乡，距离板泉为农服务中心10公里左右，赵德旺认为板泉为农服务中心是当地最大的最好的为农服务中心，所以，主要从板泉为农服务中心接受社会化服务。赵德旺说从为农服务中心购买农资能更省钱，让为农服务中心帮忙种植地瓜，价格为 150 元/亩，比自己找人种植更加便宜。而且测土配肥也很有针对性，因为当地的氮磷严重超标，之前由于不了解测土配肥，都已经超标了还继续使用化肥，所以之前当地的产量比较低。板泉为农服务中心的经理、工作人员经常去农场进行指导，全心全意服务，自己的要求也基本可以得到满足，互动关系很好。

四、难题

土地方面：赵德旺表示自己经营苹果种植，虽然现在还没有量产，但 2018 年马上就可以实现果树的丰产，而自己现在没办法建设占地大概 8 亩的冷藏库、办公场所，冷藏库用来以后储存苹果，办公场所用来以后可以住在农场，方便经营。主要因为土地规划方面，规定该块土地为建设用地，那块土地为基本农田，而赵德旺流转的 160 亩土地的土地性质均为基本农田，是不让搞建设的。目前，德旺家庭农场没有办公、厂房、冷藏库等用地，问题没有解决，赵德旺打算先购入 2 个集装箱当临时办公场所，但没有暖气、空调，仍无法越冬度夏，同时集装箱解决不了冷藏库问题。所以，赵德旺希望政府在土地性质划分方面可以出台相关政策，如重新划定建设用地、基本农田的范围；允许按比例批建设用地，用来建设仓库、厂房等，如 100 亩地可以建 6 亩的仓库、厂房等。

资金方面：赵德旺表示自己目前没有贷款。赵德旺愿意拿流转来的土地经营权去获得贷款，并且认为以流转来的土地经营权作为抵押以获得贷款是可行的，但他去银行等金融机构尝试却遭到了碰壁，金融机构说没有相关政策，再等等看，不愿意放贷。赵德旺认为自己没有任何不良贷款，而且认为真正从事农业的人都是好人，是踏踏实实干事情的人，是真正热爱农业的人，自己在地上投入很大，地就在那里，自己跑不了，所以风险很小，就是可能农业的收益比较慢，金融机构不愿意放贷。希望国家能出台相关政策，鼓励以土地经营权贷款。

五、未来规划

赵德旺认为理想的经营规模是 300 亩，所以想进一步扩大规模至 300 亩。希望可以养点猪，猪粪用于苹果种植，可以提高果树收益，同时也能做到不污染环境。希望通过种植苹果，能打出自己的品牌。

（调查员：赵春晓）

案例报告四：潍坊市寒亭区案例

4-1 潍坊市寒亭区朱里农业服务专业合作社联合社

一、联合社基本情况

山东省潍坊市寒亭区朱里农业服务专业合作社联合社于2015年12月在潍坊市寒亭区工商行政管理局注册成立，注册资金800万元。当时在潍坊市寒亭区朱里供销社领办下，由潍坊市寒亭区朱里供销合作社、潍坊市寒亭柳毅山大姜农民专业合作社、潍坊市寒亭区天泉岭果蔬种植专业合作社、潍坊市希吉果蔬专业合作社4家合作社发起，出资比例分别是46.88%，40.62%，6.25%，6.25%。现在，联合社已有固定资产800万元，流动资产500万元。

被问及当时成立联合社的原因，理事孙进宝坦言，最初成立联合社是为了逐步摆脱个体农户经营模式，实现农产品规模化的生产、加工与销售，提高农产品市场竞争力。同时，联合社可以作为一个信息交流平台，用于成员社之间共享资源、互通讯息。最初成立联合社时基本没有什么困难。

目前，联合社有4家合作社组成，分别是潍坊市寒亭区朱里供销合作社、潍坊市寒亭柳毅山大姜农民专业合作社、潍坊市寒亭区天泉岭果蔬种植专业合作社与潍坊市希吉果蔬专业合作社。联合社的4个成员合作社虽然所处行业不同，发展规模不一，但各有各的特色。潍坊市寒亭柳毅山大姜农民专业合作社发展规模最大，有社员103名，主要从事大姜种植。2017年以来，寒亭区供销社为推动现代农业服务规模化体系建设，积极发展农产品种植试验示范基地，引领示范和带动周边农民科学种植，在朱里街道新建一处农产品种植试验示范基地。基地位于朱里街道前朱里村，项目承担者为朱里供销社领办的潍坊市寒亭区柳毅山大姜种植专业合作社，占地200亩，以种植经济作物为主，在大姜产业的带动下，发展种植优质花生100亩，待小麦收获后种植优质草莓100亩，已带动周边农民种植花生200余亩。该基地地处朱里埠上，无水浇条件，原来只是一年两季小麦玉米，靠天吃饭，供销社流转土地后，在下游新打深水井，铺设引水管道引水上坡，装上喷灌设备和滴灌设备，发展节水和水肥一体化灌溉模式。潍坊市寒亭区天泉岭果蔬种植专业合作社主要从事瓜果、蔬菜的种植与销售，比较有特色的一点是该合作社提供自由采摘服务，给果农们带来了一定的经济效益，也带动了乡村观光旅游业的发展。潍坊市希吉果蔬专业合作社主要从事草莓的集中种植与销售，该合作社有较高的影响力，与各个厂家合作多，可以为其他合作社搭建信息交流平台。

二、负责人基本情况

联合社理事孙进宝，现年 45 岁，中共党员。他在受访时说，自高中毕业后，曾当过个体户，后来加入柳毅山大姜农民专业合作社，并在 2015 年成为柳毅山大姜农民专业合作社的法定代表人。作为联合社理事，他从未在联合社领过工资。他的亲戚朋友中有村镇干部、商贩，也有在银行、医院事业单位工作的。

三、联合社运作情况

在受访过程中，孙进宝坦言，在联合社日常运作过程中，各合作社日常事务基本为自主决策，产品定价按照市场价格予以确定。联合社有专门的章程，联合社每年召开一次社员大会，成员之间可以信息互通。联合社作为一个独立核算单位，基本无盈无亏，盈利来自于提供的一些农业社会化服务，例如为农户提供土壤消毒服务。在涉及盈利分配时，联合社需要与各成员合作社开会商量，但基本采取“谁完成就给谁”的分配原则。联合社自身有严格的财务管理章程制度，有着较为完整的会计资料，定期向下属合作社全部公开财务和运营情况。但是，联合社并未有成员合作社的资金账户、产品交易记录与农资交易记录。目前，联合社内部没有退社的情况。

四、联合社提供的服务

在提供农业社会化服务方面，联合社向各合作社成员提供产前农资采购服务，由联合社集中购买化肥，比合作社自行购买每吨节省 300～400 元。联合社向合作社提供农技服务与农业培训，每年一次。2017 年 7 月 9 日，联合社即将召开300人会议，由专业部门指导农户科学对大姜用药。联合社提供土壤熏蒸服务，由于种姜病虫害多，防治虫害所需农药多，所以采用氯化苦土壤熏蒸技术，实施效果稳定，对难以防治的多种病原真菌、细菌均有优异的效果，无农药残留和地下水污染问题，可以实现作物增产。土壤每年熏蒸一次，一亩地收费100元，需要安检局培训专业技术人员来进行土壤熏蒸服务。孙进宝不仅是柳毅山大姜农民专业合作社理事长、潍坊市寒亭区朱里农业服务专业合作社联合社理事，也是潍坊市寒亭区朱里农业服务有限公司执行董事兼经理。据孙先生介绍，由潍坊市寒亭区朱里农业服务专业合作社联合社（出资比例65%）、潍坊市寒亭区润恒农业服务有限公司（出资比例35%）共同出资建立的潍坊市寒亭区朱里农业服务有限公司，主要为联合社提供农业技术的推广、指导及知识培训以及智能配肥、土壤熏蒸服务。

五、问题的思考

通过访谈，我发现该联合社尚处于初期起步阶段，但确实存在一些问题。首先，联合社与成员社之间联系不紧密。联合社中各合作社基本采取自主决策，互相之间沟通交流少，联合社也并未有各成员社的信息记录。其次，联合社运行机制不完整。联合社没有设置理事会与监事会，没有专门的工作人员，一年才召开一次社员大会。最后，联合社缺乏资金扶持与工作人员老化。联合社缺乏政府扶持资金，仅仅依靠联合社自有资金难以进一步扩大发展规模。联合社也缺乏拥有专业技术水平、专门的财务管理与精通电子商务销售的人员。在访谈的最后，孙进宝表达了将联合社做大做强的愿望，而如何将联合社做大做强，他认为有必要出台法律法规明确联合社的社会地位，将联合社纳入正式单位。我的看法是，首先需要加强联合社与各成员社之间以及各成员合作社之间的联系。联合社的发展目标是实现农产品规模化的生产与服务，这就要通过联合社平台来加强社员之间的沟通交流，将社员联合起来开展统一生产、经营、销售业务，社员可以增收减支，深加工、精包装的农产品可以向大市场拓展，真正发挥合作社抱团联合的作用；其次，联合社需要拥有完整的内部运行机构，通过设置专门的组织机构来规范联合社的日常运营，同时也方便联合社与各成员社之间的沟通协作；最后，需要发挥政府的主导作用，由政府提供充足的资金扶持，选拔高素质的专业化人才，联合社具备了丰厚的经济实力与专业知识水平，才可以不断巩固和增强自身的市场地位。

（调查员：蒋承祚）

4-2　潍坊市寒亭区高里农业服务专业合作社联合社

一、联合社基本情况

潍坊市寒亭区高里农业服务专业合作社联合社成立于2015年12月，位于高里街道供销社院内，由7个合作社组成。联合社是由高里供销社发起并注册的，于2015年12月在潍坊市寒亭区工商行政管理局注册，注册资金800万元。该联合社的构成和出资情况如表3-4-1所示。法人陈宝华同时也是潍坊市寒亭区穗禾农作物种植专业合作社、潍坊市寒亭区高里供销合作社的法人。高里农民服务合作社联合社成立的主要原因是基于对信息交流、符合政府政策以及规模化经营的需要。联合社中的7个合作社均由联合社自己领办，各合作社直接属于同一地区不同业之间的联合。高里镇农产品品类丰富，果蔬类有山药、彩椒、西红柿、洋香瓜、黄金梨、葡萄、洋香瓜等，除此之外还有粮食、养殖等。

表3-4-1　寒亭区高里农业服务专业合作社联合社构成及出资情况

股东	出资比例（%）	认缴出资（万元）
潍坊市寒亭区高里供销合作社	37.50	300.00
潍坊市寒亭区穗禾农作物种植专业合作社	27.50	220.00
潍坊市兴臣养殖专业合作社	21.25	170.00
潍坊市寒亭区春河果蔬种植专业合作社	7.50	60.00
潍坊市寒亭区正元农作物种植专业合作社	3.75	30.00
潍坊市寒亭区五谷香杂粮专业合作社	1.25	10.00
潍坊市寒亭区诚丰果蔬种植专业合作社	1.25	10.00
合计	100	800

二、负责人基本情况

联合社负责人陈宝华现年55岁，中共党员，大专毕业，已在供销社任职20余年，自工作以来一直在供销社任职。2015年在寒亭区供销社成立乡镇合作社联合社的号召下，在领办了农民专业合作社的基础上，牵头成立了高里镇农民专业合作社联合社。据陈先生介绍，他在联合社不领取工资或补贴，工资仅在供销社领取。供销社现有固定资产约 1 000 万元，流动资产和负债均为 0 万元。

三、联合社运作情况

高里联合社的章程、三会制度健全，社员大会每年召开一次，理事会每半年召开一次，由于各合作社异质性较大，各个成员社的认缴出资金额虽然差距较大，但是联合社中的事务决策仍采取一人一票的民主表决制度。联合社目前是独立核算单位，也有严格的财务管理规章制度，但由于联合社刚成立不久，还没有发生业务，因此尚无盈利，尚未涉及分配问题，也没有会计资料以及专职的财务工作人员。同时联合社没有各合作社的资金账户、产品交易记录以及农资交易记录。

四、联合社提供的服务

由于各合作社经营内容异质性较大，因此联合社尚不向成员社提供产后销售服务。并且该联合社由于成立时间较短等原因，在提供服务方面没有什么较为亮眼的表现，还是基于供销社的农资采购服务。

联合社目前通过供销社为农服务中心向各成员社免费提供产前农资采购服务，可以比合作社自己购买节省 5%的成本，尽管也向非成员社提供农资采购服务，但农资价格高于成员社购买价格。联合社也向成员社免费提供农技服务和农业培训，主要是化肥和农药方面的指导，该项服务不对非成员社提供。联合社向成员社提供运输、加工和储藏服务，联合社建立了小麦仓库，容量为 500 吨，不收费也不向非成员社提供。联合社不提供资金服务，但是成员社潍坊市寒亭区穗禾农作物种植专业合作社有资金互助业务。

五、联合社存在问题

在联合社内部运作方面，主要问题仍是“联合社不联合”现象较为突出，各成员社之间联合较少，业务较为独立。在资金方面，供销社在市场经济中业务锐减，资金实力薄弱，对于联合社方面并没有什么支持，因此联合社发展资金匮乏。在用地方面，需要土地来建设为农服务中心以及粮库的扩大。人才方面，技术人才和营销人才较为缺乏。陈先生表示，需要政府提供土地方面的扶持，并提供长期贷款以及一定的资金补贴，有助于联合社和供销社的发展。

六、联合社发展前景

目前村委以及乡镇对联合社的发展支持较少。陈先生认为，合作社抱团成立联合社的作用目前尚不明显，与单个合作社相比，联合社目前体现出的优越性仅局限于购买肥料时可以降低成本。同时，陈先生也看好联合社未来的发展，因为联合社具有集中资源的优势，但是他认为前提是供销社自身的实力应有明显提高，在供销社在无论是资金还是人才等方面具备一定实力之后，才能提高联合社的服务能力。

（调查员：张怡铭）

4－2a 高里街道桥西村粮食种植大户案例

一、经营主体基本情况

被访人曹永琛是个80后小伙子，在当地一家国企上班，在单位主要上夜班，所以白天大部分时间，曹永琛的精力都放在自己所经营的190亩土地上。曹永琛所流转的土地不在本村，在隔壁开元镇北张氏村，从2014年流转土地开始经营。其实在曹永琛这个年龄段来经营农业的年轻人非常少，尤其是原本他有一份比较体面的工作和稳定的收入来源。问及为什么会想要从事农业生产，曹永琛表示其实这并不是2014年时候的突发奇想，而是在2009年他早就与一直从事农业耕作的父亲盘算过种植小麦、玉米的所有成本和收益，规划了最优的生产规模。在2009年的时候，他核算成本之后发现启动的第一年需要投入30万元，自己还没有足够多的资金，再加上他要结婚成家需要一笔开支，所以暂时放下了从事规模粮食生产的念头。2014年他成家立业之后，他觉得时机成熟了，国家对于新型农业经营主体的支持力度逐渐加大，他这些年在国企上班也积累了一些资金，所以打算开始实施自己的规划——流转土地进行粮食种植。

曹永琛是1986年出生的，高中毕业，非农户口，不是党员和村干部，在国企上班的同时管理着自己流转的190亩土地，在国企年收入约9万元。他的妻子也在当地企业打工，年收入6万元，在双休日和下班后，妻子也会去帮助曹永琛管理190亩土地。曹永琛的父母是地地道道的农民，一辈子都种植粮食蔬菜，所以对于农业生产有着丰富的经验，也帮助儿子料理190亩土地。可以说这流转的190亩土地倾注了全家人的心血。

二、农业生产情况

曹永琛能够成为目前的种粮大户和很多因素有关，一是他的父母一直从事农业生产，他出身于农民家庭，自然对农业有感情、有经验，想要继续从事农业生产；二是土地流转较为方便也为他规模化生产的实现提供了可能性，通过亲戚朋友的介绍，他在2014年得知了隔壁开元镇北张氏村有村集体耕地要对外流转，于是他便流转了土地种植玉米和小麦。目前而言，他生产经营最大的困难就是资金不足，流转土地、农资购买、社会化服务都需要资金，而农产品种植和销售又有比较长的周期，所以短期的资金短缺是他目前遇到的最大问题和困难。

（一）土地

曹永琛2014年所流转的190亩土地是一大片，平均租金为550元/（亩·年），农业三补贴归原承包方所拥有。曹永琛表示，三补贴归原承包方所有其实是变相降低了土地的租金，这“三补贴”很大程度上降低了他生产的资金压力。他流转的土地需要得到北张氏村委会的同意，没有经过土地交易所，签订了书面的合同，期限是3年，他认为最低期限也不能少于3年，租金一年一付，一年需要支付土地租金9万元。曹永琛表示，2014年的时候流转土地还是比较容易的，但是现在想要再流转土地扩大规模就非常难了。土地租金如果再上涨，种粮利润将变得非常薄，他核算之后觉得，如果租金太高无利可图或者利润过于稀薄，他就会放弃扩大规模。他说目前每亩土地的租金在800元/年左右。他认为凭借他的能力，800亩土地的规模是最为理想和合适的，这样的话他可以实现500元/亩的利润。他认为为了实现规模经济，自己的生产规模不能少于300亩，但是若多于1 500亩的话就管理不过来了。他目前所经营的190亩土地经过地块平整花费2万元，也进行了深耕来改良土壤，花费了1万元。曹永琛认为流转来的190亩土地不能抵押去贷款，他也曾经尝试过而且失败了，原因是银行不接受流转的土地抵押来贷款。如果可以的话，曹永琛十分愿意拿流转来的土地去抵押贷款，增加农业生产资金投入。

（二）劳动力

目前所种植的190亩土地实现了耕种收全部机械化，曹永琛自己参加劳动，也直接由他主要负责经营管理。在直接生产方面需要5个人，管理方面需要3个人，目前在本地雇工非常难，雇工的工资也很高。所以在田间植保和浇水等日常环节主要由曹永琛夫妇和自己的父母来投入劳动力。在收获季节，曹永琛也会雇佣本村的2位村民帮助自己运输，他们的工资是150元/天，需要运输6天左右，他们的年龄都在60岁左右了。所以曹永琛所经营的190亩土地主要由自家劳动力来生产经营管理。

（三）资本

曹永琛在2014年购置了一台拖拉机，价值2万元，可以使用8年，有农用运输车辆一台，价值也是2万元。

目前曹永琛负债5万元，其中向银行贷款3万元，年利率为12%，期限为1年，通过抵押自家住房向农村信用合作社贷款。

三、收益

2016年，曹永琛实现农业生产收入28万元，合计支出约20万元，其中工资支出0.6万元，不需要纳税。曹永琛表示，种植粮食盈利能力每年差异不大，只要土地租金没有太大的波动，自己和其他种粮主体的盈利能力差别也不大。这是种粮的优势也是劣势，优势在于种粮比较稳定，不用担心粮食价格大幅波动，也不用担心粮食销售不出去；但劣势在于粮食的利润空间较小。

2016年190亩土地收获小麦104.5吨，一共销售了两次，均价为2.4元/千克，卖给镇里的面粉加工厂；收获玉米95吨，均价为1.4元/千克，卖给镇里的饲料加工厂。

2016年种植的庄稼遭遇了大风灾害，190亩庄稼不同程度受到了影响，其中有7亩绝产了，由于购买了农业保险，所以可以将损失降低一部分。直接损失达5 000元左右，其中农业保险理赔了2 000元。

四、农业社会化服务与供销社

曹永琛经营的190亩土地所接受的农业社会化服务主要由基层社供销社提供。供销社为曹永琛提供技术指导、农资服务、信息服务、质量服务和作业服务。其中农资服务和作业服务收费，均为一次一结，农资一年要花费7万元左右，作业服务一年要花费4万元左右，技术服务、信息服务均为免费。曹永琛表示供销社提供的农资服务、作业服务、技术服务和信息服务效果都比较好，供销社的工作人员在曹永琛购买农资之后会定期打电话询问农资使用情况和效果，有的时候还会派工作人员到实地去查看情况。通过供销社提供的社会化服务，曹永琛可以比较方便快捷并且以比较低的价格获得服务，通过接受社会化服务，产量能提高10%左右，质量也能提高10%左右。在农业社会化服务提供方面，曹永琛目前还没有给其他农业经营主体提供社会化服务，主要是因为没有时间和精力。

五、一些思考

曹永琛是为数较少的年轻人去从事农业生产经营，在访谈过程中他告诉我，农业始终是国家的根本，而他从小生在农村长在农村，对于农业有一种特殊的情感。曹永琛区别于父母时代的耕种在于规模变大了，他父母只是传统的小农耕作，而他通过资金投入形成一定规模效应，进而有不错的农业收入。曹永琛能够成为专业大户，通过一定的规模获得农业收入也得益于从基层社供销社获得的农业社会化服务，这就是供销社为农业发展带来的积极作用。

（调查员：张阳悦）

4-3　潍坊市寒亭区河滩农业服务专业合作社联合社

一、联合社基本情况

河滩农业服务专业合作社联合社位于潍坊市寒亭区朱里街办河滩村，成立于2015年12月，为河滩供销社联合3家供销社领办的合作社而成。河滩供销社为合并村镇前供销社在河滩镇建立的基层社，2007年河滩镇并入朱里街道，但河滩供销社保留下来。联合社注册资金500万元，其中河滩供销社出资200万元，雨泽果蔬种植专业合作社出资100万元，丙军蔬菜种植专业合作社出资100万元，金惠园潍县萝卜农民专业合作社出资100万元，从出资额可以看出，该联合社主要为镇供销社领办。

理事长尹进禹，现年48岁，初中学历，为河滩供销社主任，兼任联合社理事长，他成立联合社的理由主要有两个：一是寒亭区供销社的推动，二是几个合作社之间需要一个组织“抱团发展”。尹进禹介绍说，他负责的河滩供销社目前主要有两项业务，分别为联合社和农业服务公司。河滩供销社目前只负责 3 位管理人员的工资，其他员工没有工资收入，但供销社几处经营场所出租给了员工，由员工自主经营，每年交一定的租金，几处经营场所的租金费用为十几万元，作为供销社的收入，主要用于为职工购买养老保险。

二、联合社运作机制

该联合社平时都是通过理事会制定决策，理事会成员为尹进禹加上 3 个合作社的理事长，一般一个月会召开一次理事会，主要内容包括商议耕种收环节作业量及农资采购等，按“一人一票、少数服从多数”的原则做出决定。联合社也设立了监事会，由几位种植大户，德高望重的人担任监事，通常在选择农资品牌时发挥作用。联合社每年召开一次社员大会，章程规定每 5 人选择一位社员代表参加社员大会，但实际情况通常是每家农户出一位代表。由于联合社目前处于成立发展阶段，主要以提供服务为主，所以暂时还没有盈利，并经商议已达成一致，即使联合社前期实现盈利暂时也不进行分配，而是继续投入到联合社购买机器、设备以扩大规模。在后期能够持续盈利后，联合社会按出资额分红，并按交易额进行二次分红，但目前成员各自经营，所以联合社还未设立成员社资金账户。

由于经营种类不同，成员社之间联系并不紧密，有时会进行一些农机或农资方面的调配。

三、联合社提供的服务

目前联合社主要依托河滩农业服务有限公司提供各项服务。河滩农业服务有限公司为联合社与寒亭区润恒农业服务有限公司共同出资成立，其中联合社出资 195 万元，占 65%，恒润公司出资 105 万元，占 35%，公司法人为联合社理事长尹进禹。润恒农业服务有限公司由供销社资产管理运营有限公司出资 35%、潍坊万惠农资有限公司出资 5%、6 个街道农民合作社联合社出资 60%，认缴股本共 2 000 万元。可以看出寒亭区的乡镇农业服务公司与区县农业服务公司是相互持股的。

河滩农业服务公司建立了河滩为农服务中心，占地面积 15 亩左右，投资 400 万元左右，其中省财政支持 50 万元，主要包括办事大厅、农机机库及农资仓储站。为农服务中心提供的服务主要有：(1) 农资供应，依托潍坊万惠农资有限公司，在保证农资质量的基础上还会低于市场价 10%以上，降低了农

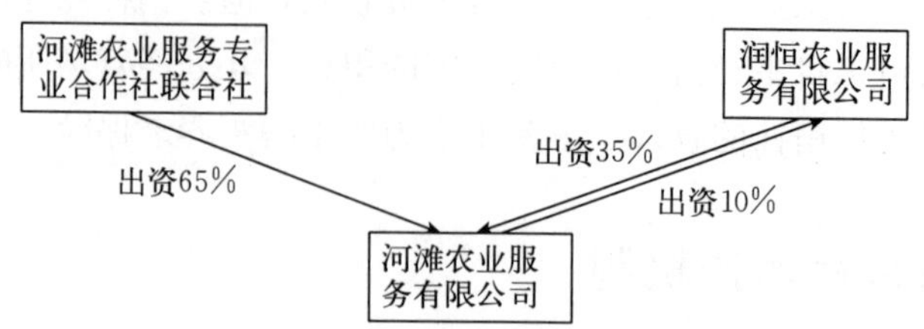

民采购成本；(2) 土地托管服务，土地托管是为农服务中心的核心业务，分为"保姆式"全托管服务和"菜单式"半托管服务，目前河滩为农服务中心已托管土地2万亩左右，其中全托管2 000亩左右，提升了服务规模化；(3) 测土配方施肥，根据土壤地质精准施肥，降低了化肥使用量；(4) 电商服务，依靠供销社的"供销e家"，提供网上代买家电、服饰、日用品等，代卖农特产品、民俗工艺品等，以及代缴话费、水电费等生活服务，提升了农民便利度。

四、联合社存在问题及未来规划

目前联合社已经发挥了一定作用，如依托为农服务中心为成员社提供服务，但也存在着一些问题，一是成员社之间彼此联系不紧密，各自独立经营，没有业务往来，没有相互监督制约机制，未形成真正意义上的"联合"；二是成员社都是供销社领办的合作社，更多的是供销社内部联合，社会上的合作社没有加入这个联合组织。

在将来，可以依托为农服务中心，不断加强服务能力和服务范围，如提供农产品加工，将联合社成员社的农产品加工后出售，其所获利润依据交易额向成员社分红，这样成员社与联合社之间联系更加紧密，并且在利益的驱动下不断强化彼此间相互的监督和促进作用，除此之外还能吸引非供销社领办的合作社加入联合社，扩大联合社规模。

（调查员：刘世琦）

案例报告五：高密市案例

5-1　高密市夏庄镇夏庄农民专业合作社联合社

一、联合社基本情况

高密市夏庄农民合作社联合社由乡镇基层社领办，成立于2014年10月，由6家合作社发起，现有合作社6家。联合社于成立时在市工商局注册登记，注册资金为2 250万，为认缴出资而非实际出资，供销社认缴出资20%，450万元，其余为成员合作社认缴出资，分别为3 000万元、300万元、300万元、3 000万元、200万元以及400万元。6家成员合作社主要都是农作物的种植，有蔬菜种植、苗木种植、粮食种植。联合社当时成立的主要原因是市社的号召以及领导的宣传，再加上该乡镇供销社张主任参观了山东郓城以及枣庄的一些联合社发展，发现将单个合作社联合起来能够以更低的价格去购买农资，并且销售能够更方便，总体而言就是合作成立联合社能进一步增强成员的话语权，所以该镇供销社牵头成立了夏庄农民合作社联合社。在联合社成立之初也遇到了一些困难，最头疼的问题就是一些村民甚至有一些村干部不理解并且不认可联合社的存在与发展，为此供销社以及县社和市社领导加强宣传，让更多村民认识、了解、接纳和支持联合社的发展。

由于联合社成立时的资金为各个成员社和供销社认缴，所以目前联合社没有固定资产。加上联合社也没有业务盈利，所以没有流动资产，也没有负债。用联合社理事长张勤忠的话说，该联合社主要是一个组织形式，目前还没有实际的生产经营功能。联合社的几个成员合作社发展水平差距较大，其中三湾合作社主营业务是蔬菜种植，发展规范，规模较大；喜丰合作社是一个韭菜种植专业合作社，发展情况相比于三湾合作社较为一般。所以联合社的成员社属于同一地区不同业的联合。

二、负责人基本情况

联合社理事长张勤忠是乡镇供销社主任，现年54岁，高中毕业，不是成员社的理事长，目前担任联合社理事长已有 3 年，不在联合社领取工资和补贴，收入主要为供销社工资。理事长亲戚朋友中有村干部、县市领导和同行从业人员，这些人对于联合社的成立和发展或多或少有一些帮助。

三、联合社运作状况

该联合社决策为一人一票，各成员合作社虽然发展情况大相径庭，但是决策权是一样的。联合社有理事会、监事会，由供销社员工兼任联合社专门的工作人员，且不领取联合社工资。联合社有自己的章程，是在县社和市社的指导和监督下设立的章程，联合社一年召开一次成员大会和理事会，目前联合社没有盈利，所以不是独立核算单位，也没有考虑盈利分配标准。由于联合社没有实际的生产经营内容，所以会计资料和制度方面还没有建立和公开，也没有各成员社的资金账户、产品交易记录和农资交易记录。

联合社从成立到现在有退社的情况，成立初期联合社的成员是 6 家，目前也是 6 家，但是最初的 6 家有部分合作社不是乡镇联合社领办的，目前这 6 家成员社均为供销社领办。目前联合社能够提供的社会化服务非常有限，因为供销社还没有成立为农服务中心，所以农资服务、作业服务、技术服务等都还没有场地和能力来提供，会提供一部分信息服务，帮助联系一些农资商家，能够比合作社自己去农资商店采购优惠 5%左右，联合社提供这样的服务不收费。目前联合社也没有提供技术服务、农业培训、销售服务、运输、加工与储藏服务和资金服务。如果成立了为农服务中心，那么联合社将以为农服务中心为依托，以供销社为牵引，来为成员社提供更多优质高效的社会化服务，也为一些非成员提供服务。

四、联合社存在的问题

目前联合社发展实际效果不是特别明显，成员社抱团效应也不强，各个成员社发展水平不一样对于联合社发展影响较大，在做决策时效率不是很高。并且，联合社的发展和壮大受到资金、用地、设备方面的限制。所以联合社理事长张勤忠认为，联合社的发展需要政府的引导和支持，以规范联合社的发展，提高联合社的组织化程度和决策效率。

目前联合社没有专门的工作人员，所以缺乏管理人才、技术人才、科技人才和业务人才，理事长张勤忠认为需要政府加强培训，学习借鉴其他联合社的经验，同时可以引进一些涉农专业的大学生来联合社、供销社施展才能。

理事长表示只依靠乡镇供销社来发展联合社困难和阻力都很大，联合社要想发展得好，更好地发挥作用，还需要进行制度完善和政府专项资金的支持。

理事长认为，联合社的发展需要法律来规范和支持，比如说在资金出资方面，规定实际缴纳和认缴的相关操作，让注册资金能够真正为联合社发展所用，不然注册资金也只是一个数字，没有任何实际用处，对于以后联合社的发展不利。

（调查员：张阳悦）

5－2　高密市胶河生态发展区农民合作社联合社

一、联合社基本情况

高密市胶河生态发展区农民合作社联合社成立于 2014 年 9 月，联合社位于高密市胶河生态发展区张家庄村，由 5 个合作社组成。联合社是由胶河生态发展区供销社发起并注册的，于 2014 年 9 月在高密市市场监督管理局注册，注册资金 1 824 万元。该联合社的构成和出资情况如表 3－5－1 所示。联合社的对外投资情况如表 3－5－2 所示。联合社现有固定资产约 2 000 万元，其中 50%来自于供销社，50%来自社员。联合社目前有流动资产（现金）300 万元。现有应收账款约 300 万元，来自社员购买农资时的赊账。联合社属于同一地区不同业联合。联合社成立后，作为主要投资方对外投资成立了高密市孚高张家庄农业服务有限公司和高密市颖晟农业服务有限公司（见表 3－5－2）。

表 3－5－1　胶河生态发展区农民合作社联合社构成及出资情况

股东	出资比例（%）	认缴出资（万元）
高密市神泉山农副产品专业合作社	30.70	560.00
高密市鑫鹏程农机专业合作社	27.85	508.00
高密市胶河生态发展区供销合作社	20.01	365.00
高密市胶河生态发展区南岭果品专业合作社	18.70	341.00
高密市密春土豆专业合作社	2.74	50.00
合计	100	1 824

表 3-5-2　胶河生态发展区农民合作社联合社对外投资情况

被投资企业名称	法人	注册资本	投资数额	出资比例	注册时间
高密市孚高张家庄农业服务有限公司	侯文峰	360 万元	252 万元	70%	2015 年 3 月 26 日
高密市颖晟农业服务有限公司	徐晓娜	400 万元	70 万元	17.5%	2014 年 5 月 27 日

法人张新法同时也是高密市胶河生态发展区供销合作社、高密市神泉山农产品专业合作社、高密市晏子湖农产品专业合作社联合社、高密市农业生产资料有限公司张家庄连锁店、高密市鑫鹏程农机专业合作社、高密市神泉山纺织有限公司的法人。张先生表示，成立联合社最重要的原因是基于将联合社做大并盈利的意愿。

胶河生态发展区的农产品以“胶河土豆”、大姜、芋头、花生、地瓜为主。

在成立联合社时，联合社的命名遇到了困难。高密市市场监督管理局表示不能以地域名称对联合社进行命名，而供销社表示希望以高密市胶河生态发展区作为联合社的名称。为此，供销社向市供销社进行了反映，市供销社签署了有关文件解决了注册问题。

二、负责人基本情况

联合社负责人张新法现年 48 岁，无党派人士，初中毕业，已任高密市胶河生态发展区供销社法人 5 年，在供销社任职 20 年。张先生仅从供销社每月领取工资 3 000 元，不在联合社领取工资或补贴。张先生自工作以来一直在供销社任职，亲戚朋友中有村干部、商贩、企业家、同行业从业人员。

三、联合社运作情况

联合社的章程、三会制度健全，每半年召开一次社员大会，每季度召开一次理事会。尽管各成员社认缴出资金额不同，但在联合社进行决策时，仍然采取共同商讨、一人一票制。在出资方面，有一部分是认缴，一部分为实缴。联合社是独立核算单位，但由于处在成立初期，有所盈利但并不多，所取得的盈利转为联合社留存收益，在分红方面采取按股分红的原则进行分配。联合社有严格的财务管理规章制度，有一个兼职会计，会计资料完整度一般，财务和运营状况采取全部公开的方式对下属合作社进行公开。联合社没有各合作社的资金账户，但是有个和合作社的产品交易记录和农资交易记录。目前尚无退社的情况。

四、联合社提供的服务

胶河生态发展区主要以经济作物为主，包括马铃薯、大姜、芋头等。联合社的服务主要依托张家庄农业服务有限公司，其不足部分，由其股东孚高农业服务公司提供。这是由于联合社向张家庄农业服务有限公司出资，同时孚高农业服务有限公司这个实力较为雄厚的农业服务公司也向张家庄农业服务有限公司进行出资。

联合社目前提供的服务包括：基于农机合作社提供农机服务；依托孚高农业服务公司提供的飞机喷药服务；农资服务；农机服务和农业培训；销售服务；仓储服务；测土配肥；土地环节托管服务。联合社基于原有的供销社免费向社员提供产前农资采购服务，与社员自己购买相比能够节省5%至10%的成本。联合社免费对成员社提供农技服务和农业培训，每年请有关专家在联合社会议室给社员进行讲课，不向非成员提供该服务。联合社向各成员社提供产后销售服务，主要方式有：农超对接；联合社代表成员社直接与市场进行联系，统一进行销售；通过线上销售平台京东等进行销售；线下承接来自北京、上海等地的订单；另外，“胶河土豆”是胶河生态发展区的一个统一的品牌。联合社暂时不提供资金服务，仅在成员社购买农资时可以进行赊账，但非成员社不可以赊账。

五、联合社存在问题

张先生认为目前在联合社内部运作方面，还没有体现出什么问题，在决策时也比较高效。他认为各个合作社发展水平不一样对联合社的发展没有什么影响，各个合作社分红以及其他方面可以根据出资比例进行分配。目前联合社在用地和设备方面不存在困难，仅在资金方面有一定困难。另外在人才方面，张先生认为联合社急需一些农业和管理方面的人才，并认为应当从学习农业专业的学生中寻找。

六、联合社发展前景

张先生认为合作社抱团成立联合社的作用十分明显，与单个合作社相比，联合社在扩大市场、提高农产品知名度、拓宽销售渠道、提高市场供应能力等方面体现出了较大的优越性。他认为，未来的联合社的成员社应当各自分工，在联合社内部可以有各种不同职能的合作社，自主配肥、配种、收获，统分结合，从而可以提高质量、降低价格。

（调查员：张怡铭）

5－2a　高密市胶河生态发展区鑫鹏程农机专业合作社

一、合作社基本情况

鑫鹏程农机专业合作社成立于2013年，注册股本500万元，现有社员25人，理事长张程在合作社入股50万元，以10%的股份占比领办了合作社，社员以现金或农机入股合作社。合作社于2014年以560万元股本出资加入了胶河生态发展区联合社，这其中500万元是农业机械入股，其余60万元是股金出资，占全部股本的30%。在这60万元的现金股本中，有14万元是鑫鹏程合作社出资的，资金占比23%，有5%的资金是理事长张程出的，其余部分分别由张先生的朋友和其他社员农机手共同出资。加入胶河供销社联合社以后，联合社还在合作社内部投入了股本金30%的资金。

理事长张程生于1990年，是联合社负责人的堂弟，家中现有3口人，除了自己在合作社担任行政管理职务外，自己的妻子在合作社内还担任了财会出纳的职务。张先生2009年以前一直在部队当兵，退伍之后由于家里亲戚长期有人在供销社工作，自己又对农机感兴趣，所以从2009年开始便接手各种农机作业服务，用4年左右的时间学习了各种农机作业服务的具体操作流程与技巧，2013年便领办了鑫鹏程农机专业合作社。提起领办合作社的原因，一是当地规模化经营的扩大与专业化程度的提高，有提供统一农机作业服务的需要；二是政府在农机方面的补贴力度比较大，使合作社在资金方面的阻力有所减小；三是理事长张先生退伍后深入实践农机作业服务，积累了丰富的经验。合作社成立之初在技术方面面临很大的挑战，仅仅靠理事长一人的经验是远远不够的，为了解决这一问题，张先生在开始的几年里集中组织农机手向其他合作社学习，组织一些技术培训。

合作社的利润分配是在盈余的基础上，按照工作量与出资股份占比以七比三的比例进行分红，2016年一年合作社净利润60万元，拿理事长个人来说，他会根据自己平时开展的农机服务获得70%的激励性分红，同时又在自己出资占比10%的基础上拿到其他30%的分红，合计获得分红6万元左右，其他社员分红方式也是如此。通过这种工作量主导的分红方式，极大地调动了农机手主动联系和接受任务的积极性。

二、服务经营情况

从各个投入要素来看，土地方面，农机专业合作社并没有自己的土地。劳动力方面，行政管理环节除了理事长自己负责总体统筹兼顾以外，专门雇佣了两名专门负责联系外部业务的人员，每个月给他们 2 000 元的工资，理事长则是 2 500 元的工资。财务管理环节则是由理事长的妻子负责，每个月也可以获得 2 500 元工资。除此之外便是 17 位农机手负责接手各种农机作业工作，由于存在工作量激励，每个农机手也会有扩大业务与效率的需求，所以他们各自也会雇佣一些临时劳动力来帮助自己作业，这些由每个农机手雇佣的临时劳动力的日工资在 300 元左右。由于理事长本人比较年轻，其劳动力的年龄结构也呈现出年轻化趋势。固定资产方面，合作社现有两台价值 20 万元左右的飞防作业专用飞机，23 台 88 千瓦以上的农用拖拉机，以及 12 台小型大棚王拖拉机，深松犁、翻转犁等设备也有 20 台之多。

鑫鹏程合作社 2016 年的营业收入是 300 万元，支出合计 240 万元，其中工资支出和福利支出有 18 万元。加入联合社以后，鑫鹏程的主要工作便是给联合社成员提供各环节的大田土地托管服务，通过联合社进行的土地托管，在各环节签订土地托管合同，成员社可以按照内部价格获得农机作业服务，每个环节可以便宜 5～20 元不等，整个环节下来每个合作社可以节省 100 多元，这虽然使得鑫鹏程每亩地获得的利润与自己联系大户、农场相比有所减少，但是由于集中化大田托管的规模很大，通过薄利多销，总体上收获不小。从各个环节、各个项目及每亩地的收费情况来看，根据地块的差异深松费用有所不同，大地块每亩地 70 元，小地块则为 80 元，播种环节每亩地收费 60 元，飞防作业每亩地 8～10 元不等，收获环节的服务每亩地收费 50 元，旋耕和打犁每亩地收费 60～70 元。由于合作社服务范围内大都是马铃薯种植合作社，所以合作社有专门的马铃薯收获、播种等机械，马铃薯收获每亩地收费 40 元，播种则是每亩地 50 元。

鑫鹏程农机专业合作社还承担了很多实际性的政府补贴和示范项目。2016 年合作社通过与本市其他农机合作社竞标获得了政府推广的胶河开发区 8 000 亩土地深松项目，通过承接该项目，可以获得每亩地 40 元的补贴。同年，合作社还通过了市级综合考核，获得了土豆作业服务相关的农机具补贴，具体有

4台马铃薯播种机和12台马铃薯收获机。由于经营状况良好，合作社每年都会获得一些小额农机补贴。

合作社还涉足了初级的资金互助业务，虽然只是刚刚起步，仅仅接受短期即半年以内的资金借贷服务，还是为缓解社员的资金问题提供了一定帮助。由于发展风险较大，理事长表示未来不会继续在这方面耗费过多的精力。

三、存在问题和未来规划

鑫鹏程农机专业合作社目前累计作业量已达42万余亩，作业收入328万元，服务当地农业生产、努力实现跨区作业。虽然鑫鹏程作为当地数一数二的农机服务合作社，在技术方面也是面临着瓶颈问题。虽然各环节的服务都有涉及，但是合作社暂时还没有自己独特的农机服务技术，仅仅靠现有技术不可能实现长久的发展，所以为了保持自己在当地农机服务的地位，新的技术研发是理事长面临的一大难题。而由于政府在农机补贴方面倾斜力度较大，理事长表示要好好利用这种行业优势，加快农机更新换代的频率，以提高作业服务效率。

提起合作社的发展前景，理事长则是充满期待。张先生本人对合作社倾注的感情非常深厚，鹏和程分别是张先生堂哥的名字和自己的名字，都被融合在了合作社的名称里，张先生希望合作社未来的发展能够像名字一样鹏程万里，这当然是源于自己对于农机服务深深的热爱，合作社现在已经在农资技术研发方面有所投入，未来张先生希望通过研发出更多的农机技术，更好地推动当地机械化水平的提高，实现机械化全覆盖。土地全托管也是合作社未来努力的方向，研究更好的技术、服务更多的人是张先生一直追求的目标。

（调查员：赵昶）

5-3　高密市拒城河农民专业合作社联合社

近年来，高密市农民专业合作社发展迅速，但农民专业合作社还处于发展的初级阶段，存在生产规模偏小、服务领域狭窄、带动能力偏弱、抵御市场风险能力差等问题。为了解决单个合作社解决不了和解决不好的问题，需要通过合作社的进一步联合方式来实现。自2009年开始，高密市大力发展专业性的农民合作社联合社。2014年，高密市按照上级社关于组建区域性农民合作社联合社的相关要求，在工商部门注册成立了区域内的农民合作社联合社，拒城河农民专业合作社联合社就是典型的案例。

一、联合社基本情况

联合社成立于2014年12月，由镇供销社和5家合作社共同发起，目前联合社有5家成员合作社。联合社于2014年12月在高密市工商局注册登记，注册资本为910万元，主要由高密市金达亿粮食蔬菜专业合作社出资（出资比例占98.9%）成立。联合社现在有固定资产30万元，流动资产65万元，无负债。

受访者王玉军坦言，当时成立联合社的主要原因是为了顺应时代发展的趋势，合作社抱团联合闯市场。在成立联合社之初，也遇到了一些困难，主要是农户思想意识保守，对联合社的态度谨慎，农户不知道联合社是做什么的、不相信联合社真正能运营起来、不确定联合社能给个人带来好处，所以农户不敢轻易涉足。为此，通过相关政府部门对农户集中讲解联合社政策，乡镇供销社发挥市场影响力来领办联合社的方式，农户逐渐转变观念，自愿加入联合社，以此希望通过抱团的方式谋求更好的发展。

现在，联合社由高密市金达亿粮食蔬菜专业合作社、高密市金州粮食蔬菜种植专业合作社、高密市好日子蔬菜种植专业合作社、高密市金土地种植专业合作社、高密市永福农作物专业合作社5个合作社组成。这5个合作社主要从事粮食、蔬菜种植，规模都较小，发展水平也并不相同。其中，高密市金土地种植专业合作社主要从事种子与化肥农资供应，这几年逐渐形成较大规模，合作社的部分困难户可以赊销购买农资，在作物收获后再结账，但是要比当期支付价格高一些。高密市好日子蔬菜种植专业合作社主要种植马铃薯，由于这几年当地旱情大，马铃薯产量低，市场马铃薯价格120元/袋，价位低，合作社总体经营不景气。

二、负责人基本情况

被访者王玉军是该联合社的负责人，也是该乡镇供销社的主任，现年55岁，高中毕业，已经在供销社工作39年，现在连续3年担任联合社的理事长。他在联合社不领取工资，他的亲戚朋友大多是商贩。王玉军在受访时说，从高中毕业后一直在镇供销社工作，对供销社已经有很深的感情。他说自己也快要退休了，在即将离开自己奋斗30余年的地方之前，希望能尽自己最大的能力为供销社做好每一件事。

三、联合社运作情况

联合社日常运营过程中，联合社的内部运作管理状况并不好，联合社与成员社、成员社之间联系并不紧密，基本上处于各自为政的状态。联合社有专门的章程，但没有按照章程来运作。联合社有理事会与监事会，没有专职的工作人员，均由基层供销社与成员社的人员来兼职。联合社一年能召开3～4次社员大会，社员只是在开会时简单信息交流一下。联合社作为独立核算单位，基本盈亏相平。联合社利益分配并不规范，基本处于各合作社自负盈亏状态，盈利用于自己合作社内部扩大再生产。联合社有严格的财务管理制度，财务管理人员都是兼职的。联合社的会计资料比较完整，向下属合作社全部公开财务和运营情况。联合社没有各成员合作社的资金账户、产品交易记录、农资交易记录。目前，联合社并无退社情况。

四、联合社提供的服务

在提供农业社会化服务方面，据王玉军称，现在拒城河并无为农服务中心，因为联合社的成员合作社规模小，联合社并没有给合作社提供农资采购服务，农技服务和农业培训与产后销售服务。联合社为合作社提供仓储服务，由镇供销社提供场地，一年一个仓库收取2 000～3 000元的费用，不为非成员社提供。联合社以镇供销社为平台，2012年建立了资金互助社，根据各合作社经营不同品种农产品的季节时间差，成员社之间可以相互调剂资金使用。

五、问题的思考

联合社成立时间短，还未能达到预期的效果，但联合社内部遇到不少问题。联合社与成员社、成员社之间联系并不紧密，基本上处于各自为政的状态。联合社由从事粮食、蔬菜种植的合作社联合，这几个合作社规模都较小，没有农机合作社的加入，无法扩大生产规模。联合社成员社的发展水平不一致，发展水平较差的合作社表现不够积极。联合社未能按照制定的具体章程办事，人员管理不够规范。当地存在土地流转、土地托管服务困难。镇供销社人员老化，缺乏农业技术人员。联合社目前仅与经管站有联系，与村委、乡镇机关基本无联系。

王玉军表示，因为成立时间短，联合社未表现出预期效果，但仍然看好联合社未来的发展，希望政府能够通过出台法律法规来规范联合社的发展。在起步阶段的高密市拒城河农民专业合作社联合社，存在很多亟待解决的问题，需要在上级政府、乡镇机关、村委会的帮助与支持下逐步解决。

（调查员：蒋承祚）

5-4　高密市宏基农机专业合作社

一、基本情况

高密市宏基农机专业合作社位于高密市咸家工业区，主要经营内容是机械服务和种植业，主要种植作物是小麦和玉米。2009 年 4 月 10 日工商注册，于 2010 年开始经营。目前合作社工商注册的成员有 103 人，另有 361 人属于临时雇佣，没有进行注册。

受访者刘杨，男，28 岁，汉族，中共党员，已婚，本科学历，农业户口，不是村干部，不是本地人，部分参与农业生产，不是合作社理事长，但是合作社主要管理人员之一。受访者妻子 30 岁，汉族，本科学历，不是村镇干部，不是党员，是本地人，不参与农业生产，目前在国土资源局工作。

二、农业生产情况

（一）起步阶段

当初成功走出第一步的主要原因是有足够的基础投资。合作社发起人出生于 1966 年，一直从事农业生产，是农机手代表，积累了雄厚的资金，同时掌握了农业生产经营的技术和经验。并且当地农业条件好也为合作社的发展奠定了基础。

合作社在初始运行阶段面临的主要问题是资金约束、技术供给和土地流转困难。虽然合作社发起人有雄厚的资金，但是由于 2015 年才开始允许合作社贷款，而在农地三权分立之前没法用土地抵押获得贷款，因此只能通过民间借贷和个人筹钱的方式筹集资金，导致个人投入很高。

（二）土地

目前合作社经营的土地总面积 4 621 亩，全部为合作社直接经营，且全部为转入土地，平均每亩租金 600 元/年。土地转入价格会根据土地类型、转入年份的不同而不同。比如政府用于招商引资的土地租金低，仅为 300 元/亩，但是政府随时可能要求归还这一部分土地。

合作社目前共流转土地 4 621 亩。从 2010 年开始承包土地，当年承包土地 660 亩，承包年限至 2029 年，每年每亩租金 600 元，20 年的租金合作社一次性交款完成，资金来源是合作社发起人的投资。2012 年流转土地 2 000 余亩，2013 年流转土地 1 000 亩，以上土地全部位于夏庄镇。

通过对合作社负责人的采访了解到，土地租入或转包需要得到政府的批准，没有通过土地交易所进行，转出土地者与转入土地者无亲友关系，转入土地位于外村。土地转入以书面形式签订合同，没有担保，转入的期限有定期也有不定期，其中定期转入的期限是 20 年。合作社负责人能接受的最低土地租入年限是 10 年、最低面积是 200 亩。转入土地需要租金，最主要的租金方式是产物，即商定以一定数量的麦子作为租金。租金支付方式是先支付租金，一次性付清。租金来源是自家积蓄和其他私人借款。

合作社有办公、厂房和物流仓库用地，这些建设用地的来源是一定比例的流转土地，共 30 亩。当时流转土地很难，原因是当时风调雨顺，农作物产量好、价格高，农民愿意种地，因此土地流转困难；目前土地流转比较容易，原因是近年来一直干旱少雨，再加上玉米保护价格没有了，之前政府收购价格最低 1 元，现在放开市场价格后玉米价格跌落，农民种地意愿下降，因此土地流转变得容易。目前平均每年每亩租金需要 600～800 元。

受访者认为，土地所有权属于国家，长期在外从事非农工作的人、外嫁的人、去世的人应该交回土地承包权。认为流转来的土地能抵押去贷款，并且愿意获得融资贷款。曾经通过农村商业银行，拿流转来的土地经营权去抵押获得融资贷款，贷款额度是 500 万元，贷款期限是 12 个月，年利率 7～8 厘。认为凭借自身的能力，经营 3 000 亩地是最理想的，这种情况下每亩能实现利润 300～400 元，但不能少于 2 000 亩。

合作社在经营期间进行过地块平整、水利设施建设、田间道路改造，涉及土地涵盖了全部经营范围内的土地，三者加起来的整治总费用为 30 万元，出资主体是专业大户。

合作社目前在土地方面面临的问题是地块分散、管理困难。按理来讲一块土地面积应在 200 亩左右，而目前土地大小不均，不利于集中机械化管理。

（三）劳动力

以小麦为例，耕地、播种、收获环节均实现 100%机械操作。合作社负责人本人直接参与经营管理但是不直接参加农业劳动。按照合作社目前的经营现状，理想状态共需要30人合适，其中管理方面和直接生产各需15人，管理方面负责财务、办公、业务、研发，直接生产负责田间管理。而短期临时工人在农忙时每天需要70～80人下地作业。目前雇人很难，进一步雇人同样难度很高。

合作社目前的劳动力投入情况：长期雇工行政管理方面男工2名、女工1名；财务管理方面男工1名、女工4名。全年投入劳动，每月工资2 500元，都是80后或85后，主要来自高密地区。作业环节和日常环节长期雇工男工15名，这两个环节为同一批员工，都是60后或70后，来自邻近地区。每年累计劳动力投入达到1 000人次，年底进行一定的利润分配，分为按劳动力分配和按出资额分配，其中按劳动力分配可占到六成以上。

（四）资本

合作社在2016年投资建设了建设性用地，可使用年限70年，总花费300万元。同时，每年都会购置农机具，包括拖拉机、收割机。当地正规金融机构贷款利率是每年7～8厘，民间借贷利率每年是1～2分，亲朋好友不收取利息，高利贷利率在20%以上。目前合作社负债500万元，全部来自银行，所支付的利息也全部用于农业生产，即购买生产资料和合作社日常运作。

（五）生产成本和农产品收益

2016年农业经营收入3 500万元，支出3 200万元，工资支出70余万元。盈利能力与前两年相比有所下降，但相比其他合作社略好。2016年小麦每亩收获量250～350千克，销售一次，销售价1.1元/千克，销售去向是粮库。2016年玉米每亩收获量400千克，分多次销售，销售均价0.87元/千克，由加工企业收购。

三、农业社会化服务情况

合作社提供技术、农资、销售、作业服务，对象是散户、种粮大户、家庭农场，合作社靠技术、农资、销售服务每年获益500万元、靠作业服务每年获益3 000万元。合作社参与了“阳光工程”，向150名农民提供培训，培训费用是每人300元。

合作社获得过山东省政府提供的100万元以上的现金补贴，以及飞机、拖拉机等实物支持，估价约为100万元，并且承担了政府的深松、烘干示范推广项目，投资规模500万元。

（调查员：王碧宁）

5-5 高密市姚哥庄农民合作社联合社

一、联合社基本情况

潍坊市高密市姚哥庄农民合作社联合社于2014年10月在当地供销所挂牌成立，出资额100万元，其下有5个成员合作社，分别是盛农果蔬专业合作社、宜昌果蔬专业合作社、兴安农副产品专业合作社、金穗果蔬专业合作社、慧腾农产品专业合作社。姚哥庄农民合作社联合社是由高密市开发区供销合作社牵头领办的，理事长孙传栋同时又是成员社慧腾农产品专业合作社的发起人，该合作社在联合社认缴的出资额为60万元，其中理事长本人认缴出资额为32万元，在6位发起人中占比一半以上。其余4个合作社均认缴了10万元资金。联合社在各个合作社的总占股额为32万元，现有固定资产1 000万元，流动资产约30万元，暂无负债。

姚哥庄联合社下属成员社虽然都是同业合作社，但是相互之间的联系并不密切，他们走向联合主要是为了获得规模效益，统一获得农资、销售、技术服务。联合社当初成立的原因也是当时政府试点推动迎合了当地市场规模化需求，同时供销社在老一辈心中的地位根深蒂固，人们的供销社情怀有利于合作业务的开展。

二、社会化服务情况

联合社在2016年7月15日刚刚开始筹建成立自己的为农服务中心——高密市冯家庄为农服务中心，总投资额300万元，其中高密市政府拨款给市联合社下属的资产运营公司100万补助金，作为投资额的一部分，高密市开发区供销社出资120万元，理事长孙传栋出资30万元，占比10%，最后50万元由冯家庄村民进行土地入股，总计入股15亩土地，这些土地每年都可以得到15 000元的固定收益，为了保证村民收益的安全性，联合社都是每年先将这部分收益拿出来之后再进行利润分配。现阶段为农服务中心还在平台建设期，能够提供的社会化服务尚不完善。

农资服务方面，由于农户个人购买农药、化肥的时候常常采用赊销的方式，农资供应商不愿意为个体农户提供农资购买，所以往往采取较高的价格，农资采购服务在当地有十分强烈的需求。联合社主要有两种途径采购农资，一是通过高密市联合社附属的孚高为农服务公司采购，二是通过自己联系的农资供应商进行统一采购，其中第二种方式的农资采购占比较多。联合社联系的农资供应商，平均下来每袋化肥可以便宜 20 元左右，并且联合社采购的时候会根据当地村民的施肥喜好采购，比如当地村民比较喜欢用硫酸钾，联合社就会优先购买硫酸钾。

技术服务方面，联合社正在往职业农民方面靠拢，根据下属合作社的不同需求，定期开展不同的技术培训。比如有些合作社需要修剪方面的技术指导，有些是马铃薯种植方面，有些需要打药方面，联合社就根据需求多的难题来统一安排相关培训。农机服务方面，联合社由于自身的为农服务中心还没筹措完善，所以联合社就与鑫鹏程农机专业合作社合作，购买农机服务。2016 年市政府在开发区组织了一个 8 000 亩土地的深松项目竞标，联合社没有自己的农机设施，于是联系了鑫鹏程农机专业合作社，一起承接了这个项目。烘干储藏服务，联合社在缺乏相关设备无法实现的情况下，通过高密市联合社的孚高为农服务中心购买了这些服务。销售方面，有占比极少的一部分是通过联合社销售的，大部分都是成员社自己根据业务需求联系市场进行销售。联合社下成员社的水利设施都是水利局主管建立起来的，每个村都会有一名专门的管理人员对各个村民的用水情况进行详细记录。

三、存在的问题与发展前景

理事长表示，联合社现在面临的最大问题便是平台问题，由于销售服务平台还在建设当中，所以各项服务都无法完全开展，但是平台一旦建成，未来的发展前景还是很乐观的。同时现在急需解决的问题是专业型人才的缺乏，没有合适的管理人才与销售人才，这制约了联合社未来长期的发展。2016 年联合社试图在村社共建方面做出努力，在当地挨家挨户去提供销售服务与农资采购服务，但是实施成本巨大很快就进行不下去了，未来联合社也不打算在这方面作进一步发展。

综合来看，该联合社虽然有基本的农资服务，但是下属合作社成员之间以及与联合社之间的抱团作用并不明显，组织结构松散，就连销售服务成员社都不想通过联合社获得，可以看出联合社本身并没有给下属合作社成员带来便利与福利。这可能与为农服务中心还在建设中有关。自 2014 年成立至今，联合社都没有进行过利润分配，联合社负责人现在也开始筹建新的农机合作社，以方便承接更多的政府项目，预计未来联合社在短期内不会给成员带来十分完善的服务。

（调查员：赵昶）

5－6　高密市井沟镇井沟农民合作社联合社

一、联合社基本情况

高密市井沟农民合作社联合社成立于 2014 年 11 月 20 日，由 5 家合作社发起，现有 5 家合作社，主营苹果产业。属于“同业联合、紧密型”，各合作社间发展水平差距较大。

联合社成立的主要原因是寻求各合作社的抱团发展，实现资金、技术、利益共享，还有一部分原因来自于高密市供销社的要求和指导。成立过程中面临的困难是一些合作社成员担心供销社（联合社）不能对增产增收起到实际作用，因此不愿加入。之后经过劝说才得以扭转。联合社在成立过程中获得过井沟镇经管站以及农机站的支持。

目前计划继续吸纳更多的合作社加入进来，近期计划吸纳 1～2 家合作社，最终目标是再吸纳 5～6 家合作社加入。

二、联合社资产情况

联合社总出资 800 万元，包括 5 家合作社的出资。5 家合作社分别为：高密市鑫顺果品专业合作社，出资额 100 万元，货币方式出资，占联合社总出资额的 12.5%；高密市香满园专业合作社，出资额 150 万元，货币方式出资，占联合社总出资额的 18.75%；高密市富田果品专业合作社，出资额 150 万元，货币方式出资，占联合社出资额的 18.75%；高密市乐园果蔬专业合作社，出资额 200 万元，货币方式出资，占联合社出资额的 25%；高密市方宝果品专业合作社，出资额 200 万元，货币方式出资，占联合社出资额的 25%。以上 5 家合作社出资时间均为 2014 年 11 月 10 日。

联合社为每个成员设立独立账户，主要记载成员的出资额，量化为该成员的公积金份额以及该成员与本联合社的业务交易量（额）。联合社成员以其独立账户内记载的出资额和公积金份额为限对联合社承担责任。

目前共有固定资产 50 万元，流动资产 50 万～60 万元，无负债。

三、联合社组织结构

负责人王东，男，中共党员，1971 年出生，自 2014 年联合社成立起在联合社任职。

联合社的日常决策由成员会议进行，由每个合作社一人组成，按照“一人一票”进行决策。另外，每半年召开一次社员大会，由全体社员参加，讨论关于产品价格、管理技术、物资供应、生产技术、产品销路等问题。联合社设有理事会和监事会，共 3 人，由合作社成员兼任，任期 3 年。联合社设有专职的财务工作人员，目前由供销社的工作人员兼任，但是工资来自供销社，不从联合社处领取工资。

对于联合社内部各合作社之间的资金联系，联合社成立了内部资金互助会，由资金雄厚的合作社拿出一部分闲置资金放入互助会，再由联合社贷给那些资金薄弱的合作社，二者的利息均为 8 厘。

四、联合社服务情况

联合社服务包括产前、产中、产后等环节。产前服务主要是统一采购化肥。由于联合社统一采购比合作社单独采购量大，因此单价更低，每吨化肥可便宜 50～60 元。联合社按采购价原价销售给合作社，不赚取差价。产中技术服务主要为聘请专家进实地授课。产后销售服务主要是收集市场信息、联系采购商、统一货源并销售，主要销售渠道是面向大客户，如销售给外省，比合作社单独销售价格每千克可提高 0.05～0.06 元。目前并无加工、运输服务，会提供少量的储藏服务，主要是外包给冷藏厂进行储藏。

据负责人介绍，由于目前还在吸纳合作社加入联合社，因此为吸引其他合作社的加入，暂时不收取差价，也不对服务收取费用，因而联合社目前不存在盈余。但是联合社计划在吸引绝大多数本地区同业合作社加入后，对销售化肥收取一定利润，对服务收取一定费用，然而由于服务给合作社带来的增产增收效应显著，仍会吸引合作社留在联合社内继续合作。

五、联合社面临的问题

对于联合社目前面临的问题，负责人表示最大的问题在于技术人才的缺乏，并希望通过联合社面向社会招聘来解决，并需要政府提供帮助。在资金方面，由于资金缺乏导致设备购买存在困难，希望通过银行贷款来解决，而目前银行贷款要求严格，需要找到有资产（如房产等）的人进行担保，因此贷款存在一定困难。同时，各个合作社之间资金实力差距显著会影响到整体产品的质量以及产量，从而影响整体的销售。另外，负责人表示希望按照相关法律对联合社的利益分配和章程制定的方式进行规范，目前联合社的章程由合作社代表在当时的条件下制定，经过一段时间实践后需要进一步修改完善。

（调查员：王碧宁）

案例报告六：安丘市案例

6-1　安丘市雹泉农民专业合作社联合社

自2014年5月，国务院批准同意山东等4省开展供销社合作社综合改革试点工作以来，潍坊市以及寒亭区、安丘市、高密市被山东省政府确定为供销社综合改革试点市、县。安丘市作为山东省供销社综合改革的试点市（县级），在自足于提高供销合作社为农服务能力的同时，在新时期供销合作社组织体系建设和农村现代经营服务体系建设方面都取得了一些可推广的典型经验。其中，安丘市雹泉农民专业合作社联合社就是一个典型案例。

一、联合社基本情况

在安丘市供销社的支持下，由雹泉镇供销社发起，由5家合作社出资，安丘市雹泉农民专业合作社联合社于2014年10月在安丘市市场监督管理局注册成立，注册资金1 000万元。据联合社负责人李爱平说，联合社成立时有5家合作社出资，均实际出资2万元，出资额用作联合社的活动经费。为达到合作社之间优势互补的目的，5家合作社自愿联合。但在成立之初，联合社也存在销售渠道狭窄、贷款利率高、资金困难的问题。在这种情形下，一方面，安丘市政府给予了一定的现金扶持与技术指导；另一方面，联合社经常派出社员去联系业务，成员社之间也经常互通信息。联合社逐渐克服了这些困难，现在，联合社有固定资产132万元，流动资产155万元，没有负债。

目前，联合社由6家合作社组成，分别是安丘市红蕾棉花种植专业合作社、安丘市灵泉蜜桃专业合作社、安丘市寿山花生种植专业合作社、安丘市胡家旺果树种植专业合作社、安丘市众大养猪专业合作社、安丘市辉渠春谷米种植专业合作社。其中，辉渠春谷米种植专业合作社由11个社员组成，合作社注册了峰山春谷米品牌，该合作社种植的春谷米品质好，米香而黏，销售价格6元/斤，比东北米每斤贵2元，销往潍坊、东营的各大超市，发展状况很好。灵泉蜜桃专业合作社的蜜桃品质好，销售价格1.4元/斤，主要销往青岛、广州与东北三省，现在销售范围已经逐步扩展到全国各地，发展十分迅速。相较于前两个合作社，安丘市众大养猪专业合作社发展状况堪忧，合作社规模小，由于猪肉价格不平稳，生产受到较大影响，亏本较严重。

二、负责人基本情况

被访者李爱平现年 58 岁，中共党员，是联合社的负责人，安丘市灵泉蜜桃专业合作社理事长，也是雹泉镇供销社的主任。他已经在供销社工作 42 年，现在连续 3 年担任合作社的理事长，连续 2 年担任联合社的负责人。他从未在联合社领过工资，他的亲戚朋友中有村镇干部、商贩，也有在银行上班的。

三、联合社运作情况

李爱平在受访时表示，联合社有理事会与监事会，在联合社的日常运作过程中，每半年会召开一次社员大会，一个月会召开一次理事会，在理事会上各合作社理事长进行协商决策，表决严格遵循一人一票制。联合社工作人员都是兼职的，会在雹泉供销社或成员合作社领取工资。联合社有专门的章程，并已在网上进行公示。联合社作为独立的核算单位，基本无盈利，盈利来自合作社之间的互通信息费。联合社有严格的财务管理规章制度，财务管理人员都是兼职的。联合社有较为完整的会计信息，向下属部分公开财务与运营情况。联合社有各个成员合作社的资金账户、产品交易记录与农资交易记录。目前，联合社没有退社情况。

四、联合社提供的服务

现在，联合社主要提供产前农资采购服务与产后销售服务。联合社为成员社提供化肥与农药集中采购服务，不收取费用，比合作社成员自行购买每吨节省 200 元，也给非成员合作社提供这项服务，但是每吨收取 100 元的服务费。联合社也与安丘市农业局合作，农业局安排专家每年 1 次进行集中讲学。2017 年 3 月，农业局安排了一次关于果树管理的讲座，帮助种植户解开了许多疑难困惑，在各个环节更加科学合理管理果树，对生产优质高效的水果有很大的帮助。联合社在提供的产后销售服务方面主要是通过各合作社之间互通销售渠道，经过合作社之间信息交流后，蜜桃每斤贵 0.2 元，春谷米每斤贵 1 元，也给非成员合作社提供这项服务，但是从 100 元的销售额中要收取 3 元的信息互通费。联合社采用“互联网+农业”新型销售模式，应用供销 e 家平台大规模集中销售农产品。供销 e 家作为一个全国性的电商平台，着重培育全国县域小平台，是供销社转型拥抱电商、实现资源互换的商业生态模式。李爱平表示，在供销 e 家销售提高了农产品价格，增加了农产品销量，给社员们带来了丰厚的利润。

李爱平坦言，安丘市供销农业生产资料有限责任公司给联合社提供了很大的帮助。安丘市供销农业生产资料有限责任公司是由市供销社组建的农资龙头公司，被市政府确定为安丘市区域化管理农资配送中心。目前，有仓储面积 7 000平方米，仓储能力近 15 万吨，拥有农机具 2 000 台，农化服务专用车 34 辆，216 名农业生产技术人员，全系统现经营化肥、农药等 600 多个品种，年销售化肥 8.9 万吨，农药 5 000 万元，占全市销售额的 60%左右，给联合社提供了便利实惠的农资供应。公司与中国农业科学院植物保护研究所共同建设了“农业行业替代甲基溴土壤消毒防治病虫草害示范区（中国 安丘）”，为联合社提供氯化苦土壤熏蒸消毒，免费测土配方施肥、机械作业服务，形成了社会化服务的现代农业综合服务体系。

五、问题的思考

较先前在寒亭区与高密市受访的联合社，雹泉农民专业合作社联合社发展情况要好很多，联合社成员社之间联系更加紧密，提供的农业服务更加全面。但据联合社负责人李爱平反映，该联合社发展也存在些许问题。首先，联合社的成员社之间发展不平衡，发展差的合作社在决策时态度消极。其次，农村商业银行贷款利率高，联合社资金紧缺。再次，由于全镇 50 多岁务农人口占总务农人口的 80%以上，年龄大的人思想意识保守，不愿意流转土地，所以当地土地流转存在很大的困难，进而导致土地托管只能进行分散式托管，土地托管效果不佳。最后，供销社人员老化，缺乏拥有专业知识的种植与管理销售人员，高素质人才不愿下乡。而且在访谈中我也发现，在联合社成立时，成员合作社认缴资金与实缴资金数额存在较大的差距。该联合社负责人在很多成员合作社拥有绝对控股权，一股独大现象明显。村委会难以解决推动当地土地流转难题。这些问题都制约着联合社进一步扩大规模，完善管理与服务。联合社负责人李爱平十分看好联合社未来的发展，但是如何继续将联合社做大、做强，仍然需要法律的规范约束，需要社会各界的集体帮助，从而进一步推动合作社的再联合、再壮大。

（调查员：蒋承祚）

6-2 安丘市大河肉牛养殖专业合作社

农民专业合作社是一个具有互助性质的经济组织，着重解决的是农业组织化程度不高和农民进入市场难、竞争力弱的问题。农民专业合作社是以成员自我服务为主要目的而成立的，参加合作社的成员都是希望借助联合起来的力量，以合作互助提高规模效益，解决个人单独生产经营过程中难以解决的问题。我们以位于山东省潍坊市安丘市官庄镇闫家管公村的大河肉牛养殖专业合作社为案例进行探讨分析。

受访者王田良是大河肉牛养殖专业合作社、粮牧源种植合作社的理事长。大河肉牛养殖专业合作社成立于 2011 年 12 月，发起人共 5 位，成立时注册资金 100 万元，受访者王田良是合作社法定代表人，个人出资 60 万元，占总注册资本的 60%，合作社主要经营内容为畜牧业生产。粮牧源种植合作社于 2017 年 5 月成立，合作社注册资金 101 万元，成员 51 人，主要经营内容为粮食生产。当初能成功创办合作社主要是有政府的优惠政策与支持，政府派人亲自去测土施肥，其次是有农业生产技术经验，畜牧部门进行疫病防治管理。合作社发展具体情况如下：

一、投入产出情况

（一）三大要素

（1）土地方面

目前王田良所管理的合作社经营的土地总面积是 316 亩，均是流转土地，平均每亩每年租金 900 元，这些土地由王田良直接经营。他流转的土地分两次完成，第一次流转是在 2010 年，签订有流转合同，以转包方式转入本村土地 30 亩，平均每亩每年租金 300 元，租期 30 年，主要用于畜牧业生产，无补贴；第二次流转是在 2016 年，签订有流转合同，以租入方式转入本村和外村土地 286 亩，平均每亩每年租金 900 元，租期 13 年，主要用于粮食种植，“三补贴”归转入合作社的所有成员所有。流转的土地需要村委会的批准，没有通过土地交易所，与转出土地者无亲友关系。两次转入土地都是以书面合同形式租入，没有担保人，租金以现金方式分期付（一年一付），资金来源是自家积蓄和银行贷款。

合作社有办公、厂房和物流仓库，当时流转土地比较容易，如果现在流转土地有点难，因为村庄密集、土地少。王田良认为土地所有权属于国家，长期在外从事非农工作的人不用应交回土地承包权，去世或者外嫁的人也应该交回承包权。王田良知道“农地三权分置（所有权、承包权、经营权）”的说法，认为流转来的土地不能抵押贷款，理由是出租方不愿意。王田良不愿意拿流转来的土地经营权去抵押获得融资贷款，理由是知道银行不愿意。

（2）劳动力方面

劳动力投入主要在两个方面：财务管理方面，长期雇工 2 人，每年工作 365 天，日工资 120 元，平均年龄 50 岁，来自本村，是固定岗位。作业环节方面长期雇工 3 人，每年工作 350 天，日工资 120 元，平均年龄 60 岁，来自本村，是固定岗位。

粮牧源种植合作社主要种植玉米，286 亩土地全部实行机械操作。王田良只负责经营管理，不直接参加农业劳动。王田良认为按照目前的经营现状，理想状态共需要 20 人，其中管理者 3 人，直接生产者 17 人，雇这些人有难度。王田良认为如果不从事农业生产，找个收入相当的工作并不难，但是一直干农业是因为长期务农、熟悉农业、可以照顾家人、不让农村的土地荒废。如果不干农业，参与生产经营的家庭成员从事别的工作，估计每人一年能挣 4.5 万元。

（3）资本方面

目前合作社的固定资产有农用场所和农机具，农用场所有养殖大棚、仓库、厂房，农机具有拖拉机、农具、农用运输车辆。养殖大棚于 2010 年建成，可使用 30 年，总花费 120 万元，资金来源是自有资金和银行贷款。仓库、厂房于 2010 年建成，可使用 30 年，总花费 10 万元，资金来源是自有资金。2013 年购买的拖拉机，总花费 8 万元，2016 年购买的农具，总花费 6 万元，2012 年购买的农用运输车辆，总花费 5 万元，农机具的使用年限都是 15 年，资金来源都是自有资金。目前王田良无贷款、无负债，未购买股票、基金、债券等金融产品。

（二）生产成本与农产品收益

2016 年农业经营收入 550 万元，支出合计 480 万元，其中工资支出 12 万元，盈利能力与前两年相比好一些，与其他同类经营主体相比也好一些。2016

年养殖 360 头肉牛，出栏量 400 头，销售量 280 吨，销售次数 30 次，销售均价 25 元/千克，销售去向是农超对接。

2016 年种植业发生的费用是种子用量 286 包，费用 11 440 元，化肥用量 12 吨，费用 3 万元，农家肥用量 750 吨，费用 3 万元，使用农药 1 次，费用 1.5 万元。畜牧业发生的费用是养殖肉牛 400 头，仔畜费用 360 万元，精饲料用量 800 千克，费用 1 920 元，青粗饲料用量 100 吨，费用 2 万元，电费 5 000 元，医疗防疫费 1.2 万元。

（三）农业社会化服务情况

合作社接受过的农业社会化服务有技术服务和作业服务，服务由合作社提供，不收取费用，效果较好，无政府支持。据王田良介绍，当地政府没有出台支持农业新型主体发展的专门文件。在政策性支持方面，农户没有获得过政府提供的现金补贴或奖励，没有获得过实物支持或奖励，没有承担过政府的示范推广项目。王田良认为现在从事农业生产经营所获得的社会化服务总体一般，只能维持现在的经营，不太愿意成为提供社会化服务的专业户，原因是赚不到钱，他的亲朋好友中没有提供社会化服务的专业户。

二、发展规划与意见情况

王田良认为他发展到现在最大的优势有两个：一是家人的支持，二是当地的自然社会环境优越。认为制约他发展的主要困难是劳动力不足，他比较愿意扩大经营规模，希望通过农户联合（再）合作扩大经营规模。王田良认为凭自己的能力经营 600 亩地是最理想的，这种情况下每亩能实现利润 500 元，最低不能少于 300 亩，否则就不划算了，最多不能多于 1 000 亩，否则就管不过来。他比较愿意成为专业化程度更高的职业农民，不愿意他的下一代专门从事农业生产，他不同意未来中国农业“后继无人”的说法，他认为未来中国农业应由合作社主导经营。

三、存在问题及建议

该合作社的作用与意义较大，但仍然存在着一些问题：一是劳动力不足，雇工困难。二是资金来源面窄，大都是自有资金，银行贷款少。三是农业社会化服务总体一般，农户没有获得过政府提供的现金补贴或奖励，没有获得过实物支持或奖励，没有承担过政府的示范推广项目。四是农民不愿意他的下一代专门从事农业生产。

针对存在的问题，提出如下建议：提高农民工资和社会地位，让农民成为专业化程度更高的职业农民；拓宽资金来源渠道，金融机构降低用于农业生产经营贷款的利率；加大政府扶持力度，政府要提供现金补贴、奖励或实物支持。

（调查员：蒋承祚）

6－3　安丘市官庄镇农民专业合作社联合社

一、联合社基本情况

安丘市官庄镇农民专业合作社联合社位于山东省安丘市官庄镇，于2012年10月在安丘市工商局注册成立。该联合社是由官庄供销社领办，联合安丘市丽蕾果蔬种植专业合作社、西利见牛蒡种植专业合作社、寿山花生种植专业合作社、金冠大葱专业合作社及青芋果蔬种植专业合作社共同成立。联合社注册资金1 000万元，其中官庄供销合作社出资额占注册资金的51%，剩余49%由5家合作社相同比例出资，出资形式为认缴。

联合社所在的官庄镇农业生产较为发达，以种植生姜、大葱为主，5家成员社的社员吸纳了当地70%左右的农户，联合社的主要业务是为成员社提供农资采购和农产品仓储服务，组织农民培训并为成员社争取政策。目前，联合社拥有固定资产350万元，主要为恒温室和加工车间，流动资产10余万元，负债600万元，负债主要来自筹建农产品储藏基地、加工车间而产生的贷款。

二、负责人基本情况

联合社负责人李春强，现年32岁，中共党员，本科学历，已任职官庄镇供销社主任6年，2012年在安丘市供销社成立乡镇合作社联合社的号召下牵头成立了官庄镇农民专业合作社联合社。据李春强介绍，他在联合社没有工资或补贴，只在供销社领取工资。在交谈过程中，这位年轻的身兼理事长的供销社主任对于农业也有一些更“年轻”的想法，如利用电商进行销售，开展农产品加工业务延长产业链，经营策略相对来说没那么保守。

三、联合社运作情况

该联合社的主要事项由理事会商议决策，理事会的成员包括镇供销社主任李春强和5家合作社的理事长，平时遇到种植和销售问题时便会召开理事会，大家相互交流经验并提出建议，在重大事项决策上采取一人一票的形式进行投票。联合社还推选了6名监事会成员，对联合社日常运行和农资采购进行监督。目前联合社有3位工作人员，其中会计一位，经理一位，办事员一位，这3位同时也是官庄镇供销社的工作人员。

该联合社有根据合作社章程改编而形成的章程，每年召开一次成员大会，运作机制相对规范。由于该联合社目前主要以为成员社提供服务为主，没有什么实际业务，所以不是独立核算单位，暂时也没有盈利，5家成员社独立经营。

四、联合社提供的服务

该联合社采取了“抱团”发展的策略，通过联合社以团购形式直接与农资公司联系，以低于市场价10%～15%的价格直接配送，大大降低了生产成本。联合社与农机服务公司联系，以低于市场价的价格提供给成员社，还会与安丘市农业局联系安排专家到乡镇进行技术培训，该项服务也会免费提供给非社员。联合社还会利用供销社的组织优势为成员社申请一些资金和政策，例如曾为丽蕾果蔬种植专业合作社协调申请示范社。另外，该联合社还进行了金融互助服务，2年来共开展了金额达43万元的资金互助业务，主要服务对象为成员社的入社农户。

在产后服务方面，联合社会帮助成员社联系农产品加工企业或出口企业，并通过供销社的电商平台在一定程度上帮助成员社解决销售问题。官庄供销社与5家合作社共同出资330万元建立了恒温室和加工车间，为成员社免费提供农产品仓储服务。

五、联合社存在的问题

在联合社内部运作方面，存在的主要问题为各合作社独立经营，彼此之间合作和业务来往并不密切，并且目前加入联合社的5家合作社都是镇供销社领办的，所以该联合社的成立可能是安丘市供销社的推动而非自发联合成立的，所以今后在吸纳更多成员加入时应予以更多的考虑。

在资金、用地和设备方面，理事长李春强介绍说目前联合社的恒温室和加工车间的规模较小，想要扩大规模，但需要政府在资金和用地方面予以支持。

在人才方面，目前联合社最缺懂电子商务的人才，一方面是帮助合作社出售产品，另一方面是将产品进行更好的宣传，理事长认为解决方法是在联合社达到一定的实力后高薪聘请或者政府能够提供相关服务。

六、联合社发展前景

理事长李春强十分看好联合社未来的发展，在他看来，联合社一是可以利用供销社的资源，在全国范围内选择质量优良的农资产品，二是利用“抱团发展”降低农资购买成本，三是可以帮助成员社在网上发布产品信息，解决销路，所以他认为会有更多的合作社加入联合社，在形成一定规模以后，联合社可以通过收取一定服务费用或打造统一品牌来实现盈利。联合社还计划通过扩大仓储和农产品加工规模，实现农产品能根据市场行情择时上市，从而实现价值最大化，目前也正在向这方向努力。另外，目前官庄镇供销社对本镇范围内进行了 2 万亩土地的半托管服务，李春强认为今后这方面业务可以移交给联合社进行运营，通过联合社进行土地托管服务在争取政府资金支持和技术支持上可能更有优势。联合社法律法规方面，李春强认为应出台规范联合社运作，特别是盈余分配机制方面的规定，实现联合社更健康、长远的发展。

（调研员：刘世琦）

6－3a　安丘市官庄镇种植大户案例

一、大户基本情况

种植大户李少财，现年 57 岁，是山东省安丘市官庄镇人，初中文化，2015 年在乡镇政府“规模经营”的号召下，在陆家沙沟村流转了 60 亩土地进行果蔬种植，加上自己 3 亩土地，总共经营着 63 亩土地，主要由自己和儿子进行日常管理。

家庭方面，李少财的妻子由于身体不好不参与经营或劳动，大女儿大学毕业后留在广东外企工作，儿子在初中毕业后有一段时间在外打工，2015 年李少财开始经营规模种植后便把儿子劝回家里与自己一起从事农业生产。目前，李少财尚未在工商部门进行注册。

二、农业生产情况

谈到当时经营规模种植的原因时，李少财说一是由于自己一直生活在农村，有比较丰富的种植经验；二是 2015 年镇里号召流转土地进行规模种植，流转土地比较容易。基于以上两点，李少财下定决心冒着风险尝试一下。运行之初面临的主要困难是父子两人没有精力经营这么大规模的土地，因此李少财便加入了丽蕾果蔬种植专业合作社，通过合作社提供的服务完成日常耕种收环节的工作。

李少财目前经营着 63 亩土地，其中 15 亩种植生姜，30 亩种植大葱，还有 18 亩土地 2017 年种上了芋头。在经营的土地中，有 60 亩土地为 2015 年与村委会约定口头协议流转村中闲置土地而来，当时没有签订正式的书面合同，流转期限约定为 5 年，每亩的租金为每年 1 000 元，每年的土地租金支出为 6 万元左右，对李少财的经营造成了一定资金压力。据了解，2015 年想要流转土地是很容易实现的，现在由于大部分土地已经被流转，想要流转土地则比较困难。对于土地归属权问题，李少财认识的不是很到位，他认为土地所有权归农户所有，并且对于“三权分置”政策并不了解。他认为流转来的土地不能进行抵押贷款，一是因为并非自己的土地，二是因为不了解相关政策。李少财对流转来的土地进行了一定整治，2016 年花费 3.5 万元修建了水利设施用于灌溉，每年，还会花费 4 万元左右请合作社进行深耕作业。

由于种植的是生姜和大葱，因此只在耕地环节能实现机械作业，播种和收获环节都采取人工作业。目前老李和儿子主要从事管理工作，每天到田间观察，发现问题便报告给合作社让其来帮助解决。2016 年在种植生姜和大葱期间，在附近村短期雇佣了 15 名工人，时间在 35 天左右，其中男工 8 人，每天工资 120 元，女工 7 人，每天工资 80 元。每年还会聘请 3 名人员进行田间植保，时间为 5 个月左右，工资为每天 80 元。两环节雇佣工人的支出为 8 万元左右，工人都是通过合作社在附近村召集。

2016 年，由于在临近收获期遭受冰雹天气，导致大葱绝收，生姜减产一半，芋头和桃树由于刚栽种还没有收获，因此只能依靠减产的生姜获得些收入，生姜每亩收获 8 000 斤左右，每斤售价 1 元，共获得约 12 万元的收入。在物质与服务费用方面，每亩土地的种子、化肥、农药和农机作业费用在1 000元左右，由于 2016 年遭受冰雹，大葱绝收的损失在 6 万元左右。因此 2016 年李少财收入减去支出后处于亏损状态，亏损在 2 万元左右。

三、加入合作社的作用

李少财认为加入丽蕾合作社对于自己经营农业的作用是十分巨大的。第一，合作社提供的农资服务，在农资质量上更有保障，价格低于市场价 10%左右，并且每年从合作社购买农资都是可以先赊欠农资费用，在农产品收获出售后再支付，极大缓解了资金压力。第二，合作社提供了作业服务，对于李少财来说，依靠父子两人的精力来经营这么大规模的土地根本无法实现，但是有了合作社提供的“耕种收”三个环节的作业服务，使得父子两人只需要对农作物进行日常观察发现问题。第三，合作社提供了信息服务，合作社对生姜、大蒜的种植规模进行了解后会对 2017 年的价格进行估计，并将信息反馈给社员，便于社员根据市场行情调整种植规模，并且在收获后会将加工企业或商贩的价格信息告知社员，让社员自己选择销售方式。第四，合作社提供了技术服务，合作社跟农资厂家合作，为社员提供测土配方等技术服务，使农户更加精准地施用化肥和农药，并且合作社会将最新的种植技术和最优良的品种提供给社员，在降低费用的同时提高了产量。

四、存在问题及未来规划

目前，李少财认为其面临的最大困难在于经营农业风险性太大，一是价格波动导致收入不稳定，二是缺乏农业保险服务，虽然一直有传言说会有生姜、大葱的保险产品上市，但迟迟没有等来。未来，李少财希望能够扩大经营规模，使得经营面积达到 100 亩左右。但是由于当地能够流转的土地多数已经流转及资金上的缺乏，使得经营规模难以扩大。由于年纪已经偏大，所以将来儿子更多地进行经营管理，可以看出他还是非常支持下一代从事农业生产，也在一方面证明了他对于“合作社主导农业生产”这种模式的信心。

（调查员：刘世琦）

6-4 安丘市白芬子村益辉果蔬种植专业合作社联合社

一、联合社基本情况

益辉果蔬种植专业合作社联合社成立于2017年3月，是由白芬子供销社发起并在当地农商所注册成立的，其中白芬子供销社出资占比51%，其余4个合作社成员均为果树种植专业合作社，主要经营业务都是蔬果和姜蒜，在联合社的总出资占比49%。联合社负责人为刘以超，同时也是白芬子供销社的主任。益辉联合社成立的原因是白芬子村是当地大姜的主要产地之一，村内大部分村民、生产性合作社都是大姜种植者，有很强的同业合作规模化需求，为了适应当地的这种需求，刘先生便把当地发展比较好的4家种植合作社联合了起来。由于业务的相似性，联合以来各个成员社之间的业务联系也较为紧密，从农资采购到种植都实现了一定的规模化。

理事长刘先生现已46岁，在供销社工作多年，提起如今能顺利成立联合社的原因，刘先生说是由于村民对于供销社的天然认同感给了他极大的鼓励与信任，在成立之初便吸引了当地规模较大的几家合作社。联合社现在的固定资产有260万元，流动资产100万元，由于刚刚成立不到半年时间，联合社还没有任何负债。

益辉联合社的章程、三会制度都比较健全，每月都会定期召开成员大会或理事会，虽然各个成员社的出资额占比略有不同，但是涉及具体事情的表决权，都采取一人一票的民主表决制度，没有因为出资额不同而将决策权差异化。同时由于成立时间较短，联合社暂时还没有销售额的盈利，也还未进行年底分红，但是财务制度都公开健全，成员也都有自己的独立资金账户。

二、联合社服务情况

由于联合社在2017年3月才刚刚成立，联合社所属为农服务中心还在筹建当中，同时3月播种的大姜还在生长阶段，要到11月才能成熟收获，所以联合社服务的提供主要集中在农资、农技、资金借贷几个方面。

首先是农资采购服务，白芬子供销社由于经营时间比较长，有长期合作的一些农资公司、化肥厂家等，所以益辉联合社为社员购买化肥、农膜、农药等农资都是通过这些长期合作的农资供应商进行的，由于大姜种植的特殊性，农户个人每年都可以保留姜种用于下一年种植，联合社在种子方面便没有提供过统一购买服务。从具体服务情况来看，通过益辉联合社购买的化肥，平均每吨比市面上要便宜500元，一吨农膜能便宜700元左右，一吨农药则能节省800元左右。

技术服务方面，由于农资服务方面存在一些长期友好的供应商，益辉联合社便定期联系这些农资公司、化肥公司对社员进行相关知识的培训，针对每个成员合作社的不同情况，开展不同环节的讲座培训。成员合作社本身都是专门的种植合作社，在种植方面不存在很大的问题，培训内容多以施肥配肥为主，并且每年都会组织社员取土样到市农资服务中心进行专业的测土配方。

虽然还未到大姜收获的时节，联合社也没有开展销售服务，但是理事长已经在统一销售方面有所行动了。刘先生已经联系了当地规模最大的姜蒜专业批发市场——黑埠子姜蒜批发市场进行11月的销售业务，销售合同正在谈判签约当中，其中大姜的定价将严格按照粮食保护价格签订，争取比市场价格每斤高出0.3～0.5元。合同一旦签订，收获时节各个成员合作社的大姜便以此价格统一出售。

益辉联合社还开展了一部分资金互助业务，具体实施办法是先在银行建立联合社的公共资金账户，跟成员社约定，资金富裕的成员若将其资金存入公共账户，则会以高于当地银行存款利率的利息年末返还，同时存在资金困难的成员社若从该账户借取资金，将享受低于银行贷款利率的利息。同时，存入账户的资金多少还直接与年底分红挂钩，联合社年底分红除了按出资额分配以外，还会根据公共账户的资金进行比例分摊，存的越多获得的利息越高，当然这是建立在合作社利润盈余的基础之上的。

三、村社共建情况

2017年2月，联合社还在酝酿成型的时候，白芬子供销社便与太平官村公建了氯化苦熏蒸技术团队，专门负责太平官村的大姜熏蒸服务。该技术团队的成员主要是由供销社以及几个种植合作社的技术能手组成，白芬子供销社统一从安丘市联合社的为农服务中心购买氯化苦，再到村里为需要该服务的农户提供收费熏蒸服务。白芬子供销社在2月购买了1 200桶氯化苦用于2017年的熏蒸，数量约为30吨，购入价格为每桶900元，该内部价格远低于市场氯化苦的销售价格。太平官村的农户有一部分是该联合社的下属成员社的社员，他们在氯化苦的购买和熏蒸技术的使用上享受到极大的优惠价格。对于社员来说，凡从白芬子供销社购买氯化苦，每桶仅需 1 100 元，从共建的熏蒸技术队购买熏蒸服务，每亩地仅需 50 元。非社员则要承受较高的价格，购买每桶氯化苦需要 1 150 元，比成员农户享受的价格高出了 4%，熏蒸服务则每亩地需要 100 元，比成员农户享受的价格高出了一半之多。熏蒸技术服务每年只需要进行一次，益辉联合社在成立之后依然致力于此项任务，于 2017 年清明节前完成了太平官村 12 000 亩土地的熏蒸工作，也以联合社的身份获得了第一份收益。理事长刘先生表示联合社未来还将继续在氯化苦熏蒸技术方面推广实施，争取将服务规模进一步扩大。

四、难题与未来规划

由于刚刚起步，益辉联合社目前最大的难题就是资金问题，销售收入还未获得，前期建设为农服务中心、购买各种设备都需要很多的资金支持，仅凭刘先生一人微薄之力似乎有些困难。除此之外，资金互助方面虽然已经初步有所涉及，但是存在风险较大，超出利息的获得全部凭借当年的收成利润，而现在的农副产品价格又极不稳定，销售方面也存在一些困难，这就加剧了资金互助的风险。最后，联合社成立初期缺乏大量的专业技术人才，高学历的人才不愿屈身就职，尤其是销售方面的人才极其缺乏。刘先生还建议未来联合社法律法规多在资金扶持、人员管理方面进行完善，毕竟现在合作社大都没有实体性业务，入社门槛也较低，需要法律进行相关约束，对于经营状况比较好的合作社应该予以适当的鼓励。

未来发展规划方面，刘先生希望在有余力的情况下，基于在 2015 年已经成立的万康农机专业合作社，进一步发展农机服务业务。该农机合作社由 12 个农机手发起成立，均为农机具入股，现已经发展壮大到 24 个社员，主要承接各种大田土地托管业务，从具体定价情况来看，每亩地收割为 60 元，耕地为 70 元，播种为 80 元，由于暂时没有加入任何联合社，所以不存在优惠价格，未来万康农机合作社也没有加入联合社的打算，希望在自己现有的基础上进一步扩大服务规模。万康农机主要面对的受众对象是大田粮食作物，所以现有的益辉果蔬种植专业合作社与其之间并不能发生业务交集，刘先生也希望未来能在果蔬和粮食作物方面都有所发展，并且在带动姜蒜走向更大规模市场、解决农民销路问题的基础上，更好地推动大田农机作业服务。万康农机合作社的分红是按照股份占比和工作量各一半的比例来分配的。

（调查员：赵昶）

6－5　安丘市冠康农机专业合作社

一、基本情况

安丘市冠康农机专业合作社位于安丘市兴安街道白芬子村，于2013年11月在安丘市市场监督管理局注册，注册资本98万元，2014年7月开始营业。法人李兴财现年55岁，小学未毕业，李先生也是村里的村负责人。家中共有5口人，李先生和妻子以及儿子、儿媳、孙子住在一起。

二、农业生产情况

李先生表示，当初开始创办农机专业合作社的主要原因是政府鼓励创办合作社、自身所具备的农机技术和经验，加上当地有建设农机合作社的需要。于是李先生组织了全村26户农户，这些农户以农机入股合作社，并作为农机手参与合作社的农机作业服务。目前合作社的农机库是由白芬子社村联办项目所提供的。李先生知道“农地三权分置”这个说法，但是对于农村土地所有权问题的认识也不是很到位，他认为土地所有权属于国家。他认为流转来的土地不能抵押贷款，理由是土地不是自己的，不能随便拿去抵押。

李先生说，按照目前的经营状况，自己和妻子共同经营就足够了。目前雇人很容易。如果不从事农业，李先生认为找到差不多收入的活很难，如果不从事现在的工作，外出打工，家庭成员每人每年能挣3万元。

李先生家现在自有花生、小麦播种机共3台，花费6万元。合作社的农机共价值95万元。目前合作社没有负债，近5年也没有贷款。

2016年农业经营收入约6万元，合计支出4万元，包括燃料、维修、电话费、水电费等，其中工资支出2万元。盈利能力与前两年相比好一些，与其他同类经营主体相比差很多。2016年一年合作社花费燃料动力费3万元，花费修理维护费1万元。

三、农业社会化服务

农机合作社提供的农机作业服务2016年共收益2万元，收费方式为赊销后扣除。2016年共提供了6万元的服务，比农户自己解决农机作业问题能便宜5%左右。合作社没有获得过政府的资金补助。李先生认为合作社提供的农机作业服务，对产量、质量和收入都没有促进作用。他认为现在不能再为农业生产者提供更多服务了，他很愿意成为提供社会化服务的专业户。他的亲戚朋友中有兼业提供农业社会化服务的农户。

四、发展规划与意愿情况

他认为发展到现在最主要依靠的是政府的支持、资金以及社会关系。而制约合作社发展的主要困难是缺少资金和核心技术。目前很愿意扩大经营规模，扩大方式是在现有规模基础上增加投资。李先生很愿意成为长期从事农业的职业农民，也很愿意让下一代专门从事农业，对于未来农业将会“后继无人”的说法，李先生表示完全不同意。他认为未来中国农业生产将会由合作社来主导。

五、社会关系与外部环境情况

李先生的亲友中有村干部、企业普通人员、事业单位人员，村干部对他的帮助可以打5分，企业普通人员打5分，事业单位人员也可以打5分。如果想借钱，李先生觉得很难借到，目前家庭收入主要依靠从事农业生产。2016年除农业生产以外，李先生还充当农机手，收入5 500元。2016年除农业生产的各项支出以外，他家其他各项开支共计30 500元，其中食物消费10 000元，衣着消费3 500元，电话费2 000元，水电费2 500元，教育费7 500元，红白喜事随礼5 000元。

李先生所在的村地处丘陵，人均土地面积1.5亩，人均年收入5 000元，收入水平在镇上属于中等水平。村与最近县城距离15公里，与高速公路入口距离4公里，与最近省道距离15公里，与粮食市场0公里。

六、调查员免问填写部分

该农机合作社最显著的特征是专业化，目前处于成熟期，在成立过程中最重要的因素是社会资本，目前主要依靠社会资本来盈利，该主体发展主要依靠资金。整体判断该主体属于合作经营。

（调查员：张怡铭）

6-6　安丘市辉梁供销合作社

一、基层社概况

山东省潍坊市安丘县辉梁供销合作社位于山东省潍坊安丘市辉梁镇大辉梁村，供销社主任为李世民。从1986年工作以来，他一直在乡镇基层供销社工作，2016年担任了辉梁供销社的主任。目前该基层社共有员工3名，除了李世民，还有一名会计和一名办事员。

二、基层社运作状况

辉梁供销合作社除了日常的种子、农药、化肥等农资销售业务、农机服务业务和病虫害防治业务之外，还在2007年投资80万元建立了一个占地1 000平方米的供销超市——花阳田超市。目前该供销超市已承包出去，一年租金为12万元，这是该基层社收入的一个很大来源。除此之外，基层社还投资10万元，在大辉梁村建立了一个集贸市场，用于农产品收购和销售。该集贸市场占用了村里的集体建设用地，且由本村3位村民进行日常管理，所以集贸市场摊位租金所得除去3位工作人员工资和日常开销后的净利润，由基层社和村集体三七分——供销社获得净利润的30%，村集体得70%。2016年供销社通过集贸市场获得净收益2万元左右，村集体收益5万元左右。可以说，这个集贸市场的建立，对于基层社、村集体和村民都有好处。一方面可以作为供销社的收入来源之一，可以带动村集体发展经济；另一方面，也为农业生产的经营主体提供了一个交易平台和场所，能够让一些外地的商贩来这个集市收购当地所生产加工的农产品。

供销社还入股了两家农民专业合作社。一家是金乡大葱种植合作社。该合作社在2015年成立，有成员6个，注册资金25万元，基层社出资15万元，占60%。通过实际出资而不是认缴，基层社与合作社联系紧密。目前合作社6名成员经营土地200亩，土地流转租金为600元/亩，土地租金由合作社成员和供销社共同承担。在农资方面，合作社成员生产所需的大葱种子、农药、化肥全部在基层社购买，可以比在市场上自己购买便宜10%左右。供销社主任李世民表示，市场上农资商店的利润率在20%左右，而基层社给自己成员提供农资的利润率一般在10%左右，成员能够以较实惠的价格比较方便地获得农资服务、技术服务、信息咨询。该基层社还有耕地的拖拉机，可以为成员提供耕地服务，服务价格为 60 元/亩，也低于当地市场价。在病虫害防治方面，基层社提供农药以及喷洒业务，服务费用包含农药费、喷药农机费用以及人工费用，为 50 元/亩。基层社还收购合作社成员的大葱，为成员提供销售服务。可以说，该合作社的 6 名成员加入合作社之后，由于基层社提供的社会化服务，可以减少农业生产方面很多精力的投入，也可以在一定风险内扩大生产规模。最终盈利所得供销社与合作社成员三七分——基层社获得 30%的净利润，成员获得 70%的净利润。该基层社主任表示，供销社参股的这个合作社运营发展良好，要不是受到当地土地资源不丰富这一条件的制约，该合作社还可以扩大生产规模，合作社成员在生产过程中只要稍加管理即可，具体生产操作所需的大部分社会化服务都可以从基层社处获得，而且价格实惠，方便快捷。大葱的市场价格波动较大，价格低的时候几毛钱一斤，高的时候几块钱一斤。但是平均而言，一亩地仍可盈利 3 000 元，所以平均而言每个成员一年可获利 4 万～5 万元。

除了金乡大葱种植合作社，基层社还入股了辉梁小米种植合作社。该合作社主要为成员提供小米加工服务，在该合作社成立初期，投资生产设备 12 万元，其中供销社投资 6 万元。该合作社从成员处收购带壳小米均价约为 3.5 元/斤，通过脱壳和加工，最终销售可卖 5～5.5 元/斤。除去电费、人工费，利润所得基层社和合作社 1∶4 分配。问及如何计算和监督加工销售的数量，基层社主任莞尔一笑，表示通过电表走了多少度电，可以换算出加工了多少小米，通过这样来换算可以比较精确地知道合作社加工和销售小米的数量，从而有利于较为公平地利益分配。可以说，真正的智慧在于实践，在民间。这样简单方便的方法大概就是劳动人民智慧的结晶吧。

三、负责人基本情况

在和被访人李世民交谈中得知，作为基层社的主任，年薪为 3 万元，基层社的会计和办事员每个人的年薪均为 1.5 万元。虽然担任该基层社主任一年不到，但是李世民在供销社工作已经快 30 个年头了，亲身经历供销社基层社由计划经济时代掌控配给大权到后来市场经济时代基层社功能逐渐减弱的过程。李世民表示，他工作所在的基层社一开始有员工 130 多名，配给着煤、粮、油、棉和农资，后来市场经济时代来临，供销社不复往日辉煌，工作人员逐渐减少。目前该基层社的员工仅有 3 名，尽管这样，基层社没有自暴自弃，一直在努力创新探索，希望能够发挥自身优势通过农业社会化服务来盘活自身生产经营状况。问及被访人为何有积极性继续投入到基层社的工作中去，不断通过资金入股的形式来与合作社合作，基层社主任李世民表示，目前乡镇供销社是一个类似于集体企业性质的单位，自负盈亏，如果一旦供销社资不抵债，那么连他自己的工资都发不起了，所以基层社积极经营，希望通过更多盈利来盘活基层社。与此同时，李世民也表示，有县供销社、市供销社和省社的指导、监督，基层社发展的大方向不会错，再加上一定的奖励提成机制，就更加有信心、有积极性去搞好基层社的工作，将基层社的作用发挥出来，也让基层社盈利起来。基层社目前也在考虑领办联合社和为农服务中心，希望能给更多成员带来便捷、实惠的农业社会化服务。

四、一些思考

问及基层社目前发展的苦难，李主任表示，目前供销社的发展其实困难还是比较多的，无论是资金方面、土地方面还是政策方面，都需要政府的支持和帮助。资金方面，基层社想要去合作社入股就要有资金，而基层社的流动资金在盈利后扣除基层社的日常开销和人员工资就非常有限了，再加上基层社想要贷款困难重重，所以说资金问题也是限制基层社做大做强的重要阻碍之一。基层社现有固定资产也十分有限，除了所建设的 1 000 平方米的供销超市，加上基层社的办公楼就没有其他固定资产了，主要是由于基层社的土地有限。与此同时，基层社提供农资供应服务也需要相应技术人员的配备，这样更加有利于农资的销售。

不过基层社能够经受住时间的考验也有其优势所在，和李主任交谈中他表示，目前基层社发展中所发挥的作用是不可小视的。若要说基层社最大的优势莫过于其名声，百姓和村民相信基层社、相信供销社。所以基层社要入股或者领办一个合作社，村民都会十分信任并且积极参与，就如同该基层社与金乡大葱种植合作社和辉梁小米种植合作社的合作一样，供销社资金入股给合作社一定资金支持，通过社会化服务给合作社带来极大便利和优惠，盈余分配加深了合作和监督。这也许就是基层社的重要作用所在。供销社是一个集生产、供销和信用三位于一体的组织，通过信任这一无形的纽带，加深了基层社与生产主体的联系，互助互利，互利共赢，促进农业更好发展。

（调查员：张阳悦）

6－7 安丘市城关供销联合社

一、联合社基本情况

城关供销联合社位于安丘市兴安街道，成立于2015年秋季，并于2015年秋季在城关工商所商城办事处注册。由3家合作社发起，现有3家合作社，分别经营大姜、养殖（鸡鸭）及种植（大葱）产业，分别有300多户、75户以及58户农户，属于同一地区不同业联合。各合作社之间合作关系较少，主要是会根据市场行情在各合作社之间调整不同作物的种植面积。联合社现有固定资产11万元，流动资产28万元，无负债。

成立联合社的原因主要是贯彻上级的安排，并对农民进行服务，实现“农民外出打工、供销社为农民打工”的口号。成立之初很多农户不理解，供销社通过对村两委和种植大户做思想工作，宣传成立联合社的作用，即防止收购价格的暴涨暴跌。

二、联合社运作情况

联合社由3个成员合作社选举产生的负责人召开会议进行决策，实行一人一票制，平均每个月召开一次会议，在有紧急情况时随时召开。同时设有理事会、监事会。理事会3人，由供销社主任及两位副主任兼任，每星期召开一次理事会。监事会3人，由农户选举产生，由农民兼任。同时设有1位财务人员、1位文书，都由供销社工作人员兼任，由供销社为其发放工资、联合社不对其发放工资。目前联合社的事务约占供销社工作人员总工作量的1/3。同时每季度召开一次社员大会，参会人数至少占到社员总数的70%，向社员汇报种植、养殖生产情况，化肥、农药使用情况，分析市场行情，并向社员征集意见。

各合作社以土地和部分资金作为股份向联合社出资，出资金额共11万元。并且每年向联合社交纳管理费1万元，用于联合社的办公费用，以及对监事会成员发放补助。目前联合社是独立核算单位，每年实现盈利5万元左右。盈利来源主要是面向合作社统一收购农产品，再进行外销从而产生的价差，外销价比收购价格平均高出20%左右。但盈利全部按股份分给股东。由于股东是各合作社的社员，数量庞大，因此每户分得的资金不多，并不构成农户的主要收入来源，只是相当于鼓励性质的资金进行年底分红，农户的主要收入来源仍然是销售农产品。

三、联合社提供的服务

产前服务的提供主要通过从农机合作社雇用机械，比合作社雇用可以节省10%的费用。这笔费用先由联合社垫资支付，之后按照各合作社的种植面积分摊到合作社交纳给联合社的费用之中，不收取额外费用。同时面向非成员提供此项服务，费用标准与成员相同。

产中服务主要是雇佣临时工进行代播、代收，最后按照种植面积由各合作社分摊费用，同时向非成员提供服务。同时提供土地托管服务，通过对外聘请农机专业合作社代为作业。据介绍，目前有供销社和农业局可提供托管服务，而供销社托管收费比市场价低5%左右。

产后销售服务主要是通过网络和熟人联系购买方和销售渠道，统一对外销售，并且拥有统一的商标品牌“虎牌大姜”。由联合社统一销售比合作社对外销售价格高5%左右。并且联合社在面向合作社收购农产品时，即使在灾年市场收购价过低，也会保持收购价的相对稳定，以降低农民风险。

另外联合社提供仓储服务，联合社目前尚无自己的仓储设施，主要靠租赁冷库。对于联合社的仓储服务，需要向合作社收取销售额的10%作为联合社的利润，但全部用于抵消冷库租赁费、电费等开销，这笔费用按农产品数量分摊到各合作社。

资金服务方面，主要依托2005年成立的安丘市诺支泰投资担保有限公司，提供供销社系统内部的资金互助服务，由资金充裕的合作社拿出闲置资金，再由公司借贷给需要资金的合作社。同时，由于供销社需要对农户销售农药、化肥等农资，因此一定时期内采购农资也会面临资金短缺的问题，也可以通过公司筹措资金。

四、联合社面临的问题

联合社负责人表示，目前面临的最大的问题是市场行情起伏大。以蒜薹为例，2016年收购价为每斤1.6元，而2015年仅为每斤0.5元。而洋葱2016年收购价为每斤0.7～0.8元，而2017年仅为每斤0.2元，面临亏损。而大姜在几种农产品中价格相对稳定，收购价每斤高于1元就可以保本，然而大姜价格仍存在以3～4年为周期的循环，如2014年大姜每库亏损200万元。

另外联合社还面临着资金、设备的缺乏。目前联合社提供的仓储服务主要依靠向外租冷库，冷库的使用时间较短。目前联合社计划建设冷库，从而可实现长时间储存农产品（储存时间最长可达6个月），可通过延长储存时间来缓解农产品价格波动对收入的影响，降低风险，如在收购价偏低的时期暂不对外销售，等待收购价恢复正常水平后再出售。但是建设一个储藏量为200吨的冷库需要50万元的资金，如果通过银行贷款则缺少足够的抵押物（固定资产等），只能通过自筹资金。负责人表示，希望政府提供财政支持，帮助联合社建立起第一个冷库，之后冷库可作为固定资产，用于抵押，从而获得银行贷款，实现资金、设备的进一步扩大。因此，目前联合社在资金、设备上“迈出第一步”尚存在一定困难。

五、联合社发展规划

目前安丘市城关镇只有一家联合社，即城关供销联合社。供销社负责人表示，计划近期再领办一个大蒜联合社，由供销社工作人员同时兼任联合社理事会成员。然而新办联合社在资金上面临一定困难。目前城关供销社正在争取上级财政支持，但负责人表示获得财政支持的可能性不大，因为并无抵押物可作为担保。若无法获得财政支持，则只能通过农户自筹资金（50%）和个人担保贷款（50%）来获得资金。

关于联合社的立法，负责人表示目前联合社的组成还比较松散，希望通过法律法规使联合社组成更加紧密、健全的体系。比如，农户每年会与联合社签订收购合同，但由于市场收购价“一日一价”、波动大，而联合社一般按照预定好的价格收购，从而会出现联合社收购价低于市场价的情况，此时存在个别农户违约的问题，即私自将农产品销售给商贩。希望通过法律规范农户的行为，防止违约现象的出现。

（调查员：王碧宁）

案例报告七：金乡县案例

7-1　金乡县化雨农民专业合作社联合社

一、联合社基本情况

金乡县化雨农民专业合作社位于济宁市化雨镇张楼村，2015年4月16日，县政府传达特批文件，由化雨供销社主任李永华组织牵头成立，注册资本金为6 000万元，全部为成员合作社实际出资。化雨联合社下共有7个合作社成员，化雨供销社并没有出资，所以不是联合社成员。从各个成员社及其出资情况来看，京信有机大蒜专业合作社出资300万元，兴化葡萄种植专业合作社出资最多，达3 000万元，树修食用菌专业合作社出资1 000万元，供销社主任领办的两个合作社金乡县天然棉花合作社、金乡县天然大蒜合作社总共出资近1 000万元，曹庙农机合作社出资300万元，金乡县翰林专业合作社出资500万元。由于成立才刚刚3年，联合社的首要目标是先把服务规模做大，所以暂时未涉及盈余分配，2016年净利润达5万～6万元，其中的1万元拿出交给县供销社作为行政管理费用。对于未来在利润分配方面的规划，李永华表示，利润的34%分配给联合社，其余66%全部分给下属成员合作社，以最大化成员激励效应。

理事长李永华，生于1957年，原来是一名军人，1980年开始便接手化雨供销社的工作，亲身经历了供销社体制由盛转衰再改革试点焕发新生的整个过程。1993年，县公安局的行政岗位聘请李永华去任职，出于对供销职务的责任与热爱，他选择了放弃，所以一直留任至今。化雨供销社改革之后还有在职员工70位，离退休员工60位，供销社内部已经没有工资，只有担任主要职务的工作人员，如主任李先生，会计以及两个副主任可以每个月拿到县供销社的员工补贴，补贴虽然很微薄，近几年来也呈现出增长的趋势，2017年主任补贴1 600元，副主任、会计均为800元，15年前主任补贴为800元，其余3位均为600元。

联合社成立的原因，是因为供销社这条路子在李先生看来走不下去了，只有通过联合的方式才能重新找到新的平台为农民提供服务。据李先生反映，供销社改革之前一直采用计划经济模式，化肥、农药等农资的采购均供销社独自操办，全权负责。出于这样的运行机制，供销社在农药采购上非常谨慎。拿1990年的一个例子来说，李先生当时进了一批磷肥，但是质量检测时磷的含量没有达标，这批化肥李先生没有分给社员，而是无偿贡献给了供销社的员工们，并受到了上级的批评处分，从此以后在化肥的引进方面便再不敢怠慢。当时对供销社的监督治理制度非常严格，所以农资质量也有保证，改革后一切农资不再由供销社统一提供，而是农户自己联系购买，市场机制主导下的利益驱动，促使农资供应商为了提高自身利润，提供质量与价格不相匹配的农资，农户独自购买到物美价廉的农资似乎已经变成一种奢望。供销社的供销作用已经不能再很好发挥，于是李先生领办了化雨联合社，致力于为成员合作社、为更多的农户提供更好更优质的化肥、农资以及更多服务。

二、成员社基本情况

化雨农民专业合作社联合社下有3个发展比较出色的典型合作社成员，分别是金乡京信有机大蒜种植专业合作社、金乡树修食用菌专业合作社和金乡县兴华葡萄专业合作社。化雨联合社最大的特点是成员合作社本身经营业务、经营水平都有巨大的差异，但是相互之间的联系程度又很紧密，达到的规模效益与合作效益十分可观，虽说与联合社总体的指导分不开，但是最重要的还是3个领头合作社本身力量强劲，带动效应巨大。

京信有机大蒜合作社成立于2013年3月，现有职工100人，是金乡县化雨联合社领办的合作社，理事长杨建强同时又是化雨联合社的副主任，专门负责上下沟通，指导各个成员社运营的工作。现在京信合作社已经在化雨镇半托管有机大蒜1万亩，统一进行施肥与技术指导，以高于市场价格0.05元的价格收购成员的大蒜。除大蒜种植以外，京信还有6 000亩土地用来种植富硒桃树，100%让利给社员进行统一销售。养殖业也有所涉及，通过引进徐州肉食鸭，建设了300多个养鸭大棚，使社员的收益达到2 700多万元。在自身发展的同时，京信还不忘扶持周边其他合作社，2013年6月，京信扶持金乡县12个乡镇建立了400多个为农服务网点。2016年8月，京信合作社还与北京华创电子商务有限公司联合建立了金乡县京信云农电子商务有限公司，开展网上销售业务，销售合作社生产的特色大蒜、冰桃等。2016年一年合作社总体获得收益1 180万元，带动农户增收每户达到500元以上。

金乡县树修食用菌专业合作社现任理事长周树修，之前是山东盖世菌业有限公司总经理，具有常年种植菌类的经验，被化雨联合社主任李先生发现后，协助他领办了合作社。建立合作社后，在联合社的帮助下农户数量由1 000户增加到1 500户，食用菌大棚达到2 000余亩，光是金针菇的产量就达到9 000万袋，2015—2016年带动社员创收达3亿元。技术方面一直是树修合作社努力的重点，投入600万元建立的占地面积12亩的恒温房已经部分建成，用于食用菌的制作以及菌类储藏。目前正在培育高端食用鸡枞菌菌棒，2017年已经产出鸡枞菌150万菌棒，每斤菌棒售价已达50元。但是树修合作社并没有独享高额利润，而是继续加大技术投入与培训力度，一方面加强对农民的鸡枞菌种植培训，另一方面同贵州华农集团进行合作共同开发贵州地区的菌类资源，同时借此开发项目帮助贵州贫困地区脱贫，2017年已经从鸡枞菌利润中拿出4.4亿元给贵州毕节地区。未来理事长希望自己的技术平台能在各个大专院校予以推广，让更多的人掌握更多的食用菌培养技术。

金乡县兴华葡萄种植专业合作社是化雨供销社与张楼村村两委进行村社共建的结果，之所以选择在此共建葡萄种植合作社，是由于该村从1982年开始就是葡萄种植基地，当时是种植葡萄最多的村，后来却渐渐衰落了，但是本地还有大量的葡萄种植经验户，他们懂技术，会管理，由此为契机，李先生便联合张楼村两委做群众的思想工作，重新发起建立了兴华葡萄种植专业合作社，并找到了理事长孔先生。同时引进国内外多个葡萄品种，种植面积达到1 000多亩，社员每亩地的收入能达到3万元左右，远远高于其他作物。合作社现有管理人员13人，技术人员3人，每亩地总成本4 000元，净利润每亩地可以达到1.5万元。但是靠天吃饭的农业经营不可能总是一帆风顺，2015年冬兴化合作社曾遇到一次严重的雪灾，葡萄减产，即将面临亏损。合作社立刻召开会议，决定让理事长带领部分社员去山东农业大学学习苗芽技术，一方面进行补救，另一方面在葡萄棚内种植甜瓜，引进多个甜瓜品种，弥补了当年的亏损，同时也带动了另一特色产业发展。在联合社的帮助下，统一进行供苗、施肥、技术管理、销售等环节的工作，极大促进了成员增收。

三、社会化服务情况

化雨联合社下的成员社大都自己解决了各环节的服务问题，所以联合社提供服务的作用并不明显，主要集中在农资服务、技术服务与资金互助服务。合作社成员各自业务不同，都有自己固定的合作伙伴，所以销售服务也不需要联合社来提供。

农资采购服务主要针对农膜、大棚用的钢材，以及一些小型、特殊成员社的化肥、农药采购需求，小型成员社独自购买农资议价能力弱，所以由联合社统一从县社直供的农资产品中提供，同时由于葡萄等特殊作物需要一些浓度较高的农药，合作社个人引进属于违法行为，只能通过联合社来联系提供。技术服务方面李先生会定期联系大型农资公司的工作人员前来培训化肥、农药使用技巧，并提供测土配方服务。

资金互助方面，京信大蒜合作社的理事长杨建强在 2013 年便有了实施的想法，苦于受当时政策影响，政府各部门都不愿接受领办，于是李先生率先挑起了重任，主动承担风险，接手了这个资金互助社的负责人职位。资金互助社的成立资本金 100 万元，全部由杨建强出资，并且又多出了 200 万元放入资金互助社，作为具有引领意义的第一笔互助金。现在互助社已经有了 3 000 万元互助金，筹集方式是通过社员入股，每股 200 元，获得高于银行存款的利息，并在年底享受按股分红。借款方最高限额是 3 万元，还款期限是半年。短期借贷有效降低了风险，同时借款人每个月还必须归还一分六厘的利息才能继续持有借款，这为内部资金互助上了有力的双保险。

四、存在问题与建议

据被访人李先生反映，供销社改革也暴露了一些问题。政府部门的效率在改革后仍然没有提高，审批程序过于繁杂，对供销社问题重视程度还不够，就拿化雨供销社的村社共建项目——兴华葡萄合作社来说，成立之初国家拨款 10 万元扶贫资金来支持这个项目，但是一直扣押在上级政府未批复，理由一直是各项材料审批不合格。虽然 10 万元不是很大的数目，但是对于当时的兴华葡萄合作社也是十分需要的。扶贫资金至今未到账，但是兴华葡萄却做大做强了，现在虽然已经不需要这笔资金，但是也充分暴露了相关部门在这些事情上的低效率与不作为。究其原因还在于改革后新的供销体系下的领导人员都是政府公派人员，虽然对政务十分熟悉却对供销社的运营没有亲身体验，所以不能切身体会燃眉之急之苦。

同时，虽然已经成立了联合社，解决了供销社改革之后不能再继续提供农资的问题，但是仅仅靠联合社只能解决 3%的农户购买农资的问题，还有非常多的农户仍然面临着不透明、信息不对称、存在巨大道德风险的农资市场，要想回到改革前那种一条龙放心为大范围农户提供高质量农资的时代暂时还不太可能。所以只能继续扩大联合社的服务规模，前几年以牺牲利润为成本，着力扩大服务规模，尽量弥补改革带来的农户利益的损失。

（撰写人：赵昶）

7-1a　金乡县兴乡葡萄种植合作社

一、经营主体基本情况

山东省济宁市金乡县兴乡葡萄种植合作社位于化雨镇张楼村，于2014年4月注册并开始经营，主要经营葡萄、大蒜、辣椒等产业，其中葡萄种植业是合作社的支柱产业，现为山东省供销社社村共建示范点。合作社理事长孔庆安出生于1949年，以前曾担任过村干部。家庭其他成员还有务农的妻子、当教师的女儿和在企业上班的儿子。

二、农业生产经营情况

（一）土地

合作社目前经营的土地总面积1 000余亩，其中600亩为土地托管，合作社进行技术管理。2016年，合作社转入土地30亩左右，由4户贫困户的土地转入，平均每户转出土地7～8亩，共包括4片土地，平均每年每亩租金1 500元，土地用于葡萄种植，这部分土地不享受补贴。

土地租入或承包需得到村委会的批准，没有通过土地交易所，合作社成员与土地转出者无亲友关系，转入的土地来自本村。2016年转入的30亩土地于2016年5月以书面方式签订合同，村干部是担保人，合同期限为5年的固定期限，租金以现金方式支付，每年付一次租金，支付时间为每年6月，即葡萄收获后，如果当时资金短缺，则可以年底再支付。合作社理事长孔庆安说，能够接受的最低的土地租入年限是10年，这与葡萄种植的周期有关。

合作社的建设用地方面，建设用地的来源是社长的自家耕地。关于土地流转，当时流转土地很容易，而现在流转土地较难，原因是现在种地卖钱更多了，农民每年每亩地可实现两万元以上的收入。目前平均每亩租金需要1 800元/年。

关于合作社经营期间进行的土地整治情况，合作社进行过水利设施、田间道路、改良土壤，涉及面积均涵盖了合作社经营范围内的全部土地，全部为政府出资，合作社没有花一分钱。

（二）劳动力

以葡萄种植业为例，由于葡萄是长期作物，因此不存在播种环节，耕地环节目前完全靠机械操作，而收获环节则全部靠人工。目前合作社的劳动力投入情况是：（1）行政管理方面长期雇工男工 5 名，每年投入时间 100 天，日工资 100 元，年龄都在 50 岁以上。（2）财务管理长期雇工女工 2 名，全部为财政局人员兼任，全年投入工作，每月工资 500 元，平均年龄 30 岁。（3）作业环节全部为短期雇工，并且每年雇工多次，因此无法计算总量。雇工方式一般为在农忙时节找邻居或在市场上雇工，日工资 100 元。（4）日常环节和物流环节主要靠合作社社员完成，各自负责自家经营的土地或大棚，共 300～400 人，其中男工占 30%、女工占 70%，年龄分布分散，从 20～70 岁都有，平均年龄 50 岁，每年投入时间 340 天。社员收入主要靠自家收成，合作社不对其发放工资。以上全部雇工都主要来自本村，工作方式均为固定岗位工作。

（三）资本

合作社现有温室大棚等农用场所。温室大棚为社员自建，建成于 2010 年，可使用年限为 15 年，每年每亩费用为 1.5 万元。合作社的农用车辆也为农户自家购买，购买于 2010 年，可使用年限为 20 年。合作社拥有施工队，由农民交钱、合作社进行统一管理，包括农药和化肥的播撒。

合作社目前负债 5 万元，负债 100%来源于社员筹集资金，每年利息为一分。当地正规金融机构贷款利率一般是 8 厘/年，民间贷款利率和亲朋好友借贷利率是 1 分/年。

目前合作社在资金上面临困难，原因是银行不给贷款。因此合作社近 5 年内均未从银行贷款。

（四）生产成本与农产品收益

2016 年所经营的 600 亩土地，平均每亩收益 2 万元，支出合计 10 万元，支出主要用于为农民开办学习班、为合作社工作人员发放工资以及租用办公用房的租金。合作社盈利能力与前两年相比好一些、与其他同类经营主体相比好很多。

以主要品种葡萄为例，2016 年收获面积 600 亩，每亩收获量 2～2.5 吨，全部销售出去，销售均价 4～5 元/斤，销售去向为商贩采购。葡萄种植的物质投入情况：化肥用量大约与产量相当，一斤果子需用到一斤化肥，肥料总成本为 300 元/亩，其中包括化肥、土杂肥和饼肥。每年使用农药 5～6 次，农药费用 200～300 元/亩，农膜费用 2 000 元/亩。

三、农业社会化服务情况

合作社接受的社会化服务有：(1) 农资供应商提供的技术服务。合作社需支付技术人员的食宿费，同时政府为技术指导提供一定的支持。(2) 由农业局免费提供的农资服务和销售服务，通过电商销售农产品可显著提高售价，自己销售时价格为 6 元/斤、通过电商销售价格可达到 10 元/斤，然而多出的 4 元归电商所有。

合作社提供的社会化服务有：(1) 免费为农户提供技术指导，社长表示合作社经常与全国各地葡萄种植同行交流和传授经验，可为全国范围内的农户提供指导。(2) 免费为农户提供农药、化肥的采购服务，通过合作社采购的农药可按出厂价为农户提供，比市场价便宜 30 元左右，每亩可为农户降低成本 1 000～2 000 元、每亩增收 5 000 元以上，提供服务前农产品销售价格为 2～3 元，提供服务后农产品价格为 5～6 元。

四、发展规划和意愿

合作社负责人认为，合作社目前最大的优势是人际关系、技术和销售网络，目前制约合作社发展的主要困难是政府支持不够、资金缺乏、技术限制。目前有继续扩大经营规模的愿望，计划建设观光、采摘示范园，打算通过在原有规模基础上增加投资来扩大规模。

虽然合作社社长孔庆安 2017 年已经 68 周岁，但他继续从事工作的积极性仍然很高，当问到您想再干多少年时，他说“再干十年也没问题”。他表示，自己很愿意长期专门从事农业，也很愿意自己的下一代专门从事农业，不同意中国农业将会“后继无人”的说法，认为中国未来应靠多种形式并存来经营农业、发展农业。

（调查员：王碧宁）

7－1b　金乡县树修食用菌专业合作社

一、基本情况

金乡县树修食用菌专业合作社位于金乡县化雨乡吴海村周庄中心街一巷65号，主要种植黄色金针菇，自2011年6月开始经营，于2013年7月在金乡县工商行政管理局登记注册，注册资金100.86万元。

负责人周树修现年55岁，大专毕业，中共党员。周先生家共有4口人，周先生和妻子以及一儿一女。周先生和妻子在经营农业之前都是老师，儿子是警察，女儿在北京市是一名会计。

二、农业生产情况

周先生的妻子家原本就是种植黄色金针菇的农户，有丰富的生产经验，加上村里鼓励创办合作社以及市场对金针菇的需求较高，于是周先生便辞职回家开始了黄色金针菇专业合作社的经营。刚开始运行的时候，在资金、土地流转以及劳动力方面都遇到了一些问题，但是随着经营规模的不断扩大，收入不断提高，这些问题也都得到了解决。合作社共经营土地3 000亩，平均每亩租金2 600元/年，土地租入需要得到村委会的批准，不需要通过土地交易所，与出租人之间无亲友关系，土地位于本村，合同形式为书面合同，没有担保人，担保人是村干部。租赁合同于2011年6月签订，固定期限10年，每年付一次租金，现金结清，资金来源于自家积蓄。

合作社建有厂房和物流仓库，土地来源于租用集体建设用地。当时流转土地很难，现在还想流转土地也很难，平均每亩租金仍为2 600元/年。对于土地所有权问题，周先生认为土地所有权属于农民个人，他知道“农地三权分置”的说法，他认为流转来的土地可以拿来抵押贷款，也愿意拿流转来的土地去获得融资贷款。周先生认为，凭他的能力经营1 000亩地是最理想的，这种情况下每亩地能实现5 000元的利润，但最少不能少于100亩，最多不能超过3 000亩。

周先生自己不参加农业劳动，由他本人直接经营管理。按照目前的状况，理想状态需要30个人，管理方面10人，直接生产经营20人。目前雇人很难，再进一步雇人也很难。如果不从事农业，周先生表示很难找到差不多收入的活干。如果不干现在这个行当，家庭成员从事别的工作，估计没人每年可挣 10 万元。

该合作在行政管理方面共 8 人，除了周先生和妻子之外，还有 6 名长期雇佣的男工，每年投入时间约 300 天，日工资 100 元，平均年龄 50 岁，来自本乡镇其他村。在财务管理方面，有两名长期的女性财务管理人员，日工资约 100 元，平均年龄 50 岁，来自本乡镇其他村。在作业环节，每年需要男性短工 15 人，女性短工 15 人，每年需要雇佣约 120 天，男性 120 元/天，女性 80 元/天，平均年龄 50 岁，都来自本乡镇其他村。在日常环节方面，每年需要男性雇工 2 人，女性雇工 2 人，每年工作约 30 天，工资都是约 100 元/天，平均年龄 45 岁，来自于本乡镇其他村。

万亩金针菇产业园建成于 2017 年，花费 700 万元，可使用年限 20 年，资金来源于自有资金。农机具方面，有两台拖拉机，2016 年购入，可使用年限 10 年，花费 20 万元；两台收割机，2016 年购入，可使用年限 10 年，花费 15 万元；农具 2 台，2016 年购入，可使用年限 10 年，花费 5 万元。农机具资金均来自于自有资金。合作社目前没有负债，近 5 年来也没有贷款。

据估计，2016 年农业经营收入约 400 万元，支出 200 万元，其中工资支出 100 万元。盈利能力与前两年相比好一些，与其他同类型经营主体相比好很多。2016 年共收获金针菇 3 000 亩，收获量 4.5 万吨，全部售出，分 3～5 次售出，销售均价 4 元/千克，销售去向为加工企业收购；另外生产鸡枞菌 100 亩，收获量 500 吨，全部售出，分 10 次售出，销售均价 50 元/千克，销售去向为加工企业收购。

在物质与服务费方面，2016 年共使用种子 500 吨，花费 250 万元，燃料动力花费 20 万元，工具材料费 10 万元，修理维护费 10 万元，其他直接费用 20 万元，销售费用 10 万元，财务费用 5 万元，保险费用 10 万元。

三、农业社会化服务

合作社提供的服务包括技术服务、销售服务、物流服务、信息服务、品牌服务、金融服务、质量服务、作业服务、基建服务。服务对象为普通农户，服务范围为全国范围。服务户数达 300 户。服务均不收费。

在带动农户方面，周先生表示可以降低成本约 20%，可以提高农产品价格约 25%，可以增加产量约 100%。通过合作社销售的数量达 2 250 吨。作用最显著的服务是技术服务、信息服务和销售服务。

合作社曾获得过市级示范社补贴 5 万元。承担过政府示范项目：万亩金针菇产业园示范项目，投资 700 万元，出资来源于自有资金。在万亩金针菇产业园项目建设过程中，政府提供了道路修缮，并给该项目划拨了园区。

提供社会化服务对农户产量、质量和收入方面都有促进作用，大约提高 10%。周先生认为现在从事农业生产经营所能获得的农业社会化服务总体上来说很不够，他认为自身不能提供更多的服务了，只能维持现有服务。他不愿意成为提供社会化服务的专业户，原因是没有精力。他的亲友中有从事提供农业社会化服务的专业户。

四、发展规划与意愿情况

他认为发展到现在最主要依靠的是种植食用菌的技术、土地以及资金。制约其发展的主要困难是劳动力不足、缺少资金以及管理不善。由于政策原因，他不愿意再扩大经营规模。他不愿意成为长期专门从事农业的农民，他也不愿意自己的下一代专门从事农业生产，他很同意未来农业将会“后继无人”的说法，他认为未来农业生产应由企业主导。

五、社会关系与外部环境情况

周先生的亲友中有私营企业主、商贩、企业管理人员、银行工作人员，按照五分制给这些人对他的帮助打分，分别是 1 分、1 分、5 分、1 分、1 分。周先生估计，如果想借钱的话难度还可以。目前家庭收入主要依靠从事农业生产，没有农业以外的收入。除农业生产以外，2016 年共支出 9 万元，其中食物消费 3 万元、衣着消费 1 万元、电话费 2 万元、水电费 2 万元、红白喜事随礼 1 万元。

化雨村地处平原，非少数民族聚集地，村中信教比例为 30%，无高知名度人物，村中有企业 3 家，人均土地面积 1.2 亩，人均年收入 10 000 元，收入水平在镇上属于很高的水平。化雨村与最近县城距离 25 公里，与高速公路入口距离 1 公里，与最近省道距离 1 公里，与最近的食用菌市场 15 公里。

六、调查员免问填写部分

该经营主体最显著的特征是专业化，目前处于成熟期，合作社在成立过程中作用最突出的因素是已有的食用菌生产技术和经验，目前主要依靠技术和经验来盈利，目前经营主体发展主要依靠劳动力。由于目前注册了山东金乡盖世菌业有限公司，加上有专职的会计和出纳，会计制度健全，再加上主要经营者周先生和妻子已不再直接进行农业生产，无论在生产规模和生产经营方式上整体判断，该主体应该归类于企业经营。

（调查员：张怡铭）

7-2 金乡县品欣富硒大蒜专业合作社

《农民专业合作社法》的颁布，对支持、引导农民专业合作社的发展，规范农民专业合作社的组织行为，保护农民专业合作社及其社员的合法权益，促进农业和农村经济的发展，都起到了重要作用。其中位于山东省济宁市金乡县胡集镇西郭村的品欣富硒大蒜专业合作社就是典型的例子。

据理事长郭保仲介绍，金乡县品欣富硒大蒜专业合作社于2012年5月成立，住所位于金乡县胡集镇西郭村，发起人59位，注册资金590万元，经营范围是组织采购、供应成员种植富硒大蒜所需的生产资料，组织收购、销售成员种植的富硒大蒜，开展与种植富硒大蒜有关的技术交流和咨询服务。目前，金乡大蒜入选山东省首批知名农产品区域公用品牌，合作社运营良好。郭保仲介绍当初能成功走出第一步的主要原因是，一是当地有农业发展的自然基础，气候条件好，适宜大蒜生长；二是有农业生产技术经验，金乡县农业局积极给予技术指导；三是有政府的优惠政策与支持，地方政府大力宣传，并组织人员到潍坊社会大学集中学习。

受访者郭保仲是合作社理事长，家里有3口人，家庭的其他收入和支出情况如下：没有农业生产以外的其他收入，农业以外的其他开支有食物消费3.5万元，电话费4 500元，水电费1 000元，医疗卫生费15 000元，红白喜事随礼4 500元，其他支出1万元。

一、投入产出情况

（一）三大要素

（1）土地方面

郭保仲目前经营的土地总面积是1 000亩，无流转土地，均为托管土地，收取托管费用每年每亩20元。托管过程施肥用富硒叶面肥，合作社不收取肥料费，但施肥要付费。合作社对社员的富硒大蒜全收购，比农民自己卖出每斤贵 0.2 元。

郭保仲表示当时流转土地比较容易，如果现在想流转土地也比较容易，每亩每年租金 900 元。郭保仲认为土地所有权属于国家，认为长期在外从事非农工作的人不用交回土地承包权，去世或者外嫁的人应该交回承包权。郭保仲知道“农地三权分置（所有权、承包权、经营权）”的说法，不清楚流转来的土地能不能抵押贷款，愿意拿流转来的土地经营权去抵押获得融资贷款，但是没有贷款。郭保仲认为凭自己的能力经营 1 000 亩地是最理想的，这种情况下每亩能实现利润 1 500 元，最低不能少于 500 亩，否则就不划算了，最多不能多于 2 000 亩，否则就管不过来了。他所经营的土地没有整治过。

（2）劳动力方面

劳动力投入包括三个方面：财务管理方面，长期雇工 2 人，每年工作 365 天，月工资 3 000 元，平均年龄 66 岁，雇工来自本县其他乡镇，工作方式为固定岗位；作业环节方面，短期雇工 20 人，每年工作 60 天，日工资 100 元，平均年龄 45 岁，雇工来自本村，工作方式为不固定岗位；长期雇工 20 人，每年工作 90 天，日工资 100 元，平均年龄 45 岁，雇工来自本村，工作方式为不固定岗位；物流环节方面，长期雇工 4 人，平均年龄 40 岁，雇工来自本市其他县。

（3）资本情况

现有固定资产有农用场所和农机具，2010 年购建仓库，使用年限 7 年，总花费 40 万元。合作社租用冷库，租期 4 年，每年租金 15 万元。农机具方面有 2013 年购买的播种、耕地农具，使用年限 5 年，总花费 1 万元，2003 年购买的拖拉机，使用年限 20 年，总花费 3 万元。资金来源都是自有资金。目前运营良好，无负债。近 5 年来，最大的一笔贷款金额是 200 万元，月利率 1.3%，贷款期限是 4 个月，贷款来源于农业银行，以冷库店的名义贷款抵押贷款，贷款用途是购买农户产品。除此之外，未购买股票、基金、债券等金融产品。

（二）生产成本与农产品收益

2016 年农业经营收入 1 000 万元，支出合计 65 万元，盈利能力与前两年相比没有差别，盈利能力与其他同类经营主体相比好很多。2016 年，收获大蒜 1 000 亩，分别收获、销售 700 吨，销售次数 25 次，销售均价 9 元/千克。销售方式为直销，销售对象为高消费人群。

（三）农业社会化服务情况

合作社提供的农业社会化服务有销售服务和作业服务，销售服务方面，对本县内 510 户农户提供支持，帮助农户进行农产品的直接收购、代销，要一年一结收取费用。作业服务方面，对本县内 510 户农户提供支持，给农户提供施肥服务，不收取费用。

合作社对农户的带动作用良好，降低了成本，服务总金额降低 2 万元，比农户自己解决便宜了 30%。社会化服务对经营主体自身产出效果的影响较大，社会化服务促进了产量增长，提高程度为 15%，保证了产品质量，提高程度为 100%，增加了农户收入，提高程度为 20%。郭保仲认为现在从事农业生产经营所获得的社会化服务总体一般，他完全可以为其他农业生产者提供服务，愿意成为提供社会化服务的专业户，他的亲朋好友中有提供社会化服务的专业户。

二、存在的问题

一是政府扶持力度不够。政府虽然对本县内农业合作社提供支持，帮助农户进行农产品的直接收购、代销，但是要一年一结收取费用，无政府支持金额。农户资金来源大都是自有资金，银行贷款利率偏高。

二是政策文件出台不及时。当地政府没有出台支持农业新型主体发展的专门文件，农户不清楚流转来的土地能不能抵押贷款。

三是政策性支持力度不大。在政策性支持方面，农户没有获得过政府提供的现金补贴或奖励，没有获得过实物支持或奖励，没有承担过政府的示范推广项目。

四是社会化服务不够充分。郭保仲认为现在从事农业生产经营所获得的社会化服务总体一般，与农户期望获得的社会化服务有差距。郭保仲的社会关系对他经营农业无帮助，如果想借钱有点难，目前家庭收入主要依靠从事农业社会化服务。

三、政策建议

谈及未来发展规划与意愿，郭保仲认为他发展到现在最大的优势是：一是技术力量雄厚，二是个人具备企业家才能，三是离不开家人的支持。郭保仲很愿意扩大经营规模，希望通过农户联合（再）合作扩大经营规模。郭保仲很想成为专业化程度更高的职业农民，他不同意未来中国农业“后继无人”的说法，认为未来中国农业应由合作社和企业主导经营。

为了合作社更加健康有序发展，需要做到：

(1) 提升合作社规模化水平。扩大合作社经营规模，全力打造国家级现代农业合作社示范区，成功争创国家现代农业产业园。

(2) 抓好品牌推介，提升主体市场竞争力。拍摄“金乡大蒜”品欣富硒大蒜专题宣传片，支持参加品牌宣传推广活动。

(3) 政府要加大扶持力度。政府不仅要帮助农户进行农产品的直接收购、代销，不再收取费用，而且政府要给予一定的资金帮助，培养农户成为专业化程度更高的职业农民。

(4) 政府要出台支持农业新型主体发展的专门文件，保障合作社农户的经济利益。政府提供给合作社农户现金补贴或奖励，鼓励合作社承担政府的示范推广项目。

(5) 农业社会化服务要全面。从技术、农资、销售、物流、信息、品牌、金融、质量、作业、基建等各个方面都要提供社会化服务。

（调查员：蒋承祚）

7－3　金乡县卜集农民专业合作社联合社

山东省济宁市金乡县地处鲁西南平原腹地，苏鲁豫皖四省交界处。金乡县享有“世界大蒜看中国，中国大蒜看金乡”的美誉。金乡县不仅是中国的大蒜之乡，还是中国洋葱之乡、国家级生态示范区、全国重要的棉花生产基地，近年来辣椒的种植也初具规模。金乡县是中国重要的有机绿色蔬菜的收购贮藏、生产加工、出口基地。

2017 年是实施“十三五”规划的重要一年，也是供销合作社综合改革向纵深推进的关键之年。金乡县供销社系统全力推进全县供销合作事业的改革发展，深化基层供销社的改革，加快为农服务项目的建设步伐。金乡县卜集农民专业合作社联合社就是在金乡县供销社改革的一个典型案例。

一、联合社基本情况

联合社于 2015 年 12 月在金乡县工商行政管理局正式注册成立，注册资金 736.3 万元。当时由卜集供销社发起，金乡县圣丰果树种植专业合作社、金乡县景福蔬菜专业合作社、金乡县椒源辣椒专业合作社、金乡县茂昕蔬菜专业合作社、金乡县卜集邱洼辣椒农民专业合作社 5 家合作社本着自愿联合的原则，共同出资组建而成。5 家合作社的认缴出资比例分别为 67.91％、14.94％、6.79％、6.79％、3.57％。现在，联合社固定资产有 111 万元，流动资产有 1 700万元，联合社内部并无负债。

联合社负责人范光明表示，当时成立联合社是为了通过联合合作社实现集团化协作，扩大农产品的生产与销售规模。联合社在成立之初也遇到了一些困难，乡镇级联合社无法按区域注册，只能加字号注册，极大地约束了联合社的规模化发展。为此，在金乡县政府、县供销社、县联合社的不懈的努力下，经过与省工商局多次沟通协商，终于成功解决了乡镇级联合社注册难的问题。

二、负责人基本情况

被访者范光明是联合社的负责人，也是金乡县卜集圆葱专业合作社、金乡县卜集邱洼辣椒农民专业合作社的理事长和卜集镇供销社副主任。现年 51 岁，中专学历，在卜集供销社担任副主任已有 29 年，连续 2 年担任联合社的负责人，他没有在联合社领过工资。他的亲戚朋友中有商贩、银行工作人员、教师与作家。

三、联合社与合作社运作情况

自从联合社成立以来，联合社采取集体协商的方式进行决策。联合社设有理事会与监事会，但包括范光明自己在内，联合社的成员都是兼职的，平时都在供销社与合作社里工作。联合社有专门的工作章程。每年联合社召开社员大会的时间并不固定，在春天种植的时候，每 3～4 天就会召开一次集体大会，其余时间则相对分散。但每 3～4 个月联合社就会召开一次理事会，时间相对固定。联合社是独立核算单位，联合社基本盈亏相平。联合社有严格的财务管理制度，财务管理人员是兼职的，有完整的会计资料，定期向下属合作社公开财务和运营情况，有各个成员社的资金账户、产品交易记录、农资交易记录。可见，联合社对合作社的信息有着较为翔实的掌握。目前，联合社内部无退社的情况。

范光明表示，在担任合作社理事长期间，金乡县卜集邱洼辣椒农民专业合作社发展迅速，由最初拥有的100 亩耕地面积扩大到现在的 7 000 亩。然而，金乡县卜集圆葱专业合作社发展却不十分顺利，2016 年洋葱收益创历史最低。过去在市场形势最好的时候，洋葱能卖到 1.75 元/斤，2016 年价格降到 0.35 元/斤，足见市场需求变化对农产品造成的巨大影响。

四、联合社提供的服务

目前，联合社向合作社提供农资采购服务，集中购买化肥 300～500 元/吨，联合社不对成员社收取任何费用，也给非成员合作社或农户提供这项服务，也不收取任何费用。联合社也提供储藏服务，给下属成员合作社与非成员合作社提供，合作社成员收费标准为 90 元/吨，非合作社成员收费标准为 110 元/吨。并且在联合社内部可以相互借款，共有 30 万～50 万元的活动资金，借款不需要支付利息，相互之间打个欠条就行。联合社目前正筹划构建卜集镇为农服务中心，由金乡县联合社牵头，租赁 20～30 亩地，建立一些健身、医疗等为农服务场所。

卜集供销社也为联合社提供农业社会化服务。卜集供销社成立了土地托管合作社，对农民的土地进行托管。托管农民将土地交由专业社管理后，参与种植、播种、施肥、喷药、浇水、除草、整枝、蔬果采摘等工作，农民除了得到托管费用外，还可以拿到可观的报酬，每天不用出门就可以有活干，就有收益。2016 年 11 月，土地托管合作社成立时，一些农民有顾虑，持观望的态度，也不让专业社托管，经过耐心做工作开导，有一本部分农民尝试加入，托管土地 100 多亩，托管农民 50 多户，到 2016 年 11 月下旬，为香瓜的种植做准备，组织电焊工、技术指导师，购进钢管、钢丝等搭建育苗棚，春节过后，整好土地，移栽种植。到 2017 年 5 月果实开始成熟、采摘，发往周边超市和果农批发商，这种瓜口感好，甜脆可口，糖分高，第一期果实销售初见成效，第二期也已陆续上市。在构建、种植、施肥、浇水、喷药、剪枝、除草摘果过程中，需要很多人力，给参加托管的农民提供了就业机会，增加了收入。托管农民比原来自己种植农作物或经济作物的收入提高 1/3。2017 年下半年土地托管合作社准备扩大 300 亩，由每个托管户自行管理，实施育苗、栽种、技术指导、销售一条龙服务，所获利润按社四农六分成，吸引托管农户积极参与管理。

近年来，金乡县卜集镇依托电商平台，用“互联网+合作社”的思路，与淘宝、天猫等电商建立联系，将洋葱、辣椒销往全国，让农产品走出去。卜集镇实施农村危房改造工程，全镇干部在精准扶贫政策的指导下，以“一人一户”为原则，做到精确识别、精确帮扶，真正做到真扶贫与扶真贫，重点解决建档立卡贫困户的住房问题。

五、问题的思考

在为农服务谋发展思想的指导下，金乡县卜集农民专业合作社联合社作为同业紧密联合的典范，未来发展前景一片大好，但仍然需要解决一些问题。供销社人员老化，急需在政府的推动下，引进拥有专业技术与丰富管理经验的人才。谈及未来发展前景，范光明表示，合作社抱团成立联合社的作用明显，合作社之间真正做到相互协作、取长补短，实现了农产品精包装、深加工及规模化生产与销售。谈及是否需要出台联合社的法律法规文件，范光明认为并不需要，因为这会约束自由发展，只要经常交流沟通，很多问题会得到及时解决。

（调查员：蒋承祚）

7-4 金乡县马庙镇农民专业合作社联合社

一、联合社基本情况

金乡县马庙镇农民专业合作社联合社是由马庙镇基层社领办的联合社，理事长为何士华，也是基层社主任。联合社成立于 2015 年 8 月，发起者和成员为 5 家合作社。这 5 家合作社的主营业务分别为种植大蒜、小米、苗木、辣椒和生猪养殖。联合社于成立之时在县工商局注册登记，注册资本为 30 万元，由 5 个成员社认缴。其中，大蒜种植专业合作社出资认缴 10 万元，小米种植专业合作社 3 万元，苗木种植专业合作社 8 万元，辣椒种植专业合作社 5 万元，生猪养殖合作社 4 万元。因为各成员社为认缴出资，并没有实际出资，所以目前联合社无固定资产、流动资金，也没有负债。

问及联合社成立的原因，理事长何士华表示，联合社的成立主要是为了响应市社的号召，降低成员社的经营风险，更好地了解和享受一些政府的支持政策。由于联合社的成员联系没有那么紧密，所以联合社发挥的功能不是特别大，目前联合社运营所遇到的困难也不是特别多。

各个成员社由于经营的业务差别较大，而且没有资金互助，所以该联合社属于同一地区不同业联合，且联合不是特别紧密。各个合作社之间发展水平差距较大，与联合社的联系内容也不同。其中，金新农大蒜种植专业合作社有成员 105 名，联合社主要为其提供农资服务、销售服务、技术服务、信息服务，其中联合社收购该合作社的大蒜比市场价高 2%左右，该合作社有一半大蒜通过联合社销售；马庙镇宋庄村苗木种植专业合作社有成员 120 人，联合社主要为其提供信息服务；江楼村养殖专业合作社成员有 30 人，主要也是提供信息服务和技术指导。可见联合社内各成员社的规模、经营业务、与联合社的联系内容都有较大差距。

二、联合社的运作情况

联合社在决策中主要由成员社理事长和联合社理事长商量决定，为一人一票，各家合作社的决策权一样。联合社有理事会、监事会，但没有专门的工作人员。联合社有专门的章程，由县社和市社指导形成。目前联合社没有盈利，所以也没有独立核算单位以及相应的财务管理制度和会计资料。目前联合社运作发挥的作用不是特别明显，所以在运作中不存在问题，也不存在资金、用地、设备方面的困难。联合社主要联系的政府部门为乡镇党委，联合社每 2 个月向乡镇党委汇报联合社的运行状况，联合社还受到了当地村委和乡镇的支持。联合社理事长何士华认为，联合社的发展也应像合作社的发展一样，需要有专门的法律保障。

三、联合社与供销社、为农服务中心

联合社由马庙镇基层社牵头成立，该基层供销社除了牵头成立了联合社，还在 2015 年开始建造乡镇为农服务中心，该为农服务中心前期投资 300 多万元，目前已经累计投资 500 万元，这些资金 37%由基层社职工投资入股，63%由该乡镇中的孟铺村、刘庙村、肖楼村以及曹庄村的村民出资入股，每位村民的出资额都在 3 万元左右。为农服务中心的主要业务为农资销售、农机作业服务、收购农产品、农产品初加工、储存、物流服务以及销售服务。农资服务不仅仅对联合社成员社提供，也对非成员提供，但是联合社成员在为农服务中心购买农资能比非成员优惠 10%。乡镇建立为农服务中心，也得到了县社和市社的支持，奖励该镇为农服务中心拖拉机、脱粒机、无人机等农机若干台，价值 50 万元。为农服务中心通过提供农资服务、作业服务、加工服务以及销售服务能够有一部分利润，该利润通过供销社员工以及 4 个村村民的出资额进行分红。以供销社主任为例，何主任当时出资 5 万元，占出资总额的 1% 左右，2016 年在该乡镇为农服务中心领到分红约 6 000 元。

供销社除了领办联合社、成立为农服务中心，主要收入来源还有供销超市和农资门市部。其中供销超市主要为日用品的销售，年收入约 5 万～6 万元；有门市部 7 个，租赁收入约 3 万元。该乡镇供销社目前有员工 96 人，但是在供销社领取工资的仅有 5 人，年工资均为万元以下。

四、负责人基本情况

该联合社理事长何士华也是该镇供销社的主任，现年 55 岁，中共党员，在联合社担任理事长已经 2 年，但是在供销社工作已经 35 年。目前，何主任在供销社领取的工资仅为 800 元/月，一年仅 1 万元，所以除了供销社的工资，何主任还有其他收入来源。一是投资乡镇为农服务中心每年的分红，二是自己也会收购贩卖一些大蒜，收购贩卖大蒜 2016 年赚了约 3 万元。问及工资这么低，有没有考虑过离开供销社专门从事大蒜收购贩卖行业，何主任表示，有过这样的考虑，但是由于自己已经在供销社工作 35 年，早已经产生了深厚的感情，再加上他看好供销社的发展，所以没有离开供销社。不过何主任也表示，如果乡镇供销社职工或者主任也能够有事业编或者是有五险一金等相关社保福利的话，对于其他人的吸引力还是有的。目前该乡镇供销社以及他所知道的其他乡镇供销社职工以及成员年龄普遍较大，这不利于供销社的创新和发展。年轻人加入供销社能为供销社注入新鲜血液，也能给供销社创新和改革带来一定的活力。

五、一些思考

在和何主任交谈过程中，何主任表示，供销社目前主要靠销售农资来维持日常开支。不过目前乡镇供销社也没有很大的盈利点，仅仅只能维持现状，维持发展。何主任说，由于市场经济的发展，目前经营农资的不仅仅有供销社，还有很多的个体以及公司，所以供销社的竞争压力较大。供销社相比于其他经营主体，其优势在于农民较为信任供销社，认为供销社所销售的农资，包括农药、种子、化肥的质量有所保证，不会有假冒伪劣产品。另外，为了和其他主体竞争，供销社提供的农资服务不是传统的农民上门购买，而是由供销社员工上门统计所需农资的数量，然后将农资送到田间地头，甚至部分还会帮助打农药、施化肥。

问及供销社的改革和发展是否需要政策支持，何主任较为激动地表示，十分需要政策的支持，而且不是单纯的资金支持、用地支持。何主任表示，只要政策规定农资是供销社专营，就像烟草专营一样，那么供销社的发展就会很红火。何主任曾经去江苏邳州、山东日照的部分乡镇供销社参观学习过，这两个地方的农资就是由基层社专营的，所以供销社的发展非常好，盈利能力很强。虽然当地没有专门的文件支持供销社专营农资，但是当地政府规定农资生产厂家只能将农资销售给供销社来经营。

我认为何主任的说法是有一定道理的，现状是目前大部分基层乡镇供销社的发展也的确是依靠农资销售来维持。但是我也在思考，一旦供销社专营农资，或者说垄断了农资销售行业，那么供销社提供的农资服务还会有这么好吗？农资价格还会这么优惠吗？供销社还会有时间和精力提供一些公益性服务比如技术服务、信息服务吗？何主任表示这样的情况是不会存在的，供销社这几十年的发展一直都是靠信用，而且早和农民建立了相互信任的关系。如果真的是这样，何主任的建议也不是不可以考虑。

（调查员：张阳悦）

7-5　羊山农民专业合作社联合社

一、联合社基本情况

羊山农民专业合作社联合社位于济宁市金乡县羊山镇，成立于2015年12月，是由金乡县信之农小麦专业合作社等5家合作社联合成立的，注册资金530万元，其中信之农小麦专业合作社出资220万元，万农有机大蒜专业合作社出资200万元，福群食用菌专业合作社出资50万元，天一苗木种植专业合作社出资50万元，辉丰蔬菜专业合作社出资10万元，出资形式为认缴。

联合社理事长为白瑞华，是羊山镇供销社主任，也正是这一身份使得他成为协调、推动成立镇一级联合社的主要人物，对于成立联合社的原因，理事长认为主要有两点：一是省、市、县三级供销社的推动，二是当地的合作社需要一个组织联合起来“抱团发展”。成立一年半来，联合社发挥的作用主要是服务成员社，为成员社提供农资、技术和信息等服务，并没有开展具体的经营业务，所以联合社目前没有固定资产和流动资产，暂时没有财务管理贵族制度，工作人员也都是镇供销社员工兼任，且这种兼任没有工资也没有补贴。

联合社有理事会成员5名，由5家合作社理事长组成，每个月都会召开一次理事会议，会议的内容主要集中于耕种收环节面临的一些问题，在遇到决策性问题时，通常是以一人一票的方式决定。

联合社的5家成员社，经营种类、规模各不相同，其中羊山镇供销社领办的信之农小麦专业合作社实力最强，与联合社的业务来往也最为密切。该合作社2016年托管了220亩土地，其中半托管70亩，全年实现纯利润达15万元。由于目前尚不涉及盈余分配问题，所以成员社发展水平的不同对于联合社影响不大。

二、联合社提供的服务

目前来看，联合社提供的服务与镇供销社及为农服务中心有很多重叠。

联合社为成员社提供的农资采购服务，农资价格能低于市场价10%左右，但农资供应是来自镇供销社。包括其他的如信息服务、农机协调和技术培训等也都是通过镇供销社来提供的，服务的价格和优先序上可能更照顾成员社，但不足以吸引更多的合作社加入联合社。

更多的服务是以为农服务中心为主体提供给成员社及其他合作社甚至是普通农户的。2016年羊山镇供销社已投资600多万元（其中省社支持100万元），建成面积达1 400平方米的仓库及加工大棚，并将配备辣椒分拣机、烘干机等设备。2016年为农服务中心代购各类农产品达8 000多吨，合作社或农户可以根据市场行情选择出售时机，对于提高收入有极大帮助。

三、联合社及供销社存在的问题

目前羊山农民专业合作社联合社及羊山镇供销社主要存在以下几个方面问题：

一是成员社联系不紧密。由于各成员社没有实际出资，相互之间没有监督和激励的机制，现成员社还是各自独立经营，没有达到真正意义上的“联合”或“合作”。

二是员工积极性不强。联合社员工都是由乡镇供销社员工兼任，但乡镇供销社员工目前没有事业编制，每月只有3个管理人员有上级供销社发放的1 000多元补助。在金乡地区还有一定特殊性，由于当地农业高度发达，农资市场竞争激烈且无序，虽然供销社提供的农资在质量上更有保障，但很多农资公司会采取请农民吃饭等形式促销农资，因此镇供销社供应农资在市场上所占比例低于大部分地区，这也令乡镇供销社经营收入低，员工收入低。低收入使得员工没有积极性开展联合社业务。

三是职工保障问题。目前羊山镇供销社在职职工较多，但由于乡镇一级供销社没有事业编制，所以这部分职工的保障无法解决。有部分员工是通过租赁供销社的经营场所进行经营维持生活，但由于场所较少，还有更多职工的养老金没有得到解决。

四、对联合社的建议

理事长认为，虽然目前联合社发挥着一定作用，但存在的问题是明显的。他认为，政府应加大在政策和资金上对联合社的支持。联合社具有一定实力之后，在采购农资和出售产品环节便会有更多优势，使联合社有能力提供如“代购代收”“农产品加工”等实质性业务，这一点将吸引更多合作社加入，进一步发挥“抱团”的作用。

（调查员：刘世琦）

7－6　金乡县供销社农民合作社联合社

一、基本情况

金乡县供销社农民合作社联合社成立于2015年4月，并于2015年6月在金乡县工商局正式注册，由3家合作社发起，成立之处有社员121人。联合社现有5家合作社，社员181人。联合社属于同一地区不同行业间的联合，联合社内的5家合作社之间的种植模式和作物均存在较大差异，并且发展水平差距较大。其中，种植葡萄的藤稔合作社效益最好，拥有农户106户，拥有土地400多亩，另外还包括从事大蒜种植的合作社，拥有农户108户，土地4 000余亩，上述两家合作社中有80%为重叠农户。另外联合社还包括三家分别从事玉米、桃子，以及蔬菜种植的合作社，其中蔬菜种植合作社刚刚于2017年成立，目前处于亏本状态。

二、运作情况

联合社的决策方式为股东开会进行决策，参与者是各个成员社的法人，每个合作社5名股东，共25人参会，开会的时间不固定，一般在面对需要决策的事情时召开股东会议，一般每月1次。联合社同时设有理事会和监事会，理事会成员8人，监事会成员11人，全部从股东大会的25名成员中选举产生，联合社其他的工作人员（如会计、出纳等财务人员）全部为兼职，由基层供销社员工在联合社进行兼职。联合社的社员大会不会定期召开，只在面对需要决策的重要事情时才会召开，比如在农产品对外销售时或者在需要采购农资时，需全体成员共同商量采购哪家厂商的农资。

关于联合社的资金情况，目前各成员合作社为单独核算、单独经营的状态，无需向联合社出资，也无需向联合社交费，同时联合社向各成员社提供的服务也不收取费用和利润，因此联合社并不产生收入，目前也无会计资料。

三、社会化服务情况

目前联合社向各个成员合作社提供的社会化服务，总体上程度较低，发挥的作用不充分。

在产前服务方面，联合社并没有提供诸如“统一低价采购农机具”这类服务，只是在各个成员合作社需要采购农资时，将所需采购的种类、数量上报给联合社，由联合社帮助其联系销售方。因此联合社在这一过程中只是起到一定的中介作用，并不能直接参与到农资购买的过程中。但是，由联合社帮助各合作社联系农资销售方，由于集合了几家合作社的需求总量，还是能够获取一定的规模效益。据联合社负责人介绍，联合社统一联系农资销售方，可以实现一定的价格优势，以化肥为例，联合社统一联系肥料供应商，可以比合作社直接联系降低费用达每吨100元。上述过程中联合社不向成员合作社收费，不对非成员提供。

在产中培训方面，联合社目前所起到的作用也更多地倾向于“联系”的作用，主要是联系培训人员进行产中培训，比如病虫害防治等。同时此项服务不对合作社收费、不对非成员合作社提供。

在产后销售服务方面，由于联合社内的5家合作社所种植和经营的作物性质不同，因此联合社对其提供的服务也不相同。负责人介绍道，对于大田作物，会有专人负责进行收购，因此合作社和联合社不用考虑外销的问题。然而对于像葡萄、橄榄菜、桃子等果蔬作物，联合社会帮助合作社进行销售过程中的联系。主要包括：帮助联系客户、销售的时间以及销量等。负责人表示，由联合社帮助联系，会较合作社自行联系客户销量得到提高。

综上所述，联合社目前所能提供的社会化服务基本上仅限于不需要投资和成本、仅依靠人力和社会关系就可以完成的服务，比如采购和销售过程中帮助进行联系的中介性质的服务。然而，在其他需要借助一定的场地、设备和资金的服务上，比如运输、加工、仓储，以及各成员合作社之间的资金服务等，由于联合社缺乏资金和场地，因此无法提供此类服务。联合社负责人本人也对联合社目前的运行情况评价较低。

四、存在的问题

除了上述由于资金和场地的缺乏带来的联合社作用无法得到充分发挥的问题以外，联合社还面临着人才缺乏等困难。

（一）人员配备困难

人员的困境首先体现在联合社的管理层上。据联合社负责人（基层社主任）介绍，目前联合社的工作人员仅有两人，即肖云镇供销社的主任和副主任2人。联合社负责人希望合作社成员或负责人参与联合社的工作，然而由于联合社并不产生利润，从而无从向工作人员发放工资，因此合作社成员并无参与联合社管理的积极性。联合社工作人员的短缺，从一定程度上限制了联合社作用的充分发挥。其次则是对专业技术人员的缺乏。前文提到，联合社向合作社提供的产中服务仅为帮助合作社联系培训人员，而联合社自身并不配备专业技术人员。负责人介绍，目前聘请专业技术人员的成本很高，农技人员的年工资在5万元以上，联合社缺乏聘请资金。

（二）技术服务不全

除了人员上面临的困境以外，联合社还面临着技术服务不全的问题。技术服务不全主要来自两方面原因，一方面是由于农技人才的缺乏导致的农技服务不完善，另一方面是由于资金缺乏带来的商标、加工等销售服务无法提供。负责人表示，若联合社的资金、人才问题无法得到解决，那么联合社的作用将无法得到充分的发挥。

（三）相关手续的复杂限制了联合社规模的扩大

联合社目前仅有5家成员合作社，联合社有继续吸纳合作社的愿望，然而手续的复杂限制了联合社规模的扩大。联合社若想吸纳新的成员合作社，首先需要现有的所有成员合作社签字确认。另外，联合社成员的增加或退出都需要到工商局办理相关手续，办完整套手续的时间至少需要3个星期。因此联合社目前成员社的进入和退出机制很复杂，想实现新成员社的加入所需要的时间很长。

（调查员：王碧宁）

7-7　金乡县胡集农民专业合作社联合社

一、联合社基本情况

济宁市金乡县胡集农民专业合作社联合社成立于2015年5月，联合社位于金乡县胡集镇政府驻地，由7个合作社组成。联合社是胡集镇供销社发起并注册的，于2015年5月在金乡县工商行政管理局注册，注册资金580万元。该联合社的构成和出资情况如表3-7-1所示。联合社目前没有固定资产和流动资产，也没有负债。联合社属于同一地区不同业联合。法人靳新柱同时也是金乡县胡集供销合作社靳楼新柱农资门市部、金乡县靳楼蔬菜专业合作社的法人。

表3-7-1　金乡县胡集农民专业合作社联合社构成及出资情况联合社

股东	出资比例（%）	认缴出资（万元）
金乡县宏文养殖专业合作社	36.21	210.00
金乡县和泰丰蔬菜专业合作社	17.24	100.00
金乡县丰泽果蔬专业合作社	10.34	60.00
金乡县靳楼蔬菜专业合作社	10.34	60.00
金乡县秋天蔬菜专业合作社	10.34	60.00
金乡县王婧果蔬专业合作社	8.62	50.00
金乡县胡集镇天源农机专业合作社	6.90	40.00
合计	100	580.00

受访人靳先生表示，成立联合社最主要的原因是因为上级供销社的要求，加之当地农民自发成立了很多合作社，总体上呈现散乱、缺乏管理的状态，为了对胡集镇的合作社进行统一管理，胡集镇供销社便成立了联合社。在合作社成立时，遇到了注册方面的问题，金乡县工商行政管理局表示不能以地域名称对联合社进行命名，必须带上一个名号，而胡集镇供销社希望以“济宁市金乡

县胡集农民专业合作社联合社”对联合社进行命名，为此县政府对命名问题进行批示，解决了注册问题。

二、负责人基本情况

联合社负责人靳新柱现年57岁，函授大专毕业，中共党员，在供销社任职20余年。不在联合社领工资或补贴，曾经在企业工作，亲戚朋友中有医院以及银行工作人员。

三、联合社运作情况

联合社章程、三会制度健全，但由于处于成立之初，还没有发生业务，目前还不是独立核算单位，没有专职的工作人员，也没有严格的财务管理规章制度以及专职的财务人员。每半年召开一次社员大会，理事会、监事会召开时间不定。在决策方面采取共同商讨、一人一票制。目前联合社还没有各合作社的资金账户，但是有各合作社的产品交易记录以及农资交易记录。联合社目前没有退社的情况。

四、联合社提供的服务

胡集镇主要的农产品为大蒜、辣椒和棉花。联合社提供的服务主要包括农资服务和销售服务。联合社基于所领办的农资合作社，向成员社免费提供农资服务，可以节省10%的农资成本，不向非成员社提供。在产后销售服务方面，联合社在市场行情、销售信息方面向成员社免费提供服务，实现农超对接，联合社代表合作社统一联系厂家、市场进行出售，联合社也有自己的网上供销商城。通过联合社的销售服务可使利润增长5%至10%。目前联合社的白梨瓜有统一的品牌。如果遇到需要提供运输、加工和储藏服务时，胡集联合社可以借助其他供销社和合作社来提供。另外联合社通过金融合作社提供资金服务，但需要支付一定利息。

五、联合社存在问题

靳先生表示目前联合社在资金、用地和设备方面都存在一些困难，他认为需要政府给供销社提供一部分扶持资金，用来支持联合社的发展。对于资金问题，他认为，联合社的本质是服务型机构，纵使盈利也是微盈利，不足以支撑联合社的运转和进一步的发展，因此只能依靠政府的财政支持。在人才方面，靳先生提出需要政府给予相应政策，为联合社注入新鲜血液，使人才更加年轻化，才能使联合社发展得更好更快。

六、联合社发展前景

靳先生认为，合作社抱团成立联合社在统一思想、解决散乱现象方面有比较明显的作用。但是首先应当健全联合社的各项硬件和软件设施，划拨专门场地并提供专门设备，同时机构人员和发展资金也是联合社发展所急需的。目前联合社主要和农机局、农业局有一些联系，当地村委、乡镇通过社村共建对联合社的发展起到了促进作用。

（调查员：张怡铭）

案例报告八：嘉祥县案例

8-1 嘉祥县满铜镇乡情农作物种植专业合作社联合社

一、联合社基本情况

嘉祥县乡情农作物种植专业合作社联合社成立于2013年3月，由4家合作社和满铜镇供销社共同发起，目前联合社有4家成员合作社。联合社于2013年3月在县工商局注册登记，注册资本为500万元，其中乡镇供销社出资38%，其余62%由4家成员合作社平均出资，出资方式为实际出资。目前联合社不断发展壮大，拥有固定资产1 300万元，流动资产200万元，且没有负债。

联合社成立主要是为了让百姓增收，联合社理事长徐小占告诉我们，合作社是为了让分散的小农能够抱团进而降低生产成本，增加自己在市场上的话语权；而实体性的联合社则是合作社基础上的进一步合作，形成一股更加强有力的力量去占领市场。与此同时，联合社的成立还与县供销社的号召有关。被访者徐小占是乡镇供销社的主任，乡镇供销社受到县供销社的指导和领导，县供销社会根据本县各乡镇的发展状况和农业发展基础，来引导各乡镇供销社创办或者领办联合社、为农服务中心，为促进乡镇农业发展提供宏观指导。联合社在成立之初也遇到了不少困难，比如部分合作社不愿意加入联合社，或者加入联合社之后合作意识淡薄，成员社之间不信任等问题困扰着联合社进一步发展。为了解决这一棘手的问题，联合社理事长徐小占也是想了各种办法，最终还是选择用事实说话，通过高效的监督和管理，来提高联合社的生产和运作效率，用合作和规模化的实际效果来说明一切，渐渐地，大家也就看到了加入联合社的好处，切身感受到了抱团能够有效降低风险，能够降低生产成本，能够提高收益。进而，联合社发展的困境也就破解了。只靠联合社理事长以及乡镇供销社，该联合社发展还是比较艰辛的，为此当地政府也付出了不少努力帮助联合社克服困难——主要是举办一些讲座，来培训联合社的理事长、理事会人员的管理以及一些种植技术。

目前联合社的成员社中有两家为农机专业合作社，有两家为种植粮食的专业合作社，其中一家叫盛润农作物种植专业合作社，理事长为一名大学生，合作社成立的初衷是好的，但是由于理事长经验较少，所以合作社发展不甚理想。在加入联合社之后，该合作社所经营的近 100 亩土地全部交由联合社来运作，被动的局面得以扭转。目前联合社共流转土地 2 700 亩，一年土地租金就要 800 万元，联合社的 2 700 亩土地主要种植大蒜、辣椒、洋葱、小麦、玉米、棉花、小米、大豆和西瓜，这些农产品主要销售给一些有出口资质的出口公司。等到联合社再发展壮大一些，理事长也考虑自己申请出口资质。农机合作社的农机具也由合作社统一调配、统一组织农机作业服务。联合社一年农机作业 4.5 万亩，不仅在本乡镇、本县提供农机作业服务，还远到曲阜、金乡、巨野、汶上、兖州为当地的农业经营主体提供农机作业服务。其中服务收费为耕地 60 元/亩、种地 25 元/亩、收获为 60 元/亩。联合社为一些贫困户免费提供农机作业，在本镇的 89 户贫困户中，有 63 户享受了联合社提供的免费社会化服务。问及这么做的原因，理事长徐小占说，自己有 3 个孩子，曾经也比较困难，现在靠自己的能力将合作社、联合社发展起来了，自己的钱袋子以及成员的钱袋子也慢慢鼓起来了，对曾经帮助过自己和联合社的人心存感激，想要用这样的方式来感恩和回馈社会。农机作业服务能够每年为联合社带来约 180 万元的收入，但是目前联合社将大部分收入用于再投资——更新农机具。所以该联合社实行的是统一生产、统一经营、统一管理，属于紧密型同业联合。在我看来，该合作社更像是一个合作基础上的大合作社。

二、负责人基本情况

被访者徐小占是该联合社的理事长，也是该乡镇供销社的主任，现年 45 岁，初中毕业，已经连任 4 年联合社的理事长。他在联合社不领取工资，供销社工资一年为 1.5 万元。他的亲戚朋友中是官员的比较少，有部分亲戚朋友是商贩、企业家和从事农业生产的主体。在与徐小占访谈过程中，他接到了不少业务电话和联合社的成员打来的电话，他一一安排工作，显得尤为忙碌，他说这是常态，联合社规模大了之后事情自然而然就多了。从中，我们也可以看到理事长徐小占较强的生产管理能力，这也是联合社如今能壮大发展的重要原因之一。

三、联合社运作情况

联合社的决策主要由理事会决定，联合社每一个领域都有一个分管的人员，最后理事会商量讨论之后，由每个领域分管人员拍板决定。这不仅大大提高了决策的科学性，也有效提高了决策的有效性，不用把所有的决策风险落到理事长肩上。联合社除理事会之外还设有监事会，并且聘请了专门的工作人员：技术人员一年的工资约 4 万元，农机维修 4 个人员年工资共约 6 万元。

联合社的 4 个成员平均向联合社出资，且为实际出资，联合社有专门的章程，是由县供销社提供模板，几位理事会成员共同商讨之后决定的。联合社一般一个生产周期召开一次成员大会，商讨下一个生产周期种植品种以及规模等一些事宜，理事会一周召开一次。

由于该联合社是实际生产经营主体，所以是一个独立核算单位，有盈利，盈利来自于联合社共同经营的 2 700 亩土地以及农机服务收益，盈余按照出资额分配。但是 2016 年联合社还未进行分红，联合社产生的利润都用于固定资产再投资了，主要包括农机具的更新换代。联合社有严格的财务管理规章制度，也有专门的会计和出纳，会计资料很完整并且向全体成员公开财务和运营状况。联合社有成员社的资金账户、产品交易记录以及农资交易记录，目前联合社没有退社的情况。

四、联合社提供的服务

联合社为统一生产、经营和管理，所以为自己的成员社提供农资服务、农技服务、农业培训、销售服务以及加工、运输储藏服务，目前还没有能力为成员社提供资金服务。联合社除了为成员社提供服务之外，还给非成员提供农资代购服务，能比他们自己在市场上购买便宜 10 元/袋，联合社可以赚取 5 元/袋的利润。除此之外，联合社还给非成员提供农技服务和农业培训。联合社提供的最主要的服务是农机作业服务，服务范围不局限于本乡镇本县，还为周边县市的经营主体提供农机作业服务。

五、联合社存在的问题及发展前景

目前联合社在内部运作方面存在的问题较少，但是遇到的困难不少，主要为建设用地不够，缺乏加工、储藏等建设用地指标。此外，联合社想要进一步扩大生产经营规模，缺乏资金，主要的问题在于联合社无法进行抵押贷款和信用贷款。联合社的运作还缺乏管理方面人才和高新技术人才。

联合社成立之后，成员社之间抱团作用明显，与单个合作社相比，联合社在规模效应、农资市场话语权、农产品市场定价权方面有明显的优势。对于联合社未来的发展，理事长徐小占表示，联合社不仅想通过农产品生产和提供农业社会化服务来赚钱，还想发展加工业，自己注册商标，获得出口的资质，进而进一步提高自己生产农产品的价值和收入。让联合社来赚取农产品的附加值。

目前联合社主要和农业局、县供销社、农机具等部门联系，当地村委和乡镇对于联合社的发展也十分支持。目前联合社承担了一个棉花高产创建项目，规模为200亩，获得了政府2/3的种子以及化肥支持，总金额约为6万元。

理事长徐小占认为联合社发展需要相关法律法规的支持，比如说需要出台法律为一些空头联合社、没有实际功能的联合社甚至是一些没有实际生产经营业务的合作社设置门槛限制，减少这些联合社的存在。徐小占认为只有这样，政府一些支持联合社发展的政策才能真正惠及实体经营的联合社的发展。

六、一些思考

这些天在山东调研的联合社主要分为两种，一种联合社的成立主要是为了响应县级号召，通过四五家合作社成立一个联合社，这一种联合社主要是一种组织形式，为各个成员社提供一些信息等，联合社成立所需的资金大多为各个成员社认缴，而不是实际缴纳；另一种联合社就像本案例的联合社一样为实际生产经营的主体，大联合大合作，有优势也有劣势，只有找到和联合社所拥有资源匹配的发展规模才是联合社发展的最佳规模。

（调查员：张阳悦）

8－2　嘉祥县黄垓农民专业合作社联合社

一、联合社基本情况

嘉祥县黄垓农民专业合作社联合社位于山东省济宁市嘉祥县黄垓镇，于2015年1月12日在嘉祥县工商局注册成立。该联合社是由黄垓供销社领办，联合嘉祥县丰玉霖土地托管专业合作社、嘉祥县金祥富硒水果种植专业合作社、嘉祥县作才农作物种植专业合作社、嘉祥县利发农作物种植专业合作社共同成立，4家成员社均为黄垓供销社领办。联合社注册资金560万元，其中黄垓供销合作社出资额占注册资金的57.14%，4家成员社每家出资额均占出资额的10.71%，出资形式为认缴。

二、负责人基本情况

联合社负责人杨承东，现年42岁，中共党员，大专学历，已任职黄垓镇供销社主任6年，2015年在嘉祥县供销社成立乡镇合作社联合社的号召下牵头成立了黄垓镇农民专业合作社联合社。据介绍，他在联合社没有工资或补贴，只在供销社领取工资。在交谈过程中，杨承东作为基层社管理人员反映出了基层社存在的一些困难，这些困难使得他认为工作量与所得的报酬不太相符。

三、联合社运作情况

该联合社的主要事项由理事会商议决策，理事会的成员是镇供销社主任杨承东和4家合作社的理事长，平时遇到种植和销售问题时便会召开理事会，大家相互交流经验并提出建议，在重大事项决策上采取一人一票的形式进行投票。联合社还推选了6名监事会成员，在联合社日常运行、农资采购和农机作业等工作安排时会进行监督。目前联合社没有专职的工作人员，几位管理人员均为黄垓供销社的工作人员兼职，不在联合社领取工资或补贴。

该联合社有根据合作社章程改编而形成的章程，每年召开一次成员大会，运作机制相对规范。由于该联合社目前主要以为成员社提供服务为主，没有什么实际业务，所以不是独立核算单位，暂时也没有盈利，4家成员社独立经营。

四、联合社提供的服务

一是农资采购。联合社采取了“抱团”发展的策略，通过联合社以团购形式直接与农资公司联系，以低于市场价10%～15%的价格直接配送，大大降低了生产成本。

二是土地托管。目前联合社已托管了2 000多亩土地，其中全托管480亩，土地流转价格为800元/亩，种地补贴返还30%给农户。

三是运输销售。联合社能够通过与收购商联系，帮助成员社销售农产品，并且能够协调运输车辆。

四是农技培训。联合社每年会组织两次农技培训，请联合社的从业人员或专业农技师到联合社培训室作相关的培训和指导，每次培训不收取费用。

五、联合社存在的问题

在联合社内部运作方面，存在的主要问题为各合作社独立经营，彼此之间合作和业务来往并不密切，并且目前加入联合社的4家合作社都是黄垓供销社领办的，所以该联合社的成立可能是嘉祥供销社的推动而非自发联合成立的，今后联合社在扩容时应作出更多的考虑。

在用地方面，杨承东表示经营场所用地规划难以审批，政策支持力度不够，同时农民思想观念有待转变，流转土地也存在困难。另外，联合社目前没有专属的运营资金，成立后也没有实质业务，类似一个“空壳机构”，部分成员社运行不规范，组织十分松散。

在人才方面，缺乏专业的管理人才和农业技术人才。杨承东认为应该由农业部门经常安排培训学习的机会，从而提高内部人员的技术水平。

六、联合社发展前景

尽管存在许多困难，理事长杨承东仍然看好联合社未来的发展，在他看来，今后可以依托联合社建设为农服务中心，进一步提高服务水平和服务范围。此外，还需要进一步扩大土地托管面积，并将此项业务作为联合社的主要业务，以联合社为主体进行土地流转，然后将种植任务分配至各成员社，依据交易额进行利益返还，使联合社与成员社成为利益共同体，相互监督和促进，从而更好发展。

（调查员：刘世琦）

8-3 济宁嘉祥县联祺农作物种植专业合作社联合社

一、联合社基本情况

嘉祥县联祺农作物种植专业合作社联合社成立于2014年4月，由张庆贵组织领办，4个专业合作社成员组成，成立时的注册资本金有1 500万元，是由各个成员合作社共同认缴的，其中张庆贵作为理事长的嘉祥县农家人玉米种植专业合作社认缴了600万元，联润农作物种植专业合作社、官旺农作物种植专业合作社、麦盛玉丰农作物种植专业合作社分别认缴300万元。联合社现有固定资产200万元，流动资产150万元，暂无负债。联合社还在初级发展阶段，暂时还没有自己的为农服务中心，也暂时未涉及利润分配。联祺联合社目前是嘉祥县县级联合社的成员之一。

领班人张庆贵生于1973年，原来是当地五金公司的员工，后来由于公司经营状况不佳倒闭下岗了，被县供销社领导聘到了嘉祥县卧龙山供销社做主任，1998年开始搞农资经营，学习相关的种肥配用知识，2006年开始接手合作社相关的业务，于2008年开始筹建自己的合作社——嘉祥县农家人玉米种植专业合作社。也正是由于常年在农业合作社积累了丰富的管理经验，使得张先生有底气在2014年领办了联合社。据张先生反映，自己接手负责的卧龙山供销社并不是联合社成员社之一，与联合社业务没有任何交集。供销社现有职工10人，每个月可以从农资购买与鞭炮采购等业务中抽出提成2 000元发给每个员工，主任张先生在联合社没有工资，也没有误工补贴。张先生对供销社改革持积极态度，他认为供销社改革后员工的积极性明显比原来大包干时期高涨很多，现在这种付出与回报成正比的竞争机制也有利于让员工在压力下产生一些动力。

问及联合社成立的原因，张先生提起了2013年的一次政府深松项目承接。2013年时政府给了4万亩的土地深松项目，但是张先生苦于自己的合作社农机手以及农业机械不足以承办这么大的项目，所以通过联合以促成更大规模成了张先生的迫切需求。之所以选择这4个合作社进行联合，与他们各自的地理位置分布有很大的关系，农家人合作社、麦盛玉丰合作社、官旺合作社还有联润合作社分别分布在嘉祥县的东南西北部，这样就很好地将整个县域都纳入了联合社的服务范围之内。除此之外，张先生一直不满足于大田粮食作物的种植，想要进一步发展品质粮，认为品质粮有极大的利润空间，但是其生存要求也极为苛刻，对温度和环境要求很高，一方面单一种植高端作物的风险很大，而这种分布于东南西北的成员社布局很好地适应了张先生想发展品质粮的需求，可以有效地分担温度、地域所带来的风险。另一方面，单一种植无论是规模化还是机械化都难以达到很高的程度。在以上多种诉求推动下，张先生领办了联合社。

联祺联合社在成立初期也面临了很多困难。首先就是利润分配的困难，原来单一合作社经营都是自负盈亏，现在4个合作社一起运营，在联合社管理和利润分配上存在着“统”与“分”的矛盾，然而由于联合社还处于发展初期，暂时没有涉及利润分配，都是各销各得，所以该矛盾还没有解决。除此之外便是成员社异质性的问题，4 个成员社的经营内容分别是农机服务、作物收储与种植，很少存在交集，如何协调不同成员社的关系也是联合社面临的问题。这个问题目前联合社正在解决当中，一方面是建立统一的为农服务中心，另一方面是加大服务的力度和深度，从而加强联合的紧密度。

联合社的内部治理机构比较健全，理事会是由各个成员社的理事长组成，平时重大决策会先由张先生给出一个大体上的思路，然后再开会进行民主表决。入社不需要成员社缴纳会费，社员大会一年召开一次规模较大的，而几个理事长基本每个月都会碰头交流业务。虽然暂无独立的核算单位，但是联合社有自己的专职财务人员，各个成员社也都有资金账户。

二、成员社基本情况

联祺农作物种植联合社下的几个成员社中，嘉祥县农家人玉米种植合作社发展得最为成熟，联合社的主要业务也大都是农家人合作社经营的。农家人合作社虽然名字是玉米种植合作社，但是它的主要业务却是提供大田作物的服务，比如土地托管和农机服务等，这还要归因于工商局对政策理解偏差，要求当时注册的合作社名字里必须有谷物或者玉米才可以批准。张先生在 2008 年就开始了农家人合作社的筹建工作，但是工商局时时不准予批准，因为当时的合作社大都是空壳合作社，成立的动机也都是为了躲避上交行政管理费用，所以整个审批过程经历了 3 年的坎坷，2010 年才正式注册成立，注册资金 1 500 万元。

农家人合作社是省级示范合作社，位于嘉兴县疃里镇，成立之初只有 9 位社员，其中有 3 位社员参与出资，现有成员 310 名，合作社成立初期的主要业务是销售服务，统一对镇上的社员进行玉米、小麦的销售，现在农家人合作社的业务主要针对一些种植大户、村干部以及一些对种植模式感兴趣的经销商，依靠他们联系经营规模比较大的主体，为他们提供农资供应、种植方案设计、植保飞防、收获销售、平地整地等各环节的服务。各环节的服务费用因农户不同而异，拿播种环节来说，社员每亩地仅需要 20 元，非社员则需要 25 元。每年为他们提供近 1 000 吨的农资产品，每袋化肥可以便宜 10～15 元，每亩地的小麦或玉米可以增产 150～200 斤，增产效益巨大。合作社现在有 100 亩试验田，用来种植研发出来的新作物，以及一些新的化肥、新的技术，便于为联合社成员提供更好的技术服务。

三、服务提供情况

联合社的为农服务中心用地现在还在审批阶段，是位于卧龙镇的 43 亩一般建设用地，每亩地租金 1 600 元，现在张先生是用以租代征的方式拿下这块用地，但是由于上面一直批不下来，品质粮种植培育计划也无法实施，更大规模的服务规模化也无法推动，100 多户合作社眼睁睁地等着为农服务中心建成以后加入联合社，联合社本身服务规模越来越大也迫切需要自己的为农服务中心，于是这 43 亩地的审批问题被县常委定位待解决的重点问题。

现阶段联祺联合社主要给种植大户提供各种类型的服务。给附近种植大豆、玉米的农户制作一整套大豆种植方案，耕种的优惠价格为每亩地 20 元，除此之外，还给大户们解决病虫害问题，提供特殊的病虫害大豆肥，施过肥之后的土地不仅未来几年不会受到病虫害的侵袭，土地肥力也会大大提升。高品质的大豆肥市场价格每袋 60 元，联合社提供的每袋只需 45 元。喷农药每亩地需要 10 元，但是根据用量不同，规模大的每亩可以降到 5 元。联合社提供的农资产品有 40%是县供销社直供，其余是联合社自己与合作伙伴联系的业务。联合社尚未统一提供产品销售服务，成员合作社在这方面都可以独立完成。虽然目前联祺联合社只有 4 家成员社，但是联合社的长期服务对象还有 6 000 家专业种植大户，其中 100 多户已经注册了自己的合作社，待联合社吸纳成员能力扩大之后便可加入。

由于为农服务中心尚在建设之中，所以在运输、储藏、加工方面的服务还未涉及，但是深加工服务是联合社以后发展的重点。品质粮的种植计划已经到了万事俱备的阶段，未来的为农服务中心烘干塔设备已经联系好了建筑商，深加工设备玉米蒸汽压片机也在配备当中，联合社打算延长自己的产业链，将通过质量检测的品质粮用于进一步深加工，生产饲料供应养殖企业。这样一方面可以多元化联合社的业务，增加盈利，另一方面还可以通过常年性的深加工弥补农业季节性收益带来的风险，使得联合社一年四季都有盈利。

村社共建方面，联祺联合社下的农家人合作社先后参与了两次，第一次是 2008 年与尹庄村两委，共建农资供应点，在当地以低价提供农资给村里，再由村里统一卖给农户，这样村里可以从中获取一些利润，对缓解村子的资金问题贡献了微薄之力。第二次是 2012 年，与北马村村两委共建了种肥同播技术队，由村两委协调同播面积，农家人合作社提供技术服务与机械设备，市场价为每亩地 25 元，现在统一每亩地收村两委 15 元，村民按照村两委制定的高于

15 元的价格统一缴费，这样一方面给村“两委”以极大的自由利润空间，另一方面也通过低廉的价格、高质量的服务，带动亩产增加了 100～200 斤。

四、存在的问题与未来规划

据理事长张先生反映，联祺联合社目前存在的最主要问题就是成员社的积极性问题，以及总体凝聚力不足的问题，归根结底就是缺乏好的激励制度与利润分配制度，导致成员社存在一些懒散、搭便车的现象，成员社之间的发展水平差异比较大。同时由于各个合作社都自负盈亏，相互之间联系不够紧密，与联合社之间也缺乏联系，所以利润分配与激励机制是解决该问题的关键。完善利润分配机制，张先生规划从各种生产服务订单流程的改变入手，由原来的各自联系订单，改为由联合社统一联系所有成员社的订单，由原来联合社无偿给成员社提供订单，改变为以后抽取部分订单联系提成。成员社需要向联合社认领订单，一旦认领就要对订单的完成好坏负全部责任。这样权责一致，有利于对成员社进行监督与控制，避免模糊界限。以联合社刚刚接到的陕西加工企业优质小麦生产合同为例，合同规定的小麦种植产量，由各个成员合作社认领自己的种植面积，认领后将对这部分土地产出的优质小麦负全部责任，生产不达标的将不予以送往加工企业收购。通过这种奖罚分明的分配激励机制，将有效增强联合社与成员社的联系，同时也会增强社员生产优质产品的积极性。

（调查员：赵昶）

案例报告九：宁阳县案例

9-1 宁阳县金源核桃专业合作社联合社

一、联合社基本情况

宁阳县金源核桃专业合作社联合社成立于2013年7月，由鹤山镇供销合作社、葛石镇供销社和3家合作社共同发起，现在联合社有3家成员合作社。联合社于2013年7月在宁阳县工商局正式注册，注册资金300万元，其中，鹤山镇供销社出资120万元、葛石镇供销社出资43.2万元、宁阳县金源薄皮核桃种植专业合作社出资20万元、宁阳县凤凰水乡核桃种植专业合作社出资20万元、宁阳县金岭核桃种植专业合作社出资20万元，其余由其他个人进行出资。现在，随着规模的扩大，联合社拥现有固定资产350万元，流动资产55万元，并无负债。

作为全县第一家完成注册的联合社，联合社负责人张胜银表示，当时成立联合社主要是为了顺应农村合作经济发展的新趋势，便于扩大核桃的种植规模，实现核桃集中化的生产、加工、包装，有利于打造统一的商标品牌，提高农产品附加价值。在最初注册联合社时，遇到了区域联合社难以注册的问题。后来，在县供销社与县工商局的沟通协调下，联合社顺利完成了工商注册，成为第一家顺利完成注册的联合社，标志着宁阳县农民合作社进入了新的发展阶段。

目前，联合社由宁阳县金源薄皮核桃种植专业合作社、宁阳县金岭核桃种植专业合作社、宁阳县凤凰水乡核桃种植专业合作社3家合作社组成。其中，金源薄皮核桃种植专业合作社与金岭核桃种植专业合作社位于宁阳县鹤山镇，凤凰水乡核桃种植专业合作社位于宁阳县葛山镇，该联合社属于跨区域同业联合。现在，3家成员合作社的发展水平相当，种植核桃面积均为2 000多亩。每年3月，联合社组织成员社集中进行核桃种植，每年8月时，联合社统一组织核桃收购。同时，联合社会邀请专家定期对各成员社进行施肥、浇水等方面的专业技术培训。该联合社在成员社加入后真正实现了统一种植、统一管理、统一收购。该联合社属于跨区域紧密型的同业联合。

二、负责人基本情况

联合社负责人、鹤山镇供销社主任张胜银在受访时说，作为一名老党员，现年 55 周岁的他，自高中毕业以来，一直在镇供销社工作。自联合社成立 4 年以来，他一直担任联合社的负责人。在联合社任职期间，他从未在联合社领过工资或获得过误工补贴。他的人脉关系很广，亲戚朋友中有村镇干部、县市领导，有企业家、商贩，也有在银行、医院事业单位工作。张胜银先生也表示，他们镇供销社副主任担任金岭核桃种植专业合作社的理事长，两个镇的镇干部担任另外两个成员合作社的理事长。他承认，这样做便于保证各项工作能够顺利实施，但是由于目前乡镇普遍存在机制内人员老化问题，这也限制了当前联合社的进一步的发展。

三、联合社运作情况

联合社对日常事务进行决策时，主要由联合社的理事长与合作社的理事长共同协商决定。日常事项决策严格遵循一人一票制，一般由一个成员社理事长对事项进行提议后，其他理事长一人一票，对事项是否通过进行公平投票表决。在产品定价决策方面，一般由联合社对成员社的核桃进行集中收购、统一加工与包装，最后按照当期核桃精包装市场价位出售给本县的超市。联合社有理事会与监事会，但没有专门的工作人员，大部分都是两个乡镇供销社人员兼职。在最初成立联合社时，各个成员社均平均出资 20 万元，后来各个成员社并未向合作社再缴纳任何费用。联合社有专门的联合社章程，并且是按照联合社章程来进行运作的。联合社一般一年召开两次社员大会，上半年 3 月针对核桃田间管理进行商讨；下半年 8 月，在核桃进行收购时对当期核桃出售价进行集体讨论。理事会一般也一年召开两次，但时间并不十分固定。

联合社作为独立核算单位，有微利，但是并未按照出资比例进行分红。联合社有严格的财务管理规章制度，有兼职的会计、出纳，会计资料很完整并且向下属的合作社全部公开财务和营运情况。联合社有各合作社的资金账户、产品交易记录、农资交易记录。目前，联合社没有退社的情况。

四、联合社提供的服务

为实现农产品的规模化、现代化、产业化，联合社统一为成员社提供产前农资采购服务、农技服务和农业培训、产后销售服务以及运输、加工与储藏服务。联合社为成员社提供农资（化肥、浇水等）上门服务，社员购买农资可以赊销，等到核桃卖出后再从销售款中将农资费扣除，比社员自己购买节省近5%的采购成本。联合社也为成员社提供农技培训服务，联合社为每个成员社派送一名年轻、文化程度高的技术人员，指导社员进行更加专业的疏果、剪枝等环节的全程管理工作。联合社为成员社提供产后销售服务，对从社员手中集中收购的核桃进行深加工、精包装后，再提高价格出售给县乡的各大超市。现在，薄皮核桃已经注册统一的商标品牌“鹤飞来”。联合社统一加工、包装后薄皮核桃的卖价比合作社自己卖贵10%～20%左右，根据每年市场行情不同，价格也有波动。2017年，薄皮核桃从社员手中收购价格18元/斤，销往超市价格20元/斤。联合社只为成员社提供一系列的农业服务，不对非成员提供这些服务。

五、问题的思考

目前联合社的内部运作基本顺畅，但也存在一些问题。由于种植核桃树承包土地至少10年，所有款项需要一次性付清，社员表示承包金无力支付，缺乏政府的资金支持。联合社在运作过程中也缺乏专职的专业技术人才与管理人才。谈及联合社的发展前景，张胜银表示，联合社成立以来，合作社抱团作用明显，特别是薄皮核桃在国家商标局成功注册“鹤飞来”商标后，联合社统一提供农资，统一管理技术，统一收购，统一加工、包装、销售，规模化的生产经营不仅节省单个合作社的生产成本，同时增加了农产品的附加价值，真正实现了抱团合作、互利共赢。张胜银坦言，虽然联合社目前发展比较稳定，但也应该出台相关法律法规对联合社予以规范与约束，使联合社运营过程做到有法可依、有法必依、执法必严、违法必究。

宁阳县金源核桃专业合作社联合社是跨乡镇同业紧密联合成功运作的案例，它紧紧抓住薄皮核桃这一特色产业，通过合作社带动农户，合作社抱团成立联合社，联合社与加工企业通力合作的方式，实现薄皮核桃规模化的深加工、精包装，成功打造了“鹤飞来”品牌，并辐射带动全乡薄皮核桃产业发展的大格局。对于未来发展方向，我的一些想法，开发薄皮核桃的其他经济价值，比如与药厂、食品加工厂合作，挖掘薄皮核桃的药用价值与营养价值，打造独具特色的多元化品牌；利用薄皮核桃品牌影响力，逐步打造其他农产品品牌，并尝试运用“农业＋旅游业＋电商”的商业模式，实现线上与线下双向并进的乡村旅游特色农产品开发及品牌推广。

（调查员：蒋承祚）

9－2　宁阳县东疏供销谷丰现代农业发展服务有限公司

宁阳东疏供销谷丰现代农业发展服务有限公司成立于2014年12月，成立时注册资本300万元，股东有宁阳县东疏供销合作社和宁阳供销现代农业发展服务有限公司，持股比例各占50.0%。据受访人张跃龙介绍，当初他看准了当地农业发展的自然基础优势，利用个人的农业生产技术经验和政府的优惠政策与支持，加入谷丰现代农业发展服务有限公司，张跃龙是公司的董事，主要种植粮食和蔬菜水果，目前家庭收入主要依靠农业产业。

一、投入产出情况

（一）三大要素

（1）土地方面

张跃龙于2015年5月以租入方式转入外村4片土地200亩，平均每亩每年租金1 000元，主要种植粮食和蔬菜水果，“三补贴”给转入合作社的所有成员。土地租入需要村委会的批准，没有通过土地交易所，与转出土地者无亲友关系，2015年6月签订书面合同，没有担保人，租期不固定，1年1续，张跃龙能够接受的最低土地租赁年限是5年，租金以现金方式分期付（一年两付），一年应付20万元，因为缺钱，租金没有一次性付清，资金来源是自家积蓄。张跃龙建设了办公、厂房和物流仓库，约占流转土地的0.5%。张跃龙对所经营土地进行了改良，共花费0.3万元。

张跃龙认为土地所有权属于国家，认为长期在外从事非农工作的人不用交回土地承包权，去世或者外嫁的人应该交回承包权。他知道“农地三权分置（所有权、承包权、经营权）”的说法，认为流转来的土地不能抵押贷款，理由是出租方不愿意。他不愿意也没有拿流转来的土地经营权去抵押获得融资贷款，理由是不是自己的地。

（2）劳动力方面

张跃龙种植的200亩小麦全部实行机械操作，张跃龙既负责经营管理也参加农业劳动。他认为按照目前的经营现状，理想状态共需要18人，其中管理者3人，直接生产者15人，目前雇这些人较容易。

劳动力投入：财务管理人员1人，行政管理人员2人，均为自家投工，平均年龄45岁。主要在作业环节方面，短期雇工30人，每年工作90天，日工资50元，平均年龄50岁，来自本乡镇其他村，工作方式为不固定岗位。

（3）资本方面

目前固定资产有拖拉机、收割机、农具、农用运输车辆。2010年购买的拖拉机，总花费9万元，可用10年；2011年购买的收割机，总花费14.5万元，可用6年；2011年购买的农具0.8万元，可用10年；2011年购买的农用运输车辆花费4.5万元，可用6年。资金来源都是自有资金。目前无贷款，有债务，借款10万元，主要来自于亲戚，每年还利息0.6万元，所支付利息100%用于农业生产。

（二）生产成本与农产品收益

2016年农业经营收入26万元，支出合计20万元，其中工资支出13.5万元，盈利能力与前两年相比没有差别，与其他同类经营主体相比也没有差别。2016年种植小麦200亩，产量和销售量都是43万斤，销售2次，销售均价2.08元/千克，销售去向是加工企业。种植蔬菜类200亩，产量25万斤，销售量25万斤，销售3次，销售均价2元/千克，销售去向是加工企业。

2016年小麦种子用量2 000千克，费用6 000元，化肥用量26万斤，费用28万元，农家肥用量10万千克，费用2万元，使用农药3次，费用1 800元。

（三）农业社会化服务情况

提供的农业社会化服务是作业服务，在秋收、麦收时向全国范围内的普通农户提供农机服务，收费方式为1次1结，年度收益10万元。张跃龙从农机服务站得知当地政府出台了支持农业新型主体发展的专门文件，没有承担过政府的示范推广项目。比较愿意成为提供社会化服务的专业户，他的亲朋好友中没有提供社会化服务的专业户。

二、存在问题及建议

（1）存在问题。①劳动力不足，干农业不如干其他工作挣钱容易，农民不愿意他的下一代专门从事农业生产。②政府支持力度不够，张跃龙没有获得过政府提供的现金补贴或奖励，没有获得过实物支持或奖励。③农业社会化服务不够全面，张跃龙认为现在从事农业生产经营所获得的社会化服务总体一般，认为可以为其他农业生产者提供比现在更多的服务。

（2）政策建议。①拓宽资金来源渠道，金融机构降低用于农业生产经营贷款的利率。②提高农民工资和社会地位，让农民成为专业化程度更高的职业农民。③加大政府扶持力度，政府对涉农行业实行优惠。

三、发展规划

张跃龙认为他成功发展到现在有三个原因：一是家人的支持，二是当地的自然社会环境优越，所在村地处平原，三是土地条件好，便于机械化操作。张跃龙认为凭自己的能力经营300亩地是最理想的，最低不能少于200亩，最多不能多于400亩。他比较愿意在原有规模基础上增加投资来扩大经营规模。他比较愿意成为专业化程度更高的职业农民，不大愿意他的下一代专门从事农业生产，他比较同意未来中国农业“后继无人”的说法，他认为未来中国农业生产应由集体统一经营。

（调查员：蒋承祚）

9－2a 宁阳县东疏镇疏里村种粮大户

一、基本情况

种粮大户李宗华，现年52岁，高中毕业；妻子50岁，初中毕业；李先生与妻子以及父母亲居住在一起。目前一家4口人居住在宁阳县东疏镇疏里村，在当地从事自营工商业的同时务农。家庭自有土地7亩，在此基础上自2013年9月开始，租入了本村村民的73亩土地。户主李先生与妻子共同经营80亩土地，只种植小麦。

二、农业生产情况

李先生表示，自己之所以开始租入土地进行规模种植小麦，是因为村里开始流行这种做法，而且听说租晚了土地就不好租了，于是在2013年便开始租入了 73 亩土地，平均每亩租金 850 元/年，土地共分为 4 片地，全部用来种小麦。土地租入不需要得到批准，也不需要通过土地交易所，与出租人之间是本村熟人的关系，土地位于本村，合同形式为书面合同，有担保人，担保人是村干部。租赁合同于 2013 年 9 月签订，固定期限 10 年，每年付一次租金，现金结清，资金来源于自家积蓄。李先生说，当时流转土地比较难，现在流转土地难度一般，而现在的每亩土地租金上涨到了约 1 000 元/年。对于土地归属权问题，李先生认识得不是很到位，他认为土地所有权归农户所有。对于“三权分置”政策，李先生表示知道这种政策。他认为流转来的土地不可以抵押贷款，理由是他认为金融机构不会接受这种抵押，如果可以抵押贷款的话，他表示愿意尝试。李先生认为以他的能力，经营 400 亩土地最理想的，在这种规模下可以实现每亩地 400 元的利润，最少不能少于 200 亩土地，最多不能超过 1 000亩。李先生对 30 亩土地进行过地块平整，花费 3 000 元。

李先生种植的小麦在耕、种、收 3 个环节上都实现了机械化。在每年的作业环节上，共需要雇佣临近村男性短工 10 人，工作 4 天，每天工资 80 元，平均年龄 55 岁；雇佣临近村女性短工 2 人，工作 4 天，每天工资 50 元，平均年龄 55 岁。另外在打药这一环节上，需要雇佣本村男性短工 2 人，工作 5 天，每天工资 60 元，平均年龄 53 岁；雇佣本村女性短工 10 人，工作 5 天，每天工资 60 元，平均年龄 53 岁。李先生认为以目前的经营状况，共需要 8 人，管理方面 2 人，直接生产 6 人。目前雇人比较难，如果要进一步雇人难度一般。由于李先生家主业是经营自营工商业，因此李先生表示如果不从事农业，能够很容易地找到收入差不多的活儿干，之所以从事农业是把农业当成自己的副业来经营。如果不干现在的行当，从事别的工作，家庭成员每年每人可以挣 2 万元。

李先生家目前没有自有的固定资产。李先生目前仍负债 20 万元，贷款全部来自于农村信用社，总贷款金额 30 万元，年利率约 11%，每年支付利息约 3 万元，贷款期限 2 年，以个人名义进行的贷款，贷款种类属于信用贷款，贷款全部用来购买生产资料。

据李先生估计，家庭 2016 年农业经营收入约 100 万元，支出 75 万元，其中工资支出 20 万元，比 2015 年盈利能力好一些，与其他种粮大户相比也没有差别。2016 年共收获小麦 44 吨，除了自留的一部分作为种子以外，全部一次性以 1.3 元/千克的价格卖给了商贩。2016 年种子费用 7 500 元；使用化肥 4 800 千克，共花费 7.5 万元；打药两次，花费 800 元；机械作业花费 2 400 元。

三、农业社会化服务

在农业社会化服务方面，2016 年李先生从本村的农机合作社获得了农机作业服务，共花费 2 400 元，效果很好。李先生表示，暂时不需要其他农业社会化服务，而且他认为当前获得的农业社会化服务较少，他很愿意成为专门从事提供农业社会化服务的农户。李先生从村委会了解到，当地政府出台了支持农业新型经营主体发展的专门文件，但李先生目前没有获得过政策性支持。李先生获得的农机作业服务，对质量没有影响，但据他估计可以提高 10％的产量，并且可以提高 15％的收入。他的亲戚朋友中没有提供社会化服务的农户。

四、发展规划与意愿情况

李先生说，发展到现在最主要依靠的是土地、资金以及政府的支持三个要素。而制约其发展最主要的因素是劳动力不足、缺少核心技术、缺少社会资源。李先生很愿意扩大经营规模，扩大的方式是在原有基础上增加投资，再多租入一些土地。李先生表示可以考虑长期专门从事农业生产，对于下一代是否从事农业李先生表示将由孩子自己决定，他很同意未来农业将后继无人，他认为未来中国应由合作社来经营农业生产。

五、社会关系与外部环境情况

李先生的亲友中有商贩，但是对他的帮助按五分评价可以打 3 分；亲友中也有银行从业人员，对他的帮助可以打 3 分。从外界借钱难度还可以。目前家庭主要依靠从事自营工商业获得收入。李先生家 2016 年一年通过自营工商业收入 6 万元；家庭支出共 51 500 元，其中包括食物消费 20 000 元，衣着消费 5 500元，电话费 1 000 元，水电费 1 000 元，红白喜事随礼 4 000 元，其他支出 20 000 元。

李先生家所在的疏里村地处丘陵，非少数民族聚集地，无高知名度人物，村中有企业 2 家，人均土地面积 1.6 亩，人均年收入 10 000 元，收入水平在镇上属于较高水平。疏里村与最近县城距离 25 公里，与高速公路入口距离 50 公里，与最近省道距离 1 公里，与粮食市场 5 公里。

六、调查员免问填写部分

该种粮大户最显著的特征是专业化，目前处于发展期，在成立过程中最重要的因素是资金，目前主要依靠资金来盈利，该主体发展主要依靠土地。整体判断该主体属于家庭经营。

（调查员：张怡铭）

9-3　宁阳县伏山农民合作社联合社

一、基本情况

宁阳县伏山农民合作社联合社成立于 2016 年 3 月，在宁阳县工商局正式注册，位于伏山镇，注册资金 690 万元，由 3 家合作社发起，现有 3 家合作社。联合社成立的原因主要是应县社部门的要求，由于成立时间较短，因此成立至今成员合作社以及社员数量并未发生较大变化。联合社现有固定资产 700 万元，流动资产 100 万元，负债 800 万元。联合社下的 3 家成员合作社分别为：大田农机服务专业合作社，共 25 人，注册资金 200 万元；瑞前畜禽专业养殖合作社，103 人，注册资金 400 万元；宁阳县祥瑞粮食种植合作社，50 人，注册资金 100 万元，属于同一地区不同业联合。

联合社目前有 2 名负责人，分别是大田农机服务专业合作社和宁阳县祥瑞粮食种植合作社的理事长。采访对象是伏山镇供销社主任朱开勇。伏山镇供销社目前共有职工 100 名，其中有 20 人参与日常工作，另外 80 人在外自谋职业。供销社主任介绍道，伏山镇目前还没有"形式化"地成立为农服务中心，也就是尚未挂牌成立，但是计划在乡镇供销社建立为农服务中心，即为农服务中心的行使主体是乡镇供销社，同时供销社承担着牵头兴办联合社的工作。供销社主任表示，为农服务中心、供销社、联合社其实是"三位一体"的关系，只是在不同时期、不同形式下的为农服务的具体形式。

二、运作情况

联合社通过各成员合作社负责人召开会议来进行日常决策，各合作社决策权一致，按一人一票进行决策。决策内容包括购买农用机械等日常项目。联合社理事会成员共6人，1人是供销社主任，其余5人均为合作社中的农民。监事会仅有1人，为合作社中的农民。联合社的工作人员不在各成员合作社中产生，而是全部由其他岗位上的人员兼任。联合社平均1～3个月召开一次理事会，但在农忙时召开较为频繁，每年召开一次社员大会。由于联合社目前尚未产生盈利项目，所以暂时没有会计资料，也没有各合作社的资金账户、产品交易记录和农资交易记录。

宁阳县伏山农民合作社联合社在运作中的亮点之处，在于联合社内的3个成员合作社形成了一个生产上的循环合作关系：由农机合作社向粮食合作社提供土地深松和耕地的服务；粮食合作社产的粮食提供给畜禽养殖合作社，作为饲料；畜禽养殖合作社产生的动物粪便，作为废料提供给粮食合作社，作为肥料。此循环由联合社发起。

在这一过程中，农机合作社提供给粮食合作社的服务比外面便宜1/3，并优先满足联合社内粮食合作社的需要。农机合作社同时也向联合社外的合作社提供农机服务，也比市场价格便宜1/4，价格便宜的原因是该农机合作社规模较大，形成了一定的规模效益。同时，粮食合作社所产的粮食100%都作为饲料提供给了畜禽合作社，主要包括玉米、秸秆以及全株饲料等。因此帮助粮食合作社解决了粮食销路问题，同时为畜禽合作社降低了饲料采购成本。

目前，联合社计划进一步扩大规模，一方面是继续对想要加入联合社的合作社进行资质审核，考察标准是看该合作社的项目是否有发展前途，联合社负责人表示新合作社加入的手续并不复杂；另一方面是已有的成员合作社继续扩大其规模，粮食合作社继续扩大种植面积、增加种植品种，农机合作社增加更多的大型机械，畜禽养殖合作社增加养殖的品种，扩大生产和销售规模。

三、社会化服务情况

产前农资服务方面：合作社从农业局购买化肥，联合社帮助合作社进行联系，由于是成批购买，所以比从外面进的化肥便宜，1吨能够节省300元，并且质量更能得到保证。

产后销售服务方面：联合社帮助合作社找销路、并帮助合作社研究相关的法律法规和政策规定，以便合作社更好地销售其产品、实现更大的收益。

联合社目前向各个成员合作社所提供的各项服务均收取成本费，比如粮食合作社所产出的玉米要做成饲料，需要联合社提供运输、加工、储藏服务，此时联合社向合作社收取这一部分的成本，但联合社并不产生盈利。同时联合社也对非成员合作社提供这方面的服务，并收取一定费用。然而，对于那些中介性质的服务，例如帮助合作社在采购农资的时候所做的联系，以及给各个成员合作社提供的产中农技服务和农业培训，这些服务并不收取费用。

四、存在的问题

对于联合社目前存在的问题，联合社负责人表示，目前联合社在内部运作方面没有问题，虽各个合作社发展水平不一样，对联合社的发展也没有影响，联合社在决策时也有效率。主要的问题集中在缺乏资金、人才和场地。

（一）缺乏资金

联合社缺乏足够的资金采购农膜、设备，以及进一步扩大生产规模。在这一方面，联合社需要政府提供相应的帮助，比如向联合社提供无息或低息贷款。这也反映了目前联合社获取银行贷款的难度较大、成本较高。

（二）缺乏人才

联合社对人才的缺乏主要表现在缺乏技术人员。国家在安排相关技术人员后，联合社没有经济能力去为其支付薪水。因此，对技术人员的缺乏根本上还是由缺乏资金导致的。

（三）土地问题

伏山农民合作社联合社面对的土地问题较为特殊，也是访谈中几个联合社中唯一的一例，即面对着土地违法强拆的问题。负责人表示，2014 年农业部和国土资源部联合下发的第 127 号文件中规定了农业生产设施用地的合理性和规模，然而由于政府的工作人员没有仔细了解和落实相关规定，将联合社内种粮大户搭建的晒台、仓库认定为“违建”，镇里要求拆除晒台。祥瑞粮食种植合作社目前就已经不得已拆除了仓库 7～8 间，达到 200 平方米左右。同时，土地流转比较困难，联合社也难以拿出足够的土地存放农机和晾晒粮食。

（调查员：王碧宁）

9-4　宁阳县磁窑镇生姜种植专业合作社

一、合作社基本情况

合作社成立于2009年7月，理事长为孙前进，同时也是磁窑镇供销社主任。所以该合作社是由镇供销社牵头领办的。合作社目前有成员273人，经营土地2 300亩，全部种植生姜。合作社注册资本60万元，其中供销社出资30万元，其余30万元为社员个人实际出资缴纳。供销社出资的30万元为合作社的成立提供了很大的支持和帮助，合作社前期成立时用入股的资金购买了冷库、洗姜机、农用运输车辆，建立库房、仓库等。

二、合作社与供销社、为农服务中心

该合作社由乡镇供销社牵头成立，供销社出资50%入股。2015年在供销社的牵头下还成立了为农服务公司，占地200平方米，租用村里百姓的土地，一年租金为1 000元，为农服务中心在此建设了仓库。为农服务中心的建立投资3万～4万元，全部由乡镇供销社领办的该合作社出资。所以供销社、合作社、为农服务中心有着密切的联系。供销社为合作社的成立提供了资金支持，合作社又出资成立了为农服务中心。合作社的盈利会分红给供销社，为农服务中心为合作社提供仓储服务。具体联系见图3-9-1。

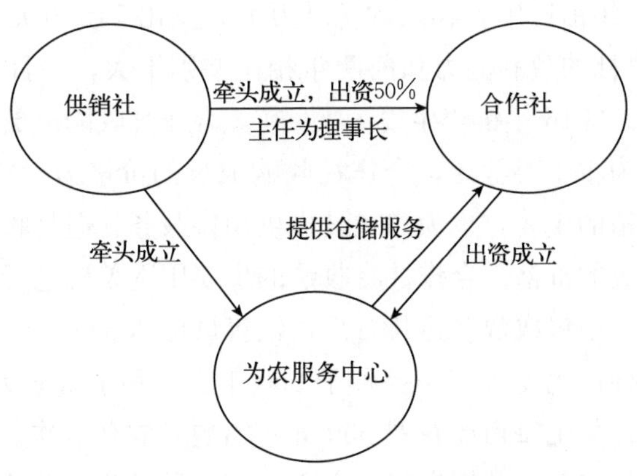

图3-9-1　供销社、合作社与为农服务中心的联系

三、合作社农业生产经营情况

（一）土地

合作社能够成功走出第一步最重要的原因是因为供销社牵头，并且给予了资金支持。目前合作社经营的土地为 2 300 亩，未流转土地，所经营的土地均为成员自家土地，能够给成员带来 550 元/亩的利润，以合作社的能力，能够经营 5 000 亩土地，但由于当地流转土地较为困难，而不得不作罢。

（二）劳动力

合作社生产主要由各个成员自家提供劳动力，在管理方面主要由合作社理事会负责，另外合作社雇佣了 10 个人来进行洗姜加工，目前雇人不是特别困难，工资约为 100 元/天。另外，合作社有会计一名，一年工资为 2 000 元，合作社一年工资支出约为 12 万元。

（三）资本

合作社拥有冷库一个，在 2009 年建立，当时花费 70 万元；租用仓库一年花费约 5 000 元；农机具方面在 2009 年购买农用运输车辆和洗姜机，一共花费 15 万元。目前合作社没有负债。

四、生产成本与收益

合作社 2016 年销售生姜收入约 720 万元，支出 715 万元，其中工资性支出 12 万元。合作社的盈利能力和前两年相比差别不大，并且和其他合作社相比没有明显差别。2016 年销售生姜 8 050 吨，合作社收购成员种植的生姜。市场上生姜的价格为 1.15 元/斤，合作社收购成员的价格为 1.2 元/斤。合作社不仅收购成员种植的生姜，也为非成员提供销售服务，但是收购普通农户的价格低于合作社成员的价格。合作社将收购的生姜用洗姜机进行清洗之后，统一卖到集市，一年的销售次数多达几百次，销售量可达 8 000 吨左右。

合作社成员种植生姜每亩需要种子 300 千克，种子价格为 3 元/千克；化肥每亩 275 千克，化肥每亩要花费 550 元；需要打农药 3 次。每亩花费约 100 元。种子、化肥、农药是种植生姜的主要开支，种植生姜没有购买农业保险，目前也没有受到什么自然灾害，所以合作社每年生姜的产量较为稳定。

五、农业社会化服务

目前合作社种植生姜接受过供销社提供的技术服务、信息服务，不收费；合作社接受的农资服务由普通农资供应商提供，一年花费约 230 万元。合作社目前接受的社会化服务主要为这几项，效果较好，但是理事长表示希望能够得到更多优质、方便的社会化服务来促进合作社生产发展。

在提供农业社会化服务方面。合作社目前能够为普通农户提供一些信息服务和销售服务，合作社也会收购部分普通农户种植的生姜，一方面普通农户种植的生姜有了出路，不用担心销售不出去，另一方面，合作社将收购的生姜进行清洗加工，能卖更高的价钱，这也能够增加合作社的收入。通过合作社提供的信息服务和销售服务，能够帮助农户降低生产成本约 5%，且能够提高销售价格 4%左右，普通农户通过合作社的销售数量达 150 吨。帮助其他农户提供销售服务和信息服务不仅能够帮助其他主体提高农业生产收入，对于合作社自身发展也有一定的促进作用，通过提供社会化服务对自身产量、质量和收入都有大约 5%左右的提高。目前合作社的发展没有受到政府的现金、实物以及示范推广项目的支持。

理事长孙前进表示目前仅仅依靠供销社和政府所提供的社会化服务无论质量和数量，都非常不充分，无法满足合作社发展所需。

六、合作社发展规划与意愿

据理事长孙前进表示，合作社发展最大的优势是有供销社在合作社成立之初的资金支持，目前，制约合作社发展的主要因素为土地规模过小，如果流转土地比较方便且土地租金价格合适，合作社有意愿通过流转土地来扩大经营规模。

七、一些思考

该合作社是镇供销社领办的合作社，且由镇供销社主任担任理事长。可以说合作社的成立、发展、运行很大程度上都依靠供销社的支持。镇供销社是一个集体企业，一般靠投资或者领办一些实体农业生产经营主体来盘活自身发展，与此同时还能促进本镇农业规模化、现代化发展。可以说，镇供销社为合作社、联合社的发展提供了方向、坚实的基础和牢固的保障。

（调查员：张阳悦）

9－5 宁阳县华丰农民专业合作社联合社

一、供销社及联合社基本情况

华丰供销社现有职工144人，在镇驻地建有一定规模的超市2个，村经营网点21个，领办创办农民专业合作社4个，组建华丰镇农民专业合作社联合社1个，参与精准扶贫包村2个，帮扶贫困户55户，与村两委共建扶贫项目1个。供销社按照全国总社提出的“试点先行，带动全面”的思想，在坚持“农民缺什么，我们就发展什么，农民需要什么，我们就提供什么”的原则下，领办了宁阳县华丰农民专业合作社联合社，摸索出一条基层供销社＋为民服务中心＋农民专业合作社＋村两委的共建发展思路。

宁阳县华丰农民专业合作社联合社计划于2017年10月1日正式开展服务，目前刚完成工作筹划部分。联合社位于山东省泰安市宁阳县华丰镇供销社院内，由宁阳县福兴农机服务专业合作社、宁阳县良伟农机服务专业合作社、宁阳县华丰富华樱桃种植专业合作社3个合作社组成，于2016年11月在宁阳县市场监督管理局注册成立，注册资本250万元，联合社构成与出资情况如表3－9－1所示。负责人陈良伟同时也是宁阳县良伟农机服务专业合作社、宁阳县福兴农机服务专业合作社的负责人。

表3－9－1　宁阳县华丰农民专业合作社联合社构成及出资情况

股东	出资比例（%）	认缴出资（万元）
宁阳县福兴农机服务专业合作社	60	150.00
宁阳县良伟农机服务专业合作社	20	50.00
宁阳县华丰富华樱桃种植专业合作社	20	50.00
合计	100	250

二、联合社发展规划

（一）为农服务中心建设

第一是对布局的规划。按照“3公里土地托管服务圈”的标准，在东庄、华丰各规划建设为农服务中心 1 处，确保“为农服务”全镇覆盖。整合农业、农机、粮食、水利、气象等部门服务项目向为农服务中心集中，推行集农机服务、农产品收储加工销售、农民培训等功能于一体的“一站式”服务。

第二是加快建设进度。东庄南故城为农服务中心正在实施建设，项目占地面积 20 亩，土建面积 6 900 平方米，其中：综合服务设施沿街楼 3 层 2 600 平方米，一楼为展销服务大厅，二楼是新型农民培训、娱乐休闲，三楼是农民联合社三部一中心。厂房的建设是标准化农机库房及维修车间 1 000 平方米；配方肥加工车间面积 400 平方米；粮食临时仓储晾晒场所面积 2 000 平方米；农资、农药、种子仓库共计 600 平方米；综合服务及配套用房 300 平方米。现已建成标准化农资仓库 1 个，预计年底可全面完成土建任务。

第三是拓展服务功能。引导为农服务中心创新经营服务方式，推动服务品种由粮食作物向经济作物拓展，服务环节由单一环节向耕、种、管、收、储全链条延伸，服务产业由农业向一二三产业融合发展提升，实现对农业生产的“保姆式”“菜单式”托管服务。预计 2017 年可服务南故城及周边 7 个村土地面积 2 万亩，2020 年实现服务面积 5 万亩，培训新型农民 3 000 人次，成为现代农业生产社会化服务的主阵地。

（二）社村共建情况

完善“党支部＋供销社＋专业合作社”三位一体新型组织体系，推动社村共建，实现助农增收。

第一，加大沟通协调力度。主动捕捉属地村发展信息，有针对性地实施社村共建，开展扶贫帮困。

第二，强化载体支撑。发挥供销社经营服务优势，主动与现代农业公司、泰安烟农公司对接，与属地村两委合作共建农民合作社 6 个，共建发展项目 4 个，共建服务中心 2 处，共建联合社 2 个，搭建起为农服务综合载体，为下一步工作开展奠定良好基础。

第三，推动成果共享。按照“产权明晰、责权统一”的原则，合理分享社村共建利益，实现了供销社发展、村集体增收和农民致富“三方共赢”。通过社村共建，华丰、东庄供销系统新增经营收入 20 万元，村集体年增经营性收入 9 万元、人均增收 800 元、户均增收 2 000 元以上。与华丰镇满家村颜书记对接，借助泰安烟农公司测土配方施肥、农业技术服务等优势，帮助该村组建泰安烟农村级服务站，对该村流转的 300 多亩西瓜、樱桃等经济作物种植基地免费提供测土化验，把低于市场价格 10％的测土配方肥提供该村，降低了农户生产成本，提高了种植效率。与东庄镇王家庄村对接，立足村里的苹果园老资源，经村“两委”在广泛征求党员群众意见建议的基础上，共建宁阳县凤仙山林果专业合作社，合作社由成立时的 22 人发展到现有合作社成员 136 人，入股土地由成立之初的 80 亩发展到现在的 2 450 亩。2015 年合作社实现利润 215 万元，社员盈余返还 55 万元，为社员增收 30 万元，在增加群众收入的同时，也拓宽了村集体经济增收渠道。

（三）电商培育，提升农村现代流通服务水平

以市场配置资源、深化农村流通改革为导向，创新运用“互联网＋”理念，改造提升供销流通服务业态，加快培育城乡电子商务市场主体，推动农村流通服务转型升级。

第一，合理设置镇村网点。依托华丰大华、康华超市，采取新建、改造、加盟等方式统一布局经营网点。建成镇级规模超市 2 个、新建村级门店 6 个，改造提升农村供销经营网点 38 个，形成了连锁化、规模化、品牌化的流通服务网络。

第二，积极搭建电商平台。坚持线上线下融合、内力外力并用，主动参与县供销现代农村电子商务公司组建运营，实现 B2B 线上采购商品 2 万元，与支付宝、微信第三方合作，共建大华、康华线上商城，拓展 B2C、O2O 业务，完成线上交易 200 万元。

第三，配套完善物流网络。立足临沂至华丰、东庄地域优势，推动物流网络向村、社区延伸，加快发展镇域配送、农资配送，打通物流服务“最后一公里”。依托 2 处乡镇规模超市，新建改造日用品仓储设施 2 000 平方米，购置配送车辆 3 台，2017 年完成农产品、日用品配送 300 万元，构建了“网货下乡”和“农产品进城”双向流通格局。

（调查员：张怡铭）

案例报告十：东阿县案例

10－1　东阿县高集镇农民合作社联合社

一、联合社与负责人基本情况

东阿县高集农民合作社联合社成立于 2016 年 11 月，由 3 家合作社发起，联合社成立时间不长，所以现仅有 3 家成员社。联合社于成立之时在县工商局登记注册，注册资本为 500 万元，其中供销社出资 33%，成员社出资 67%，均为认缴而非实际出资。联合社成立的主要原因是为了把几个合作社联合起来，形成合力，扩大规模，进而增加盈利能力和产出水平，同时也是为了响应县供销社的号召。联合社成立初期，遇到了不小的困难，未加入联合社的村民合作意识比较弱，组织农民比较困难；加入联合社的成员思想不坚定，合作意识淡薄。总体而言，联合社的凝聚力和向心力在成立初期比较弱，希望能够在后期运营过程中通过不断实践磨合来提高联合社的向心力。联合社能够成立最主要是依托了基层社的一些资源优势。目前，联合社有固定资产 100 万元，暂无流动资产和负债。联合社的 3 个成员社分别为乐民核桃种植专业合作社，主要种植核桃、牡丹；富民甜叶菊种植专业合作社，主要种植甜叶菊和玉米、小麦；金科粮食种植专业合作社，该合作社理事长就是联合社理事长，也是乡镇供销社主任——李鹏，该合作社成立于 2009 年，目前有成员 100 人左右，主要业务除了种植粮棉油之外，还有 100 亩推动托管的业务，帮助托管对象提供化肥、施肥、喷药，以及耕种收机械化服务，理事长李鹏占出资额的 51%，2016 年通过合作社分红获得收入 10 来万元。

联合社理事长李鹏现年 29 岁，也是乡镇供销社的主任，由于他工作繁忙所以他的父亲李兆军接受了这次访谈，父亲李兆军也是乡镇供销社的成员，是基层社党支部书记，可以说是“上阵父子兵”了。理事长以及理事长的父亲在联合社都没有领取工资，在乡镇供销社领取工资，但是供销社的工资非常少，父子收入主要来源于金科粮食种植专业合作社的分红。

二、联合社运作情况

联合社成立的时间还不到一年，所以在运作过程中很多方面还不健全，仍在不断地摸索和探究。联合社决策是按照章程开会讨论投票通过的，各家成员社的决策权一样，均为一人一票。联合社有理事会、监事会，但是目前还没有聘请专门的工作人员。联合社有自己的章程，但是该章程目前还不健全，希望在运作过程中能够不断完善和规范。一般来说，联合社成员大会每半年召开一次，理事会每半个月召开一次。不过目前联合社只是一个组织的形式，还没有盈利，所以也没有聘请相应的会计、出纳。联合社有成员社的资金账户、交易记录和农资交易记录，但是不向下属合作社公开财务和运营状况。目前联合社3个成员社均未退出联合社。

三、合作社、联合社、基层社、为农服务中心的关系

基层社领办了该联合社，并占联合社注册资本的33%，基层社主任担任联合社理事长，也是金科粮食种植专业合作社理事长。为农服务中心由基层社领办，为联合社以及其他农业生产经营主体提供农机、农资、技术培训、统防统治以及粮食烘干等社会化服务。该为农服务中心占地20亩，建设花费300万元，其中50万元为省里下拨的财政支持资金，250万元中基层出资33%，中粮集团投资60%，其余部分为贷款所得。具体合作社、联合社、基层社以及为农服务中心的关系见图3-10-1。

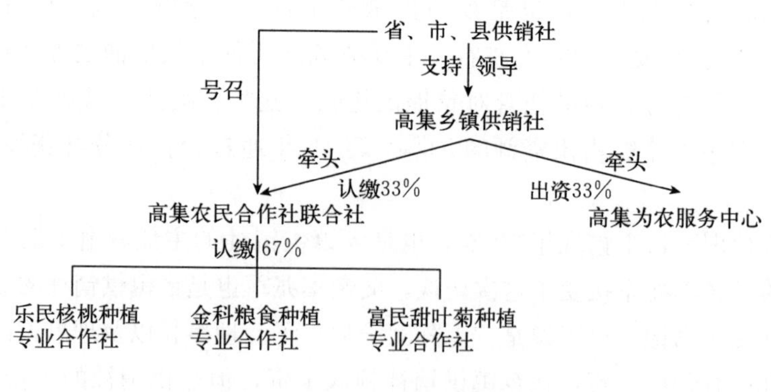

图3-10-1　四主体关系图

四、联合社提供的社会化服务

联合社不为成员社提供农资采购服务，但是3个成员社农资服务一般以该乡镇为农服务中心提供为主。在农技服务、农业培训方面，联合社向各成员社提供该项服务。联合社理事长还依托自己的社会资源，帮助成员社联系买家，理事长联系的买家收购价格能比市场价高5%左右，且联合社不向成员社收取信息介绍费用。目前联合社没有注册商标，也没有自己的销售平台。此外，联合社目前还没有能力为成员社提供运输、加工、储藏以及资金服务。

五、联合社存在问题与发展前景

联合社成立到目前为止还不到一年，也没有实际的盈利性业务，所以目前还不存在突出的问题，各个成员社发展水平不一致，对于联合社的发展影响不大，联合社在决策过程中效率不算太高。

联合社在用地方面的困难比较突出，审批用地手续非常复杂，流程比较烦琐，目前联合社所使用土地的手续也不齐全、不规范。如果能够申请到更多的建设用地，联合社打算用于发展电商以及存储服务，这样联合社就能为成员社甚至非成员提供网上销售、烘干、存储等社会化服务，这也能为联合社带来实际的盈利。联合社目前比较缺乏管理人才，好的、有能力的管理人才能够帮助联合社更好发展，等联合社业务开展、规模定型之后，想向社会招聘这样的管理型人才。除上述一些问题外，联合社目前还未遇到其他实际性的问题。

目前，联合社3家成员社的抱团作用不是特别明显，主要是因为联合社尚处于起步阶段，资金、用地、服务、人才等各方面的实力不足。等到联合社各方面都比较充裕、完备和规范之后，成员社的抱团作用和效果会明显不少。与单个合作社相比，加入联合社后，在技术服务、农资购销以及资金拆借互助等方面的优势会更加明显。

联合社虽然成立时间不长，但是理事长对于联合社的未来发展还是比较看好的，他表示联合社未来在资金互助、农民培训以及农机作业服务方面都将慢慢发展起来，这样才能更好地增强联合社的凝聚力和组织化程度，同时也能吸引更多合作社加入该联合社中来。

目前联合社主要和乡镇政府联系比较多，联合社理事长会定期向乡镇政府汇报联合社的运营状况，乡镇政府会适当指导联合社调整产业结构。当地村委和乡镇对于联合社的成立和发展有政策支持，会提供一些信息，但尚无实际性的支持。

在联合社法律法规这一块，理事长认为需要出台相应的联合社法律法规来规范联合社的发展，就像2007年出台的合作社法律一样，以保证合作社健康发展。

六、一些思考

该联合社尚未开展实际性的业务，目前没有盈利和分红，所以该联合社更像是一个组织形式。该联合社想要发展，必须要通过提供社会化服务来增加各个成员社的凝聚力，这样联合社也就有了收入。不过想要有能力和实力提供社会化服务，离不开资金，而目前联合社注册资金为各主体认缴，所以没有真正的资金来支持联合社开展各项业务。联合社成立时，各成员认缴资金这一方式是否合理，还有待考究。

（调查员：张阳悦）

10－2　东阿县盛欣为农服务有限公司

一、公司基本情况

东阿县盛欣为农服务有限公司于2015年8月在东阿县工商局注册成立，位于东阿县刘集镇，注册资金100万元，其中刘集供销社投入51万元，当地种地大户巨健康投入49万元，法人代表为巨健康，刘集供销社不参与公司经营活动，只对其起到监督作用。该公司目前已陆续投入300万元建设为农服务中心，资金来源为巨健康本人投资，2016年山东省财政支持了50万元也被投入到设备购置当中。

为农服务中心占地23亩，土地来源为租用村集体建设用地，23亩土地每年租金为5万元。目前已经建设农机库300平方米、办事大厅200平方米、粮库2 000平方米、测土配方大厅300平方米及农资仓库400平方米，服务能够覆盖附近两个乡镇。农机具方面，为农服务中心目前拥有大型收割机4台，价值40万元左右；小型拖拉机、农用车15台，价值8万元左右；无人植保机3台，价值35万元。见表3－10－1。

表 3－10－1　为农服务中心资产表

场所名称	面积（平方米）	设备名称	数量（台）
高标准仓储基地	2 000	大型收割机	4
办事大厅	200	无人植保机	4
农资仓库	400	智能配肥机	1
智能配肥中心	300	拖拉机、农用车	15
标准化农机库房	300		

二、为农服务中心业务开展情况

目前，盛欣为农服务有限公司建设运营的为农服务中心主要开展了以下业务：

（一）粮食仓储

为农服务中心目前每年粮食仓储业务量达到 500 吨左右，其中粮食代储业务量约为 350 吨，收费标准为 0.02 元/千克；粮食代收业务量约为 150 吨，通过市场价收购客户粮食然后每千克加价 0.02 元出售给加工企业。

（二）测土配方施肥

目前为农服务中心的测土配方施肥服务已覆盖附近两个乡镇，服务面积达到 6 000 多亩，并且建立起了土壤数据库。

（三）农资出售

通过公司直接与农资厂商进行谈判，大规模采购提高了议价能力，使得农资价格相比市场价格降低 10%以上，并且在质量上更有保障，每年化肥销售量达 800 吨以上，各类农资销售额在 40 万元左右。

（四）农机作业

目前盛欣为农服务有限公司通过联系合作社和大户，每年耕种收环节农机作业面积达 1 000 亩左右，收费价格低于市场价 5%左右。

据了解，该为农服务中心聘用了 4 人进行管理，其中财务人员 1 人，管理人员 3 人，每人的工资为 2 500 元/月，另外每年在农忙时期还会雇佣 13 名农机手进行农机操作，工资为 120 元/天，因此每年的劳动力成本在 20 万元左右。

目前该为农服务中心服务的服务对象主要为 6 个合作社、3 个种植大户，另外还有 360 户左右的农户，每年服务业务能实现纯利润 5.5 万元左右，农资销售业务能实现净利润 3.5 万元左右。供销社每年会支付为农服务中心租赁费用 10 万元，实现的纯利润再按出资比例进行分红。

三、存在问题及未来规划

目前盛欣为农服务有限公司存在的主要问题是作业面积较小，据巨健康说希望通过流转附近土地使得土地托管面积能达到 6 000 亩，但由于目前土地流转费用较高，而公司缺少资金难以大面积流转土地，因此希望政府部门给予一定的资金支持或者能够协助从银行获得贷款。

（调查员：刘世琦）

10－3　东阿县姚寨镇农民专业合作社联合社

一、联合社基本情况

山东省聊城市东阿县姚寨镇农民专业合作社联合社成立于 2016 年 12 月，由姚寨镇供销社与 6 个合作社发起，目前联合社有 6 家成员合作社。联合社于 2016 年 12 月在东阿县工商局正式注册，注册资金 860 万元，每个合作社实际平均出资 40 万元。由于联合社成立时间短，目前联合社并未对成员社进行分红。但据联合社负责人题召洋称，在未来拟采用按照各成员社最初出资额与年交易额划定一定比例予以分红。现在，联合社拥有固定资产 150 万元，流动资产 80 万元，并无负债。

联合社负责人题召洋表示，当时成立联合社的主要原因是由于小规模的农户无法与大市场有效衔接，无法适应不断变化的市场需求。农户通过加入合作社，合作社再抱团成立联合社的方式，扩大农产品的生产、加工、销售规模，能够达到提高收益，降低生产成本的目的。当时成立联合社时，也遇到了资金周转困难的问题，后来在联合社负责人题召洋的号召下，成员合作社联合起来共同出资，最终联合社成功走出资金困境。

联合社由 6 家成员合作社组成，分别是东阿县鑫森粮棉种植专业合作社、东阿县鑫科粮棉种植专业合作社、东阿县庆丰粮食种植专业合作社、东阿县富康果蔬种植专业合作社、东阿县海山粮食种植专业合作社、东阿县俊岭粮食种植专业合作社。联合社负责人题召洋表示，联合社虽然属于同一地区不同产业联合，但主要是粮食种植专业合作社之间的联合，各成员合作社发展水平不同，但各具特色。鑫森粮棉种植专业合作社是规模最大的成员社，粮食种植一部分采用流转来的土地，一部分是采用半托管的方式。庆丰粮食种植专业合作社主要种植玉米和优质麦，合作社采用订单农业的销售模式，这种“先找市场、再抓生产、产销挂钩、以销定产”的模式很好地适应了市场需要，给农民的收入带来保障。

二、负责人基本情况

作为联合社的负责人、鑫森粮棉种植专业合作社理事长，题召洋在受访时说，现年 47 岁的他是中共党员，一直在姚寨镇供销社工作，至今已经在供销社工作 30 年了，担任供销社主任也有 8 年时间。自联合社成立以来，他在联合社从未领过工资。在受访的过程中可以发现，题召洋的人脉关系很广，个人也拥有较为雄厚的经济实力，他的亲戚朋友多为县市领导、村镇干部、商贩与同行业从业人员。

三、联合社运作情况

联合社的决策由理事会各理事长最终协商决定，在决策过程中各成员社有平等的决策权，严格按照“一人一票”制度执行决策程序，这极大地提高了决策效率，保证了决策的公平性与合理性。联合社有理事会、监事会，但没有专门的工作人员，工作人员都是兼职的。联合社中各成员社向联合社出资，联合社有专门的联合社章程，联合社每月 1 号召开一次社员大会，每半年召开一次理事会。

联合社是独立核算单位，由于成立时间还未满一年，目前没有盈利也没有分红。联合社有严格的财务管理规章制度，有兼职的财务管理人员（会计、出纳），会计资料较为完整并向下属合作社公开全部的财务和运营情况。现在，联合社还没有各成员社的资金账户、产品交易记录、农资交易记录。目前，联合社并无退社情况出现。

四、联合社提供的服务

谈及联合社提供的农业社会化服务，联合社负责人题召洋坦言，他不仅是东阿县姚寨镇农民专业合作社联合社负责人，也是鑫淼粮棉种植专业合作社、鑫淼粮食银行的理事长，东阿县海山粮食种植专业合作社、东阿县东来顺为农服务有限公司的股东。联合社为合作社提供全程化服务，提供产前农资采购服务、产中农技服务与农业培训服务、产后销售服务以及提供运输、加工与储藏服务，鑫淼粮食银行提供资金互助服务。联合社统一为成员社采购肥料、种子，提供植保飞防服务，每亩收取费用 10 元，比合作社自己购买每亩节省 5 元，也给非成员社提供，但是没有任何价格上的优惠。根据不同季节与不同作物的生长期，联合社为成员社与非成员社每年定期提供农技服务与农业培训，每年提供次数 12 次左右，且不收取任何费用。联合社为成员社提供产后销售服务，联合社采用订单农业的销售模式，主要销往华农集团、保龄宝集团、供销 e 家固定的销售平台，联合社不对成员社收取任何费用，也不给非成员社提供这项服务。鑫淼粮棉种植专业合作社有专门的加工厂，为其他合作社提供加工服务。鑫淼粮食银行为成员社与非成员社提供粮食储存服务，但是非成员社的收费标准是成员社的两倍。鑫淼粮食银行为成员社提供资金互助服务，收费标准为 100 元的资助金收取 1 元的服务费，不对非合作社成员提供这项服务。

当时为解决农民储存粮食的问题、破解粮贱伤农难题，在东阿县委政府、县供销合作社的大力支持下，东阿县投资新建鑫淼粮食银行。粮食银行占地面积 16 000 平方米，其中建筑面积 2 000 平方米，总投资预计 300 万元，主体建筑有：粮食储备库，粮食银行交易中心，粮食烘干、培训教育基地办公室，综合办公室以及配套附属建筑。粮食银行的运作模式是鑫淼粮食银行与村组签订协议，农民粮食存到粮食银行，验收后为储户发放粮食代储存折，储户凭折兑换，存储期间存粮分红。粮食银行的功能包括为农民代储粮食，解决农民卖粮难、储粮难、加工难的后顾之忧。为储户兑取成品，农户凭粮食存折可在粮油超市网点兑取成品粮。为储户减损增收，粮食银行代储农民粮食，减少粮食损失，确保储存品质，提高粮食利用率，周转规避粮食市场风险，增加农民收入。为农户传授创业技能，粮食银行设立农民培训教育基地，由专家对农户进行创业增收技能培训。为储户提供劳动就业，粮食银行为失地农民提供部分工作岗位，解决了农村城镇化后部分失地农民的就业难问题。

东阿县东来顺为农服务有限公司成立于 2015 年 8 月，注册资本 500 万元，其中供销社持股51%。东阿县东来顺为农服务公司集种植、加工、仓储、销售服务于一体，为联合社提供信息咨询、综合服务、订单农业、土地流转、农业保险、烘干仓储、信用互助、测土施肥、庄稼医院等服务。

五、问题的思考

联合社成立半年时间，尚处于起步阶段，现在各个合作社之间发展水平不同，联合社总体发展水平缓慢。联合社缺乏资金扶持，也缺乏专业技术型人才。镇供销社职员在联合社兼职，他们只在供销社领工资，并不在联合社领工资，镇供销社主任每月工资800元，普通在岗职员每月工资200元。因为他们领取的工资低，导致他们工作热情并不高，对联合社的发展也不十分关心。同时由于供销社人员偏向老龄化，对先进的农业知识与专业技能了解甚少，学习起来也困难。谈及联合社发展前景，题召洋坦言，自联合社成立以来，合作社之间抱团、规模化经营作用明显。同时，县农业局、县供销社也为联合社提供一些项目资金与扶持资金。但联合社仍需要相关法律法规的支持，以便在法律约束的条件下更加规范化发展。

联合社虽然处于初期起步阶段，未来的发展方向还不明晰。但从访谈的过程中可以看出，联合社负责人题召洋是个非常有想法、敢于去实践、自身经济实力也雄厚的人。虽然联合社成立时间短，但为农服务平台提供的服务是比较到位的，像鑫森粮食银行、供销e家、东来顺为农服务有限公司都对联合社与合作社的发展起到重要作用。联合社需要政府提供资金扶持，需要高素质专业技术型人才返乡，联合社具备了丰厚的经济实力与专业知识水平，才可以不断巩固和增强联合社市场地位。

（调查员：蒋承祚）

10-4　东阿县牛角店镇农民专业合作社联合社

一、基本情况

东阿县牛角店镇农民专业合作社联合社成立于2016年12月，由7家合作社发起，并于2016年12月在东阿县工商局注册，注册资金260万元，成立之初有成员将近1 000人，现有13家合作社，成员1 600余人。联合社现有固定资产260万元、流动资产100万元，无负债。

联合社的13家成员社发展水平有较大差异，其中拥有两家省级农民专业合作社，以新意粮棉专业合作社为代表的几家合作社发展程度较高。新意粮棉专业合作社成立于2010年，是联合社各成员社中最早成立的，在各成员社中发展水平最高，提供从种到收的一条龙服务，并拥有粮食烘干机，日烘干能力可达300吨。西波蔬菜专业合作社主要经营大棚蔬菜种植，并向合作社内部成员提供资金互助服务，在合作社内部进行资金的调剂，由内部成员进行担保，利息与银行贷款相似，可解决农户贷款难的问题。

二、运作情况

联合社的股东是各专业社的法人或家庭农场主，共20多人，联合社通过股东会议进行决策，各合作社的决策权相同，实行一人一票制。联合社设有理事会、监事会，其他工作人员全部由各专业合作社的人员兼任。理事会会长为联合社法人，其他理事会成员为各合作社负责人，平均每月召开两次理事会。社员大会根据具体情况适时召开。

各合作社尚未向联合社出资，无须向联合社交费。联合社是独立核算单位，目前不存在盈利或亏本。合作人表示，若存在盈利，将按实际投资比例进行分配。

三、服务情况

联合社给各合作社提供的服务并不充分，主要包括收集信息、协调等中介性质的服务，还没有形成农资租赁、销售等产生盈利的服务。

产前方面，主要是统一采购化肥、农药、农膜、种子，由于联合社采购规模更大，比合作社单独采购节省5%，但是联合社不会向合作社收费，也不产生盈利，同时也对非成员提供服务，但会收取一定费用。

产中服务包括统一协调、组织、安排各专业合作社进行培训，主要是协调各合作社的培训工作，并不由联合社直接对合作社或农户提供培训，这一过程免费。

产后销售服务主要是帮助合作社联系厂家进行小麦的销售，联合社尚无统一商标品牌注册规划，但计划通过新意粮棉专业合作社注册商标，并不通过联合社进行注册。联合社并不对各合作社的农产品进行统一收购和对外销售，只是起到统一协调、帮助联系收购方的中介作用，可以比合作社联系卖家售价更高。以玉米为例，2016年玉米最低收购价为0.7元/斤，联合社通过联系玉米销售商（包括饲料厂、淀粉厂），可以比当地市场价贵100元/吨。目前除传统渠道外，还通过"供销e家"、京东等电商平台进行销售。

联合社目前暂无运输、加工、储藏服务，也没有资金服务，联合社希望提供储藏服务，但受阻于资金缺乏。联合社不对成员合作社直接提供资金服务，只是起到协调的作用，帮助合作社与银行和担保公司进行协调，这一过程不收费，同时也向非成员提供。

四、存在的问题

（一）联合社作用发挥不充分

目前产中农技服务和农业培训主要由合作社直接提供，提供主体是在新意粮棉合作社基础上建立的为农服务中心。服务内容主要为由省农业局、农广校授牌的农民培训课堂，可在全镇范围内提供服务，可辐射全镇60%的行政村。但是，此为农服务中心是为相应号召而挂牌成立的，实际的服务提供者仍然是新意粮棉专业合作社，服务内容也没有发生变化，二者是一体的关系。在农技服务方面，联合社并没有直接发挥作用，不会向各成员合作社提供服务，而是由合作社来提供。

（二）合作社之间的矛盾

同行业合作社有时在业务上存在一些矛盾，比如各合作社所愿意种植的品种不同。此时联合社仍会按照各合作社各自的意愿来帮助合作社采购品种，实际仍由各合作社自身决定其采购品种，因此无法充分发挥联合社带来的规模优势。

（三）资金、用地困难

联合社想要建立钢板仓（即粮食储存仓），需缴纳30%的订金，共需要200万元。目前联合社进行贷款的机制是：向农业银行进行贷款，同时由省供销社成立的担保公司对这笔贷款进行担保。担保的要求是必须由公务员进行担保，每人担保额为30万元。而联合社无法获得足够的担保，因此无法获得这笔贷款，进而限制了联合社作用的进一步发挥。

根据规定，建设用地达到10亩以上才可申报项目，因此联合社很难申请政府项目支持。希望通过政府提供用地指标、提供政策性资金扶持、农业机械配套等支持。

（四）人才短缺、老化

目前联合社缺乏专业型知识型人才，且供销社、联合社、专业合作社都存在人员老化问题，希望通过政府配备技术人员加以解决。目前牛角店镇基层供销社职工有 30 人，目前领工资的有 4 人，并且这 4 人全部为兼职，同时在外做生意，每月在供销社领取的工资仅为几百元。

五、东阿县供销社、联合社运作体系

东阿县供销社与联合社属于同一班子，县联合社的任务是领办乡镇联合社，目前县联合社下面有 10 个乡镇联合社和一家为农服务公司（立群农资公司），立群农资公司在乡镇中有 13 家连锁店。目前乡镇联合社的工作业务除了传统业务以外还包括领办联合社，目前的工作重点是土地流转、土地托管、三农服务、建设为农服务中心，以及建设和推进产业链。目前牛角店镇拥有专业合作社 200 多家，基层供销社领办的联合社目前只有一家，即牛角店镇农民专业合作社联合社，刚刚成立不到半年，由基层社领办的联合社下属的专业合作社都是由基层社领办的。另外还有一些自发成立的联合社，但是普遍业务单一、效益一般，只有拥有完善的产业链的经营尚可。

（调查员：王碧宁）

10－4a　东阿县牛角店镇新意粮棉种植专业合作社

东阿县牛角店镇新意粮棉种植专业合作社成立于 2011 年。合作社目前经营土地 1 500 亩，有成员 500 户。合作社理事长张义松现年 55 岁，家中共有 10 口人，其中从事农业生产的有 6 人，分别为其本人、妻子、儿子两人和儿媳两人。

一、起步阶段

成立合作社的主要原因是响应国家号召、由供销系统发动，并由几人合伙成立合作社，并且理事长本身拥有一定的农业生产经营的技术或经验。合作社从成立之初到如今面临的问题是资金约束、土地约束以及无法申请国家项目，包括水肥一体化、国家资金先建后补的项目无法得到补贴。上述问题尚未得到解决。

（一）土地

目前合作社经营土地总面积 1 500 亩，全部为流转土地，全部由合作社直接经营，平均每亩租金 1 100 元/年。从合作社成立至今，大规模土地流转已有两次，分别为 2013 年和 2016 年，其余还有若干次小规模的土地流转。2013 年通过转包方式转入土地 300 亩 1 片，2016 年通过转包方式转入土地 500 亩 1 片，租金均为 1 100 元/年，主要用途均为种粮食作物，“三补贴”归转入合作社的全体成员所有。

关于土地流转的方式，土地租入或转包无须得到批准，没有通过土地交易所，与土地租入者无亲友关系，租入土地在本村和外村均有，有书面合同，没有担保，合同年限为 6 年，土地流转面积分别为第一次 300 亩、第二次 500 亩。以现金方式支付租金，租金支付方式为一年一付，资金来源包括自家积蓄、银行贷款、信用社及合作社贷款和亲朋好友借款。

合作社拥有 20 亩建筑用地，建设用地来源是流转土地，占流转土地总量的 13%。当时土地流转较为困难，现在土地流转很容易，现在平均每亩租金主要以实物形式交付，为 500 斤小麦加 500 斤玉米。

合作社理事长张义松认为，土地所有权应属于农民个人，长期在外从事非农工作的人以及去世或外嫁的人应该交回土地承包权，没有听说过“农地三权分置”的说法。其本人虽未实施，但愿意拿流转来的土地经营权去抵押获得融资贷款。

合作社理事长张义松认为，凭他的能力，经营 2 万亩地是最理想的，在这种情况下每年能实现利润 300～500 元，但最低不能少于 1 万亩，最多不能超过 2 万亩。

在合作社经营期间进行过地块平整、水利设施建设和土壤改良。其中地块平整涉及土地 300 亩，整治费用为每亩 260 元，总费用 7.8 万元；水利设施设计面积 700 亩，整治费用为每亩 50 元，总费用 3.5 万元；土壤改良涉及土地 1 500 亩，整治费用每年每亩 60 元，总费用每年 9 万元。以上资金的出资主体为合作社的所有成员。

（二）劳动力

以小麦为例，1 500 亩面积在耕地、播种、收获环节全部为机械操作。合作社理事长直接参加农业劳动、直接经营管理。按照目前的经营现状，理想状态需要100人合适，其中管理方面和直接生产各需50人。目前合作社的劳动力投入情况为：行政管理共7人，包括5男2女，全年投入劳动，工资每月2 000元，男工平均年龄55岁，女工平均年龄40岁，来自本村以及临近村，不固定岗位；财务管理共2名，1男1女，每年工作天数300天，每月工资2 000元，平均年龄40岁，男工来自本村、女工来自外村，不固定岗位；作业环节有50名，全部为短期雇工，并且全部为男工，每年工作30天左右，日工资200元，平均年龄60岁，来自本村及外村，不固定岗位；日常环节有10人，4男6女，每年工作40天左右，工资不按日结算，而是按工作量计算，打药工资每桶4元、浇地工资每天70元，年龄都在50岁以上，来自临近村，工作方式为分片承包。

（三）资本

合作社于2015年投资建设了仓库，花费200万元，可使用年限预计为15年，资金来源为通过民间借贷以及银行贷款。另外，合作社从2012年至2015年陆续购入一系列农机具，包括拖拉机、收割机、农具和烘干机，可使用年限为10年左右，其中，拖拉机、收割机、农具总花费300万元，烘干设备花费200万元，资金来源同上。目前合作社总共负债800万元，负债主要来自亲朋好友借款，占负债总额的80%，目前每年应支付的利息全部服务于农业生产。

当地正规金融机构贷款利率一般是每年一分，民间借贷利率、亲朋好友借贷利率基本与前者一致，没有高利贷。近5年来最大的一笔贷款金额为100万元，年利率8%，贷款年限为1年，贷款来源为农村信用社，以个人的名义贷款，为抵押贷款，贷款主要用于购买生产资料以及建设仓储设施或加工厂。

二、生产成本与农产品收益

合作社2016年度农业经营收入约150万元，支出合计120万元，其中工资支出30万元。

种植业的成本以小麦为例进行说明。每亩购买种子15千克，每亩60元；每亩使用化肥40千克，每亩200元；每亩使用农家肥1 500千克，价格每吨500元；一季使用农药2次，价格为每次每亩30元。

合作社负责人表示，合作社自成立以来一直不产生盈利，但比其他专业合作社的经营情况好一些，因为目前本地区专业合作社大多数处于亏损状态。

三、农业社会化服务情况

合作社需要接受的服务包括技术服务、物流服务、信息服务以及品牌服务，但仅接受过由农业局提供的技术服务，不对合作社收费。合作社提供的服务是技术服务和农资服务，提供对象是普通农户、专业大户和家庭农场，服务户数为500户，农资服务主要是化肥、农药的采购，合作社给联系供应商，同时也向非合作社成员提供服务。

目前合作社可提供以下服务项目：

（一）粮食烘干

合作社通过贷款购买了烘干设备，成本为300万元，向农户提供烘干服务，价格为100元/吨。目前合作社尚未收回成本，预计通过5年收回成本，收回成本后继续盈利。通过合作社的烘干设备烘干只需12小时，而之前的方式为农户自行晾晒，需要4～5天。

（二）秸秆回收、玉米芯回收

合作社向农户回收秸秆和玉米芯，销售给木糖醇厂和糠醛厂，每年可盈利10万～20万元，盈利归合作社全体成员所有。

合作社目前承担着深耕深松、宽幅精播、玉米全程机械化的示范项目，由国家进行补贴投资。

（调查员：王碧宁）

10-4b　东阿县天和农牧商贸有限公司

受访者申志勇是东阿县牛角店镇大中村种植粮食的专业大户，在2013年9月开始经营家庭农场并注册，当时注册资金200万元，2016年8月注册成立山东天和农牧商贸有限公司，成立时注册资金300万元，现在累计投入600万元，公司主要人员2人，申志勇是执行董事兼经理，持股比例100%，属于自然人独资经营，经营范围是饲料销售。申志勇当初看准了当地农业发展的自然基础和有利的市场形势，因此成立了山东天和农牧商贸有限公司。目前该公司发展的具体情况如下：

一、投入产出情况

（一）三大要素

（1）土地方面

目前家庭农场经营的土地总面积是 2 140 亩，均为流转土地，平均每亩每年租金 1 200 元，在 2013 年 9 月签订书面合同，以转包方式转入本村 11 片土地，主要用于粮食种植，租期 15 年，每年应付租金 256.8 万元，租金以现金方式分期付（一年两付），因为缺钱，租金没有一次性付清，资金来源是自家积蓄、银行贷款和向其他私人借款，“三补贴”归家庭农场所有。流转土地需要政府和村委会的批准，没有通过土地交易所，与转出土地者无亲友关系。公司有办公、厂房和物流仓库，租用农户宅基地 1 亩，租赁价 2 万元，流转土地比较容易。申志勇对所经营的土地进行了整治，地块平整花费 32.1 万元，水利设施花费 10 万元，改良土壤花费 64 200 元。

申志勇认为土地所有权属于国家，认为长期在外从事非农工作的人以及去世或者外嫁的人应该交回土地承包权。申志勇不知道“农地三权分置（所有权、承包权、经营权）”的说法，认为流转来的土地能抵押贷款，愿意拿流转来的土地经营权去抵押获得融资贷款，但是没有去抵押贷款。

（2）劳动力方面

申志勇的家庭农场种植小麦，2 140 亩土地全部实行机械操作，申志勇既负责经营管理也参加农业劳动。农场的劳动力投入主要在三个方面：行政管理方面，短期雇工 3 人，每年工作 365 天，工资 2 万元/年，平均年龄 55 岁，来自本乡镇其他村，是固定岗位；财务管理方面，长期雇工 1 人，每年工作 365 天，工资 2 万元/年，年龄 40 岁，来自本村，是固定岗位；作业环节方面从耕地、播种、浇水、打药、返青水、追肥、打药、选种、收割共雇短工 100 人，每年工作 150 天，日工资 80 元，其中男工 10 人，平均年龄 55 岁，来自本村，工作方式为分片承包，女工 90 人，平均年龄 45 岁，来自本乡镇其他村，是不固定岗位。

（3）资本方面

目前固定资产有农用场所和农机具，农用场所有租赁的 2 个仓库、厂房，租金 2 万元/年；农机具有拖拉机、农具、农用运输车辆，2014 年购买的拖拉机，总花费 40 万元，使用年限都是 10 年，2014 年购买的农具，总花费 28.24 万元，使用年限 5 年，2014 年购买的农用运输车辆，总花费 5 万元，使用年限10年，资金来源都是自有资金。公司目前负债160万元，主要用于收割费用、种子化肥费用，每年支付利息20万元。近5年来以个人名义从邮政银行贷款30万元，期限1年，贷款用来支付租金，无购买的股票、基金、债券等金融产品。

（二）生产成本与农产品收益

2016年农业经营收入215万元，支出合计496万元，其中工资支出40万元，盈利能力与前两年相比差很多，与其他同类经营主体相比也差一些。2016年小麦生产由于遭遇冰雹，1 600亩地绝收，损失190万元，仅收获600亩300吨，销售均价2.5元/千克，加工企业一次性收购。玉米收成较好，2 140亩地收获963吨，销售均价1.5元/千克，加工企业分35次收购。

（三）农业社会化服务情况

接受的农业社会化服务：东来顺为农服务公司提供的粮食烘干服务，接受服务的是本乡镇的500户农户，为农服务公司一次一结收取烘干费用，2016年申志勇种植的玉米烘干了一次花费10万元，无政府补贴支持金额。申志勇不知道当地政府是否出台了支持农业新型主体发展的专门文件，但获得过政府提供的现金补贴6万元，政府提供的种子价值0.8万元，没有承担过政府的示范推广项目。申志勇认为可以为其他农业生产者提供比现在更多的服务，比较愿意成为提供社会化服务的专业户，他的亲朋好友中没有提供社会化服务的专业户。

二、存在问题及建议

家庭农场目前运营良好，但是也存在一些问题：一是缺少资金，贷款利率偏高是1.05%，贷款困难需3个公务员联保。二是劳动力不足，干农业不如干其他工作挣钱容易，农民不愿意其下一代专门从事农业。三是政府支持力度不够。四是农业社会化服务不够。五是自然灾害防御能力弱，2016年小麦生产遭遇冰雹，1 600亩地绝收，损失190万元。

针对以上问题提出的政策建议：首先要拓宽资金来源渠道，金融机构降低用于农业生产经营贷款的利率。其次是提高农民工资和社会地位，让农民成为专业化程度更高的职业农民。还要加大政府扶持力度，政府对涉农行业实行优惠。

三、发展规划

申志勇认为他能成功发展离不开家人的支持，其次是土地条件好，地处平原，便于机械化操作，三是个人具备企业家才能。申志勇认为凭自己的能力经营3 000亩土地是最理想的，最低不能少于1 000亩，最多不能多于5 000亩。他希望通过与龙头企业合作扩大经营规模，很愿意成为专业化程度更高的职业农民，他不同意未来中国农业“后继无人”的说法，认为未来中国农业多种经营形式并存。

（调查员：蒋承祚）

10－4c　东阿县牛角店伏寨村种粮大户案例

一、基本情况

种粮大户安绪忠，现年37岁，初中毕业；妻子35岁，小学毕业；安先生与妻子育有一子，如今刚满一岁。目前一家三口居住在东阿县牛角店镇伏寨村，在当地务农，闲暇时候安先生外出帮别人拉土贴补家用。家庭自有土地10亩，在此基础上自2013年9月开始，租入了本村村民的125亩土地。户主安先生与妻子共同经营135亩土地，一年两季，种植大豆和小麦，或者种植玉米和小麦。

二、农业生产情况

安先生表示，2013年开始租入土地是因为考虑到自身年轻力强、有种植经验，加上当地都是平原利于使用农业机械，并且村里许多人都开始流转土地进行规模种植。安先生说，由于粮价低迷加上土地租金较高，刚开始运行的两年里，是不挣钱甚至是赔钱的，每亩地平均可以产1 000斤麦子，能卖800元，而每亩地的租金就要800元。

租入土地不需要得到批准，也不需要通过土地交易所，与出租人之间没有亲友关系，每年租金800元/亩，每年9月以现金形式付一年的租金，合同形式为书面合同，没有担保人，租赁期限不固定。安先生表示，当初流转土地较为容易，如今尚未流转出去的土地已经很少，想要再租入土地就比较难了，但价格一直没有变，仍为 800 元/亩。对于土地归属权问题，安先生认识得不是很到位，他认为土地所有权归农户所有，并且对于“三权分置”政策并不了解。他认为流转来的土地可以抵押贷款，也愿意拿流转来的土地经营权获得融资贷款。安先生认为以他的能力，经营 200 亩土地最理想的，在这种规模下可以实现每亩地 350 元的利润，最少不能少于 100 亩土地，最多不能超过 300 亩。安先生对 35 亩土地进行过地块平整，花费 2 000 元；自费挖了一口井，可以灌溉 4 亩土地，花费 4 000 元；使用农家肥 20 亩，由政府出资。

小麦是安先生家一直种植的作物，在耕、种、收三个环节上，都实现了机械化。在每年的小麦收获时节需要雇人，在收获的 2 天中需要雇 3 个本村的男性短工，平均年龄 50 岁，日工资 700 元/人。安先生说，在当地，由于大部分土地都流转了出去，所以有很多劳动力，雇人很容易。他认为如果脱离农业，想要保持目前的收入并不容易，如果外出务工平均一人可以挣 3.5 万元。安先生家有拖拉机一台、收割机一台、收麦子机一台、旋地机一台、收豆子机一台，共花费 56 万元。家庭没有负债，近 5 年来也没有过贷款。

三、农业社会化服务

在农业社会化服务方面，2016 年安先生从本村的普通农户那里获得了农机作业服务，共花费 2 700 元，效果较好。安先生表示，目前自有机械种类较多，而且可以比较方便地雇佣当地其他自有农机的农机手进行机械化作业，暂时不需要其他农业社会化服务，而且他也认为当前获得的农业社会化服务较充分，很愿意成为专门从事提供农业社会化服务的农户。安先生从政府方面了解到，当地政府出台了支持农业新型经营主体发展的专门文件，但安先生目前没有获得过政策性支持。安先生获得的农机作业服务，对产量和质量都没有影响，但据他估计可以提高 20%的收入。他的亲戚朋友中有兼业提供社会化服务的农户。

四、发展规划与意愿情况

安先生说，发展到现在最主要依靠的是资金、政府的支持以及土地三个要素。而制约其发展最主要的因素是市场销路不好、劳动力不足、缺少社会资源。安先生很愿意扩大经营规模，扩大的方式是在原有规模基础上增加投资，再多租入一些土地。安先生也比较愿意长期专门从事农业，对于下一代是否从事农业安先生表示将由孩子自己决定，他比较同意未来农业将后继无人的说法，他认为未来中国应由合作社来经营农业。

五、社会关系与外部环境情况

安先生的亲友中有村干部，但是对他没有帮助。从外界借钱难度还可以。目前家庭主要依靠从事农业生产获得收入。除农业以外，安先生家 2016 年一年通过打工收入 2 万元；除农业生产以外的支出共计 11 700 元，其中包括食物消费 6 500 元，衣着消费 2 000 元，电话费 600 元，水电费 600 元，红白喜事随礼 1 000 元，其他支出 1 000 元。

安先生家所在的伏寨村地处平原，非少数民族聚集地，村中信教比例约 4%，无高知名度人物，村中有企业 3 家，人均土地面积 1.46 亩，人均年收入 5 500 元，收入水平在镇上属于中等水平。伏寨村与最近县城距离 10 公里，与高速公路入口距离 30 公里，与最近省道距离 8 公里，与粮食市场 7 公里。

六、调查员免问填写部分

该种粮大户最显著的特征是专业化，目前处于发展期，在成立过程中最重要的因素是资金，目前主要依靠劳动力来盈利，该主体发展主要依靠资金。整体判断该主体属于家庭经营。

（调查员：张怡铭）

10－5　东阿县合利为农服务有限公司

一、基本情况

受访人周海军于 2016 年 2 月在东阿县市场监督管理局登记注册了东阿县合利为农服务有限公司，位于杨柳镇，注册资本 600 万元，出资情况及资金来源如表 3－10－2 所示。法人周海军同时也是东阿县庆丰粮食种植专业合作社的负责人。为农服务公司占地 20 亩，这部分土地由东阿县杨柳供销社土地入股。为农服务公司目前有流动资产 230 万元；机器设备等固定资产价值 70 万元，共得到了两次拨款，一次 40 万元，一次 10 万元，固定资产中包含办公室、农民培训课堂、展厅、烘干塔、色选机、收割机、脱粒机。该为农服务公司2016年盈利10万元左右，粮食种植专业合作社2016年盈利20万元左右。

表3-10-2　东阿县合利为农服务有限公司出资情况

股东	出资比例（%）	认缴出资（万元）	资金来源
东阿县杨柳供销社	51.00	306.00	认缴
周海军（个人）	40.00	240.00	贷款+机器设备
司道通（个人）	9.00	54.00	贷款+机器设备

二、服务情况

合利为农服务公司目前提供的服务包括：打药、施肥、收割、播种、收购、粮食仓储、粮食烘干和无人植保机植保服务。服务对象是种植粮食的农户，向他们提供全环节半托管农业服务。周先生表示之所以提供半托管，是因为半托管相对于全托管或是承包土地自己种植，具有风险低利润高的优点。该为农服务公司尽管成立时间不长，但是盈利能力还算不错，2016年盈利10万元左右。周先生对于目前的服务比较看好，他认为服务范围有望扩大到2万～3万亩，进而实现利润最大化。除了种植环节的土地半托管服务，该为农服务公司还免费为农民开设培训课堂。

三、带领多个村种植新品种，寻找利润点

除此之外，周海军还是一个非常有想法的农民，当地农民普遍一年种植一季玉米和一季小麦，而周先生并不满足于种植普通玉米和普通小麦获得的低利润，他开始将眼光放到高利润的品种上。从前年开始，周先生引进了“糯玉米”并在自己田里进行试种。这种糯玉米与普通玉米相比，优点是淀粉含量更高，能够符合外资企业对玉米的收购要求，可以用来制作高质量面粉，而种植方法、条件以及单位面积产量与普通玉米无异。通过周先生一年的试种植，农民们的心里有了底，纷纷开始种植这种糯玉米。2016年，有10多个村的8 000亩土地种植了糯玉米。

通过种植糯玉米，农民可以每千克多挣0.3～0.4元，并且合利为农服务公司为农民免费提供糯玉米的种子和控旺的农药，并且可以从合利为农服务公司以8折的价格获得土地环节托管服务，在减轻了农民负担的同时增加了农民的利润。种植糯玉米不仅给农民带来了利益，还使周先生的为农服务公司有了

新的盈利点。为农服务公司从外资公司（保龄宝公司、罗克特公司、华农公司、平原公司）收到了糯玉米的订单之后，在收获期将所有种植糯玉米的农民的玉米全部按照高于市场价 0.3～0.4 元/千克的价格收上来，然后再以高于市场价格 0.4～0.5 元的价格出售给外资公司，从中赚取差价。仅收购糯玉米一项，周先生的为农服务公司就获得了 20 万元的收益。

周先生 2016 年还开始了“优质麦”（济麦 229）的试种植，该优质麦与“糯玉米”大体一致，在种植方法和条件不变、产量不变的情况下，可以为农民提高价格 0.2～0.4 元/千克，周先生收购后再以高于市场价格 0.3～0.5 元/千克的价格出售给外资公司。优质麦自 2017 年开始大范围种植，目前尚未收获，但是预计种植范围可以达到 2 500 户。

农民通过种植“糯玉米”平均每亩可以增收 200 元，而种植“优质麦”平均每亩增收 300 元，对农民来说非常可观。

四、总结

周先生通过东阿县庆丰粮食种植专业合作社将农民们联系起来，在此基础上建立了东阿县合利为农服务有限公司，进而为农民提供玉米、小麦的土地环节托管服务。接着，他引进了“糯玉米”和“优质麦”，在自己一年的试种植确保无误之后，带动农民大范围种植，从而具备承接外资公司订单的能力，以高于市场的价格收购农民手中的糯玉米和优质麦，之后再以更高的价格出售给外资公司，从中获取利润。总的来说，周先生的为农服务公司的亮点在于周先生的智慧创新和稳健的行事方法，才使得为农服务公司和农民实现了双赢。

（调查员：张怡铭）

第四篇

附　　录

附录一 调查问卷

供销社服务使用者农民调查问卷

请使用供销社经营网点服务的农民回答以下问题

受访人基本情况：

年龄：________岁

性别：1）男；2）女

是否务农：1）是；2）否

1. 你是否在这个经营点买过东西？

1）是；2）否（如果选否，跳至第6题）

2. 你认为这个经营点的服务与前几年相比

1）变好了（或以前没有该经营点）；2）没太大变化；3）变差了

3. 你觉得这个经营点提供服务与其他商家有区别吗？

1）比其他商家好；2）没区别；3）比其他商家差

4. 如果你觉得比其他商家好，理由是________？（可以多选）

1）价格实惠；2）品种齐全；3）服务态度好；4）商品质量好；

5）其他____________________（请注明）

5. 你对这个经营点的综合评价？

1）好；2）一般；3）差

6. 你从供销社（不单指某个经营点）获得过哪些服务？（可以多选）

1）生活用品；

2）农资服务；

3）农产品销售服务；

4）信息服务；

5）金融服务；

6）土地托管服务；

7）运输、储藏等物流服务；

8）农田水利服务；

9）其他____________________（请注明）

供销合作社职工调查问卷

调研地区：________省________市________县

受访人基本情况：

1. 年龄：________岁；

2. 性别：1）男；2）女

3. 本人身份：1）基层社职工；2）社有企业职工；3）机关干部；4）农民（在家务农）

选择题

一、你认为供销合作社综合改革的根本目的是什么？（单选）

1. 提高供销合作社的社会地位和市场竞争力
2. 提升为农服务的能力
3. 健全供销合作社的合作经济组织体系
4. 不清楚

二、你认为供销合作社综合改革的前景是什么？（单选）

1. 公司化
2. 走向农民合作经济组织
3. 行政色彩更浓
4. 看不到前途
5. 不会有太大变化

三、请回答以下问题

	是	否
您是否熟知本地区供销合作社综合改革的方案		
您认为目前的综合改革是否有可持续性		

	符合	基本符合	不符合	不清楚
您认为本地综合改革方案是否符合本地的实际情况				
您认为本地综合改革方案推进方式是否符合实际				
您认为本地综合改革方案推进速度是否符合实际情况				

四、这两年你的日常工作

1. 比以前忙碌 2. 比以前清闲 3. 没多少变化 4. 工作性质变了

五、请你评价一下供销合作社综合改革试点推进效果

	很好	好	一般	较差	很差	不清楚
扩大基层服务组织的覆盖面						
提高农业生产的社会化服务水平						
提高农产品流通和现代流通服务的水平						
提供农村合作金融服务						
提升经营服务质量						
推进社有企业股权多元化						
创新社有资产监督管理的体制机制						
密切与农民的利益联结						
增加一线员工的收入水平						
提升供销合作社在本地的社会认可度						

六、你认为供销合作社综合改革试点推进中遇到的主要问题与挑战有哪些？（限选三项，按重要性排序）

1. 老系统、历史包袱重、转型难
2. 地方党委政府重视不够
3. 职工的改革动力不足
4. 职工队伍整体老化、企业家人才缺乏
5. 基层组织薄弱
6. 基层社与联合社联系松散
7. 传统经营业务转型升级难
8. 综合服务能力不强

农民专业合作社联合社调查问卷

调查时间：________年________月________日 ________省________市________县________乡________村

联合社全称：________ 负责人姓名：________ 联系方式：________

调查员姓名：________ 联系方式：________

一、联合社基本情况

1. 联合社成立时间是________年________月；由________家合作社发起，联合社现有________家合作社。

联合社自成立以来的社员发展情况：________________________

2. 联合社是否正式注册？①是；②否

若正式注册，注册时间是________年________月；在哪个单位注册？

3. 当初成立联合社的主要原因是：________________________

4. 成立联合社中遇到了哪些困难：________________________

如何克服上述困难的？

____

5. 您认为您能牵头成立联合社最重要的原因是什么？

____

6. 联合社现有固定资产________万元，流动资产________万元；目前联合社大约负债________万元。

7. 联合社在成立过程中是否得到了政府的相关支持？①是；②否

具体情况：________________________

8. 联合社中各合作社之间的发展水平是否相当？①是；②否；介绍具体情况（列举3家）：

合作社一：________________________

合作社二：________________________

合作社三：________________________

9. 联合社属于哪种类型？（重点问题）

①同业联合，紧密型；②同业联合，松散型；③同一地区不同业联合；④单纯为销售组建联合社；⑤其他：________

二、负责人基本情况

10. 联合社的负责人是其中一家合作社的理事长吗？①是；②否

11. 性别：①男；②女；年龄（周岁）：________；是否中共党员：①是；②否；已任职________年。

12. 文化程度：①未接受正式教育；②小学；③初中；④高中；⑤大学及以上

13. 您有没有在联合社领工资或者误工补贴？①有（去年领到________万元）；②无

14. 您有如下经历吗？（多选）

①乡镇干部；②村干部；③个体户；④企业员工；⑤农技人员；⑥产销大户；⑦其他________

15. 您有以下亲戚朋友吗？

村干部　乡镇干部　商贩　企业家　银行　医院　县市领导　同行业从业人员

三、联合社的运作情况

16. 联合社是如何进行决策的（如进行产品定价）？各家合作社的决策权一样吗？决策权的分配主要考虑哪些因素？是否一人一票？（重点问题）

17. 联合社有理事会、监事会吗？联合社有专门的工作人员吗？

18. 联合社中各合作社是否向联合社出资，是否需要向合作社交费？

19. 联合社的运作是否根据联合社章程，能否让我们学习一下贵社的章程？

20. 联合社多长时间召开一次社员大会？多长时间召开一次理事会？

21. 联合社现在是否是独立核算单位，有无盈利，有无亏本？如果有盈利，盈利来自哪里？如何分配？分配时主要考虑哪些因素？分配标准是谁确定的？（重点问题）

22. 联合社有否严格的财务管理规章制度？①有；②否
联合社有否专职财务工作人员（如会计、出纳等）？①有；②否
联合社的会计资料是否完整？很不完整① ② ③ ④ ⑤很完整
联合社是否向下属合作社公开财务和运营情况？①是；②否
公开情况：①全部公开；②部分公开

23. 联合社是否有各合作社的资金账户？①是；②否
联合社是否有各合作社的产品交易记录？①是；②否
联合社是否有各合作社的农资交易记录？①是；②否

24. 联合社有退社的情况吗？

四、联合社的服务提供

25. 联合社给各合作社提供产前农资采购服务吗，如何提供的？比合作社节省多少钱？收费吗？给非成员提供吗？

26. 联合社给各合作社提供产中农技服务和农业培训吗，如何提供的？收费吗？给非成员提供吗？

27. 联合社给各合作社提供产后销售服务吗，如何提供的？有无统一商标品牌？比合作社自己卖贵多少钱？有自己的销售平台吗？收费吗？给非成员提供吗？

28. 联合社给各合作社提供运输、加工与储藏服务吗，如何提供的？收费吗？给非成员提供吗？

29. 联合社给各合作社提供资金服务吗，如何提供的？收费吗？给非成员提供吗？

五、联合社存在的问题

30. 联合社在内部运作方面存在问题吗？各个合作社发展水平不一样对联合社的发展有影响吗？联合社在做决策时有没有效率？

31. 联合社在资金、用地、设备方面存在困难吗？需要政府的哪些帮助？

32. 联合社现在最缺哪方面的人才？您觉得如何解决最好？

33. 联合社还存在其他问题吗？请您详细谈谈。

六、联合社发展前景

34. 合作社抱团成立联合社的作用明显吗？与单个合作社相比，联合社现在已经体现出哪些优越性了？请具体举例子。

35. 请谈谈联合社未来的发展规划。您看好联合社的未来发展吗？

36. 联合社现在主要和政府哪些部门联系？当地村委、乡镇有无支持联合社发展。

37. 您觉得需要出台联合社的相关法律法规吗？您有什么建议？

附录二　有关调研县农民合作社联合社章程

高密市农民合作社联合社章程

（试行）

第一章　总　　则

第一条　本社名称：高密市农民合作社联合社。

第二条　本社性质：根据《中华人民共和国宪法》，参照《中华全国供销合作总社章程》《高密市供销合作社联合社章程》制定本章程。高密市农民合作社联合社（以下简称联合社）是在市政府领导和上级联合社指导下的实体性合作经济组织，管理、服务全市专业性农民合作社联合社、乡镇级农民合作社联合社、系统内资产经营公司的事业法人单位，具有独立的法人资格，受国家法律保护。

第三条　本社宗旨：按照“改造自我、服务农民”的总要求，以密切与农民的利益联结为核心，积极建立适应市场经济需要，适应农业现代化需要，适应农村全面建成小康社会需要的组织体系和目标任务服务机制，推动成员社经营创新、组织创新、服务创新，努力使联合社成为农业社会化服务的骨干力量、农村现代流通的主导力量、农民专业合作的带动力量，切实履行为农服务的合作经济组织职能，担当起政府与农民密切联系的桥梁和纽带。

第四条　联合社对成员社负有指导、协调、监督、服务、教育培训的职责，与高密市供销合作社联合社一套机构、两块牌子，以市联社资产经营管理公司做好与镇街区农民合作社联合社的资产融合，共同履行其政策性和经营性职能，服从事业法人单位主管部门的监督管理。

第五条　本社地址：高密市镇府街（西）989号。

第二章　职能和任务

第六条　负责宣传、贯彻执行党和政府有关农村工作和社会发展的方针、政策，制定并组织实施全市供销社系统领办及相关的农民合作经济组织发展规划。负责做好本级供销社与农民合作社联合社的资产融合，充分发挥社有资产为农服务的效能。负责指导镇街区供销社与农民合作社联合社融合发展，强化镇级农民合作社联合社规范管理，培育、发展各类农村合作经济组织，提高农民组织化程度，推动合作经济组织健康发展。负责组织实施供销社系统领办及相关合作经济组织内的信用互助合作，推动农村合作金融创新。负责相关合作经济组织负责人、职业农民和社（会）员的组织培训，维护其合法权益。加强与市场对接，根据市场需求统一制订生产经营计划，创新生产方式，推进订单农业生产模式，推动现代农业发展。推进农业社会化服务体系建设，组织实施现代农业服务规模化，统一推广先进技术，为农民合作经济组织提供信息、生产、技术、销售等服务。承担有关强农惠农富农政策的落实，承接并组织完成政府购买服务有关任务，承办市委、市政府交办的其他任务。

第三章 成 员 社

第七条 凡承认联合社章程、自愿履行各项义务的专业性农民合作社联合社、乡镇级农民合作社联合社、系统内资产经营公司等，可申请加入联合社，成为成员社或者成员单位（以下统称成员社）。成员社的资产归各成员社所有，实行自主经营、自负盈亏。

第八条 成员社的权利是：

（一）选举或者推荐联合社社员代表大会代表；

（二）参加联合社组织的国内外活动；

（三）请求联合社帮助协调解决有关问题；

（四）享受联合社提供的服务；

（五）以联合社成员社名义开展活动；

（六）参与联合社信用互助业务；

（七）对联合社工作提出意见和建议；

（八）参与盈余分配，制定盈余返还、股金分红、股息比例。

第九条 成员社的义务是：

（一）遵守联合社的章程；

（二）执行联合社的有关决议；

（三）维护联合社及成员社的合法权益；

（四）完成联合社委托的任务；

（五）向联合社报告工作，反映有关情况；

（六）积极提供出资赞助，做好联合社各项工作。

第十条 成员社有下列情形之一的，经社员代表大会决议，取消其成员社资格：

（一）丧失法人资格的；

（二）自动放弃成员社资格的；

（三）违反本章程，拒不履行规定义务，情节严重的；

（四）故意侵害联合社或其他成员社合法权益的。

第四章 组织机构

第十一条 社员代表大会是联合社的最高权力机构。

第十二条 社员代表大会的职权是：

（一）审议和批准联合社的工作报告；

（二）审议和通过代表大会决议；

（三）通过或者修改联合社章程；

（四）选举理事会理事、副主任、主任；

（五）选举监事会监事、主任；

（六）讨论和决定其他重大事项。

第十三条 社员代表大会代表由成员社选举或者推荐产生。代表名额分配原则为，专业性农民合作社联合社、资产经营管理公司每个成员社一名社员代表；镇级农民合作社联合社按其成员社的20%选举产生代表名额；市联社机关社员代表占代表总数的20%，最多不超过10人。

第十四条 社员代表大会每五年举行一次，由理事会召集。理事会认为必要或者三分之一以上成员社提出请求，社员代表大会可以提前或者延期举行。

第十五条 理事会应当在社员代表大会举行一个月以前，将开会日期和会议议程通知成员社。

成员社向社员代表大会提出的建议案，须在会前提交理事会。

第十七条 召开社员代表大会须有全体代表三分之二以上出席，各项决议案须有全体代表过半数通过方为有效。

第五章 理 事 会

第十八条 联合社设理事会。理事会是社员代表大会闭会期间的执行机构，对社员代表大会负责并报告工作。会员代表、理事采用会员大会举手表决的方式等额选举产生；主任、副主任、常务理事由会员大会无记名投票方式选举产生。秘书长经理事会表决后聘任。

第十九条 理事会的职权是：

（一）组织召开社员代表大会，执行其决议；

（二）组织实施本章程规定的各项职能和任务；

（三）研究部署联合社的重要工作，促进成员社之间经济联合与合作；

（四）批准接纳成员社或者取消成员社资格；

（五）行使本章程规定的其他职权。

第二十条 理事会由主任一人，副主任、理事若干人组成，每届任期五年。可连选连任。理事会主任为联合社的法定代表人。

第二十一条 理事会全体会议每年举行一次，由理事会召集。理事会认为必要，监事会提议，或者三分之一以上理事提出请求，可以临时召集理事会全体会议。理事会全体会议须有三分之二以上理事出席方可举行，会议决议须有全体理事过半数通过方为有效。

第六章 监 事 会

第二十二条 联合社设监事会。监事会是联合社的监督机构，对社员代表大会负责并报告工作。会员代表、监事采用会员大会举手表决的方式等额选举产生；主任、副主任由会员大会无记名投票方式选举产生。

第二十三条 监事会的职权是：

（一）监督理事会对本章程和社员代表大会决议的执行情况；

（二）监督理事会对国家有关法律、法规和政策的执行情况；

（三）监督理事会对市委、政府委托的各项经济、社会工作任务的完成情况；

（四）向理事会提出改进工作的建议；

（五）对理事会的重大决定有不同意见，提出建议未被采纳的，有权向全市代表大会反映；

（六）指导成员社监事会开展工作；

（七）提议临时举行理事会全体会议。

第二十四条 监事会由主任一人，副主任监事若干人组成，每届任期五年。

第二十五条 监事会会议每年举行一次，由监事会主任或者受监事会主任委托的副主任、监事召集；必要时，可以临时召集监事会会议。监事会会议须有全体监事三分之二以上出席方可举行，会议决议须有全体监事过半数通过方为有效。

第七章　收益分配

第二十六条　高编办（2014）41 号文件，高密市农民合作社联合社与市供销合作社联合社一套机构两块牌子，根据文件要求，按照章程第六条规定，做好本级供销社与农民合作社联合社的资产融合，充分发挥社有资产为农服务的效能，管理和经营本级及基层社的社有资产，依法享有资产收益、重大决策、选择管理者等出资人权利。资产融合方式为：在镇级农民合作社联合社成员不超过 10 个时，由基层社作为成员社出资入股，股份占比原则上为 20%；当镇级联合社成员超过 10 个时，市联社资产经营管理公司作为成员社出资入股，所占股份原则上为 15%。

第二十七条　根据各成员社的业务性质、产品类别、经营范围等，联合社通过资本运营、资产经营，合作建设为农服务项目，为成员社提供信息服务、市场服务、农超对接、农批对接，推进社村共建、职业农民队伍培训等，为保证联合社履行公益性服务及业务开展，由各成员社按每年提取的发展基金（公积金）的一定比例缴纳，但最多不超过 10%，每年一次审计确定。

第八章　财务和审计

第二十八条　联合社依照法律、行政法规、财政和审计主管部门规章以及本章程的规定，设立会计机构和审计机构，建立财务管理和审计监督制度。

第二十九条　联合社的资金来源包括社有资产收益、接受捐赠和资助、发展基金等。

第三十条　政府及上级社拨入联合社的专项资金，按照有关规定使用和管理。

第三十一条　联合社审计机构对联合社的资产及经济效益等进行审计监督，对有关人员实行任期经济责任审计。

第九章　附　　则

第三十二条　本章程经第一届会员代表大会表决通过。全体成员签字后生效。修改本章程，须经半数以上成员或者理事会提出，成员大会讨论通过后实施。

第三十三条　本章程的解释权属本届理事会。

2014 年 9 月

宁阳县农民合作社联合社章程

为了保障农民专业合作社成员的合法权益，规范农民专业合作社的组织行为，明确农民专业合作社成员的权利和义务，根据《中华人民共和国农民专业合作社法》和国家其他有关法律、行政法规，制定本章程。

第一章 名称和住所、出资总额及成员姓名

第一条 名称：宁阳县农民合作社联合社（以下简称“本社”）；

住所：宁阳县金阳大街1209号院内二楼西首。

第二条 成员出资总额为：6 000 000元，成员总数：19名。

成员：宁阳县东疏供销合作社

宁阳县城关供销合作社

宁阳县城南供销合作社

宁阳县鹤山供销合作社

宁阳县伏山供销合作社

宁阳县罡城供销合作社

宁阳县蒋集供销合作社

宁阳县华丰供销合作社

宁阳县东庄供销合作社

宁阳县葛石供销合作社

宁阳县乡饮供销合作社

宁阳县百家姓农机服务专业合作社

宁阳县大田农机服务专业合作社

宁阳县粮飘香种植专业合作社

宁阳县泗望生姜专业合作社

宁阳县福祥农机服务专业合作社

宁阳县乡饮农业生产资料专业合作社

宁阳县东疏疏安苗木种植专业社

宁阳县金源薄皮核桃种植专业合作社

第二章 业务范围及经营方针

第三条 粮食、蔬菜、水果种植；统一收购、加工、销售成员种植的粮食、蔬菜、水果（涉及食品的凭许可证经营）；为成员提供化肥、不再分装的

包装种子、农机具、农业机械装备；为本社成员提供与农业生产经营有关的技术、信息咨询服务及农机服务。

第四条 本社立足于住所地、逐渐向周边县市区延伸发展，不断提高本社信誉，树立本社形象，增加本社经济实力，积极参土地托管服务，大田服务，为农民提供保姆式周到服务，不断提高农民经济收入，促进农业经济的发展。

第三章 成员资格、权利及义务

第五条 依法注册的农民专业合作社并承认并遵守本社章程，履行入社手续的，可以成为本社成员。

第六条 本社成员中，农民专业合作社占42%。

第七条 成员享有下列权利：

（一）参加成员大会，并享有表决权、选举权和被选举权，按照本章程规定对本社实行民主管理；

（二）利用本社提供的服务和生产经营设施；

（三）根据本章程规定分享财务年度盈余；

（四）查阅本社的章程、成员名册、成员大会或成员代表大会记录、理事会会议决议、监事会会议决议、财务会计报告和会计账簿；

（五）依法退社的权利。本社成员的成员资格自财务年度终了时终止，成员资格终止前于农民专业合作社已订立的合同、应当继续履行，与本社另有约定的除外。成员资格终止的，依法享有在年度财务终了结算时，退还账户内的出资额和公积金份额，并可享受当年盈余分配，但经成员大会决议作出的长远投资，按决议以年比例返还，不计利息。

第八条 成员承担下列义务：

（一）执行成员大会、成员代表大会和理事会的决议；

（二）依其认缴的出资额和出资方式缴纳出资；

（三）按照约定与本社进行交易；

（四）按照约定承担亏损；

（五）积极支持本农民专业合作社改善经营管理，促进本社业务发展，维护本社权益，谋求共同发展。

第四章 组织机构

第九条 成员大会由全体成员组成，是本社的权力机构，行使下列职权：

（一）审议、修改本社章程；

（二）选举和罢免理事长、理事、监事、决定其报酬和支付方法；

（三）决定重大财产处置、对外投资、对外担保和生产经营活动中的其他重大事项；

（四）批准年度业务报告、盈余分配方案、亏损处理方案；

（五）对本社合并、分立、解散、清算作出决议；

（六）决定聘用经营管理人员和专业技术人员的数量、任职资格和任期；

（七）听取理事长和理事会有关成员变动情况的报告。

第十条　成员大会分为成员年例会和临时成员大会。

成员年例会每年召开一次，并应于每个财务年度终了后三个月内召开，会议由理事会或理事长负责召集。

有下列情形之一的，理事会或理事长应当在二十日内召开临时成员大会：

（一）百分之三十以上成员提议；

（二）监事提议；

（三）理事长或理事会提议；

（四）百分之三十员工提议；

（五）其他召开临时成员大会的情形出现。

第十一条　成员大会由理事会召集，并于会议召开的20日以前但不超过30日通知成员，通知应当载明召集事由，禀告成员大会所预备决议的事项。

第十二条　召开成员大会，出席人数应当达到成员总数三分之二以上。成员大会选举或者做出决议、应当由本社成员表决权总数过半数通过；做出修改章程或者合并、分立、解散的决议应当由本社成员表决权总数的三分之二以上通过（享有附加表决权的成员对上述决议没有表决权），才能成为生效决议。

第十三条　出席会议的成员达不到成员总数三分之二，会议延期20日举行，并向未出席会议成员再次通知，延期20日召开的成员大会出席成员仍达不到成员总数三分之二，应视为已达到法定数额，成员百分之九十支持可以通过所有决议，并具有法律效力。

第十四条　成员大会选举和表决实行一人一票制，成员各享有一票基本表决权。

出资额或者与本社交易量（额）是成员平均量一倍以上的，可以享有一票附加表决权，表决范围限定在具体经营项目上，并且本社的附加表决权总票数不得超过本社成员基本表决权总票数的百分之二十，超过百分之二十的部分，重新分配附加表决权。享有附加表决权的成员及其享有的附加表决权数，理事会负责在通知中告知本社成员，并置放于办公场所，以备查阅。

第十五条 成员大会应将所议事项的决定作成会议记录，会议的内容应形成会议纪要，会议的记录及纪要应与出席会议的成员的签名簿及代理出席的委托书一并保存。

第十六条 理事会是专业合作社的常设机构，在成员大会闭会期间负责本社的重大决策、并向成员大会负责。

第十七条 本社设理事会，成员为三人，理事会会议的表决，实行一人一票。

第十八条 理事长、理事会成员由成员大会从本社成员中选举产生，每届任期三年，连选可以连任，理事经成员大会决议可以罢免。

第十九条 理事长、理事、经理不得兼任业务性质相同的其他农民专业合作社的理事长、理事、监事、经理。

执行与本社业务有关公务的人员，不得担任本社的理事长、理事、监事、经理或财务会计人员。

第二十条 理事会行使下列职权；

（一）负责召集成员大会，组织编制年度业务报告、盈余分配方案、亏损处理方案以及财务会计报告；

（二）执行成员大会的决议；

（三）编制本社的经营计划和投资方案；

（四）编制本社年度预算方案、决算方案；

（五）拟定本社合并、分立、解散方案；

（六）决定本社内部管理机构的设置；

（七）聘任或解聘本社的经理，报请成员大会决议决定，根据经理提名，聘任或解聘本社副经理、财务负责人及高级员工，决定其报酬事项；

（八）成员大会授予的其他职权。

理事会会议应有二分之一的理事出席方可举行，理事会会议决定、必须经全体理事过半数通过。

第二十一条 理事会会议每三个月至少召开一次，理事会会议由理事长召集，通知各理事时应书面载明理由、所议事项。理事会开会时，理事长应亲自出席，理事长因故不能出席，可以书面委托其他理事代为出席理事会，委托应载明授权范围。

理事会应当将所议事项的决定作出记录，并由出席的理事和委托代表在会议记录上签名。

理事有要求在记录上作出某些记载的权利，理事应依照理事会议记录承担决策责任，理事会的决议违反国家法律、法规和本社章程和成员大会决议，造成严重损失时，参与决议的理事承担赔偿责任，表示反对意见书面有记载的，并说明反对理由的理事，可以免除责任；不出席会议，又无正当理由的理事，无论是否支持、反对，均不免除责任。

第二十二条　理事长是本社的法定代表人，理事长行使下列职权：

（一）主持成员大会和召集、主持理事会；

（二）检查理事会决议的实施情况、并向理事会报告；

（三）在经营过程中突发事件的出现，紧急处置权，必须符合本社利益，并将情况及时向理事会、成员大会报告；

（四）接受理事会、成员大会的临时授权处理事务。

第二十三条　经理由理事会聘任或解聘，理事长兼任经理，行使下列职权：

（一）主持本社的生产经营管理工作，执行成员大会决议和理事会决议的事项；

（二）组织实施本社的经营计划和投资方案；

（三）拟定本社内部管理机构设置方案、基本管理制度、具体工作制度；

（四）提请聘任或解聘副经理、财务负责人和高级员工；

（五）决定聘任或解聘分支机构经理、副经理、及业务负责人；

（六）接受成员大会或理事会临时授权处理具体事务。

第二十四条　理事长、理事、经理和其他管理人员不得从事于本社有竞争或者有损本社利益的活动，不得有下列行为；

（一）侵占、挪用或者私分本社的资产；

（二）未经成员大会同意，将本社资金借贷给他人或者以本社资产为他人提供担保；

（三）接受他人与本社交易的佣金归为己有，接受商业贿赂。

（四）从事损害本社经济利益的其他活动。

违反前款规定所得的收入应当归本社所有；给本社造成损失的，应当承担赔偿责任。

第二十五条　本社不设监事会，只设一名监事，由成员大会从本社成员中选举产生；理事长、理事、经理及财务会计人员不得兼任监事。

第二十六条　监事每届任期为三年，任期届满，可以连选连任。

第二十七条　监事行使下列职权；

（一）检查公司财务，并向成员大会做出审计报告，置备于办公场所，备成员查阅；

（二）对理事长、理事、经理执行本社职务时违反法律、法规或者公司章程的行为予以监督、纠正，并予以质询；

（三）提议召开临时成员大会，临时紧急会议；

（四）列席理事会会议，对理事会商讨的有关问题和决定提出质疑并要求解释答复。

第二十八条 监事表决应以书面形式将事项的决定作成会议记录，并应当在会议记录上签名，会议记录应当公开。

第五章 成员的出资方式、出资额

第二十九条 本社成员出资总额全部由本社成员自愿出资入股，全体成员出资总额为 6 000 000 元，全部以货币出资。

第三十条 本社全部出资总额以全体设立人确认的数额确定份额，并以出资证明形式表示，出资证明由本社和理事长共同盖章后生效。

第六章 财务管理和盈余分配、亏损处理

第三十一条 本社按照国务院财政部门制定的农民专业合作社财务会计制度进行会计核算。

第三十二条 本社与其成员的交易、与利用其提供的服务的非成员的交易、应当分别核算。

第三十三条 理事会应在每一个财务年度终了时组织编制年度业务报告、盈余分配方案、亏损处理方案以及财务会计报告，并经监事会审计，于成员大会召开的十五日前，置备于办公场所供成员查阅。

第三十四条 本社从当年盈余中提取 10%作为公积金，公积金用于弥补亏损、扩大生产经营规模或转为成员出资，每年提取的公积金量化为每个成员的份额。

第三十五条 本社为每个成员设立成员账户，主要记载下列内容：

（一）该成员的出资额；

（二）量化为该成员的公积金份额；

（三）该成员与本社的交易量（额）。

第三十六条 在弥补亏损、提取公积金后的当年盈余，为本社的可分配盈余，具体分配办法如下：

（一）按成员与本社的交易量（额）比例返还，返还总额为可分配盈余的

百分之六十。

（二）按前款规定返还后的剩余部分，以成员账户中记载的出资额和公积金份额，以及本社接受国家财政直接补助和他人捐赠形成的财产平均量化到成员的份额，按比例分配给本社成员。

第三十七条　本社均以记名的出资额证明作为成员出资凭据，各项权益平等、利益共享、亏损共担；出资额证明记名人为本社成员，成员按出资额证明享有权利和义务。

第七章　章程修改程序、公告事项及发布方式

第三十八条　本社修改章程按下列程序进行：

（一）由理事会会议提出修改章程提议；

（二）有成员10%以上提议；

（三）章程修改提案经成员总数三分之二决议通过方可生效，其决议与章程同等效力；

（四）拟定成员大会决议，拟定修正报告。

第三十九条　农民专业合作社的通知应为书面通知。至少通知80%以上成员，其余在报纸或电视广告通知，如果全部通知免除报纸和电视公告通知义务。通知应告知通知内容、决议结果。

第八章　解散事由和清算办法

第四十条　本社因下列原因解散：

（一）成员大会决议解散；

（二）因合并或者分立解散；

（三）依法被吊销营业执照或者撤销；

（四）其他情形解散。

因前款第一项、第三项原因解散的，应当在解散事由出现之日起十五日内由成员大会推举成员组成清算组，开始解散清算。逾期不能组成清算组的，成员、债权人可以向人民法院申请指定成员组成清算组进行清算，人民法院应当受理该申请，并及时指定成员组成清算组进行清算。

第四十一条　清算组自成立之日接管本社，负责处理与清算有关未了结业务，清算财产和债权、债务，分配清偿债务后的剩余财产，代表本社参与诉讼、仲裁或者其他法律程序，并在清算结束时办理注销登记。

第四十二条　清算组应当自成立之日起十日内通知成员和债权人，并于六

十日内在报纸上公告。债权人应当自接到通知之日起三十日内，未接到通知的自公告之日起四十五日内，向清算组申报债权。如果在六十日内全部成员、债权人均已收到通知，免除清算组的公告义务。

在申报债权期间，清算组不得对债权人进行清偿。清算组成员应当忠于职守，依法履行清算义务。

第九章　其他事项

第四十三条　本社章程经成员大会讨论决议并签名后，即发生法律效力。

第四十四条　本章程的解释权为理事会。

2015 年 11 月 10 日

嘉祥县黄垓农民合作社联合社章程

（2015 年 1 月 12 日召开设立大会，由全体成员一致通过）

第一章　总　　则

第一条　为保护成员的合法权益，增加成员收入，促进本联合社发展，依照《中华人民共和国农民专业合作社法》《中华人民共和国农民专业合作社登记管理条例》和有关法律、法规、政策，制定本章程。

第二条　本联合社是由基层供销社、农民专业合作社等自愿联合，依据加入自愿、退出自由、民主管理、盈余返还的原则所组成，按照本联合社章程进行生产、经营、服务活动的互助性经济组织，经工商行政管理机关登记注册，取得农民专业合作社联合社法人营业执照。

本联合社名称：嘉祥县黄垓农民合作社联合社。

本联合社住所：嘉祥县黄垓镇驻地（供销社院内）。

第三条　本联合社业务范围：小麦、玉米、大豆、棉花、蔬菜、水果种植、销售，组织采购、供应成员关于种植所需的农业生产资料；引进新技术、新品种，开展与种植有关的技术培训、技术交流和信息咨询服务。（依法需经批准的项目，经相关部门批准后方可开展经营活动）。

第二章　成员及出资

第四条　本联合社成员出资总额 5 600 000 元人民币。

成员出资额之和为成员出资总额。成员可以用货币出资，也可以用土地、实物、知识产权等能够用货币估价并可以依法转让的非货币财产作价出资。成员以非货币财产出资的，应当评估作价。成员不得以劳务、信用、自然人姓名、商誉、特许经营权或者设定担保的财产等作价出资。

成员部分或全部出资额可以自由转让。

成员的名称、出资额、出资方式、所占比例、出资时间如下：

成员名称	出资额（万元）	出资方式	所占比例
嘉祥县黄垓供销合作社	320	货币	57.1%
嘉祥县利发农作物种植专业合作社	60	货币	10.7%
嘉祥县丰玉霖土地托管专业合作社	60	货币	10.7%
嘉祥县作才农作物种植专业合作社	60	货币	10.7%
嘉祥县金祥富硒水果种植专业合作社	60	货币	10.7%

本联合社为每个成员设立独立账户，主要记载该成员的出资额、量化为该成员的公积金份额以及该成员与本联合社的业务交易量（额）。

本联合社成员以其独立账户内记载的出资额和公积金份额为限对本联合社承担责任。

第五条　本联合社由嘉祥县黄垓供销合作社发起成立，经相关部门登记成立的农民专业合作社、企事业单位或社会团体，可以成为本联合社的成员。

第六条　本联合社成员的权利：

（一）参加成员大会，并享有表决权、选举权和被选举权；

（二）利用本联合社提供的服务和生产经营设施；

（三）按照本章程规定或者成员大会决议分享本联合社盈余；

（四）查阅本联合社章程、成员名册、成员大会记录、理事会会议决议、监事会会议决议、财务会计报告和会计账簿；

（五）对本联合社的工作提出质询、批评和建议；

（六）提议召开临时成员大会；

（七）自由提出退社声明，依照本章程规定退出本联合社；

（八）成员共同议决的其他权利。

第七条　本联合社成员的义务：

（一）遵守本联合社章程和各项规章制度，执行成员大会、理事会的决议；

（二）积极参加本联合社各项业务活动，按照本联合社统一安排开展生产经营；

（三）维护本联合社利益，爱护生产经营设施，保护本联合社成员共有财产；

（四）按照章程规定向本联合社出资，承担本联合社的亏损；

（五）成员大会共同议决的其他义务。

第八条　成员有下列情形之一的，终止其成员资格：

（一）主动要求退社的；

（二）被吊销营业执照的；

（三）组织破产、解散的；

（四）被本联合社除名的。

第九条　成员要求退社的，须在会计年度结束的三个月前向理事会提出书面声明，年度结束后办理退社手续。

成员资格终止的，在该会计年度决算后三个月内，退还记载在该成员账户内的出资额和公积金份额。如本联合社经营盈余，按照本章程规定返还其相应的盈余所得；如经营亏损，扣除其应分摊的亏损金额。

联合社接受国家财政直接补助形成的财产不得分配。

第十条　成员有下列情形之一的，经理事会讨论通过予以除名：

（一）不履行成员义务，经教育无效的；

（二）给本联合社名誉或者利益带来严重损害的；

（三）共同议决的其他情形。

本联合社对被除名成员，退还记载在该成员账户内的出资额和公积金份额，结清其应承担的债务，返还其相应的盈余所得。因前款第二项被除名的，须对本联合社作出相应赔偿。

第三章　组织机构

第十一条　本联合社设立成员大会。成员大会是本联合社的最高权力机构，由全体成员组成。

第十二条　成员大会的职权：

（一）审议、修改章程和制定各项规章制度；

（二）选举和罢免理事会、监事会成员；

（三）决定单个成员社出资的最高金额和最低金额；

（四）决定重大财产处置、对外投资、对外担保和生产经营活动中的其他重大事项；

（五）审议和批准年度工作报告、盈余分配方案、亏损处理方案；

（六）对合并、分立、解散、清算作出决议；

（七）决定聘用经营管理人员和专业技术人员的数量、资格和任期；

（八）听取理事长或者理事会关于成员变动情况的报告；

（九）需要成员大会审议决定的其他重大事项。

第十三条 本联合社每年召开次成员大会。由理事会负责召集，并提前十五日向全体成员通报会议内容。

第十四条 遇有下列情形之一，二十日内召开临时成员大会：

（一）百分之三十以上成员提议；

（二）监事会提议；

（三）理事会认为有必要的。

第十五条 成员大会应当有三分之二以上成员委派代表出席方可召开，成员委派代表应向本联合社提交委派书。

第十六条 成员大会选举或者做出一般决议，须经本联合社成员表决权总数过半数通过；对修改本联合社章程，改变成员出资标准，增加或者减少成员出资，合并、分立、解散、清算和对外联合等重大事项做出决议的，须经成员表决权总数三分之二以上的票数通过。

本社成员大会选举和表决，实行一人一票制，成员各享有一票基本表决权。

出资额占本社成员出资总额百分之十以上或者与本社业务交易量（额）占本社总交易量（额）百分之十以上的成员，享有附加表决权。附加表决权总票数，依法不得超过本社成员基本表决权总票数的百分之二十。

第十七条 本联合社设立理事会。理事会是本联合社的执行机构，负责日常工作，对成员大会负责。理事会由理事 5 人组成，理事由成员大会选举产生，任期 3 年，可连选连任。理事会选举产生理事长 1 人。理事长为本联合社的法定代表人。

第十八条 理事会的职权：

（一）组织召开成员大会并报告工作，执行成员大会决议；

（二）制订本联合社发展规划、年度业务经营计划、内部管理规章制度等，提交成员大会审议；

（三）制定年度财务预决算、盈余分配和亏损弥补等方案，提交成员大会审议；

（四）组织开展成员培训和各种协作活动；

（五）管理本联合社的资产和财务，保障本联合社的财产安全；

（六）接受、答复、处理执行监事或者监事会提出的有关质询和建议；

（七）决定聘任或者解聘本联合社经理、财务会计人员和其他专业技术人员；

（八）履行章程和成员大会授予的其他职权。

第十九条 由理事长主持召开理事会议。理事会会议表决，实行一人一票。理事会议每年至少召开 2 次。每次会议须有三分之二以上理事出席方能召开，参加理事会议的三分之二以上理事同意方可形成决定。应邀请监事长列席，列席者无表决权。理事个人对某项决议有不同意见时，须将其意见记入会议记录并签名。

第二十条 理事长的职权：

（一）主持本联合社的日常工作，负责召开理事会议；

（二）根据成员大会和理事会的决定，组织实施年度生产经营计划和生产、经营、服务活动，督促检查成员按配额要求提供产品；

（三）组织拟订本联合社内部业务机构和各项制度；

（四）代表本联合社对外签订合同、协议和契约；

（五）提请聘请或者解聘本联合社财务人员和其他管理人员；

（六）组织落实本联合社的各项任务；

（七）履行本联合社章程和理事会授予的其他职责。

第二十一条 监事会是本联合社的监察机构，代表全体成员监督和检查理事会的工作，对成员大会负责。监事会由监事 3 人组成，监事由成员大会选举产生，任期 3 年，可连选连任。监事会选举产生监事长 1 人。

第二十二条 监事会的职权：

（一）监督理事会对成员大会决议和本联合社章程的执行情况；

（二）监督检查本社的生产经营业务情况，负责本社财务审核监察工作；

（三）监督理事长或者理事会成员和经理履行职责情况；

（四）向成员大会提出年度监察报告；

（五）向理事长或者理事会提出工作质询和改进工作的建议；

（六）提议召开临时成员大会；

（七）代表本社负责记录理事与本社发生业务交易时的业务交易量（额）情况；

（八）履行成员大会授予的其他职责。

第二十三条 监事会会议表决实行一人一票。监事会议由监事长主持，会议决议应以书面形式通知理事会。理事会应在接到通知 10 日内作出响应，否则为理事会失职。

第二十四条 监事会议须有三分之二以上的监事出席方能召开。出席会议的三分之二以上监事通过，方能作出决议。监事个人对某项决议有不同意见时，须将其意见记入会议记录并签名。

第二十五条 本联合社理事长、理事、经理和财会人员不得兼任本联合社监事。

第二十六条 本联合社理事长、理事、经理不得兼任业务性质相同的其他联合社的理事长、理事、监事、经理。

第二十七条 执行与农民专业合作社业务有关的公职人员，不得担任本联合社的理事长、理事、监事、经理或财会人员。

第四章 财务管理

第二十八条 本联合社实行独立的财务管理和会计核算，严格按照国务院财政部门制定的农民专业合作社财务制度和会计制度核定生产经营和管理服务过程中的成本与费用。

第二十九条 成员与本联合社的所有业务交易，实名记载于该成员的独立账户中，作为按交易量（额）进行可分配盈余返还分配的依据。利用本联合社提供服务的非成员与本联合社的所有业务交易，实行单独记账，分别核算。

第三十条 会计年度终了时，由理事会按照本章程规定，组织编制本联合社年度业务报告、盈余分配方案、亏损处理方案以及财务会计报告，经成员大会审核后施行。

第三十一条 本联合社资金来源包括以下几项：

（一）成员出资；

（二）每个会计年度从盈余中提取的公积金；

（三）未分配收益；

（四）国家扶持补助资金；

（五）他人捐赠款；

（六）其他资金。

第三十二条 为实现本联合社及全体成员的发展目标需要调整成员出资及方式时，经理事会讨论通过，成员大会形成决议后，每个成员须执行。

第三十三条 本联合社从当年盈余中提取百分之十的公积金，用于扩大生产经营、弥补亏损或者转为成员出资。

第三十四条 本联合社接受的国家财政直接补助和他人捐赠，均按本章程规定的方法确定的金额入账，作为本联合社的资金（产），按照规定用途和捐赠者意愿用于本联合社的发展。在解散、破产清算时，由国家财政直接补助形成的财产，不得作为可分配剩余资产分配给成员，处置办法按照国家有关规定执行；接受他人的捐赠，与捐赠者另有约定的，按约定办法处置。

第三十五条 当年扣除生产经营和管理服务成本，弥补亏损、提取公积金后的可分配盈余，经成员大会决议通过，按照下列顺序分配：

（一）按成员与本联合社的业务交易量（额）比例返还，返还总额不低于可分配盈余的百分之六十；

（二）按前项规定返还后的剩余部分，以成员账户中记载的出资额和公积金份额，以及本联合社接受国家财政直接补助和他人捐赠形成的财产平均量化到成员的份额，按比例分配给本联合社成员，并记载在成员账户中。

第三十六条 本联合社如有亏损，经成员大会讨论通过，用公积金弥补，不足部分也可以用以后年度盈余弥补。

本联合社的债务用本联合社公积金或者盈余清偿，不足部分依照成员个人账户中记载的财产份额，按比例分担，但不超过成员账户中记载的出资额和公积金份额。

第五章　解散和清算

第三十七条 本联合社有下列情形之一，经成员大会决议通过，报登记机关核准后解散：

（一）本联合社成员数少于 5 个（成员中有市级以上规范化合作社的，成员数少于 3 个）；

（二）成员大会决议解散；

（三）因不可抗力因素致使本联合社无法继续经营；

（四）依法被吊销营业执照。

第三十八条 本联合社因前条第一项、第二项、第四项情形解散的，在解散情形发生之日起十五日内，由成员大会推举成员组成清算组，开始解散清算。逾期不能组成清算组的，成员、债权人可以向人民法院申请指定成员组成清算组进行清算。

清算组负责处理与清算有关未了结业务，清理本联合社的财产和债权、债务，制定清偿方案，分配清偿债务后的剩余财产，代表本联合社参与诉讼、仲裁或者其他法律程序，并在清算结束后，于 7 日内向成员公布清算情况，向原登记机关办理注销登记。

清算组自成立起十日内通知成员和债权人，并于六十日内在报纸上公告。

第三十九条 本联合社财产优先支付清算费用和共益债务后，按下列顺序清偿：

（一）与成员已发生交易所欠款项；

（二）所欠员工的工资及社会保险费用；

（三）所欠税款；

（四）所欠其他债务；

（五）归还成员出资、公积金；

（六）按清算方案分配剩余财产。

清算方案须经全体成员通过或者申请人民法院确认后实施。本联合社财产不足以清偿债务时，依法向人民法院申请破产。

第六章 附 则

第四十条 本联合社需要向成员公告的事项，采取理事会方式发布，需要向社会公告的事项，采取公告方式发布。

第四十一条 本章程由设立大会一致通过，全体成员盖章后生效。

修改本章程，须经半数以上成员或者理事会提出，理事会负责修订，成员大会讨论通过后实施，并报送登记机关和农业行政主管部门。

第四十二条 本章程由本联合社理事会负责解释。

后　记

我对山东省供销合作社的改革一向十分关注。2016 年，河北、浙江、山东、广东四个试点省的试点任务结束，中华全国供销合作总社委托中国社会科学院农村发展研究所对试点绩效进行第三方评估，我有幸被魏后凯研究员邀请参加评估组，并负责对山东省的评估工作。评估结束后，我总感觉一些问题没有弄清楚，于是，专赴济南和山东省供销合作社理事会主任侯成君同志商量，请他推荐 10 个县，包括改革进程中出现的各种类型，我计划在 2017 年内进行全面调研，力求弄清楚县级层面供销合作社综合改革情况。供销社综合改革的重点在县级，而县级改革的重点在于农民专业合作社联合社的构建及其运行。于是，我们这次调研的重点就放在县、乡两级农民专业合作社联合社的组建及其运行上。在省社合作指导处刘波同志的具体安排及陪同下，中国人民大学课题组于 2017 年 4～9 月对滕州市、临沂市河东区、莒南县、潍坊市寒亭区、高密市、安丘县、金乡县、嘉祥县、宁阳县、东阿县供销社改革及农民专业合作社联合社发展情况进行了比较全面的调研，掌握了大量第一手资料，感觉上初步摸清了山东省供销合作社改革的实质，这就是县、乡两级农民专业合作社联合社的发展，其意义十分重大。

为了使业内同行尽早了解山东省供销合作社综合改革中两级联合社的发展情况，我们决定把本次调研报告结集出版。但联合社的发展是综合改革的核心成果，离开了综合改革来谈联合社是不全面的，也无法全面、准确地理解两级联合社发展的动因及意义。为此，我们把 2016 年对山东省供销合作社综合改革试点评估报告经适当修改后以调研报告的形式收入本书。尽管本书的主要成果来自于 2016、2017 两个年度的调研，但这次成书时，我根据最新调研情况又对报告进行了修改，以期能够反映改革的最新进展。

在多次调研中，我们得到了山东省供销合作社理事会侯成君主任，监事会许广民主任、王立来副主任（我的大学同班同学），以及郭涛、刘波、苏鹏等同志的大力协助，很多观点的提出直接受到上述同志的启发。全国供销总社合作指导部刘进喜部长在调研中也给予了大力协助。在本书将付梓之际，特向上述诸位同志表示最衷心的感谢。

2018年10月14日于

河北省魏县尚客优酒店

图书在版编目（CIP）数据

合作社的再合作：山东省供销社综合改革与联合社发展研究 / 孔祥智等著．—北京：中国农业出版社，2018.11

（人大农经书系）

ISBN 978 - 7 - 109 - 24827 - 4

Ⅰ．①合…　Ⅱ．①孔…　Ⅲ．①农业合作社-研究-山东　Ⅳ．①F321.42

中国版本图书馆 CIP 数据核字（2018）第 246012 号

中国农业出版社出版
（北京市朝阳区麦子店街 18 号楼）
（邮政编码 100125）
责任编辑　贾　彬
文字编辑　耿增强

北京中兴印刷有限公司印刷
2018 年 11 月第 1 版　2018 年 11 月北京第 1 次印刷

开本：700mm×1000mm　1/16　印张：29
字数：510 千字
定价：132.00 元

联系地址：北京市朝阳区麦子店街 24 号楼　邮政编码：100125
电话：010-59196053/6055
网址：www.ngx.net.cn